U0095824

新國際雁行聯合艦隊
經濟日不落國

A Country Where the Economic Sun Never Sets:
Taiwan's Strategy for a New Flying Geese Paradigm with a Combined Fleet

林佳龍———著

FOREWORD
總統序

當今的世界，國際局勢詭譎多變，社會結構性問題層出不窮，更遭遇威權主義擴張、全球供應鏈重組、氣候變遷、疫後經濟復甦等多重挑戰。

在此關鍵時刻，團結合作，對台灣和世界的重要性，更甚以往。台灣也願意竭盡所能，與世界各國加強合作，共同面對挑戰，攜手前進。

我主張，要讓台灣成為「經濟日不落國」，目標亦是促進台灣與各國互惠共榮，希望無論太陽從哪裡升起，都可以照到台灣的企業，造福當地的發展，也讓台灣人民能夠有更富足的生活。

這本佳龍兄的新作，以「經濟日不落國」為名，闡述他所擘劃的策略。他自擔任外交部長以來，以全方位思維出發，積極團結友邦，連結全球理念相近國家，要讓台灣走出一條可長可久的信賴與韌性之路。從書中可見，他在此一大戰略下的整體思維與系統方法論。

台灣過往是東亞雁行理論的追隨者，承接美日的關鍵資金與技術，力圖生存發展。如今，台灣經過半世紀的成長、淬鍊與轉型，在技術、資金和人才等各方面的競爭力，已有長足進展，深獲世界的肯定與重視。

在佳龍兄的擘劃當中，台灣對世界而言，不僅是值得信賴的供應鏈夥伴，更能夠成為領頭雁，擺脫過往重商主義搶占海外市場占有率的窠臼，用「地產地銷」的思維，協助友台國家創造更多就業機會，提升社會均衡發展。

佳龍兄的新作展現出「先義後利」的哲學家觀點，包括以創投為主的產業發展、重視人才的雙向交流合作，這正是一種「授人以漁」的具體實踐。

未來，台灣要持續站穩全球供應鏈的關鍵地位，積極發展半導體、人工智慧、軍工、安控和次世代通訊等產業，佳龍兄也針對這「五大信賴產

業」，具體說明台廠如何透過雁行理論組成聯合艦隊，發揮關鍵影響力。

　　我對台灣產業及全球台商深具信心，政府也會積極爭取台灣加入區域經濟整合，跟世界民主國家簽訂雙邊投資保障協定，深化貿易夥伴關係，協助台灣產業布局全球的道路更寬廣、腳步更穩健。

　　在佳龍兄戮力從公之下，並由本書的立論開始，未來更將提出一系列的策略做法，相信台灣外交將走出一條令人信賴的康莊大道。是以為序。

總統　賴清德

2024年9月

FOREWORD
掌握典範轉移契機，讓台灣為全世界做出貢獻

施振榮

宏碁集團創辦人／智榮基金會董事長

認識林部長是在二十多年前金石會的一場聚會活動中邀請他演講，他論述十分精闢，當時就對他的演講留下深刻的印象。

後來他擔任台中市長時，副市長張光瑤正好是以前宏碁創業時的夥伴，也因此有機會受邀參觀當年他任內（2018年）在台中舉辦的台中世界花卉博覽會。

之後由他推動的大肚山產業創新基金會共學平台，「共學、共創、共好」是大肚山基金會的核心精神，多次邀請我到台中為中部的企業演講，我也因此有更多機會與他及中部的企業領導人交流。

他卸任台中市長後，又擔任了交通部長、總統府秘書長及外交部長等職務，也讓外界看到他是位務實又有見解的政務官。

他也是台灣智庫的共同創辦人，一路走來，他深入研究許多台灣經濟發展的軌跡，並據以提出有利台灣未來發展的政策與建言，很有遠見。

此次林部長出版《經濟日不落國：新國際雁行聯合艦隊》新書，特別邀請我寫推薦序，我認為所謂的「經濟日不落國」有二個層面的意義，其一是台商從台灣出去，在全世界各個角落為全球的經濟發展做出貢獻，這也是一種經濟的日不落國，就像Acer。

其次是科技無所不在，台灣是ICT與半導體大國，來自台灣的科技也對全球的經濟發展做出實質的貢獻，並在世界的各個角落與在地合作夥伴攜手共創價值。

日本在80年代以「垂直整合」的模式，取得「世界第一」而享譽國際的同時，台灣個人電腦領域的宏碁以及半導體領域的台積電，已經開始啟動「垂直分工」並與美國合作，建立起完整的產業分工生態，掌握產業典範轉移的契機，讓台灣扮演重要的分工角色，也為全世界做出具體貢獻，展現台灣價值。

而美國、大陸、日本等國家的經濟發展經驗，有其特殊的情況與條件，相較之下，台灣經驗反而更適合大多數的國家來學習，可做為大家的參考依據。

尤其林部長上任外交部長後，強調政府的外交政策將強化推動「榮邦計畫」。對此，我也十分贊同，台灣的「友邦」包括邦交國與友好國家，台灣的定位就是全世界的朋友，並應該用台灣過去經濟發展的經驗來幫助友邦，善盡世界公民的責任。

如今台灣已成為「科技島」（Hi-Tech），同時也是世界的「創新矽島」（Si-nnovation Island），正可藉由分享台灣產業建立高科技產業及經營生態圈的經驗，來協助友邦繁榮在地產業的發展。

林部長在本書中也深入分享了他對半導體、AI、智慧醫療、智慧城市、電動車、無人機等產業未來發展策略的精闢見解，如何在競爭激烈下，組成聯合艦隊以強化國際競爭力，十分值得參考，在此將本書推薦給各位讀者，相信定能有所啟發，找到自己產業的致勝策略。

FOREWORD
讓台灣成為全世界
最值得信賴的夥伴

劉揚偉

鴻海科技集團董事長

　　很榮幸受到佳龍部長的邀請，為這本《經濟日不落國：新國際雁行聯合艦隊》一書寫序。還記得在2021年11月，我跟當時在交通部服務的佳龍部長，一起上節目暢談台灣電動車產業的定位，還有如何透過平台化的思維與策略，帶著台灣中小企業一起「立足台灣，走向世界」。

　　那次交流最讓我印象深刻的是，佳龍部長引進新思維從而善用台灣產業的優勢，不受限於既有的框架，進而讓台灣被世界看見的用心。

　　氣候變遷災難、地緣政治衝突以及主要國家間科技競爭等不確定因素，都對產業造成深遠影響，穩定的產業生態系統已是不可或缺的重要競爭優勢，佳龍部長所提出「第四型態雁行發展理論」、「聯合艦隊戰略模式」，不僅為當地帶來經濟發展與技術提升，還可以透過台灣的軟實力，跟當地建立夥伴關係，帶來國內外需求的經濟雙螺旋效應。

　　這跟鴻海提出BOL（Build-Operate-Localize）商業模式，透過「建造（Build）、營運（Operate）、在地化（Localize）」，攜手客戶、當地政府、產業打造產業生態系，建立出海口，同當地一起「分享、合作、共榮」理念，可以說是不謀而合。

　　隨著半導體、AI、量子計算等新興科技持續地進步，過去企業單打獨鬥

的時代已不復存在，更多是需要企業之間的共同協作。佳龍部長書中所舉的案例，包括智慧製造、智慧電動車、智慧城市等，也是鴻海正在積極布局的三大平台事業，我們的目標一致，都是希望藉由平台化，讓更多台灣的中小企業一起加入共好。

台灣在歷經半導體之後，緊接而來的就是AI時代，台灣目前正是這波AI浪潮的受益者，但還僅是在製造端創造價值，成長、發揮的空間其實還是很大，政府跟企業可以做的事情還有很多。

如何把握這個新機遇，憑藉台灣的科技力、供應鏈的經驗，攜手相關產業，為台灣的下一代創造更多價值，同時也為人類社會做出更多貢獻，正是佳龍部長這本書要告訴大家的。

期待佳龍部長的這本新書，讓世界看到台灣的堅強實力與強大的貢獻，成為全球科技生態系中不可或缺的重要一環，產官學研大家一起努力，讓台灣成為全世界最值得信賴的夥伴！

FOREWORD
從矽盾到經濟日不落：
走出台灣的轉型之路

黃崇仁

力晶積成電子製造股份有限公司董事長

　　台灣發展高科技產業迄今已近五十年，從宏觀全球的視角看，在這半個世紀裡冷戰結束蘇聯瓦解、經濟全球化蔚然成風、中國由改革開放而崛起、金融風暴與新冠疫情此起彼伏、中美貿易戰導致世界政經秩序崩解。站在台灣這片土地上看，我們從篳路藍縷走出政黨和平輪替民主深化、人均GDP近三萬多美元、股市超越二萬二千點、半導體產業各國矚目爭相拉攏、科技巨擘譽為全球AI首都。

　　可以說，過去五十年我們台灣人刻苦學習、努力打拚與靈活應變，才能在波詭雲譎的世局中站穩腳跟、茁壯自立。然而，往前看中美經濟脫鉤醞釀的新冷戰陰霾似乎方興未艾，迎向未來的台灣必須面對、處理的挑戰恐怕遠比過往艱難！現在，堪稱是台灣再一次轉骨的關鍵時刻。

　　俯首審視已投身三十年的半導體企業經營，在這充滿不確定的大環境中，更要謹慎因應層出不窮的市場、技術、人才和財務等考驗，煩忙商務纏身之際收到好友林佳龍先生的《經濟日不落國：新國際雁行聯合艦隊》書稿，欣然翻閱之餘頗為驚嘆，在廣泛蒐羅、詳細整理的豐富數據、實例中，除了展現出作者學術功力扎實、從政歷練豐沛的嚴謹，更引人入勝的是書中論述的推理、演繹凝聚而成的未來戰略方向。

　　我們台灣受限於土地、人口、資源以及地緣政治壓力，在思考定位與發展策略時，可以對照瑞士和以色列，經濟上瑞士有傲視全球的鐘錶產業，以色列有創新多元的軟體設計聚落，在政治國安方面同樣面臨複雜的地緣挑戰，無論是瑞士的中立韌性或以色列的強勢謀略，都值得台灣參考。佳龍兄的新書中揭示的新國際雁行聯合艦隊產業戰略，錨定半導體、智慧醫療、智慧城市、電動車與無人機這五項主題，作為未來台灣產業發展的重要方向，應該是很清楚的理解我們在半導體所累積的強大研發、設計、製造生態系，更將這個堅實的基礎優勢，外溢到智慧醫療、智慧城市、電動車與無人機等經濟面的高成長市場，同時，其中更有將台灣的「矽盾」進一步擴張安全自主的前瞻思維，足見作者自從政實務經驗萃取而得的獨到視野。

　　更重要的是，除了將台灣已具備的科技產業優勢轉化為未來的經濟、安全戰略方向，作者更提出以AI（人工智能）為驅動軸心的聯合艦隊商業模式創新方法，並從而建構具備創造價值能力的生態系統，讓台灣在未來的世局中，獲得自立自主的經濟、政治韌性。

　　在閱讀林佳龍先生書稿的過程中，我感受到有識者對台灣未來產業布局的前瞻性，書中的獨特見解也有令人腦洞大開的愉悅，可以想見作者殫精竭智創作的艱辛以及揮灑創意的快感！《經濟日不落國：新國際雁行聯合艦隊》提出的戰略和方法，應該能為關照台灣的讀者開啟全新的視角。

FOREWORD
從關鍵力量到日不落國

龔明鑫

行政院秘書長

　　本次很榮幸受邀為佳龍部長新書《經濟日不落國：新國際雁行聯合艦隊》撰擬序文，經濟日不落國以我的淺見，我認為是將台灣已通過考驗的優勢產業，將其成功經驗擴散至全球，貢獻我們的一己之力與世界共同成長，一起發光發熱。

　　而新國際雁行聯合艦隊是一種整合整體產業供應鏈，共同往全球布局的概念。我們都知道美中貿易戰以及Covid-19疫情的發生為全球帶來深遠的影響，最大的轉變不外乎是分工合作模式已截然不同，近期再加上烏俄戰爭以及中東地區等地緣政治衝突，供應鏈將不再像過去完全注重比較利益分工，而是需確保供應鏈具有韌性與完整性，各國之間的互信與互助變得更加重要。

　　過去台灣在全球一直扮演著供應鏈的關鍵角色，此重要地位也在疫情期間讓全球真正看見。但隨著國際上紛紛提出印太戰略計畫，顯示出各國希冀著重在印太地區的合作，我國應迎合此契機擴大國際布局策略，也如同書中所提出的概念組建聯合艦隊持續與國際加深連結。未來台灣除了繼續扮演關鍵的角色外，應該進一步強化國際空間上的布局，要把台灣成功的產業經驗擴散到各地，布局全球使得台灣成為經濟的日不落國。

　　日不落國並非是過去殖民的概念，而是發揮台灣的產業優勢，以分享及合作的精神，協助世界各地發展。隨著科技的快速進步，以及科技應用的層面更多元且更廣，產業的發展將不能僅靠過去單打獨鬥的模式，而是需要

互信互助、共同成長。就如同政府所推動的亞洲矽谷智慧城鄉計畫，除了帶動台灣於物聯網及智慧城市的蓬勃發展，目前也已將台灣在智慧城市的解決方案輸出107案至全球，其中輸出新南向國家達65案，幫助新南向國家有關智慧農業、智慧醫療與智慧交通等領域發展。又如同歐洲鏈結計畫，藉由中東歐投融資基金，串接台灣與中東歐國家企業間的相互合作，彼此引領一起成長。而台積電於德國德勒斯登設廠，在其周邊將形成半導體聚落，包含：封測廠、晶片設計研究中心、半導體實驗室與人才培育基地等等，都是台灣於日不落國布局的展現。

　　未來，台灣尚有許多能與國際共同合作的領域，諸如AI產業、無人機、氫能、電動車電池、碳捕捉技術，以及新創交流等，所能發揮的空間還有很大，政府與企業能做的事情也還有很多。

　　本書希望能夠幫助讀者更清楚理解新雁行聯合艦隊的意義和價值，以及台灣在新南向政策下所做的努力和取得的成就。且不單僅是上述提及的國家，未來將可透過相關成功的發展經驗以及聯合艦隊的發展理論，進一步前往更多國家交流合作。同時，希望透過這本書讓讀者認知台灣在國際的重要地位，持續為台灣共同打拚，讓台灣能真正成為經濟的日不落國，讓世界相信台灣、信賴台灣，落實Taiwan can help and Taiwan is helping的精神。

摘要

　　在15至17世紀的海權時代，「日不落國」指的是一個國家治權所及的領土遍及所有時區，任何時刻，地球上總有它的部分領土正受到陽光照耀，以此形容國力的強大。當時，主權國家之間的競爭取決於經濟實力，而在生產面上的決策思考主要受重農主義影響，強調拓展海外領土及提升土地生產力。儘管海外殖民地的擴展確實迎來第一波全球化的海上貿易，但從歐洲霸權競爭的視角來看，海上貿易背後的主要基調是重商主義，主要目標在於掠奪殖民地的資源或者獨佔貿易利益，並確保宗主國的貴金屬貨幣不致大量流出。

　　到了20世紀中葉，經歷了兩次世界大戰之後，世界需要儘速恢復工業生產，加上冷戰鐵幕時期的經濟外交戰略需求，生產外包成為馬歇爾主義的一部分，帶動了歐洲與東亞的工業生產秩序復興，也為第二波全球化奏響序曲。

　　從科技發展的歷史脈絡來看，二戰戰後初期的二十年內，第一波恢復生產的是紡織、食品與鋼鐵等關乎民生品質的產業；第二波恢復的則是技術與資本密集度較高的汽車與家電產品，其特性是終端產品開始可以被拆解為技術世代穩定的次系統，此時國際貿易形態上也開始出現較有意義的國際供應鏈分工，也就是我們常講的「B2B貿易」，而非B2C貿易。日本經濟學者赤松要於1935年提出的「雁行理論」，就是在前述戰後地緣經濟外交的背景下，加上產品特性也開始允許在不同國家間根據生產要素的比較利益進行分工，故而逐漸受到重視。而中國也是在這樣特殊的時代條件下，受益於第二波全球化。

　　縱觀歷史發展，本書透過「政治經濟」與「科學技術」這兩大驅動人類社會發展及國家競爭的主軸，分析現階段台灣在全球地緣政治與經濟發展中的定位，並展望台灣未來的發展道路。

　　台灣目前正處於1980年代開始的第三波全球化後期。在去政府管制與跨國

資本主義的政治經濟環境下，加上電子物理與電磁學應用的進步，使得半導體摩爾定律大規模將電子資訊產品帶入社會。中國則在從第二波全球化過渡到第三波期間，韜光養晦，不但累積大量外匯資本，且掌握了足以影響社會意識形態的資通訊產品的生產量能。

令人憂心的是，摩爾定律驅動的不只是單位體積內因電晶體增加而提升的運算與儲存能力，更引發科技應用與全球政經的巨大質變。其中，Nvidia與OPEN AI等企業帶來的AI應用革命，在生產面上，已經將物聯網（IoT）的資訊傳遞進化到一個新階段，得以運用人工智慧的複雜決策處理（AIOT＝AI＋IOT），整合系統內的資訊；在社會生活層面，社會群體的ICT通訊應用發展，也加入Generative AI的多元應用，凸顯出Sovereign AI的重要性。這些科技變革徹底改變了第三波全球化的線性供應鏈和自由貿易中政經脫鉤的慣性。台積電創辦人張忠謀先生在數年前便曾發出警語，指出第三波全球化將面臨重大關鍵時刻，科技發展與企業行為極可能觸及國家安全議題。

對比15-17世紀海權時代的競爭原則，歐美為主的民主陣營直到近十年，才驚覺自己已親手將生產力與資本（即重農與重商主義的根本）拱手讓給以中國為主的極權國家；同時在意識形態上，也遭遇種種滲透與挑戰。如今，全球已警覺資訊與資安實為一體兩面，而國家安全和經濟安全也是唇齒相依，密不可分。分別代表市場民主體制和數位極權擴張的美中兩大陣營已展開全面對抗的態勢，終將分出勝負。

台灣處於美中兩大陣營之中，雖未曾真正主導世界大勢，亦屬第二波至第三波全球化的參與者和促進者。面對當前極權國家在全球政經及軍事外交等全方面的挑戰，台灣不能再宣稱自己只是追隨者與執行者，而要承擔起更多國際責任，有意識的自我提升為「印太民主供應鏈」與「數位團結」的一員，善用過去所累積的生產力、資本與科技實力，以數位科技串聯所有矩陣創新及系統整合服務與產品，掌握更多主動性，打造以數位影響力為核心的經濟日不落國。

在此目標與背景下，本書提出「以大帶小」、「跨域整合」的新雁行聯合艦隊模式（new flying geese pattern of the combined fleet）。聯合艦隊模式的發展戰略思維大致有三：首先，跨領域產業的下游領導企業，先針對目標市場進行

客製化產品與服務的「系統化組合」，也就是從單一產品貿易，轉變為系統產品與服務整合輸出的新投資與貿易模式。舉凡醫材或交通工程結合資通訊服務等，皆為本書歸納的重點案例。其次，槓桿台灣為數眾多的中堅企業與中小企業，借重它們過去以關鍵零組件及有別於下游產業的次系統服務之豐富經驗，實現跨領域產業的加速整合。第三，重視政府在經濟外交的關鍵角色，考量外交戰略與經濟比較利益，透過私部門與公部門因地制宜的合作模式，打造海外生產群聚或具體科技產業園區，建立聯合艦隊在空間上的「穩定生態系統」，並強化數位與低碳雙重轉型過程中所累積的跨領域人力資本，以數位賦能及友岸外包等新思維，讓友邦及理念相近國家在智慧交通、智慧醫療等跨領域的產業能耐得以提升，同時增進台灣經濟轉型的貿易創造效果，深化與台灣內部五大信賴產業之產業聯結。

聯合艦隊的成功，不僅將帶動台灣產業的升級與轉型，也會透過創造在地投資、就業與創業的供應鏈模式及商業模式，與民主陣營的人民及政府建立更廣泛且深層的戰略合作關係，進而落實「印太民主供應鏈」與「數位團結」戰略，開創台灣經濟外交的新局面，讓台灣成為印太區域對抗威權擴張的民主燈塔。

Abstract

During the Age of Discovery from the 15th to 17th centuries, the notion of a "nation upon which the sun never sets" indicated a country whose jurisdiction across lands and time zones meant that, at any given time, the sun would be shining on its territory. The phrase connotes substantial national power. Competition between nations at the time hinged upon economic power. Under the influence of the physiocrats, the leading strategy at the time was to acquire territory overseas and increase the land's productivity. And while advances made by colonists did usher in the first era of globalism driven by maritime trade, from the viewpoint of competing hegemonic European powers, mercantilism formed the backbone of this maritime trade, with the goal being to extract resources from colonies or to monopolize the benefits of trade while preventing the mass outflow of gold and silver currency from the home country.

By the middle of the 20th century, following two global wars, the world needed to rapidly rebuild its industrial base. This, and the need for economic diplomacy spurred by the Cold War, meant that outsourcing production became an aspect of the Marshall Plan that launched a renaissance in industrial production in Europe and East Asia. This marked the beginning of the second era of globalization.

Looking at the historical development of technology, in the twenty years immediately following the Second World War, textiles, foodstuffs, and steel–being closely related to people's livelihoods–were the first areas to recover. Second were the technology-and-capital-intensive vehicle and home electronics sectors. These are noteworthy in that finished products could be taken apart to create stable subsystems for the Age of Technology. A meaningful international division of labor in supply chains became a feature of international trade (so-called business-to-business commerce, not business-to-consumer). Also in this postwar period, the flying geese paradigm, developed by Japanese economist Kaname Akamatsu in 1935, came into play. This theory describes how geo-economics and diplomacy, as well as product commodification, permit countries to engage in a division of labor in accordance with their relative production advantages. It was in such a time and under such conditions that China began to benefit from the second wave of globalization.

By considering historical developments, this volume takes political economics and technology as the primary vehicles driving social development and competition between nations to analyze Taiwan's position in terms of geopolitics and economic development and to look at how Taiwan may develop in the future.

Currently, Taiwan is at the end of the third wave of globalization that began in the 1980s. Against the backdrop of deregulation, transnational capitalism, and advances in electrophysics and electromagnetism applications, consumer electronics were brought to the masses in line with Moore's Law regarding semiconductors. Riding the second and third waves of globalization, while hiding its strength and biding its time, China amassed a great deal of foreign currency reserves and gained control of enough of the production of ICT products to shape ideology.

What is most concerning is that Moore's Law does not simply speak to increased computing power or memory capacity from an increased number of transistors, but rather that it implies massive upheavals in technological applications and global politics and economics. For example, an AI application revolution is being wrought by the likes of Nvidia and Open AI. In the area of production, the internet of things (IoT) has entered a new phase of information transmission—AIoT, which will see AI's complex decision-making processes used to integrate the information bound in and collected by systems. From a societal perspective, the development of new ICT applications for social groups and the manifold applications of generative AI have underscored the importance of sovereign AI. Such technological changes have irredeemably disrupted the straightforward supply chains of the third wave of globalization as well as the separation of politics from economics espoused under free trade. Morris Chang, the founder of Taiwan Semiconductor Manufacturing Company, issued a warning several years ago, namely that the third wave of globalization was facing a crisis moment in which technological advancement and corporate behavior would likely become national security issues.

In contrast to the competition seen during the Age of Discovery from the 15th to 17th centuries, democracies led by European countries and the United States have only in the past decade awakened to the fact that they have relinquished their production capacity and capital (the basis of both agrarianism and mercantilism) to authoritarian states, in particular China. Ideologically, they have met with all manner of infiltration and challenges. Today, the world has realized that information and information security are joined at the hip and that national security and economic security are inseparable. The camps led respectively by the United States–representing market democracies–and China–representing digital authoritarian expansion–are girding for a full-on competition to see which order will prevail.

Taiwan stands between these two camps. While it has not led global trends, Taiwan has been involved in and helped spur the second and third waves of globalization. Facing the comprehensive political, economic, military, and diplomatic challenge posed by authoritarian states around the world, Taiwan can no longer simply claim that it is merely a follower or an implementer. Rather, it must take up a greater international responsibility and take meaningful steps to show that it is a member of the Indo-Pacific democratic supply chain with whose members it stands in digital solidarity. It must use the production capacity, capital, and technological prowess it has amassed to deploy digital technologies and put together integrated innovative services and products. Indeed, Taiwan must be proactive in using its digital influence to become a country on which the economic sun never sets.

Against such a backdrop, this book proposes the implementation of a new flying geese paradigm of a combined fleet in which the large guide the small and there is wide-ranging integration. This combined fleet model consists of three main development strategies. First, major downstream firms in diversified industries should offer tailored products and services in target markets in the form of systemized bundles. This will create a new model of investment and trade involving integrated goods and services rather than the present single-product model. For example, ICT services could be bundled with medical equipment or construction and engineering projects, which are the major cases considered in this volume. Second, Taiwan should leverage its many backbone enterprises and small and medium-sized businesses, tapping their considerable experience providing key components and subsystems different from downstream sectors to accelerate the integration of diversified industries. Third, given the government's key role in economic diplomacy, diplomatic strategies and the nation's comparative economic interests should be used in the formation of a public-private partnership that creates production clusters and technology production parks abroad in line with local conditions. This will further create a stable production ecosystem that employs the combined fleet concept. The human capital cultivated by digital and low-carbon transformations can be deployed for digital enablement and friend-shoring. This process will help diplomatic allies and like-minded nations upgrade to enjoy, for example, smart transportation and healthcare. It will also help generate beneficial trade outcomes connected with Taiwan's economic transformation and forge links with Taiwan's Five Trusted Industry Sectors.

From the above, it can be ascertained that the success of the combined fleet concept will push the upgrading and transformation of Taiwan's industries and create new supply-chain and commercial models characterized by local investment, employment, and entrepreneurship. This will foster broader, deeper strategic cooperative relationships with the peoples and governments of other democracies and serve to realize the strategies of democratic Indo-Pacific supply chains and digital solidarity. This will usher in a new era in Taiwan's economic diplomacy, ensuring that Taiwan is a beacon of democracy as the Indo-Pacific faces off against authoritarian expansionism.

目次

導論
Introduction

新國際雁行聯合艦隊的台灣之路

數位時代的產業最適棲息地理論與雙螺旋策略：回顧與展望

過去，關於台灣安全與發展的探討與論述相當多，但時至今日，我們仍缺乏一種涵蓋多層次與多角度的系統性論述架構。許多學者專家大多基於單一領域的專業和長期觀察進行論述。佳龍認為，當國人凝聚台灣安全與發展的共識時，首先需要將我國的產業經濟與科技實力結合外交發展與國防安全議題一併考量；將產業與科技納入討論，更需要整合微觀、中觀與宏觀的方法論，避免流於經驗之談。本書的價值與定位即在於此。我們不僅從企業、產業與總體經貿層次分析安全與發展的看法，還提出了具有戰略雙元性（strategic ambidexterity）的聯合艦隊新商業模式。

主要原因在於，半導體晶片和 AI 科技已經觸發全球經貿體制規則與地緣政治結構的轉變，台灣也面臨全球性的「典範轉移時刻」（Paradigm Shift Moment）。過去只能作為追隨者，如今卻可望成為領導者。本書從核心思維到內容完成，費時將近五年，期間世界歷經了 COVID-19 疫情衝擊、美中經貿對峙、俄烏戰爭，以及以色列—哈瑪斯戰爭等國際事件。同時，佳龍個人的公職也有所變動，從交通部長、無任所大使到總統府祕書長，並於 5 月 20 日賴清德總統的第一任新內閣中進入外交部，迎接新挑戰。這幾年，由於國內外環境的巨大變遷和各項職位歷練，我的思維和見識也不斷調整、修正和進步。這些個人生涯和世界局勢的變動情況，都是過去所未曾有的特殊經驗，也是本書寫作的主客觀背景。

2022 年 10 月，我完成了《印太新秩序下的台灣之路：數位時代的產業最適棲息地理論與雙螺旋策略》一書，提出產業棲息地與雙螺旋理論，分析「5+2 產業」與「六大核心戰略產業」，這也是聯合艦隊國際雁行理論的一部分。

AI應用與背後的晶片與半導體技術，驅動了傳統商品功能改變，從宏碁創辦人施振榮先生的「以終為始」的觀點，這些科技是可以改變使用者體驗，並且足以提升消費者願付價格的關鍵科技，並改變整個供應鏈行為，從設計架構（architecture）到「系統化組合」的創新，建構一系列的智慧化組合商品，例如智慧醫療、智慧製造、智慧交通乃至智慧城市等。本書延續這些思維，論述穩定的生態系統將作為聯合艦隊在商品設計思想與「系統化組合」上的製造基地，也是前進海外市場的出海口。

　　聯合艦隊商業模式改變了過去傳統貿易型態，最大原因在於半導體晶片與AI技術提供了智慧化能力，促使跨業商品可以透過「系統化組合」方式，形成新的功能價值創造、新的效用價值傳遞以及新的商業價值獲取。單一企業提供單一商品的貿易型態曾經為台灣產業開拓海外市場，現在的聯合艦隊新商業模式則是透過企業間合作協力的「系統化組合」方式航向國際，這將為台灣產業開闢第二條貿易發展路徑。我們有能力以聯合艦隊模式進行國際貿易，其理由在於台灣擁有產業結構的完整性，和企業在商品製造上兼具整合設計與模組設計的競爭實力。整合型設計採取「性能重視」的顧客選擇策略，而模組型設計則是以「價格重視」作為顧客選擇策略，聯合艦隊能夠兩者兼具，以靈活且具彈性的方式提供「系統化組合」商品的競爭優勢。在這樣的思維之下，聯合艦隊能夠透過不同形式的「系統化組合」，為台灣企業創造出無限商機，為台灣產業發展開創新格局。

　　繼續從產業最適棲息地到聯合艦隊的理論思維，是佳龍近十年來在不同環境與不同職位歷練下所領悟到的成果。從實務與政策的觀察到政治經濟理論的形成，這些都是我在學術訓練時期所養成的思維，更是我擔任各項公職所呈現工作歷程的一部分。站在歷史關鍵的時間點，我深信台灣的經濟產業將在未來數年歷經一場永久性轉變。因此我近年來積極以台灣智庫與大肚山產業創新基金會等公益平台，推動以跨業合作系統化，作為推動台灣產業發展的一種模式，這也是我提出聯合艦隊的原始構想。透過商品設計思想的靈活運用，搭配台灣半導體晶片與AI科技實力，為聯合艦隊提供強大的國際競爭力，艦隊所搭載的系統化商品組合，可以對應國際市場的各方需求。

新國際雁行聯合艦隊理論架構成形

2022年1月5日，蔡英文總統特聘我為無任所大使，賦予我以「數位新南向」開拓海外市場的神聖使命。這個任務有助於將聯合艦隊的理論架構延伸至海外，也構成本書重要主軸的理念，即所謂「新國際雁行」。

日本經濟學者赤松要（Kaname Akamatsu, 1896-1974）博士提出的「雁行型發展」（flying geese pattern of development）經濟理論已經超過九十年，期間歷經了三次變形，每次變形都能有效說明國際經濟發展樣態。但從2020年起，在高科技與國際局勢的快速轉變之下，地緣政治的典範轉移促發經濟產業上的連鎖反應，也引發了商業模式上的典範轉移。傳統「雁行型」理論已經無法充分說明今後全球經濟發展模式，台灣正面臨著嚴峻的國際情勢挑戰。我認為，在思考國家永續發展時，必須提出一套新的「雁行型發展」模式以應對之，「聯合艦隊‧新國際雁行」就是在這樣的情況下所形成的理論。

本書分析聯合艦隊的商業模式在於可以促進整合國內企業的優勢技術，並透過合作平台提升研究創新的效率。以穩定產業棲息地生態系統作為製造基地，並建立公私部門聯合的創新體系作為推動引擎，進行國內產業的雙軸科技轉型，並可擴大國內外需求，帶動雙螺旋經濟效益。同時，聯合艦隊的海外雁行秉持「包容性」的人文價值，與國外企業和當地勞動者建立合作夥伴關係，促進文化交流和理念共享的深層發展，以增進實質的經貿外交關係，聯合艦隊國際雁行具備了台灣的軟實力。在國際地緣政治與經濟社會發展的因果之鏈上，一切事物之間彼此相聯繫，沒有任何事實能被單獨考量，這也是我在建構本書內容時所秉持的基本態度。

本書論述的理論基礎，呈現了多層次觀點建立的分析架構。其內容除了第一章〈緒論〉說明本書的理論架構與觀點之外，分成三大部分：由第二章到第六章構成第一部分的「總論」；第二部分為「產業別案例分析」，範圍從第七章到第十一章；最後的第十二章構成第三部分的「新國際雁行聯合艦隊產業戰略的價值」，這也是本書課題的總結與展望。

聯合艦隊與新國際雁行：從地緣政治到商業模式的全新典範

　　首先在第一章〈緒論〉中，描繪地緣政治轉變所產生的連鎖反應，再談論半導體晶片AI革命引發商業模式的典範轉移。〈緒論〉採用的理論觀點包含了以產業棲息地理論作為聯合艦隊的生產創新基地，再以技術創新發展路徑分別說明典範持續型與典範破壞型的立論基礎，將聯合艦隊定位為雁行型態發展的第四型態，這也是地緣政治典範轉移下，半導體晶片與AI科技新組合的發展模式。由於聯合艦隊是透過企業間協同的合作方式進行海外雁行，利用多國籍企業觀點分析生產工程的國際統合進行貿易，同時利用企業組織內（間）學習理論強調交流與制度化學習模式之必要性。我深刻了解公部門參與產業發展的重要性，眾多國家也常以國家資本推動產業政策，協助企業發展與創新，例如美國、英國、日本或是以色列等國家，台積電草創之初也是在政府的資本和技術支持之下，建立並鞏固我國半導體晶片的偉大事業。所以在〈緒論〉提出創業型國家理論如何融入聯合艦隊之中，以及如何牽引艦隊啟動國際雁行。

　　接著是本書第一部分「總論」，包含以下五章：

　　第二章〈航向世界新秩序的國際雁行〉的內容中，透過對新南向、中東歐等區域國家的經貿往來，探討台灣優勢產業與高科技產業成長因素，分析國際間產業互補性以利海外市場的開拓。之後，再進一步思考，台灣如何利用高科技的創新優勢，以半導體晶片與AI技術巧妙應用在各種產業之中，並提出跨企業聯合艦隊的商業模式，作為迎向未來的新經營典範。為了確認我國與國際間經貿往來的效益規模，在2022年我與研究夥伴在國際學術研討會上共同發表了研究成果，以新南向的東協國家作為分析對象，採用高科技產業歷年貿易發展等各項資料，透過實證分析進行台灣與新南向國家間因果關係檢定，再推估雙方經濟誘發的雙螺旋效應。

　　第三章〈新國際雁行聯合艦隊基地的形成〉是以建立產業棲息地生態系統作為企業籌組聯合艦隊的基地，這些系統包含了人力資源、行政部門以及穩定產業棲息地的形成機制等要素與制度比較利益。聯合艦隊的推動，需要私部門人才培育融入於「產官學研」人力資源生態系統之中，同時強化行政部門在這

方面的人才養成。一套產業棲息地穩定生態系統架構需要經歷產業靜態環境的建置、產業動態戰略的實踐以及穩定生態系統機制等三階段過程的考驗。其間，國家創業投資機制扮演在產業發展的投資風險與報酬社會化之間取得平衡分配，其目標不是針對少數企業的獲利，而是在於推動整體產業發展的一套策略。

另一方面，聯合艦隊商業模式需要具有一套靈活有效的編制與組織運作，這在本書第四章〈聯合艦隊組織運作與組織間學習〉中會詳細討論。首先，分析以聯合艦隊內部生態系統「協調」機制建立企業間的價值結構，並能隨著外部威脅與市場環境變化，修正價值結構並建立新的共識，完成內部生態系統的轉型。由於聯合艦隊是屬於跨業企業內（間）的結合體，需要在具備共同價值、共同目標以及共同規範下集體行動，因此本章討論如何形成企業組織學習準則的「融合‧融和」機制。透過巧妙結合各企業內部存在的「異質化」與「同質化」的技術與管理能力，加上多元企業文化與經驗等優勢條件整合管理策略目標，擴大國際市場的需求。這套學習機制將是聯合艦隊達到組織間最佳均衡狀態的重要方式。

聯合艦隊國際雁行需要設置海外經營據點進行雙方的經貿活動，在第五章〈聯合艦隊海外據點與經營模式〉是從新DIMEs模式架構說明海外經營據點設置，擴展海外經貿與國際外交的活動。本書中的新DIMEs模式，當中的「D」是以聯合艦隊經貿實力強化實質外交（diplomacy）；「I」是以科技商品建立與各國之間的情報（intelligence）安全；「M」是透過多國籍企業海外製造（manufacture）契機，鏈結與各國間建立國際產業軍團；而「E」則是發揮雙螺旋機制，建立與國際間經濟（economy）發展關係。最後的「S」是以聯合艦隊海外雁行模式推動「包容性」人本主義價值的軟實力（soft power），透過與當地企業和勞動者之間交流，建立緊密合作夥伴關係，實踐我們一直堅持的「Taiwan Can Help, and Taiwan is Helping!」人道關懷。另外，在聯合艦隊海外據點的經營模式上，由於地緣政治和國際分工體制的改變，本章提出可評估設置跨國企業法人的可能性，這將有助於國內企業降低經營風險，除了可減輕對單一市場或國家的依賴程度之外，還可以提高對外經貿活動的抵禦風險能力。

　　傳統國際貿易方式大部分是以企業雙方的單一性項目進行交易，由於高科技創新技術與AI化帶來產品系統化趨勢，使得貿易型態有了變化，未來商業經營將建立新典範。本書在第六章〈「新國際雁行聯合艦隊」整體戰略分析〉討論透過聯合艦隊模式的資源整合、風險分散、提高產品價值以及促進創新等優勢開拓國際市場。過去經濟發展過程，很多時期建立在「資本累積理論」（capital accumulation theories）與「吸收同化理論」（assimilation theories）之上，今日的台灣則可以透過產業棲息地生態系統形塑企業組成的聯合艦隊方式，建立企業間的交流與學習取得彼此之間的共識，建立組織內部的共同價值前進海外市場。本章從外部環境、政府角色到企業組織內部因素建立五項構面，採用DEMATEL-ANP策略模型分析聯合艦隊國際雁行發展路徑，這是在「新政治經濟學研究室」歷經二年共同研究的成果，並發表在2023年國際學術研討會上。本章思考利用科技產業優勢經貿團隊，在「共生、共榮以及共進化」的跨業組織生態系統下，為台灣海洋貿易開啟另一道國際航線，建立海上經貿藍圖的新嘗試。

高科技產業聯合艦隊：台灣在全球競爭中的戰略與實踐

　　本書第一部分「總論」主要論述架構和核心理念。接著，沿著上述思維進入第二部分「產業別案例分析」。高科技相關產業應用範圍極為廣泛，除了需要半導體晶片之外，還需透過ICT、IoT、AIoT等技術配合，無法全部涵蓋在本書探討之中。因此，我選擇了其中的半導體、晶片以及AI（第七章）、智慧醫療（第八章）、智慧城市（第九章）、電動車（第十章）以及無人機（第十一章）等部門作為聯合艦隊的分析案例。

　　典範轉移下的晶片戰爭促使台灣的半導體、晶片以及AI技術產業地位變得重要且珍貴。在第七章〈半導體晶片與AI聯合艦隊〉中，從半導體晶片與AI產業結構分析相關產業與企業分布，進行國際半導體供應鏈比較，再進一步定位台灣在這方面的產業特質與競爭力。之後探討半導體晶片、AI聯合艦隊的組成意義，這也是透過聯合艦隊商業模式進行對台灣半導體定位的新價值。有人

說半導體、晶片以及AI產業之間的關係如同一座森林生態系，其實連半導體所使用的材料產業也存在另一座森林生態系統。這些生態系統結構複雜，成員眾多，各自擁有高超技術，形成了一座「半導體‧晶片‧AI」的生命之網。參考吳聰敏教授《台灣經濟四百年》（2023）一書，以1960年代算起，台灣經歷了超過六十年的製造能力磨練，所累積的經驗與能力奠定了今日的產業實力，具備組成半導體晶片、AI聯合艦隊的可能性。聯合艦隊的企業組合不啻是一個小型產業生態系的縮影，產業棲息地生態系統可視為高科技創新下的新型產業群聚，當前國際間的競爭可視為產業生態系統的競爭，晶片製造能力上的競爭就是典型代表。

　　現代化國家的表徵可以展現在完善的醫療體系上。隨著科技進步開發各種新型醫療設備，除了需要高度醫療技術水準之外，更需要智慧化的科學技術，結合這兩項將是台灣的產業優勢。第八章〈智慧醫療聯合艦隊〉透過台灣智慧醫療系統中的產業關聯結構分析，並考察智慧醫療聯合艦隊的新國際雁行進展狀況，包含「七國十中心」的新南向國家智慧醫療與醫療衛生合作計畫、智慧醫療系統示範點、遠距醫療示範點等，檢視智慧化應用領域與代表企業結合形成聯合艦隊海外擴展。智慧醫療系統需要生理監測儀器、醫療影像、醫療資訊系統以及雲端運算平台等相關設備，本章以實例分析智慧醫療聯合艦隊，透過高科技優勢整合各項資源，提供智慧醫療系統化輸出國際，擴展台灣智慧醫療產業商機。

　　智慧醫療、智慧交通、智慧農業、智慧製造以及無人機防災等各項高科技領域相互配合，共同促進全面性智慧化發展型態，是形成一座完善智慧城市體系的基礎。本書編定第九章〈智慧城市聯合艦隊〉，以多元智慧產業討論智慧城市體系的建置。達成智慧化功能需要具備各項條件，例如數據共享和整合、資源優化和協同作業、智慧服務和應用場景以及風險防範和應急處理等。這意味著智慧城市聯合艦隊的形成需要透過龐大企業間的協力，才能提供不同技術與專業的商品設備，從製造業擴展到服務業的合作關係，是極具高度複雜化跨業系統整合的一項工程。分析智慧城市聯合艦隊整合範圍，本書從上游（基礎材料與技術提供）、中游（技術整合與應用開發）到下游（最終產品與服務提

供）等完整生產鏈，並透過中華電信公司在新南向區域智慧城市的布局（例如，設置智慧桿示範點、智慧保全系統計畫、智慧製造或是智慧農業等）案例說明。新國際雁行聯合艦隊的智慧城市系統化輸出，具有海外產業聚落與產業鏈的形成，並能促進台灣產業韌性的功能。

交通運輸工具發展趨勢朝向電動化與智慧化，這兩項革新需要有半導體及電子製造服務（EMS）領域為汽車電子和智慧駕駛系統提供技術基礎。台灣在電動車的研發製造初期，有眾多相關企業參與其中，它們各自在整體供應鏈的產業生態上扮演著不同角色。例如資訊通訊技術，台灣擁有研究開發與製造方面的豐富經驗，這對電動車產業的發展極其重要，其中電子、電機以及電控等生產要素都是目前台灣具有極大優勢的產業。本書第十章〈電動車聯合艦隊〉分析了電動車的產業分工與產業結構，並介紹MIH聯盟模式串聯全球電動車產業鏈，再進一步分析聯合艦隊將如何結合台灣產業鏈優勢擴展海外市場。電動車產業導入智慧化所需的科技與法律規範變得更加多元與複雜，聯合艦隊模式應以整合產業鏈優勢、建立跨國合作橋樑，以及拓展銷售與服務網絡等三大策略為基礎。本章分析透過ICT資通訊相關企業的電動車產業分布，評估電動巴士關鍵零組件國內製造能量，並探討電動車聯合艦隊的新國際雁行，提出巴拉圭投資合作是通往南方共同市場的有效路徑。巴拉圭的DMIT示範型計畫（在台灣設計&製造），是以多元化產品組合與經營合作模式，提升台灣電動車產業的持續發展，也為本國企業在海外市場奠定發展的基礎。

近十幾年來，無人機在各行各業中的應用日益普遍，尤其在監視、測量、搜救和運輸方面尤為顯著。特別是在亞塞拜然與亞美尼亞的「雙亞衝突」以及烏俄戰爭爆發後，無人機的偵測與反制功能被視為防衛國家和戰場安全的重要戰略工具。無可否認，無人機的研發製造已成為台灣未來發展的重點產業。

台灣在半導體晶片和AI技術上擁有豐富經驗和先進製程技術，這些都是無人機系統中的關鍵零組件，例如控制系統、感測器和資訊模組。台灣有能力提供高性能與低功耗晶片來執行無人機的各項任務，並透過研究創新滿足國內外市場需求。因此，本書特於第十一章〈無人機聯合艦隊〉專文闡述，這也是台灣五大信賴產業的發展重點之一。

　　無人機需要各種電子產品配件和功能軟體，這些配件與人工智慧系統的結合，展現出極為複雜的專業領域和跨企業合作。本章從半導體晶片、AI與無人機一體化產業結構的整合產業鏈與技術能力、推動跨領域合作與研發、人才培育與教育體制以及建立完善的生態系統等方面進行分析。接著，討論如何從半導體晶片、AI和無人機聯合艦隊打造安全、可信賴的韌性供應鏈。透過行政部門與民間業者的國際合作，以強化無人機聯合艦隊的韌性，並制定國內外相關單位業者的合作目標及策略。

　　第十二章〈**AI新時代的國際雁行聯合艦隊**〉，討論了本書第三部分「**新國際雁行聯合艦隊產業戰略的價值**」，總結聯合艦隊新國際雁行戰略。我認為聯合艦隊模式可以為台灣產業發展開創新的契機。我過去曾提倡穩定的產業生態系統，並以此作為企業組成與商品組合的國際雁行基地。半導體晶片與AI技術強化了聯合艦隊建立系統化、一體化和智慧化商品的新結合，成為一種新的商業經營模式。

　　全球地緣政治與經濟結構的變遷，開啟了聯合艦隊新的國際雁行。完整的產業生態鏈優勢，是聯合艦隊企業組合的利基，以數位新南向作為國際雁行的第一站。在美國為首的新全球化架構下，台灣應順勢開闢新的海外市場，例如西向中東歐或南亞印度等區域，彈性策略調整可有效開拓新航道，尋找新的國際雁行棲息地。

　　AI革命促使聯合艦隊必須隨時進行商業模式的創新與轉型，探索如何在價值創造（value creation）、價值傳遞（value delivery）和價值獲取機制（value capture mechanisms）中扮演關鍵角色，建立產業戰略新價值。聯合艦隊組織間形成相互依賴關係，這是難以在其他地方複製的一種集體共同投資的企業型態。這些合作企業需要相互作用，以實現共同的價值主張。本章從AI、價值與聯合艦隊商業模式生態系統之間的關係，透過「探索」與「利用」的商業模式創新討論聯合艦隊面對組織的重構（reconfiguration）、振興（revitalization）到韌性（resilience）的創新過程。

　　聯合艦隊合作企業強調「探索」與「利用」組織學習方式，須具備吸收能力與結合能力（combinative capabilities）。同時，創新需要經過內部與外部

推動AI功能、AI價值以及AI生態系統等三項轉型，並確認產業生態系統是否能產生重新配置、振興以及創造生態系統的韌性，完成聯合艦隊的生態系統轉型（ecosystem transformation）。

信賴台灣與價值外交的新時代

　　前面章節多以聯合艦隊分析新型態商業模式，本書最終章則將焦點放在聯合艦隊如何打造台灣的經貿外交新模式。過去台灣常派遣農耕隊、醫療隊前往邦交國，協助當地居民開墾、種植，並教導農業技術，以及舉行巡迴義診，這些活動一直是鞏固邦誼的重要外交模式。現在更可以透過我國產業優勢組成「經貿國家隊」，整合各種資源與技術能力的外交聯合艦隊，聚集來自不同產業部門與企業的專業技能，穩健推動外交，實現台灣價值理念。這是以「系統化組合」科技商品協助邦交國與非邦交國的經濟社會發展，以互惠和平原則，為台灣與國際友人搭起一座永續合作的橋樑，智慧化聯合艦隊的外交經貿既是推銷台灣的一種創新模式，也是開啟「信賴台灣」與「價值外交」的新時代。

　　上述為本書各章的簡要內容，也是我在擔任各項公職期間所累積的實務經驗成果。2022年出版的《印太新秩序下的台灣之路》探討了蔡英文前總統提出的「5+2產業創新」、「六大核心戰略產業」的政策，並評估了我在擔任無任所大使時期「數位新南向」政策的經濟效益。但世界經過多重領域典範轉移後，內外環境產生極大變化，對台灣未來發展的新課題也一一浮現。我認為需要建構一套思維邏輯來因應，我殫精竭慮地思考，亟欲尋找出符合台灣產業優勢的最佳經貿模式。經過多次與企業代表和專家學者的對談，我嘗試提出以聯合艦隊國際雁行新商業模式，作為台灣擴展海外市場的可能性，這是撰寫本書的主要動機。

　　在本書即將完稿之際，賴清德總統任命我擔任外交部長。一直以來，人們視我為政治工作者，但在此之前我也是社會運動者和大學教授；對我而言，過往那些身份和職務，不僅是我生命熱情與人生理想的付出與追求，更是令我終生受益的學習歷程。在前部著作《印太新秩序下的台灣之路》的〈結論〉中，

我借用印象派畫家高更的代表作題目《我們從哪裡來？我們是誰？我們往哪裡去？》，描繪台灣面臨多變的國際政治與經濟局勢時的困境與思考，接下來我也將順著這個思路，思考台灣的經貿外交戰略。聯合艦隊模式除了能夠帶來產業發展與經濟效益外，也帶來實質經濟外交（economic diplomacy）的效果。聯合艦隊思維架構也包含在海外成立經營據點，與當地企業和人民建立合作夥伴關係，這也是推動公眾外交（public diplomacy）的一環。透過聯合艦隊建立跨國企業鏈結與國際之間的關係，能夠事先掌握當地國家已經實施或預計實施的政治與經濟措施，有助於提前布局創造新的機會。

雖然地緣政治與地緣經濟使得歐美等國改變了全球大戰略結構，國際關係各領域依然充滿眾多參與者，特別是在AI科技時代，使得一般民眾也能參與政治和經濟社會生活，聯合艦隊的海外據點企業因此可以發揮極大影響力。

這幾年在地緣政治的戰略布局中，台灣無法避免地處在漩渦或熱區核心；另一方面，因先進製程半導體晶片使得台灣成為各國爭相邀請投資的對象。這些轉變也使台海安全成為國際化與多邊化的問題，大幅提升台灣在國際上的地位，增加經貿與實質外交的機會。傳統外交的做法正在改變，聯合艦隊商業模式正逢其時，以科技產業實力展開海外雁行，透過經貿外交推銷台灣魅力，拉近與他國人民的距離，爭取國際對我國的外交支持。這也是我在本書中所提DIEMs模式中的「S」，以軟實力作為國際經濟與外交往來的橋樑。台灣已具有中型國家的實力，並進入中等強國（middle power）之林，我常與研究團隊思索在地緣政治、地緣經濟和全球戰略架構下，台灣如何維持在各領域的競爭力，創造出穩定的外交環境。本書的分析過程證明，台灣的半導體晶片與AI技術為基礎的科技產業在全球舉足輕重。在地緣政治體系與地緣經濟體系的全球棋盤上，我們有能力參與民主國家共同建立的合作架構，進行中型國家外交（middle power diplomacy），擔負起世界公民的責任，成為世界「不可或缺的國家」。因此，聯合艦隊需要建立中型國家的國際戰略座標，透過國際雁行強化經貿外交體質並提升韌性，透過數位時代多邊外交創新進行數位外交（digital diplomacy），巧妙運用科技驅動型外交（technology-driven diplomacy），讓台灣成為印太戰略區域的民主橋頭堡（democratic bridgehead）。

誠如前述，聯合艦隊新商業模式兼具經濟和外交的雙元性質，為了達成這兩項課題，本書從研究觀點、理論架構到內容分析的形成，歷經與指標性企業家的對話，確認理論與實務之間的差距；與台灣智庫同仁定期討論，進行內容架構的調整與修正；或是經由智庫舉辦的研討會，豐富內容多元觀點。換言之，聯合艦隊商業模式的形成是經過這樣的過程累積而成的成果，一部分研究也連續兩年在國際學術研討會上發表，吸取更多專家學者提供的珍貴意見，精進這套理論的適用性。

在本書即將付梓之際，我要感謝過去幾年來許多人與機構給予我極大的幫助與鼓勵，感謝你們使得本書的研究與撰寫成為佳龍最棒的經驗。

我要感謝財團法人台灣智庫及優秀同仁團隊，在地緣政治的國際戰略問題上提供豐富資料，讓我有機會參與多場研討會，聽取專家學者的寶貴意見，使聯合艦隊理論架構更加完備。特別感謝台灣智庫執行長呂曜志先生，他提出獨特的國際戰略觀點，並協助〈新雁行產業策略〉系列文章的發表，使本書論述與分析更具深度。感謝財團法人大肚山產業創新基金會，在新冠疫情嚴峻時提供跨業整合相關實務資訊，使聯合艦隊在海外經營據點的想法具體化，落實經濟與外交雙元任務。我在任職總統府祕書長期間，有機會參與「戰略型產業國際合作專案」，感謝前總統府資政沈榮津先生、行政院祕書長龔明鑫先生在專案會議中協助企業擴展海外市場，為本書分析聯合艦隊企業生態系統提供關鍵行政支持；他們也提供了不少關於中東歐與中南美洲市場的資訊，我深深感激。同時，感謝台灣大學張培仁教授，協助本書在半導體晶片和AI技術問題上，提出對台灣產業與聯合艦隊發展的眾多建議，特別是對中東歐市場的關注，這也是國際雁行的新航道。感謝外交部同仁協助行政院經濟外交工作小組的籌備和運作，積極推動「榮邦」計畫，使得台灣經驗輸出友邦，並能在友邦落地，帶動友邦當地產業的繁榮發展，創造人民就業機會，建立更穩固的實質經貿外交關係。最後，特別感謝賴清德總統、宏碁集團施振榮創辦人、鴻海科技集團劉揚偉董事長，力晶科技黃崇仁董事長以及行政院龔明鑫秘書長為本書撰寫推薦序，並在本書寫作的過程中，給予政策支持和提供寶貴建議，充實本書內容，在此致上最大謝意。

　　本書的思維架構主要是在台中「新政治經濟學研究室」讀書會上形成的。將近五年，佳龍與朝陽科技大學財務金融系洪振義教授，不定時利用假日相聚，在研究室裡交流討論。我的專業涵蓋比較政治學與政治經濟學，對產業政策特別感興趣，對聯合艦隊國際雁行的政策效果尤感好奇。洪教授提供數理模型協助，推估數位新南向雙螺旋經濟規模，從數據中描繪出聯合艦隊國際雁行的戰略路徑，讓本書能以理論與實證兼顧的科學研究方式進行，在此致上謝意。

　　還有感謝秀威資訊公司宋政坤董事長和編輯同仁的協助，貢獻許多心力，使本書能以精美面貌呈現給讀者。

林佳龍　謹誌

2024年7月於台灣智庫暨大肚山產業創新基金會

Chapter 01

緒論：本書分析觀點與理論基礎

新時代新戰略是台灣必須選擇的道路。本書所指的「新時代」是地緣政治已經產生結構性的變化，同時半導體、AIoT、ICT等科技創新已經改變了企業與市場的經營商業模式，而這股潮流逐漸蔓延到全世界；這是因為過去的傳統貿易方式如今已無法滿足新時代的需求，企業的生存與國家的發展需要一套新戰略作為引導方針，這也是本書的分析動機。

本章將以新時代發展背景進入「分析觀點」，以「理論基礎」建構本書所提出新戰略的論述依據。在這之前，我出版的《印太新秩序下的台灣之路》（2022）[1]，也是構成本書論述基礎的一部分，此乃為前後呼應新時代新戰略國家發展藍圖。

一、分析觀點：新時代的典範轉移

本書所謂之「新時代」是基於世界局勢產生結構性的變化，涵蓋了政治與經濟層面，並在各層次衍生出典範轉移（paradigm shift）的現象，它改變了國際政治與國際經濟，使得企業在生產與市場行銷等商業模式也都必須重新調整才能取得有利的位置。而新時代典範轉移之形成來自多元因素，圖1-1說明進入新時代的典範轉移可以劃分為地緣政治、經濟發展以及商業模式三個層面，而三個層面之典範轉移產生的因素也各不相同。

---

[1] 林佳龍（2022），《印太新秩序下的台灣之路：數位時代的產業最適棲息地理論與雙螺旋策略》，台北：釀出版。

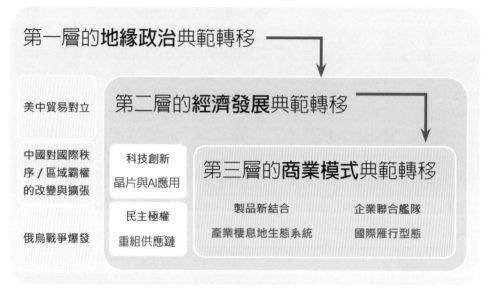

圖1-1　地緣政治、經濟發展以及商業模式的典範轉移
資料來源：林佳龍繪製。

　　2020年以來美中貿易衝突日益激烈，加上全球COVID-19疫情蔓延，開啟了地緣政治變化序幕；之後，從地緣政治變化到典範轉移，其主要因素在於中國欲改變國際秩序，以及區域霸權的擴張，加上俄烏戰爭爆發更加深了歐亞區域各國對霸權國家的憂慮。同時，經濟發展模式上也產生了變化，一方面來自科技創新，例如半導體高先進製程的晶片開發，生成型人工智慧與量子運算結合，促進商品的創新與新結合；另一方面，來自地緣政治的變化造成自由民主與極權專制意識型態上的衝突，去紅色供應鏈儼然成形，經濟發展型態由過去全球化體系轉為有條件限制的全球化，世界生產鏈重組已經無法避免。因此，世界經濟發展型態有了改變，有別於過去全球化下的國際分工體制，進入典範轉移的新經濟發展模式。國際上的地緣政治與經濟發展產生本質上的結構性轉變，其結果便是國內外市場也必須因應這些轉變所帶來的挑戰，各企業無論是在生產製造或是在銷售流通等商業經營模式上，都需要順應時勢做出必要的調整和改變。其中，數位科技創新已經成為企業因應市場所需的商業模式

典範轉移的重要因素[2]。地緣政治、經濟發展以及商業模式的典範轉移三者之間存在緊密關係，其影響機制就如同多層次視角（multi-level perspective, MLP）理論[3]。MLP多層次思維就是透過由外向內的社會—科技場景（socio-technical landscape）、社會—科技體制（socio-technical regimes）以及棲位（niches）等三個層次共同作用下，對市場、產業以及企業衝擊與創新的過程[4]。以下將更進一步分析上述三種典範轉移的過程，以及其所產生的影響層面。

（一）地緣政治的典範轉移：DIMEs模式綜合國力的國際發展

　　針對地緣政治產生變化，我在不同時間點的其他場合上也提出過一些見解[5]，由於國內外政經局勢隨著時間軸的變化，需要將分散的「點」連成「線」以構成完整的「面向」，這會有助於本書說明地緣政治進入典範轉移的新時代。

　　2017年美國總統川普為了遏止中國對美國知識產權的侵害、平衡兩國之間貿易逆差，以及促使製造業回流提升國內就業，開始發起對中國的貿易戰爭，揭開地緣政治變化的序幕。早先，一般人大都單純地認為這只不過是美國與中國之間的經貿問題，但時任美國安全顧問的赫伯特・麥馬斯特（H. R. MeMaster）卻在《全球戰場》一書中指出，美國早在2017年4月就已經制定了對中國的長期戰略，而在11月8日川普訪問北京之後更加確定地緣政治即將有很大的轉變[6]。

---

[2]　關於數位科技創新的討論，請參考我的另一本著作《印太新秩序下的台灣之路：數位時代的產業最適棲息地理論與雙螺旋策略》（2022），在第三章與第五章有詳細分析。

[3]　Geels, F.W. and Schot, J.W. (2007), "Typology of socio-technical transition pathways," *Research Policy*, 36(3), pp.399-417.

[4]　參考林佳龍（2022）的〈緒論〉，頁36-40。

[5]　請參考我在《新政治經濟學：理論與政策的解析》（2020）、《奔海：台灣智庫二十年》（2021）、〈從產業最適棲息地理論看數位新南向的包容性新思維〉（2022）、〈以DIMEs架構推動數位新南向國家級戰略〉（2022）、〈安倍與李登輝「正常國家」的未盡之夢〉（2022）、《印太新秩序下的台灣之路：數位時代的產業最適棲息地理論與雙螺旋策略》（2022）等著作。

[6]　參考赫伯特・麥馬斯特著、譚天譯（2022），《全球戰場：美國如何擺脫戰略自戀，面對全球七大安全挑戰？》（*Battlegrounds: The Fight to Defend the Free World*），頁113-174，台北：八旗文化。

　　中國從鄧小平改革開放時期的「韜光養晦」，轉換為「積極有為」作為在亞洲建立中國秩序的戰略方針。之後，2017年川普當選美國總統，2020年英國脫歐，2020年全球COVID-19疫情失控蔓延，乃至2022年俄烏戰爭爆發，中國竟認為這是「百年未有大變局」，更加認定世界局勢已經進入「東升西降」格局，並斷定全球政治「大西洋時代」即將結束。在這樣的背景之下，中國以「實現中華民族偉大復興」口號，欲建立全球治理新體系作為大戰略全局。一方面中國在西太平洋建立區域性霸權，另一方面透過經濟實力與政治權力挑戰全球新秩序。中國更以倡導「人類命運共同體」作為包裝，並號召「全球夥伴關係網絡」欲建立全球新治理與全球新秩序的領導地位，以「一帶一路」計畫作為強制力、誘發共識以及正當性的控制型態。

　　中國欲建立區域與全球的新秩序霸權國家以取代美國，有三項戰略可作為顛覆西方對世界的影響力：第一項戰略是削弱霸權國家對控制型態的運用（1989-2008），第二項戰略是建立對他國的控制型態（2008-2016），第三項戰略是全球擴張（2017年至今）樹立國際領導地位。然而，2019年的香港「反送中運動」引發國際上對中國遵守《中英聯合聲明》（Sino-British Joint Declaration）[7]承諾的疑慮、COVID-19病毒蔓延全球，以及俄烏戰爭所引發國際局勢的動盪，加上中國挾著經濟發展增強國力之際，以「戰狼外交」的模式與擴展軍備企圖形塑全球新秩序。中國全球霸權大戰略涵蓋了各種領域，從中國共產黨到社會各層面皆建立了霸權思想與行動統一的體系[8]，這也促使美國在軍事與經濟的戰略上重新部署，進入一個嶄新的地緣政治架構，其中除了強化太平洋西岸第一島鏈的防衛，更將中國海權擴張的圍堵範圍延伸到澳洲、越南以及印度等國家。

　　地緣政治的變化不只是傳統的戰略區域，從東北亞南下延伸到南亞的印度、南半球澳洲等國家，構成所謂的「自由開放的印度—太平洋戰略」（Free and Open Indo-Pacific Strategy, FOIPS）[9]，這是美國因應地緣政治變局的新戰略。

---

[7] 　1984年中國與英國簽訂1997年7月1日將恢復中國對香港行使主權。

[8] 　杜如松著、李寧怡譯（2022），《長期博弈：中國削弱美國、建立全球霸權的大戰略》，台北：八旗文化。

[9] 　這是美國國防部於2019年6月1日公布《印太戰略報告》中提出的戰略方針。當時的美國總統川

此戰略概念可以追溯到2007年8月，當時日本首相安倍晉三在印度國會發表演說〈兩洋交匯之處〉（Confluence of the Two Seas）[10]中，強調兩大洋的自由和繁榮為有機地相融合的地方，這是安倍晉三首次提出的兩洋結合的戰略概念。美國主導印太戰略的具體展現在與各國之間的結盟，例如澳洲（AU）、英國（UK）和美國（US）三邊安全夥伴關係的AUKUS（2021年9月15日成立），以及美國、日本、印度和澳洲之間的非正式戰略對話的QUAD（2021年9月24日），四個國家聯合聲明「四方精神」，強調了對自由開放的印度一太平洋的共同願景。

到了2023年再加上俄烏戰爭的持續進行，美國更進一步強化對中國在軍事與經濟上的對抗措施。從美、日、韓三國之間戰略的重整可以看出，包含美、韓的〈華盛頓宣言〉（Washington Declaration）（2023年4月26日）和美、菲的「雙邊防務準則」（the bilateral defense guidelines）（2023年5月3日），以及之後的美、越以及美、印之間的會談，都著重在「致力於自由、開放、繁榮與安全的印太地區的共同承諾」。台灣本身關於國家安全的戰略目標核心則在於如何建立共生共進化的安全機制，而亞太戰略軍事的架構特徵則在於區域間共生機制的形成，是以第一島鏈延伸到了越南、印度以及菲律賓。

2023年5月21日，七大工業國集團（G7）領袖高峰會在日本廣島舉行，會後發表重點在於與中國關係上必須「去風險化」（de-risking）、供應鏈多元化的共識，取代過去與中國「脫鉤」（decoupling）的用語。不管是「去風險化」或是「脫鉤」，都顯現出國際主要國家對中國的國家發展戰略的轉變，從貿易與投資限制到對威脅國安敏感科技的保護措施，各國紛紛提出法案將其制度化，或是推出新的國家戰略。美國拜登總統在2022年10月12日發表《國家安全戰略》（National Security Strategy），這是以「一個自由、開放、繁榮與安全的全球秩序」（a free, open, prosperous, and secure global order）作為願景的戰略方針[11]，並將

普，與如今的總統拜登，都接受日本首相安倍晉三2007年所提出的印太戰略構想。

[10]　安倍晉三（2007），〈二つの海の交わり〉（Confluence of the Two Seas），インド国会における安倍総理大臣演說。https://www.mofa.go.jp/mofaj/press/enzetsu/19/eabe_0822.html.

[11]　The White House (2022), National Security Strategy, 2. https://www.whitehouse.gov/wp-content/uploads/2022/10/Biden-Harris-Administrations-National-Security-Strategy-10.2022.pdf.

印太區域定位為21世紀地緣政治的中心。在此戰略下，美國以經濟、外交、軍事和技術力量將中國視為全球唯一一個具有重塑國際秩序意圖的競爭對手，這是美國正式宣示國際地緣政治戰略的重大改變。同年12月23日拜登簽署《台灣政策法》（Taiwan Policy Act），該法中特別指出未來五年提供台灣一百億美元無償的軍事援助（每年二十億美金）；之後美國更進一步推動對台灣相關法案，《台灣保證實施法案》（Taiwan Assurance Implementation Act）、《中國不是開發中國家法案》（PRC is Not A Developing Country Act）、《停止強摘器官法案》（Stop Forced Organ Harvesting Act）、《海底電纜管控法案》（Undersea Cable Control Act）以及《台灣國際團結法案》（Taiwan International Solidarity Act）等。這些法案都與地緣政治相關，也是美國國家戰略的一部分，可視為美國對台灣政策的重大調整。

在歐洲的英國、法國以及德國等國家針對印太區域的安全與穩定也都提出若干戰略性做法，例如英國通過《國家安全法案》（National Security Bill）、法國國會提案將捍衛台海自由航行權納入建軍法案（2023年8月）、德國頒布《中國戰略》法案（2023年7月），其主要目的在於不放棄接觸的情況下以減少對中國的高度依賴。上述這些作為可以視為新時代到來，西方主要國家對中國戰略和基本政策的轉變。

中國引爆COVID-19疫情歷經三年多，病毒肆虐蔓延之餘甚且重創世界經濟，這是第一階段地緣政治的典範變化。之後的俄烏戰爭爆發，強權國家軍事力量的區域擴張進入第二階段地緣政治結構性變化，促成地緣政治的典範轉移，也加速自由民主國家的區域軍事戰略結盟，以及產業供應鏈的重組。在東北亞的日、韓與美國之間關係更加緊密，從美、韓與美、日再到美、日、韓三國的軍事聯合同盟頻繁互動當中，可以看出在亞洲區域的地緣政治已經產生品質上的變化。由於美國、日本與韓國三國同盟的戰略合作核心是建立在安全基礎之上，2023年8月18日美國總統拜登、日本首相岸田文雄、南韓總統尹錫悅在美國總統度假勝地「大衛營」舉行峰會，議題聚焦在中國與北韓的威脅，並於會後共同發表擴大安全和經濟關係，重申台海和平是國際社會安全繁榮不可或缺的要素，提出「大衛營原則」、「大衛營精神」與「協商承諾」等三份文

件[12]。從這些內容來看類似東北亞小北約，一旦形成確實對中國造成一定程度壓力。然而，美、日、韓三國如何能夠在飛彈防禦資訊上即時分享，共同面對中國、北韓以及俄羅斯三國愈來愈頻繁的軍事活動、如何建立集體處理區域挑戰機制的常態化、將「核共享・核保護傘峰會」制度化、如何在經濟安全上成立能夠測試供應鏈短缺的預警系統，建立一座「東亞堡壘」系統，實為三國關心所在。

美、日、韓的軍事與經濟結盟被視為是一項國家安全緊密結合的新篇章，當世界處於一個轉捩點，三國透過合作聯盟常態化與制度化方式作為因應。因應地緣政治的變化，美國的戰略布局更由東北亞擴大到印度太平洋的廣大區域，同時對中國的限制不僅止於在軍事上，甚至在科技技術與經濟投資上也多有規範與限制。近年來中國將海洋管轄領域延伸到南海區域，提升區域緊張局勢，特別是中國與菲律賓在南海島礁及海域主權爭議上。由於菲律賓與美國簽訂《美菲共同防禦協議》，並與日本建立相互准入協定（RAA），美、日、菲的軍事合作，將進一步強化美國外交國防政策中圍堵中國的第一島鏈的戰略布局。美國大幅強化與日本、菲律賓、澳洲和英國等盟友的雙邊條約區域網絡，被稱之為「網格」（lattice）。雖然台灣沒有加入這些雙邊條約，但與美國之間有《台灣關係法》，在功能上相當於一項安全條約，實質上是處在「網格」架構中的核心位置。

另一方面，2022年俄羅斯入侵烏克蘭，以及以色列與哈瑪斯的戰爭爆發等事件，使得國際對立局勢更加險峻，自由民主體制與極權專制的對峙壁壘分明，促進地緣政治結構性的典範轉移。從圖1-2 DIMEs的五個面向，可以看出自由民主的價值體制與極權專制的價值體制，在地緣政治改變下將產生後全球化發展模式的典範轉移。

---

[12] 這三份文件的重點在於建立三國之間的軍事合作、強化國際事務協調、三邊飛彈防禦與技術開發合作，並關注中國在南海的活動，以及對應北韓挑釁與核發展，同時加強與東南亞和太平洋島國合作關係等議題。

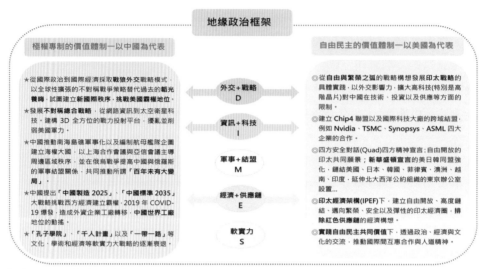

圖1-2　地緣政治改變下世界發展模式的典範轉移
資料來源：林佳龍繪製。

　　因此，表現地緣政治典範轉移的明顯特徵在於軍事結盟形成與去紅色供應鏈的經濟體制建立，「去風險化」就是選擇性地「脫鉤」，改變過去全面性的全球性思維，進入區隔化後的全球化框架，其中去紅色供應鏈的印太經濟架構（Indo-Pacific Economic Framework for Prosperity, IPEF）[13]就是一個典型例子。

　　上圖列舉了地緣政治改變下世界發展將產生典範轉移，對台灣未來發展的影響層面也可以從DIMEs五個面向努力，這是全方位的思考戰略，關於這個部分將會在本書的其他章節做更深入的分析與探討。

（二）經濟發展的典範轉移

　　上述地緣政治產生結構性轉變，促使過去國際分工體制的變化，特別在敏感型產業上朝向生產鏈的重組。同時，科技創新帶來國內外市場對新產品供需的變化，進而從生產到消費都會產生典範轉移。前者地緣政治因素改變了以中

---

[13]　由於美國與中國之間的競爭日益白熱化，美國希望加強與印太區域各國在經濟層面上更加緊密結合的戰略，IPEF將側重在「公平和有彈性的貿易」、「供應鏈彈性」、「基礎設施」、「清潔能源和減碳」以及「稅收和反腐敗」等課題上。

國為「世界工廠」的國際分工體制；後者科技創新主要來自半導體、先進製程晶片開發以及AI、量子計算等技術的進步等因素，大幅改變了產品創新，數位轉型就是當中的具體展現。

去紅色生產鏈的國際分工體制改變是地緣政治因素所使然的結果，從圖1-2裡面DIMEs中的I（資訊+科技）與E（經濟+供應鏈）的Chip4與國際科技大廠的結盟，或是印太經濟架構（IPEF）等，都是排除紅色供應鏈的具體經濟聯合行動。台積電創辦人張忠謀前董事長指出，國際新局勢已經邁向以「國家安全科技領先」及「經濟領先」的戰略架構，認為「全球化與自由貿易幾乎已死」、「自由貿易瀕死讓晶片業邁入不同賽局」，並對全球化做出新的定義[14]，這意味著過去全球化的內涵已經產生質的變化，以WTO為基礎的國際經濟架構已經不足以因應新地緣政治的需求。

另一方面，由於半導體的科技創新大幅改變多領域的運作模式，包含從生產方式到產品樣態的市場形成機制，甚至企業與企業之間、企業與市場之間、國內與國際經貿之間的鏈結方式等也都產生了重大變革。

（三）商業模式的典範轉移（科技技術的典範轉移）

數位科技建立在半導體、AI或是量子計算等技術能力高低的基礎之上，也是引導新時代經濟發展模式的關鍵條件，企業層級經營模式也因此將會邁向嶄新紀元。其中，數位轉型對企業影響層面涵蓋內部經營與外部鏈結的數位技術運作，此趨勢為創造商業模式典範轉移的重要因素。另一方面，在貿易型態上也受到重大影響，多元且日益精密的智慧化元素即將進入國內外市場商品需求之中，過去商業模式已經無法滿足來自各方的需求。誠如上述圖1-2當中，本書將商業模式典範轉移重點放在企業產品新結合與國際貿易的企業聯合艦隊，前者是企業的產品創新，後者是新商業模式的創造，兩者都是因應新時代經濟典

---

[14] 台積電創辦人張忠謀於2023年7月4日應邀出席工商協進會發表專題演講中指出，由於美、中兩國的貿易衝突以及國際戰略的矛盾，全球化必須重新定義，即「在不傷害本國國家安全、不傷害本國現在或未來科技經濟領先條件下，允許本國企業在國外牟利，也允許外國產業及服務進入本國」。

範轉移的企業革新。企業創新是帶動產業升級的重要關鍵，關於具體做法我在
《印太新秩序下的台灣之路：數位時代的產業最適棲息地理論與雙螺旋策略》
一書中提出產業棲息地理論，可以建立一套具有穩定性的產業生態系統[15]，企業
在這裡建立了典範持續型技術或是典範破壞型技術的市場戰略。將這些技術創
新成果擴展到國際貿易上，本書則提出新國際雁行聯合艦隊作為新商業模式前
進國際市場。在國內外政治經濟產生典範轉移，國際之間的貿易關係與產品型
態也會產生微妙的變化，這可以從過去傳統的三角貿易體制[16]觀察與比較獲得
其中差異所在，這將會表現在本書關於新南向、中東歐諸國的經貿合作章節之
中，不同區域國家將呈現不同產業的需求，也將印證典範轉移下國際間三角貿
易內涵與體制的變化。地緣政治的變化也即將對一些國家的貿易品項造成重大
影響，這將導致國際間貿易型態的轉變。從地緣政治產生結構性變化之後，以
美國為首的民主自由國家對中國、俄羅斯、北韓、伊朗等國的貿易品項採取更
嚴格的限制，主要在於高科技相關的戰略產品上。中國被視為世界製造工廠，
生產品目橫跨生活日常用品、醫藥相關、家電機械等設備，近年來在高科技、
AI領域相關產品大幅成長，例如電池、無人機或是低階晶片等。因此，一旦民
主自由國家聯合抵制中國，使之無法取得尖端科技技術、設備或是原料時，中
國將無法供給新經濟市場之所需，更且會衝擊整體經濟發展與產業轉型的可能
性，屆時將會改變過去的三角貿易型態。圖1-3為新三角貿易分工的關係，自由
民主國家的聯盟在尖端科技相關領域上，採取「去風險化」策略結果，改變了
21世紀以來的全球化風潮，二元貿易體制即將形成。

---

[15]　請參考林佳龍（2022），《印太新秩序下的台灣之路：數位時代的產業最適棲息地理論與雙螺
旋策略》，第四章與第八章內容，台北：釀出版。

[16]　「三角貿易」一詞在過去有眾多使用，其內容也有些差異，這裡所指的三角貿易是指：「三角
貿易國際分工形成機制來自幾種因素，例如成本、資本、技術或是制度。例如美國、歐洲及日
本等先進國家的企業，他們基於低工資考量在海外設置生產據點，包含母公司在內的企業出口
尖端零件、加工品及機器等設備到相對低成本國家組裝之後，再將最終產品出口到本國或是第
三地區國家，這就形成三角貿易的關係。」請參考林佳龍（2022），《印太新秩序下的台灣之
路：數位時代的產業最適棲息地理論與雙螺旋策略》，頁114-115。

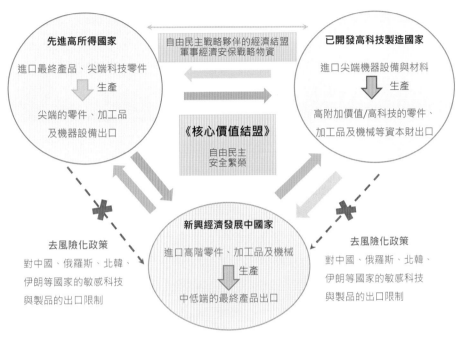

先進高所得國家

進口最終產品、尖端科技零件
生產

尖端的零件、加工品
及機器設備出口

自由民主戰略夥伴的經濟結盟
軍事經濟安保戰略物資

已開發高科技製造國家

進口尖端機器設備與材料
生產

高附加價值/高科技的零件、
加工品及機械等資本財出口

《核心價值結盟》

自由民主
安全繁榮

新興經濟發展中國家

進口高階零件、加工品及機械
生產

中低端的最終產品出口

去風險化政策

對中國、俄羅斯、北韓、
伊朗等國家的敏感科技
與製品的出口限制

去風險化政策

對中國、俄羅斯、北韓、
伊朗等國家的敏感科技
與製品的出口限制

圖1-3　新三角貿易分工體制的形成[17]
資料來源：林佳龍繪製。

二、理論基礎：跨業整合的新戰略

　　前面簡述本書分析觀點為跨業整合新戰略，重點在於產業創新基地（產業棲息地）、企業聯合艦隊以及海外生產據點等新組織型態的必要性和形成機制，本節將說明構成這些課題的相關理論基礎。

　　台灣戰後經濟發展期間除了韓戰（1950年）、越戰（1955年）以及八二三砲戰（1958年）之外，東亞國際局勢算是度過七十幾年的和平時期。誠如上述，眾多研究觀察出新興工業國家呈現多種的經濟發展模式，而承平時期則提供台灣穩健的成長機會。帶動經濟發展軌跡的因素會受時代環境條件的不同而有所改變，分析戰後台灣經濟發展的主要論點可分為「資本累積理論」（capital

---

[17] 地緣政治改變之前國際分工體制下的三角貿易關係可以參考林佳龍（2022），《印太新秩序下的台灣之路：數位時代的產業最適棲息地理論與雙螺旋策略》，第五章的圖5-1。

accumulation theories）與「吸收同化理論」（assimilation theories）[18]，前者屬於新古典經濟學派的主張，後者為熊彼得主義者進化經濟學的觀點，這些論點是在經濟路徑依存性（path dependency）的前提之下，證明了經濟動態的發展過程[19]。經濟結構從需求面來說，包含民間消費、企業投資、政府支出以及貿易的進出口等四大部門，其中透過生產要素的投入是支撐過去台灣經濟發展的重要動力，利用先進國家的技術與經驗的學習，對資本設備與人力資源的投資將可降低成本以及減少企業經營的不確定性風險[20]。台灣歷經如此長時間的經濟發展過程，經過「資本累積理論」的再投資與「吸收同化理論」外部技術的學習效果，除了發揮後進國的生產優勢，也提升了勞動生產力且培養了企業家精神，台灣經濟發展特徵也從勞力密集逐漸走向資本密集和技術密集的結構，與國際先進國家的關係以OEM／ODM的委託生產方式建立台灣的技術軌道，台灣經歷過以後進國家的經濟追趕過程，沿著投資發展路徑（investment development path, IDP）加入雁行型態的經濟發展[21]，歷經多次經濟高度成長，奠定今日產業的技術基礎。透過資本累積的投資和吸收同化的學習提升了技術水準，這對企業成長與經濟發展具有重大影響，然而科學技術存在著連續與不連續的爭論由來已久，關於這個部分也是本書的分析重點，這是典範轉移過程的樣態展現。

　　另一方面，解釋經濟發展的論點非常多元，除了眾所周知的「哈羅德—多馬模型」（Harrod-Domar model）、「新古典成長模型」（neoclassical growth model）等實證分析之外，還有以產業為對象的「比較利益理論」、「雁行型態發展」等理論。然而，由於近年來在半導體、晶片、AI以及量子運算能力的大

---

[18] Nelson, R. R. and Pack, H. (1999), "The Asian Miracle and Modern Growth Theory," *Economic Journal*, 109 (457) 416-36.

[19] Nelson, R. R. and Winter, S. G. (1982), *An Evolutionary Theory of Economic Change*, Cambridge, MA Harvard University Press.

[20] Pack, H. (2000), "Research and Development in the Industrial Development Process," in Kim and Nelson(eds.), *Technology, Learning and Innovation*, Cambridge University Press.

[21] 參考相關研究，例如Dunning, J. H. (1981), "Explaining the international direct investment position of countries Towards a dynamic or developmental approach," *Weltwirtschaftliches Archiv*, 117, pp.30-64; Dunning, J. H. and Narula, R. (1996) (eds), *Foreign Direct Investment and Governments Catalysts for Economic Restructuring* (London, Routledge).

幅進步，使得過去在產品製造、產品開發、通路管理以及訊息的收集分析等領域帶來革命性創新，企業與產業在市場上即將進入典範轉移的新時代經濟。過去常以「資本累積理論」和「吸收同化理論」來解釋企業成長，又或以「雁行型態發展理論」和「國際分工理論」來分析產業與經濟發展，這些傳統理論已不足以有效分析國內外的經濟變局。基於此，本書提出科技創新下企業與經濟的發展理論以作為新時代新戰略指針，這包含了產業棲息地的國際延伸、新國際雁行聯合艦隊以及DIMEs模式的國際擴展等三大部分，這是理論與組織的多模型思維，其分析架構如圖1-4所示，以下就這些相關論點分別說明。

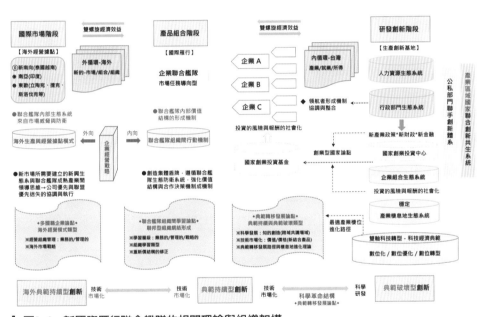

圖1-4　新國際雁行聯合艦隊的相關理論與組織架構
資料來源：林佳龍繪製。

（一）產業棲息地的國際延伸：生產創新基地形成

理論一 產業棲息地理論

　　過去台灣產業發展重要關鍵因素在於能夠形成產業群聚，有效結合企業間合作機會，這其中政府扮演著重要角色，如各地區設置加工出口區、工業區以及

科學園區等。企業透過聚集與群聚創造了地理優勢、內部資源集中、跨業合作創新等條件，產生巨大經濟效果，並提高市場競爭力。然而，進入數位科技時代之後，傳統產業群聚的經營模式已經無法滿足快速變遷的國內外市場，需要建構一套新時代經濟的產業群聚，這就是產業棲息地生態系統。產業棲息地發展模式跳脫傳統產業群聚受制於立地條件的限制，數位科技使得產業之間可以將地理距離、時間等生產條件因素，以更具彈性與機動性擴大產業的生產鏈與生態系統。同時，以數位科技建置穩定生態系統可促進科技創新、產業結構調整與升級、社會經濟結構轉型以達到產業之間「共生‧共好‧共進化」的目標[22]。產業棲息地生態系統可視為企業的研發創新基地，由圖1-4中可知，此生態系統是由公私部門聯合形成的體系，包含了「人力資源生態系統」、「行政部門生態系統」以及「企業組合生態系統」，此三系統分別扮演跨域人才培養、「新產業‧新財政‧新金融」的綜合政策實施和企業的研發創新。產業棲息地生態系統建立在數位轉型的基礎上，有效結合三個系統網絡，配合公部門的相關政策措施推動產業生產創新。必要時，將可以透過系統組織內的創業投資中心，結合公私部門資金進行市場的評估與投資，達成產業、區域與國家聯合的創新共生系統。特別是當台灣前進國際市場之際，這套產業棲息地理論將延伸適用到國際舞台，建立生態系統內的創業投資制度，將國家與企業共同出資的創投基金妥善運用，達致「降低投資風險與報酬社會化」的目標。關於國內到國外的企業經營與產業永續發展，本書將提出國際版的產業棲息地生態系統的概念。

　　國際版產業棲息地生態系需要掌握的涵蓋範圍，從產品發展階段來看可以分成研發創新階段（製造與創新）、組合階段（加工與流通）以及市場階段（消費與擴展），新戰略需要在不同階段建立新組織以符合新時代的需求，如圖1-4所示，這些新組織包含了產業創新基地（產業棲息地）、企業聯合艦隊以及海外生產據點的設置，其內容也將會在其他章節之中詳細說明，分析新組織型態的必要性與形成機制。

---

[22]　請參考林佳龍（2022），《印太新秩序下的台灣之路：數位時代的產業最適棲息地理論與雙螺旋策略》，台北：釀出版。

理論二 **典範轉移理論**

　　關於產業棲息地的企業創新與組織運作，本書將以典範移轉發生過程作為理論基礎，在圖1-1的第三層商業模式典範轉移就是以企業組織運作達成各種創新，而企業創新典範的發展路徑可以分成典範持續型技術創新與典範破壞型技術創新。接下來以圖1-5來說明這兩種典範創新的發展途徑。

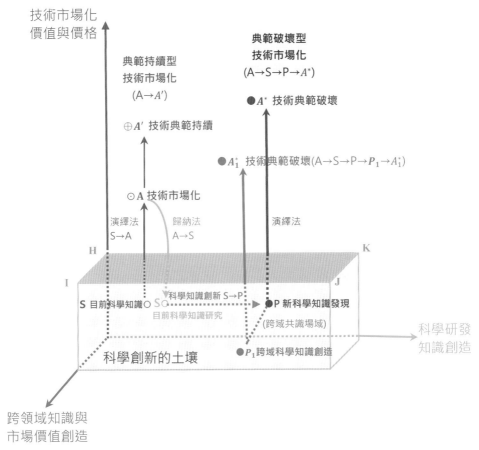

圖1-5　典範持續型與典範破壞型的技術創新發展路徑
資料來源：林佳龍繪製。

　　企業的技術創新關係著穩定經營收益，所以如何創造產品差異與優勢是永續經營的重要關鍵，而以典範變遷或是典範轉移的概念來說明技術創新之演變過程是頗有效的方式。托馬斯・塞繆爾・孔恩（Thomas Samuel Kuhn, 1922-1996）在其1962年的經典著作《科學革命的結構》（*The Structure of Scientific Revolutions*）中勾畫出科學革命的過程，以(1)常態科學、(2)解謎、(3)典範、(4)異常、(5)危機、(6)革命等階段的演變說明科學技術的典範轉移[23]。孔恩的典範轉移概念對人文、社會科學的研究影響深遠，不同領域的課題研究都曾應用這個概念來闡述其革命性變遷過程。本書在產業棲息地生態系統中的業界跨業結合，透過科技創新的典範轉移作為闡述的論點基礎，同時採用日本學者山田榮一（Eiichi Yamada）的「知的創造」與「回遊的思考」[24]（transilient thinking）的三維空間圖形配合補助說明，使得科學與技術創新過程中的抽象概念能夠具體化。

　　過去很多國家在科學的技術典範（technological paradigms）或是製品技術軌道（technological trajectories）的研究創新過程中，呈現出**連續的變化**，或是**不連續的飛躍型態**，圖1-5典範的技術創新也分成兩條發展路徑：一條路徑（典範的連續）是延續舊科學典範的技術創新，技術上是連續性發展產生的效益累積，是屬於典範持續型的技術創新，創造市場新價值。另一條路徑（典範的不連續）則是，一場革命性科學創新將摧毀舊典範的連續性，新的典範創造了一組全新的科學理論與新的技術，擺脫過去科學與技術的原理、規則，有如熊彼得理論中的創造性破壞帶來科學新領域發展，是屬於典範破壞型的技術創新。

　　圖1-5的三軸線分別代表技術創新（縱軸線）、科學知識創新（右向橫軸線）以及跨領域合作創新（左向橫軸線）。技術創新可以創造市場的價格（價

---

[23] 托馬斯・塞繆爾・孔恩著，程樹德、傅大為、王道還譯（2022），《科學革命的結構》【50週年紀念版】，台北：遠流出版社。

[24] 這裡的「回遊的思考」是屬於日語的用法，而在本書所指的意思是，在各自科學與技術領域都存在其獨特的論理與方法，彼此之間的領域對其專業的學問上都會有一定程度上的「障礙」，相互阻擋了領域間的互動，無法產生彼此交流的「回遊」（transilience）現象，造成了各領域很難理解彼此之間的優點與特質。當某一領域能夠在某一個場域之中，有機會「短暫地」「回遊」於他領域之間時，可以從中學習到不同科學與技術的觀點，建立跨業合作機制以創造與過去不同的科學理論與新的技術。因此，「回遊的思考」將會是創造典範轉移的重要關鍵因素。換言之，「回遊的思考」是具有跨業（域）合作的思維概念。

值），科學知識創新能夠帶來新知識的創造，而跨領域合作創新則引發技術與科學知識上的提升。以圖中平面的□HIJK為分水嶺，上方代表技術市場化的價格（價值），下方的立體區域表示科學知識的深度，就如同大樹枝下的土壤層。技術力來自新科學知識的創新，就像是大樹來自沃土冒出的綠芽一樣，深藏土壤中的科學知識創新往往是市場看不出來的價格（價值），卻是人類社會進步的泉源。在土壤層中的生態系存在眾多的稀少元素與微生物，它們提供樹木生長所需的各種生活機能，當土壤生態系的多樣性愈高，則孕育大樹的生活機能就愈好。將「回遊的思考」視為土壤中的各種礦物質與微生物，是樹木成長茁壯的營養素。有了「回遊」物質的融入，提供科學知識的創造力，孕育跨領域知識的誕生，將技術市場化創造產品的新價格（價值）。

　　從圖形中知道，在技術發展軌道上可以分成技術連續型的創新，稱之為典範持續型技術創新，另一種是新典範取代舊典範的不連續技術形式的創新，可稱為典範破壞型技術創新，這兩種在技術發展軌跡上呈現不一樣的過程，企業也常透過這兩種方式獲得產品市場化的新價格（價值）。典範持續型技術創新發展軌軌道，從A點目前的技術部位出發，採取演繹的論理思考（logical thinking）方式，在既存典範中的規則下，以目前存在市場商品的「**舊技術**」延續性創新，提高市場化價值到A'點的部位水準。典範持續型技術創新的市場化發展軌軌道就是A點→A'點過程。而典範破壞型技術創新則是以歸納論理的思考方式，如同孔恩在《科學革命的結構》中所描述的，透過向下扎根的科學研究，從既有的常態科學透過科學的解謎活動（puzzle-solving）過程，建立人類社會共享知識的典範。但接下來當科學研究不斷地發掘奇特，而出現一些始料未及的異常現象時，扮演解謎者（puzzle-solver）的科學家們急欲找出其中的解答，科學技術的發現很多是在這樣的情況下產生的結果。此時異常現象逐漸成為可預期的一種「新常態」現象，此種過程將構成未來新典範的一部分累積分子。

　　科學研究為新科技帶來希望，從常態科學的解謎所創造出的典範，再從科學異常現象的發現，使舊典範遭受挑戰，之前被視為常態的科學理論產生了認知危機。在科學中常常存在著理論與事實之間，或是發明與發現之間，很難劃出一道清楚界線，典範變遷往往是新典範的調整過程。因為科學家在既有科學

典範中無法解決疑問，這也是尋找新科技的契機，使得原先的科學技術典範面臨挑戰，並進入捍衛舊科學理論的危機時期，陷入所謂的「典範危機狀態」。以新的理論典範納入既有的舊典範之中是一個極為困難的目標，但這也是科學知識進步的必要過程。典範危機帶來革命性理論的誕生，並產生新的典範。由於在科學技術的演變過程中，「放棄一個典範，同時必定接受另一個典範，而導致這個決定的判斷過程，不但涉及典範與自然的比較，而且（同時）也涉及典範與典範的比較」[25]，這也是圖1-5中的S點轉變到P點新科學知識發現的過程。從P點透過新典範的演繹方式朝向市場化的價值（價格）創造，完成技術典範破壞的A*點，典範破壞型技術市場化發展軌道為A→S→P→A*。

　　另外，還有一個典範破壞型的發展軌道，這是以P點的新典範，經由跨域平台的「回遊」思考，產生另一個典範轉移過程，就如同圖1-5中的點P到P_1跨域知識的創造。當企業應用P_1的科學知識產生市場化價值（價格）時，技術軌跡向上發展到點A_1^*，這是屬於技術典範破壞的發展型態，其軌道路徑為A→S→P→P_1→A_1^*。在科學創新土壤裡，研究知識創新將帶來科學理論的新典範，重視不同領域專業的合作聯盟可以創造另一波的創新高潮，這適用於我所提出的產業棲息地生態系統，也是組成新國際雁行聯合艦隊的重要元素。熊彼得的創新理論中強調創造性的破壞，也是典範轉移的一部分，他所強調的創新精神在於「新結合」，商品間「新結合」、研究機構間「新結合」，或是企業間「新結合」，不管是哪一種，都將成為本書所探討對象與分析範圍。

　　企業生產商品的市場價值多受到技術水準的影響，而技術高低與科學研發又彼此關係密切，上述典範的技術創新將會促使企業與產業產生螺旋式發展，這乃是透過科技創新帶動產業升級並提高市場的附加價值，驅動產業的棲位移向更高度化境界，並會更進一步造成產業結構上的變化。圖1-6產業棲位的移動路徑可以透過科學與科技的典範轉移理論來說明，這也是本書分析的重要動機之一，即明確台灣產業棲位移動的路徑變化。推動產業棲位移動的動力有很

---

[25] 引用托馬斯・塞繆爾・孔恩著、程樹德、傅大為、王道還譯（2022），《科學革命的結構》【50週年紀念版】，頁188，台北：遠流出版社。詳細論述請參考原著作。

大一部分來自科學與技術水準，當科學與技術發生典範變化，對產業的成長力與競爭力將產生影響。將各種產業座落於棲位九宮格之中，以技術市場化價值（價格）作為企業經營目標時，第一象限將會是產業最適棲息地的移動路徑[26]。

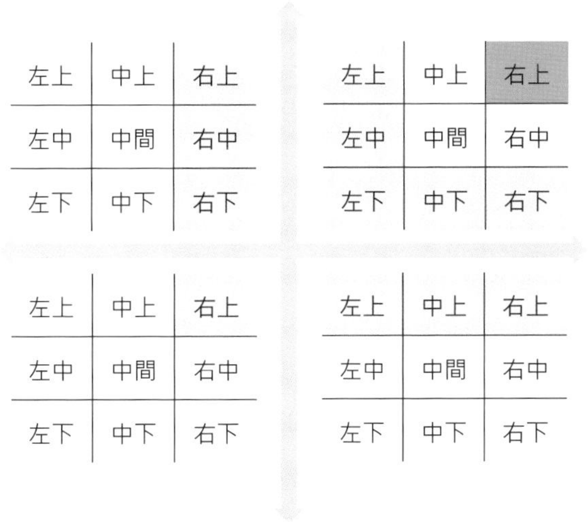

圖1-6　產業棲位移動九宮格
資料來源：引用林佳龍（2022），《印太新秩序下的台灣之路》，第四章的圖4-4，頁89。

（二）新國際雁行聯合艦隊：創業型國家

　　構成新國際雁行聯合艦隊的相關理論，除了上述的產業棲息地生態系統的各項論點之外，接下來將以雁行型態發展理論、組織間學習理論以及多國籍企業理論等作為本書其他章節的理論基礎。

理論三 雁行型態發展理論的國際擴展

　　日本經濟學者赤松要博士在1930年代提倡「雁行型發展」（flying geese pattern of development）經濟理論，此論點也成為很多亞洲國家的發展模式，直至今日這個理論依然驅動很多國家的經濟發展方向。雁行型態思維來自日本的文化經濟思

---

[26] 詳細說明請參考林佳龍（2022），《印太新秩序下的台灣之路》，第四章。

想，它將一國的產業發展比喻為秋冬氣候逐漸進入寒天之際，在傍晚時分或是深夜的皎潔明月下，成群野雁飛越叢山峻嶺，雁行常以「山」字型態劃過天空，朝向南方。年復一年南北往返，生命生生不息，領頭雁後方的兩旁各有一隻野雁左右伴飛，緊接著依序後兩邊的雁群，以微妙的位置距離排列成隊。飛翔在最前端的領頭雁，每次拍動翅膀，在其後端將會造成一道垂直方向的渦流，兩翼尖的渦流內側呈現下降氣流，外側則是上升氣流，位於後面的雁群可以將翅膀定在上升氣流位置之上，翅膀無須拍動，可以節省體力，並增加飛行距離。由於領頭雁受到空氣的阻力最大，野雁輪流當前，每天可以飛行一千公里以上。雁行之所以能夠日行千里，來自於群體的合作無間達到省力的目的，這是大自然的智慧所產生的道理。日本學者透過觀察大自然，以雁行遷徙過冬比喻一國產業發展的變化型態，這是「雁行型態發展理論」的魅力所在，也象徵著日本部落文化群體合作無間的特徵。本書提出的「新國際雁行聯合艦隊」概念，在理論上或是時代背景上，與「雁行型態發展理論」存在密切關係，並隨著國際與本國政治經濟環境的變化而修正，接著就此理論的各階段演變說明如下。

（三）雁行型態發展第一型態：進口替代到出口擴張的發展模式[27]

許多國家，包含台灣在內，在經濟發展之初，一般從進口低附加價值產品開始，之後轉為國內自己生產相同或是替代性的相關產品，同時也增加生產並出口，這是由進口替代（import substitution）時期，再擴大到出口擴張（export expansion）。例如1950年代初期之前，紗布進口是消耗台灣外匯最大的兩項品目之一，透過當時美援原料棉花製造各種花布用來發展紡織，以「代紡代織」的方式順利完成進口替代政策目的，並成功轉型為出口擴張，開啟台灣紡織製造的發展史，從紗、布到成衣的上中下游的完整生產體系，對當時台灣出口貢獻巨大。因此，從進口、國內自行生產，再到出口的產業發展型態被稱為雁行經濟發展理論的基本型[28]。

---

[27] 小島清（2003），《雁行型経済発展論（第1卷）：日本経済・アジア経済・世界経済》，東京：文真堂。

[28] 如以赫克歇爾—奧林模型（Heckscher-Ohlin model）的角度也可以作為說明第一階段「雁行型

（四）雁行型態發展第二型態：比較利益法則的海外生產據點設置

　　雁行型態以國內產業發展為起點，歷經進口替代與出口擴張之後，隨著國內生產成本、物價水準以及匯率變化等生產條件的惡化，基於比較利益法則，透過海外直接投資方式進行生產據點的遷移。隨著後進國家的經濟發展，先從勞力密集的輕工業、資本密集的重化學工業再到資本知識密集的機械工業等順序進行國際投資，對當地國的經濟發展貢獻巨大。此時，雁行理論也從基本型進入第二型態的經濟發展模式。

　　特別在1980年代中期開始，日圓升值驅動日本企業海外生產據點的設置，透過國外直接投資活動促進國際分工體制的形成，台灣、美國以及歐洲各國也都參與其中，雁行型態發展模式也有了轉變。換言之，在雁行型態理論的演變過程中，是先從國內產業經濟的發展經驗，之後再推廣到國與國之間的經貿往來所產生國際型的雁行型態。

（五）雁行型態發展第三型態：全球化與區域統合的世界經濟雁行發展[29]

　　從古典經濟學到近代經濟理論討論各國貿易與產業發展時，很大部分是從生產面的比較生產費優劣角度來論述。古典經濟學認為勞動（labor）與自然資源（natural resources）是決定因素，稱為「L-N型分工」；赫克歇爾－奧林模型（Heckscher-Ohlin model）強調勞動（L）與資本（K）是構成國際分工的重要理論，稱為「L-K型分工」型態。「L-N型分工」與「L-K型分工」這兩種型態也對應前述第一型與第二型雁行發展型態。但是，當比較生產費優劣已經不是國際間貿易最主要考量時，摸索新的國際分工的關鍵因素成為重要焦點。全球化與區域統合的國際趨勢改變了雁行型的經濟發展型態，進入第三型態的世界經濟雁行。

態發展理論」，請參考Kojima K., Ozawa T. (1985), "Toward a Theory of Industrial Restructuring and Dynamic Comparative Advantage," *departmental bulletin paper*, 26(2), pp. 135-145；小島清（2000），〈雁行型經濟發展論・再檢討〉，《駿河台經濟論集》，第9卷第2號，琦玉縣：駿河台大學經濟學部，頁75-136。

[29]　小島清（2004），《雁行型経済発展論（第2卷）：アジアと世界の新秩序》，東京：文真堂。

傳統生產製造無法滿足國際市場需求，使得技術創新以及企業內部R&D的產品開發成為產業策略目標的要件，人的資本（human capital）已經成為最大關鍵的生產要素，而具備優勢人的資本（H）因素，才能確保企業創新與R&D。因此，勞動（L）、資本（K）以及人的資本（H）等三大生產要素，是進入雁行型態發展第三型態的重要特徵，此為「L-K-H型」的國際分工體制。構成「L-K-H型」國際分工背景是全球化的世界經濟時代來臨，期間包含歐盟區域統合、FTA區域經濟風潮以及中國加入WTO等，在此時間開創三十幾年的世界經濟榮景。

起初，各國生產條件不同，產業結構形成明顯的差異化。但隨著生產創新，世界經濟長期穩定成長，提供了國際分工體制養分，擴大了貿易自由化的範圍。國際資本移動與國際分工日益普遍，區域間各國產業結構的差異性也日益縮小，甚至逐漸呈現同質化的現象；過剩的生產結構破壞了國內景氣循環的規律性，擾亂國際市場的穩定性，形成產業結構的異質化與同質化的混合時期。擺脫泥淖的產業策略在於產業結構調整與產業升級，追求高度同質化或是高度異質化的產業轉型。即是，產業構造異質化→產業構造同質化→產業的異質化與同質化混合時期→產業高度異質化→產業高度同質化→……，世界經濟於是進入到雁行發展的時期。

（六）雁行型態發展第四型態：地緣政治典範轉移的科技新組合發展模式

上述的雁行經濟型態，歷經了三次的經貿發展與轉變，也說明了在21世紀前半段以前各國經濟的發展模式。在這段期間除了經濟成長之外，各國在就業、所得、生活水準以及醫療品質都有大幅提高，全球化的世界經濟模式被視為資本主義下的亮麗果實。這是在美國優勢勢力主導的世界秩序框架下形成的世界和平時期，稱為「美式和平」（Pax Americana）。然而，如前所述，地緣政治的典範轉移促發一連串的連鎖反應，緊接而來的是經濟典範轉移與商業模式典範轉移。本書認為第四型態的「雁行型態發展理論」已經形成，這是晶片AI科技新組合的產業發展新模式。此時的雁群是帶著晶片的人工智能，以超高性能的科技環繞地球，並航向宇宙的新時代。企業除了持續進行傳統經貿方式之外，跨業企業間的晶片、AI等科技結合組成新產品，共組以「新國際雁行聯合

艦隊」方式前進國際市場。換言之，聯合艦隊呈現雁行型態的方式，發揮台灣半導體與AI技術等優勢產業，視國際市場需求，由跨業種企業組合所組織而成的貿易團隊是新商業模式。這是因應新時代經濟的一種企業創新的結合，也是提升有效競爭的一種方式。

　　圖1-4中的聯合艦隊是座落在商品組合階段，由於是由不同企業法人共同組織而成的經貿結合體，企業之間存在不同價值觀、經營型態以及企業文化。也就是說每一個組織都會有自己的一套企業經營理論，聯合艦隊的組成從組織經濟學角度來看時，將會關係到「組織內與組織間」的治理問題[30]。組織聯合艦隊需要面對內部價值結構與外部市場威脅兩個課題，前者在於組織間的行動機制如何建立，後者在於內部生態系統的防衛機制如何形成。因此，企業的聯合艦隊首先須建立共同目標的意識型態，透過企業合作夥伴之間的學習與交流過程，可以拉近彼此在這方面的差距以建立內部價值結構而形成機制，並建立海外市場的生產與經營據點作為防衛當地與其他國家企業介入的競爭威脅。基於此，我們在這裡介紹關於組織的治理與學習理論觀點，這將有助於本書在論述聯合艦隊組織架構的形成與競合關係調和的理論基礎。

理論四 完善聯合艦隊需要組織的治理與學習理論

　　聯合艦隊組織的治理結構面對前述提及的兩個面向，一個來自國際市場，另一個則是企業組合，從各個層面分析也累積眾多的研究成果，包含傳統代理理論、交易成本理論或是資源依賴理論等[31]。傳統代理理論需要面對市場競爭與威脅的經營挑戰，而交易成本理論與資源依賴理論則是討論組織內（間）的交易治理與知識治理，這是屬於組織系統的結構問題，聯合艦隊則需要能夠建立完善的治理結構與推動機制在這兩項課題上。因為妥善的治理結構可以為聯合艦隊組織在國際市場上成為「負向規避者」（avoiding negatives），企業內（間）的各種資源，如組織架構、財務管理、企業文化、經驗傳承等知

---

[30]　Williamson, O. E. (2005), "The economics of governance," *American Economic Review*, 95 (2) 1-18.

[31]　莊正民、方世杰（2013），〈「組織內與組織間治理」的本質與策略意涵〉，《臺大管理論叢》，23卷S1期，頁1-24。

識的吸收與學習，可以促進組織內部的生態系統擁有「正向創造者」（creating positives）的能力。因此，交易治理與知識治理可視為鞏固聯合艦隊的經營效率與開拓海外市場的雙元治理（dual governance）[32]。

理論五 設置海外據點的多國籍企業理論應用[33]

從前面圖1-4相關理論裡，在國際市場階段成立了海外生產與經營據點，這考慮到聯合艦隊的組織內部生態系統面對國際市場威脅與防衛的重要策略。海外據點的設置可以借助多國籍企業理論觀點，以何種經營模式運作將關係到聯合艦隊能否適應與開拓國際市場。多國籍企業理論是以跨國際間企業法人從事開發、調度、生產或是販賣等活動，在這個過程有一大部分是透過國際貿易進行。在雁行發展理論演變過程，從國內到國際市場的延伸都可以看到多國籍企業理論的身影。換言之，雁行理論與多國籍企業理論之間的關聯性非常密切，而且兩個理論在某些論點上是一致的，例如國際直接投資與貿易的結合、貿易投資與技術移轉，或是多國籍企業與國際分工體制等相關的研究文獻。

海外據點設置包含直接投資的生產工廠和經營市場業務的企業法人，聯合艦隊的經營模式可以在這兩項事業中選擇投資標的，同時設置公司的型態與合夥人的組織模式，這些都須借助多國籍企業理論的觀點再進行適度修正建立符合新時代經濟框架下的海外經營據點。一般而言，當一國經濟發展程度進入雁行型態發展第二型態時刻，往往也是該國企業朝向多國籍企業的重要契機。多國際企業理論內容隨著國際化與全球化的風潮改變，在此背景之下的貿易型態與國內產業結構也都將受到影響，特別在國際分工模式上產生了變化。多國籍企業理論的主要邏輯來自國內企業的產品生產（產業結構）→貿易活動（貿易結構）→海外直接投資（投資結構）→國際分工的演變過程。從1990年代跨入21世紀之後，在全球化風潮下，區域經濟結盟與經濟統合的熱絡，使得國際分工的產品樣態有了變化，進入所謂的新國際分工體制。傳統貿易理論以產業

---

[32] 莊正民、方世杰（2013）。

[33] 眾多研究多國籍企業海外投資的理由包含了貿易障礙的規避、降低生產成本、產業集聚與規模經濟性，以及企業的勞動生產性與交易費用等。

層級討論國與國之間的比較利益，或是立地條件優劣進行貿易投資活動。而新
國際分工是以多階段生產工程中的零組件，分散在不同地理區域進行生產分割
（fragmentation of production），也就是將過去同一基地生產，改以分散立地的
方式製造各種組件。新的分散化生產模式的多國籍企業經營以高科技產業特別
明顯[34]，以生產工程的國際統合進行國際貿易型態。

理論六　新商業模式的創業型國家理論的導入

　　過去日本與台灣的經濟發展背後都可見到國家政策的身影，且皆扮演著
不可或缺的重要角色，而主要以產業政策的形式協助產業發展。我在過去提出
的產業棲息地生態系統中，主張跨業企業間合作的同時，也提出政府與學術界
參與其中的必要性。推動「新國際雁行聯合艦隊」，特別在企業整合平台的建
立、國際貿易或是外交的事務上，都需要國家力量的支持與協助，所以創業型
國家理論就成為重要思考方式。以創業型國家思維參與研究創新的例子並不
少，在日本、美國、歐洲諸國都有眾多的案例存在，而近年以色列被視為創業
之國最受矚目。台灣過去在發展半導體的過程中，政府也扮演著極為重要的關
鍵角色，也造就了今日台積電、聯電、力積電等企業。因此，無論是產業棲息
地生態系統的建立，或是開拓國際市場的聯合艦隊，國家參與其中依然可以替
台灣產業發展開啟新的一頁。

　　由於研究創新或是開拓新市場的過程，存在著集體性、累積性以及不確定
性等特質，創業型國家理論強調政府可以居中扮演企業跨業整合、領航國際市
場為企業製造商業契機，同時透過一定的國家資本促進國內新世代技術發展，
也使得政府能夠在創新衍生的利益上，回饋到政府創新基金體系裡，並累積國
家資本以作為未來的產業發展基金。政府系統的資本參與，除了可以鞏固聯合
艦隊企業組織之外，還能夠修正歐美國家常被詬病的「風險社會化與報酬私有
化」現象，這是將公共資本導入企業股權化概念，將組織團體建立在「共生・

---

[34] 高科技產業特徵包含多面向的生產工程，除了需要勞力密集之外，還具資本密集與知識密集等
特徵，以半導體為中心的電子機械產業的製造就是典型例子。

共享」的體制上。

由於本書分析對象層次從企業、產業、生態系統到企業組織型態的聯合艦隊，討論範圍較為廣闊，所牽涉課題的相關理論也較為多元，就如同博物學者亞歷山大・馮・洪伯特（Alexander von Humboldt, 1769-1859）的「生命之網」（web of life）一樣，「在這條偉大的因果之鏈上，沒有任何事實能被單獨考量」[35]，「新國際雁行聯合艦隊」的論述架構需要一套分析脈絡思維邏輯以串聯內容整體論述的基礎，這也是本章的目的。

本書將採用的論點，以上述六種理論為基礎，再從其中提出更具體做法。由於不同組織層級所牽涉的理論基礎與價值目標的不同，所採取的策略也必須因地制宜以有效討論各章的課題（參考如表1-1）。

表1-1　各組織層次的管理策略、學習目標以及理論基礎

組織型態	組織範圍	學習層次	價值目標	論點基礎
企業	數位轉型企業內部與外部商業模式互動機制	企業內部階層管理機制的學習	企業成長與利潤的維持	個體經濟 內部組織 管理學
產業	數位轉型企業之間的鏈結、合作以及策略的形成	企業內部與外部對市場組織的認知	最適產業結構與產業創新的追求	產業組織學 產業經濟學 市場學
產業棲息地生態系統	區域間產業群聚數位科技網絡的形成與合作	跨產業群聚間生態系統運作機制	「共生・共好・共進化」穩定生態系統	產業組織學 典範移轉 創新理論（新結合） 創業型國家理論
新國際雁行聯合艦隊	國際市場、企業以及商品新結合的組織團隊	企業內（間）跨業整合、國際市場之間鏈結與運作	企業團隊共同價值觀體系的形成	地緣政治 國際貿易 多國籍企業理論 組織經濟學 組織治理 創新理論（新結合） 創業型國家理論

資料來源：林佳龍整理。

---

[35] 安德列雅・沃爾芙著、陳義仁譯（2016），《博物學家的自然創世紀》，頁31，台北：果力文化。

第一部
總論

Chapter 02
航向世界新秩序的國際雁行

　　戰後世界經濟在GATT／WTO與IMF體制下，基於貿易自由化的競爭原理，確實帶動全球經濟長期的繁榮。可是長久以來，這些體制存在著自由貿易與保護主義的雙重基準（double standard）困境，國際間容易陷入「二律背反」（antinomy）的紛爭，WTO多邊體制也無法解決國際間眾多的經貿紛爭。儘管如此，國際經貿持續朝向國際化與全球化方向進行，台灣也在此體制下發展經濟。

　　然而，2024年來國際局勢有了結構性轉變，橫跨國際政治與國際經濟的典範轉移改變了原先的世界秩序，國際經貿活動被迫大幅度調整。國外直接投資、生產據點、供應鏈的轉移，造成國際分工角色易位。

圖2-1　複合事件衝擊下的國際局勢
資料來源：工研院產科國際所（2021/11）與國家發展委員會（2021/12）。

　　台灣產業也正朝向世界新秩序展開全球布局，包括東邊的美國、西向的中東歐、北方的日本以及南向的東南亞諸國與印度等國家。由於四方國家的經濟

發展程度不一，各有其特色與特化程度，台灣如何發揮自身產業特質，針對不同區域國家需求提供產品與技術，擴大國內市場縱深，是為制定成功策略的核心考量要素。台灣產業將以優勢產業以及產業互補的經濟要因前進國際市場。其中，台積電的美國亞利桑那州晶圓投資設廠是基於地緣政治因素考量，揭開了台灣半導體產業布局全球之序幕；接著對日本九州的晶圓廠投資，並計畫擴大產能，主要原因也是降低地緣政治風險，防止全球供應鏈的中斷；之後，於2023年8月更進一步宣布在德國的德勒斯登（Dresden）投資設廠，這是台積電所設定的晶片製造中心的歐洲戰略的一環。

　　本章先以分析台灣優勢產業之所在，並以產業互補角度探討國際雁行路徑中的西向——中東歐，以及南向——東南亞諸國與印度等國家。

一、分析台灣優勢產業

　　觀察台灣產業優勢可以從以下幾個數據看出其中的端倪：2022年電子零組件占生產總額的28.82%為最高，其次為電腦、電子產品及光學製品的10.85%，這兩項合計就高達全體製造業的39.67%。類似的占比也反映在貿易數據上：2022年機器、機械用具、電機設備及其零件等相關產品的進口比例為44.93%（=5,707,477百萬元），出口占比高達64.69%（=9,198,153百萬元）。這反映了現況台灣產業優勢集中在高科技相關產品上，包含半導體、電子、精密機械等，這也可以從過去幾年當中，高科技相關產業的成長因素獲得更進一步的理解。

（一）高科技產業的成長因素

　　從台灣加盟WTO之後，電子機械相關產品已經成為台灣經濟成長的關鍵產業，其中又以半導體、被動電子元件、光電材料以及電子組件最為明顯。而台灣這些優勢產業的成長因素除了提供國內需求之外，主要來自技術創新的投資與出口，表2-1與表2-2分別為COVID-19疫情爆發前後產生的這些高科技產業的成長因素。當疫情爆發的第一年，對經濟社會衝擊巨大，國內最終需求減少超過七千億台幣，連帶相關產品的進口也減少172,269百萬元。然而，由於這段期

間的地緣政治開始產生變化，以及我國在半導體先進製程的明顯領先優勢，過去大量投資所產生的技術效果高達2,744,796百萬元，才使得高科技的產業有著明顯成長。

表2-1　主要高科技的產業成長變化因素（2016-2020）

單位：百萬台幣

年期 \ 要因	(a) 國內 最終需要	(b) 輸出	(c) 最終財 輸入	(d) 國內 自給率	(e) 投入 係數	合計
1. 半導體	-288,986	162,060	-218,340	-171,579	1,488,744	971,899
2. 被動電子元件	-14,159	7,817	-9,409	-4,341	84,851	64,759
3. 光電材料及元件	-94,267	68,613	32,904	55,401	503,336	565,987
4. 其他電子零組件	-291,826	56,772	22,464	576,971	649,508	1,013,889
5. 發電、輸配電機械	-80,486	4,631	112	2,274	18,357	-55,111
合計	-769,724	299,893	-172,269	458,726	2,744,796	2,561,423

資料來源：林佳龍、洪振義（2023），〈台灣產業成長變動因素分析（2020-2022）：產業關聯成長要因模型之應用〉，台灣智庫working paper。

　　雖然COVID-19疫情初期造成國內服務業的重大損失，但在高科技產業製造上並沒有太大影響，隨著疫苗問世以及對疫情熟悉度提升，國際市場也逐漸步入正軌，在之後的第二年與第三年，高科技產業的國內最終需求和出口都產生大幅成長，分別增加了135,766百萬元與1,137,810百萬元。生產投入技術效果與國際市場競爭狀況具有連動性，投入係數在2016年至2020年期間是帶動高科技產業成長的關鍵因素，這股效應還能延續轉換到2020年至2022年期間的其他因素上，如表2-2所示。

表2-2　主要高科技的產業成長變化因素（2020-2022）

單位：百萬台幣

年期 \ 要因	(a) 國內 最終需要	(b) 輸出	(c) 最終財 輸入	(d) 國內 自給率	(e) 投入 係數	合計
1. 半導體	70,335	618,956	9,976	44,284	-164,332	579,219
2. 被動電子元件	4,293	27,777	705	1,387	-17,489	16,672
3. 光電材料及元件	75,986	267,469	6,043	9,491	-44,941	314,048
4. 其他電子零組件	-12,690	204,456	-6,635	24,120	-95,752	113,497
5. 發電、輸配電機械	-2,157	19,152	-783	1,682	5,324	23,218
合計	135,766	1,137,810	9,305	80,965	-317,191	1,046,655

資料來源：林佳龍、洪振義（2023），〈台灣產業成長變動因素分析（2020-2022）：產業關聯成長要因模型之應用〉，台灣智庫working paper。

（二）高科技產業的生態鏈

　　高科技相關產業的特質在於具有相當緊密且多階段的生態鏈，對於經濟波及效果非常巨大，這可以從表2-3的高科技產業的生產與銷售管道看出產業間緊密程度。並以整體產業結構顯示，科技產業的生產過程分布非常廣泛，例如半導體生產，從化學、玻璃或是非金屬等相關的上游材料、部分半導體組件、印刷電路板以及相關的專用機械設備等中游產業。之後進入下游的服務部門，其中又以電力、批發，以及金融服務等部門最為主要。橫跨上中下游的產業分布狀態，其他科技產業也呈現類似情況，這說明了科技產業不僅顯示在市場上的價值，也凸顯出具有強大產業之間的連動力量，科技產業生態系完整性的穩定發展對整體產業發展相當重要，這是台灣產業累積很長時間所形成的特質。

表2-3　主要高科技關聯產業分布

1.半導體	**生產階段**：主要有基本化學材料（49）；化學相關製品（59）；塑膠製品（62）；玻璃及其製品（63）；其他非金屬礦物製品（67）；半導體（77）；印刷電路板（79）；其他專用機械設備（96）；產業用機械設備修配及安裝（107）；電力及蒸汽（108）；批發（120）；金融服務（137）；法律及會計服務（143）；租賃（149）等部門。 **銷售階段**：半導體（77）；被動電子元件（78）；印刷電路板（79）；光電材料及元件（80）；其他電子零組件（81）；電腦（81）；電腦周邊設備（82）；通訊傳播設備（83）；量測、導航、控制設備及鐘錶（87）；輻射及電子醫學設備、光學儀器（88）；電池（90）；其他電力設備及配備（94）；電腦程式設計、諮詢及相關服務（135）；研究發展服務（145）
2.被動電子元件	**生產階段**：其他紙製品（45）；未分類其他化學製品（59）；塑膠製品（62）；陶瓷製品（64）；其他基本金屬（71）；半導體（77）；被動電子元件（78）；其他電子零組件（81）；電力及蒸汽（108）；批發（120）等部門。 **銷售階段**：被動電子元件（78）；印刷電路板（79）；其他電子零組件（81）；電腦周邊設備（83）；通訊傳播設備（84）
3.光電材料及元件	**生產階段**：人造纖維紡紗及織布（31）；基本化學材料（49）；塑膠原料（52）；塗料、染料及顏料（57）；未分類其他化學製品（59）；塑膠製品（62）；玻璃及其製品（63）；其他基本金屬（71）；半導體（77）；被動電子元件（78）；印刷電路板（79）；光電材料及元件（80）；其他電子零組件（81）；產業用機械設備修配及安裝（107）；電力及蒸汽（108）；批發（120）；金融服務（137）等部門。 **銷售階段**：光電材料及元件（80）；電腦（82）；電腦周邊設備（83）；通訊傳播設備（84）；量測、導航、控制設備及鐘錶（87）；其他營造工程（118）；研究發展服務（145）
4.其他電子零組件	**生產階段**：塑膠原料（52）；其他金屬製品（76）；半導體（77）；被動電子元件（78）；印刷電路板（79）；其他電子零組件（81）；電腦周邊設備（83）；批發（120） **銷售階段**：印刷電路板（79）；光電材料及元件（80）；其他電子零組件（81）；電腦（82）；電腦周邊設備（83）；通訊傳播設備（84）；量測、導航、控制設備及鐘錶（87）；輻射及電子醫學設備、光學儀器（88）；家用電器（93）；其他電力設備及配備（94）；其他專用機械設備（96）；通用機械設備（97）；研究發展服務（145）；公共行政及國防；強制性社會安全（155）

5.發電輸配電機械	**生產階段**：鋼鐵初級製品（69）；發電、輸電及配電機械（89）；電線及配線器材（91）；其他電力設備及配備（94）；通用機械設備（97）；批發（120） **銷售階段**：發電、輸電及配電機械（89）；家用電器（93）；其他電力設備及配備（94）；金屬加工用機械設備（95）；其他專用機械設備（96）；通用機械設備（97）；船舶及浮動設施（99）；住宅工程（115）；其他房屋工程（116）；公共工程（117）；其他營造工程（118）

資料來源：本表依據2016年產業關聯表產業分類，林佳龍整理製作。
註：括弧（）中的數字是2016年一百六十四個部門產業關聯表的產業編碼。

　　另外，從科技產業製品的銷售面來看，影響範圍更大，這是高科技產業的特色，特別是半導體應用在物聯網、資訊與通信科技、人工智能之後，各行各業面臨數位轉型的必要性，這可以從上表中的銷售階段看出各種產業對科技部門的需求。高科技產業的重要性來自本身的產業特性，而科技經濟社會的最大特徵在於對半導體相關製品的應用上。從過去傳統製造方式到傳統製品功能都會因為高科技導入產生革命性的變化，這也包含了生產、流通、銷售等經營管理層面的重大調整。

　　上述產業的密切關聯，不僅在於生產階段的環環相扣，同時也作用在銷售市場的緊密結合，這將有利於國內外所創造的經濟波及效果。過去我主張以完整產業生態鏈為基礎建立穩定的產業棲息地生態系統，發展科技創新與數位轉型，今後可以透過企業組合的聯合艦隊形式向外延伸，發揮更大的雙螺旋經濟效果。

（三）高科技產業的競爭力特質

　　本節將以高科技產業感應度／影響力係數與替代係數與／加工度係數的變化，分析國內外市場的競爭力特質與優勢條件，試算結果如表2-4與表2-5。

　　表2-4顯示1996年至2022年高科技產業的影響力係數與感應度係數，這可以從三個時間點來看。在1996年到2016年之間，是台灣準備加入WTO之前準備和加盟之後的國際市場擴展時期，期間的2008年爆發世界金融風暴，重創世界經濟，台灣經貿也受到嚴重波及。在這期間的影響力係數除了半導體之外，都呈

現大於1，顯示對市場具有很高的影響力。與此同時，感應度係數除了半導體與電子零組件之外，大部分都在1以下。半導體與電子零組件的高感應度係數是因為在各種高科技設備或製品上都需要這兩部門的投入，這是產業部品與零組件特色。2020年是爆發COVID-19疫情極為嚴重的一年，不確定高科技產品的生產活動將影響其他產業的製程，使得國際上對台灣高科技產品預防性需求大增。一般而言，影響力係數高低容易受制於市場競爭力大小，但也很容易因市場恐慌而產生較大的波動，疫情就是明顯例子。因此，這一年的高科技產業在影響力係數與感應度係數皆大幅提高，也凸顯台灣高科技產業對世界已經具有極大的重要性。

表2-4　台灣高科技產業影響力係數與感應度係數（1996-2022）

半導體	影響力係數	感應度係數	光電及元件	影響力係數	感應度係數
2022	0.780059	2.005445	2022	0.917427	0.660531
2020	1.426584	3.969975	2020	2.065471	2.354436
2016	0.764153	2.507278	2016	1.240623	1.067483
2011	0.999398	2.578289	2011	1.218048	0.926003
2006	1.047009	2.737054	2006	1.237846	1.045316
2001	1.114998	2.361689	2001	1.360830	0.923309
1996	1.052911	2.262292	1996	1.230928	0.701456
通訊傳播設備	影響力係數	感應度係數	電子零組件	影響力係數	感應度係數
2022	1.064953	0.694699	2022	1.033633	1.188874
2020	1.827488	1.407420	2020	1.816340	2.493517
2016	1.150371	0.578487	2016	1.112075	1.365290
2011	1.136606	0.450644	2011	1.255734	1.076722
2006	1.225528	0.429895	2006	1.178807	1.157583
2001	1.258042	0.441685	2001	1.130983	1.364758
1996	1.218878	0.467857	1996	1.184067	1.304420
發電輸電配電	影響力係數	感應度係數			
2022	1.086773	0.887644			
2020	1.938781	1.584688			
2016	1.197591	0.847883			

2011	1.278710	0.723063			
2006	1.427648	1.094408			
2001	1.240223	0.848657			
1996	1.250494	0.801043			

資料來源：林佳龍、洪振義（2023），〈台灣產業感應度與影響力變化之分析（2020-2022）〉，台灣智庫 working paper。

　　2022年的影響力係數與感應度係數有下降趨勢，這可能來自以下幾項因素，包含：疫情重創經濟尚未完全恢復，對未來發展前景並不明朗；俄烏戰爭持續進行，增加國際政治經濟的不確定性；美中貿易衝突強度持續加大等因素。這也是本書在〈緒論〉中指出的，地緣政治與國際經貿典範轉移已經發生，風險性的提高使得經貿活動與國際市場皆受到極大影響，並反映在這兩項數據強度變化上。

表2-5　台灣高科技產業替代係數（R）與加工度係數（S）（1996-2022）

半導體	替代係數（R）	加工度係數（S）	光電及元件	替代係數（R）	加工度係數（S）
2022	1.200195	0.862197	2022	1.238076	0.831874
2020	1.486736	0.813770	2020	1.351515	0.832516
2016	0.872397	0.736417	2016	0.842875	0.052772
通訊傳播設備	替代係數（R）	加工度係數（S）	電子零組件	替代係數（R）	加工度係數（S）
2022	1.031198	0.878122	2022	1.209632	0.851883
2020	1.818820	0.615257	2020	1.844388	0.684680
2016	0.892867	0.404601	2016	0.876966	1.650623
發電輸電配電	替代係數（R）	加工度係數（S）			
2022	1.121065	0.891943			
2020	0.931595	1.022330			
2016	0.756698	1.144417			

資料來源：林佳龍、洪振義（2023），〈台灣產業替代與加工度變化之分析（2020-2022）〉，台灣智庫 working paper。

另一方面，產業的另一種競爭力指標為原材料的替代係數與加工度係數變化，這項數據關係產業在市場上的替代程度，以及左右附加價值大小的生產成本，從表2-5可以觀察2016年到2022年的變化。替代係數愈大表示該市場對該產業需求將會增加，而加工度係數愈小表示創新技術可以降低成本，提高該產業之附加價值。從這個角度來看，2016年高科技產業的替代係數皆小於1，市場需求擴大並不明顯，但在疫情爆發之後，都呈現大於1，市場需求明顯增加，而加工度係數直到2022年都維持在1水準以下的高附加價值狀態。

二、台灣與新南向東協之間經貿因果關係檢定與雙螺旋效應

台灣與新南向國家之間的經貿活動由來已久，本節將透過計量經濟手法進行因果關係檢定，確認哪些因素存在緊密關聯，並初步推估其經濟效果。研究期間為1984年第一季至2022第二季，每項變數各有一百五十四筆的季資料，變數設定為固定資本形成（lfix_tw）與出口東協（lex_asean）、貿易條件（ltot_tw）與國內生產毛額（lgdp_tw）等四項變數[2]。這些變數由原單位絕對數據取對數進行單根檢定與共整合檢定、向量自我迴歸模型（vector auto regression model, VAR）分析，以及Granger因果關係檢定等步驟。

（一）VAR迴歸分析

由於經過Augmented Dickey-Fuller與Phillips-Perron單根檢定處理之後，無法達成各項變數拒絕非定態假設，為了避免虛假迴歸情況下，進行一階差分處理後的檢定結果如下：

---

[1]　本節使用的部分數據與內容主要是參考林佳龍、洪振義（2022），〈數位新南向「雙螺旋效果」的戰略分析：向量自我迴歸（VAR）結合動態產業關聯模型之應用〉，淡江大學第五屆「後疫情時代下日本與全球政經變遷及影響」國際學術研討會論文，全文附在本書後面的附錄。

[2]　變數參考文獻有國內生產毛額、ASEAN出口（Marin,1992; Awokuse, 2007）、固定資本形成（Ram,1985; Burney,1996; Ghatak et al.1997；黃台心，2002）以及貿易條件（Kunst and Marin,1989; Yamada,1998；黃台心，2002）。

表2-6 一階差分後Augmented Dickey-Fuller與Phillips-Perron單根檢定

檢定項目 變數	截距項	含截距與趨勢項	不含截距與趨勢項
ADF檢定一階差分項			
△lgdp_tw	-2.782400*	-3.424402*	-1.384230
△lex_asean	-6.688370***	-6.655145***	-5.950039***
△lfix_tw	-3.504445***	-3.784122**	-1.679461*
△ltot_tw	-8.383177***	-8.506968***	-8.286026***
PP檢定一階差分項			
△lgdp_tw	-13.45458***	-15.85058***	-12.14238***
△lex_asean	-13.99628***	-13.94128***	-13.49299***
△lfix_tw	-23.11001***	-23.78696***	-19.45307***
△ltot_tw	-8.702232***	-8.728056***	-8.789386***

註：1.ADF以SIC準則選取最適落後期，PP則以Newey-West Bandwidth選取最適落後期。
　　2.*、**、***別表示在10%、5%、1%下具統計顯示性。

　　而在一階差分檢定結果，所有變數皆呈現在1%顯著水準下拒絕序列為非定態之虛無假設。因此，經過一階差分後，以截距項和含截距與趨勢項兩種方式序列檢定全部變數都呈現定態。為了確認所設定四個變數的定態性，以利於檢定兩個或多項定態變數之間長期關係，必須進行共整合檢定。因為從共整合檢定結果，可以確認是否存在共整合向量再利用t統計量進行假設檢定，推估檢定值顯示有兩組存在的虛無假設被拒絕[3]。

（二）Granger因果關係檢定結果

　　經過上述的VAR迴歸分析之後，進行Granger因果關係檢定，主要結果為以下幾點：

● 隨著台灣加入WTO與國際分工體制的形成之後，強化與東協之間貿易緊密度，台灣經濟成長與出口東協間具有單向因果關係，在1%顯著水準下檢定結果呈現顯著。

---

[3] 詳細數據請參考本書附錄的研討會論文全文。

● 固定資本形成是台灣經濟成長的重要因素，固定資本形成的多寡也受到國內生產毛額水準高低的影響，兩者之間具有雙向回饋關係，而且都在1%顯著水準下檢定結果呈現顯著。

● 從固定資本型的角度來看，固定資本形成是對出口東協變動的重要因素，而固定資本形成變化也是台灣對東協出口的影響變數，兩者之間呈現雙向的回饋關係。

● 貿易條件變動是出口東協貿易往來的重要因素（1%顯著水準下檢定結果呈現顯著），而東協出口也會對我國貿易條件產生影響（5%顯著水準下檢定結果呈現顯著），在貿易條件與出口東協兩者之間呈現雙向回饋關係。

綜述變數因果關係檢定，固定資本形成與出口東協、固定資本形成與國內生產毛額都存在雙向因果關係，這意味著台灣經濟成長將有助於驅動固定資本成長（或是增加固定資本形成將促進經濟成長），也存在間接對東協區域出口產生影響。而從Granger因果關係檢定結果，影響台灣經濟發展路徑為：國內生產毛額←→固定資本形成←→出口東協←→貿易條件。從長時間台灣經濟成長過程中，早期與東協之間的貿易量的比例並不高，但在加盟WTO之後的成長幅度逐漸攀升，新南向政策的成功與否將會成為台灣未來經濟成長的重要要素。

上述的VAR模型提供了台灣經濟成長與對新南向各國的出口、固定資本形成以及貿易條件等都存在顯著程度，而Granger因果關係檢定也確認了這四個變數的關係，也都獲得顯著的結果。

（三）新南向政策的「雙螺旋效果」[4]

經過Granger因果關係檢定結果後，接著可以進一步以動態產業關聯模型推估估算台灣在數位新南向政策中的「雙螺旋效果」。

---

[4] 本節推算台灣與東協之間的雙螺旋經濟效益是以高科技產業作為分析對象，這裡高科技產業僅包含表2-3的五個部門，即半導體、被動電子元件、光電材料及元件、其他電子零組件以及發電、輸配電機械等。

表2-7　對數位新南向ASEAN第二次螺旋效果

單位：百萬台幣

	生產誘發額	粗附加價值誘發額	雇用者所得誘發額
直接效果	13,065.83	6,000.60	3,069.62
第一次波及效果	11,127.82	5,044.87	2,953.50
第二次波及效果	11,909.90	4,116.26	2,547.92
綜合效果	36,103.54	15,161.73	8,571.04
螺旋乘數	2.76		

註1：計算民間消費支出，採用2021年平均消費傾向0.7477。
註2：由於波及程度逐漸遞減，依照過去文獻研究，本論文雖然只推估兩次的波及效果，但不意味著兩次的波及效果推估是合理的，當第三次之後波及效果還是很巨大時，還是需要推估比較合乎實際需求。

　　WTO後台灣對ASEAN出口平均規模在269,436.24百萬元台幣，其中高科技相關產業平均占了153,715.56百萬元台幣（=全體貿易總額的57.05%）。由VAR模型推估，每增加1%的ASEAN出口將為國內生產毛額提高0.085%的成長，這是屬於第一次螺旋效果[5]；而隨著台灣經濟成長帶動固定資本形成變動所引發ASEAN對台灣需求增加時[6]，此階段為第二次的螺旋效果。二次螺旋效果產生的經濟規模，生產、粗附加價值以及雇用者所得的三項誘發額分別有36,103.54百萬元、15,161.73百萬元、8,571.04百萬元。生產誘發額從直接效果到二次的波及效果創造了2.76倍螺旋乘數。粗附加價值誘發額代表企業的營收規模，而雇用者所得誘發額是屬於勞動者因新南向政策增加的收入。換言之，雙螺旋效果的構成是由22,902.08百萬元台幣（第一次螺旋效果）+36,103.54百萬元台幣（第二次螺旋效果）=59,005.62百萬元台幣，此金額相當於2021年的GDP的0.272%[7]。數位新南向是構成「雙螺旋效應」的基礎，這也是期待解決長期以來台灣在產業結構尚無法突破的困境策略之一。然而，「雙螺旋效應」概念包含了眾多的變數，需

[5] 由AVR模型推估269,436.24百萬元台幣的ASEAN出口規模將為國內生產毛增加22,902.08百萬元台幣，這是第一次螺旋效果。

[6] 以第一次螺旋的57.05%計算，這是台灣加入WTO後，數位高科技相關產業占整體的平均比例為基礎的情境設定。

[7] 在本論文雙螺旋效果評估上，是設定在數位新南向推動對ASEAN出口「增加額」情況下，只推估「增加額」部分，如果將全部高科技相關產業作為計算基礎的話，那經濟規模將會更大。

要產業生態系統、產業創新、數位轉型以及國際政治經濟環境等眾多條件的配合。當今我國處在數位經濟發展模式下所引發的「雙螺旋效應」，一方面可以促進高度化的產業結構、數位新南向以及永續經濟發展的多重任務，但達成這些任務需要靠執行力是否落實。因此，建構能夠具備有執行力、整合力與組織力的整合體制將關係到未來是否成功的關鍵所在[8]，關於這一點，本書將在第三章、第四章以及第五章分別論述，並在第六章利用D-ANP專家決策模型的整合分析，建立新國際雁行聯合艦隊的發展戰略。

三、觀察國際雁行間產業互補

　　台灣必須掌握這次國際大變局所帶來典範轉移的機會，將產業以組合式思考規劃出海外市場的新契機，這也是本書所強調新國際雁行的行道路徑。在這些區域國家當中，有的是一直以來就已存在的經濟合作夥伴，例如美國、日本以及歐洲一些國家等。本節將焦點放在這些國家以外的中東歐、東南亞諸國以及印度，主要是這些區域國家是在地緣政治典範轉移之後，在新的國際經濟體制下將會扮演新的角色，台灣又將以何種方式參與其中，開創新的藍海機會。所以我提出聯合艦隊的概念作為新商業模式的產業策略。在這之前，台灣須與這些區域國家之間的經濟產業特徵對照比較，作為將來聯合艦隊組成之條件，視區域需求有效提供國際的產業服務。

（一）西向：中歐與東歐的新國際雁行棲息地

　　過去我國貿易重心在亞洲的中國與東南亞、美、日以及歐洲幾個重要國家，例如英、法、德等國，對於中歐與東歐並沒有太大的進展。在COVID-19疫情爆發、地緣政治與半導體等科技促使台灣與這些區域國家有了相互重視的契機，特別這一兩年來雙方積極努力下，被視為台灣未來新國際雁行的新棲息地。接著我們可以先行比較彼此之間的貿易往來狀況，一窺哪些產業可以在互

---

[8]　林佳龍（2022），頁135，台北：釀出版。

補基礎下，建立合作產業與企業的合作關係。

表2-8　台灣對立陶宛、匈牙利、波蘭、捷克、斯洛伐克的貿易量（2022）

單位：百萬元

	貿易品目	出口	進口
1	農產食品相關產品	299.63	1,304.45
2	礦產	130.45	120.44
3	化學相關製品	4,604.56	5,000.70
4	紡織輕工業相關製品	1,236.59	1,835.08
5	基本金屬及基本金屬製品	12,377.58	1,412.41
6	機器及機械用具；電機設備；及其零件；錄音機及聲音重放機，電視影像、聲音記錄機及重放機，零件及附件	56,549.90	17,884.94
7	車輛、航空器、船舶及有關運輸相關設備	10,057.35	18,400.23
8	光學、照相、電影、計量、檢查、精密、內科或外科儀器及器具等相關產品	2,821.54	3,510.80
9	武器零件	134.93	95.32
10	其他	1,812.43	1,494.98
11	合計	90,024.95	51,059.34

資料來源：海關進出口統計（https://portal.sw.nat.gov.tw/APGA/GA35）資料製作而成（2023/10/21）。

　　表2-8的立陶宛、匈牙利、波蘭、捷克以及斯洛伐克是目前與台灣經貿互動較為積極的中東歐國家，2022年的經貿規模超過一千四百億台幣，台灣出口額為新台幣90,024.95百萬元，進口有51,059.34百萬元，出超了38,965.61百萬元。台灣較具優勢的貿易品目為第5項「基本金屬及基本金屬製品」與第6項「機器及機械用具；電機設備；及其零件；錄音機及聲音重放機，電視影像、聲音記錄機及重放機，零件及附件」，而中東歐國家的優勢產業在於第1項「農產食品相關產品」與第7項的「車輛、航空器、船舶及有關運輸相關設備」，這也符合前面分析之台灣較具競爭力產業的實際狀況。

　　過去台灣貿易偏向英、法、德、義等傳統諸國，與中東歐相對較少經貿往來，由於地緣政治與供應鏈重組等契機，近一兩年來不僅企業有了新布局，國家大戰略也積極穿梭其間。台灣與中東歐國家之間存在自由與民主價值，同

時也面臨共同安全問題。在雙邊核心目標之下，彼此透過經貿合作朝向共享民主、自由及人權價值方向前進。以台灣產業優勢可以建立在數位以及綠色雙轉型作為中東歐戰略合作的開始，例如數位轉型範圍包含5G、電信、智慧城市、低軌衛星等領域，而綠色轉型則有電動車、氫能等相關產業。中東歐是台灣新型態經濟整合的一環，未來將從市場進入再擴展到數位經濟、勞工、環保以及競爭等新國際秩序議題，這也是台灣參與其中以提升話語權地位的機會。台灣投資與中東歐國家存在龐大合作潛力的產業與領域，可以打造堅實長遠利益之民主供應鏈，這是政府促成有意前往中東歐國家的國內企業，以及有意來台灣設點的中東歐企業，透過與國內企業以合資、技術合作等方式建立的供應鏈。台灣以奠基中東歐強化歐洲鏈結的戰略布局，為整體產業發展創造新的天地，建立在產業經濟的互補互利關係之上。換言之，新國際雁行不僅止於創造貿易量的短期目的，還包含台灣與東中歐區域的長期經濟發展，促進彼此永續發展的願景。例如半導體相關產業是台灣強項，我們可以建立半導體產業合作機制促進人才培育與產業合作方式。同時，透過融資基金的設置強化合作基礎，共同推動中東歐的電動車智慧城市、中小企業數位化、智慧機械、網路安全、綠色能源、雷射、衛星合作或是生技醫療科技及產品等合作開發。

（二）新南向：東南亞諸國與印度的國際雁行延伸

　　國際雁行另一個航道是新南向國家，主要包含了東南亞諸國以及印度，有時稱之為新南向十八國[9]。過去台灣主要貿易對象為ASEAN創始成員國[10]，隨著組織擴大，我國的貿易範圍也逐漸延伸到其他區域。

---

[9]　新南向十八國包含東協十國與南亞十國，再加上澳大利亞和紐西蘭。其中東協十國包含新加坡、越南、菲律賓、馬來西亞、泰國、印尼、柬埔寨、緬甸、汶萊以及寮國。南亞六國為印度、孟加拉、巴基斯坦、斯里蘭卡、尼泊爾以及不丹。

[10]　ASEAN的五個創始成員國，分別是泰國、馬來西亞、新加坡、菲律賓和印度尼西亞。

圖2-2　歷年台灣對中國與新南向18國的貿易進出口
資料來源：經濟部國際貿易署（https://cuswebo.trade.gov.tw）資料繪製而成。

　　由於國際政經局勢改變了國際分工體制，未來對中國的經貿依賴也將有所轉變，這不單只是國際間投資生產改變，在貿易進出口也將產生新的樣態，新的國際分工體制儼然成形。圖2-2是歷年台灣對中國與新南向十八國的貿易進出口，從1989年為出發點，在台灣加入WTO之前的貿易對象在東南亞諸國，超越中國。但在2004年之後，中國已經成為台灣的主要貿易國家，並快速成長，直到2020年之後，台灣對中國和新南向國家的貿易總額差距出現了反轉現象，其中對新南向區域貿易額都產生正向反轉的提升。特別是台灣來自中國與新南向國家的進口額，在2022年面臨順逆差交叉狀態。

　　另一方面，可以從台灣對新南向主要國家貿易項目得知雙方的產業互補性，由於過去台灣與新南向諸國之間貿易往來還是以過去傳統東協主要會員國為主，之後才有越南、印度陸續加入行列，表2-9是2022年對印尼、印度、馬來西亞、菲律賓、越南、新加坡的貿易量。表中顯示，台灣從新南向國家進口以「礦產」最多，其次為「光學、照相、電影、計量、檢查、精密、內

科或外科儀器及器具等相關產品」與「農產食品相關產品」等品項，其總進口額為1,498,851.82百萬元。而台灣出口到該區域主要商品為第6項的「機器及機械用具；電機設備；及其零件；錄音機及聲音重放機，電視影像、聲音記錄機及重放機，零件及附件」，該年出口規模高達1,452,871.41百萬元，占全體的62.61%。在其他產業輸出上以第3項與第4項的「化學相關製品」、「紡織輕工業相關製品」呈現相對的競爭優勢。

表2-9　台灣對印尼、印度、馬來西亞、菲律賓、越南、新加坡的貿易量（2022）

單位：百萬元

	主要貿易項目	出口	進口
1	農產食品相關產品	23,447.35	53,856.89
2	礦產	194,028.72	279,804.36
3	化學相關製品	280,596.52	104,205.27
4	紡織輕工業相關製品	131,887.99	87,660.72
5	基本金屬及基本金屬製品	131,882.95	156,787.96
6	機器及機械用具；電機設備；及其零件；錄音機及聲音重放機，電視影像、聲音記錄機及重放機，零件及附件	1,452,871.41	719,911.69
7	車輛、航空器、船舶及有關運輸相關設備	16,352.19	15,100.84
8	光學、照相、電影、計量、檢查、精密、內科或外科儀器及器具等相關產品	44,786.49	71,244.24
9	武器零件	44,786.49	10.22
10	其他	51.46	10,269.65
11	合計	2,320,691.57	1,498,851.82

資料來源：海關進出口統計（https://portal.sw.nat.gov.tw/APGA/GA35）資料製作而成（2023/10/21）。

四、國際雁行的發展型態

過去雁行型態的國際發展對東亞或是東南亞的區域經濟，除了促進這些區域經濟繁榮與技術提升之外，還使得產品趨於同質化現象。換言之，透過海外直接投資（FDI）所產生的產品同質化，使得海外生產基地雖然帶來投資國母公司的互補效果，但同時也引起競爭效應，形成產業的競合現象。各國於此之

際也躍躍欲試，紛紛熱衷於區域經濟合作，試圖透過協調的國際分工生產、擴大合作條件作為因應市場的國際競爭壓力，其中自由貿易協定（FTA）就是典型代表型態。這也是我在本書〈緒論〉中所提的雁行型態發展第三型態，這階段進入了全球化與區域統合的世界經濟雁行發展。但從實際成果來看，協定的經濟模式無法解決國際市場競爭，也無法去除產品同質化問題，一國獨大的中國產業結構說明了幾乎可以提供各種相同商品，技術創新往往追不上市場競爭的速度，弱勢企業將被迫退出市場。國際局勢與科技創新改變了雁行型態的發展路徑，如何把握這個趨勢，編列屬於台灣的產業雁行型態，是關係著本世紀企業能否生存於國際市場的關鍵時期。半導體周邊相關產業構成未來社會經濟發展不可或缺的關鍵，目前的台灣正好座落在這個產業的重要位置，使得我國成為世界不可或缺的需求。

半導體晶圓科技創造新的商業模式

　　半導體技術飛躍式地發展為眾多產業與經濟社會創造出無限可能，先端晶片促進AI、量子運算、超導體等技術的應用，翻轉過去傳統產品製造與生活方式，帶來全新境界的發展模式。如何將半導體晶圓科技結合以創造新的商業模式，這將影響著未來產業或是企業的生存空間，也是現代文明社會與國家需要面對的課題。我們正面臨AI科技革命與數位轉型挑戰，從國家、產業、企業乃至個人一旦無法跟上高科技發展腳步，以過去長時間等待或是調整方式將很難立足於經濟社會當中。由於AI、量子運算、超導體等技術應用特徵在於「自動化」、「高速」以及「準確性」這三項特點，影響層面正逐漸擴大。

　　從前面數據顯示，台灣在ICT相關產業具有優勢，意味著隨著AI技術發展以及持續領先半導體晶圓技術，若能把握這股AI需求趨勢，未來發展應用在製造、醫療、交通等智慧產業上，將可開創新的機會。也因為如此，台灣必須建立新的商業營運模式，巧妙結合半導體與AI技術組合而成的創新產業發展，將會是無遠弗屆。這些思維可以借助模組式商品組合，從整合型設計（integral architecture）與模組型設計（modular architecture）的商品組成[11]，可以反映出不同產品或是不同企業在生產與經營管理策略的差異。換言之，台灣從高科技產業的製造與創新優勢，透過新結合理論能夠廣泛應用於各種產業之中，並建立新的運作與經營的新典範。當然，這裡所指的新商業模式不是只有產品製造或組合，還包含市場運作機制中的企業經營管理，也包含公部門機關、消費者等市場參與各種活動等，所以數位轉型很重要，這是需要盡快完成的基礎工程。

　　本書將在後面章節針對智慧城市、智慧醫療、智慧交通及無人機等項目，以具體事例討論企業如何組成聯合艦隊模式，前進新國際雁行航向，分析台灣這種新商業模式如何創造新的產業價值，評估新的價值產業鏈形成的可能性。

五、聯合艦隊的策略調整與新國際雁行航道的開拓

　　跨企業組成的聯合艦隊模式在擴展海外市場的戰略中扮演著重要的角色，特別在新時代經濟下的新思維不僅僅是因應半導體、人工智慧等科技創新所需的策略，更是面對長期外交困境的一種解決方案，是經濟與外交的結合，兼具國家產業發展的大戰略基礎。然而，這套大戰略的成功實現必須思考「時間因素」，並對不同時期的國際政經環境變化有所調整，進行短期與長期的戰略規劃。在短期戰略規劃上，跨企業組成的聯合艦隊應該注重快速行動和靈活應對，以應對當前市場的變化和競爭情況。這可能包括快速推出新產品組合或提供國際服務、適時調整價格策略、建立有效的行銷與銷售管道等措施。另外，短期戰略也應該著重於建立強大穩固的合作夥伴關係，以共同應對市場挑戰，並迅速創造國際市場需求。

　　另一方面，在長期戰略規劃方面，跨企業組成的聯合艦隊需要更深入地思考未來市場的發展趨勢以及潛在機遇，並具有彈性地調整戰略方向和投資重點的能力。這包括進行更深入的市場研究與分析、加強研發創新能力、建立持續

---

[11] 關於模組式商品組合，我在林佳龍（2022），《印太新秩序下的台灣之路：數位時代的產業最適棲息地理論與雙螺旋策略》書中有討論過，請參考第六章。

創造品牌價值和聯合艦隊形象、擴大在海外市場的影響力等。同時，長期戰略也需要注重建立可持續發展的競爭優勢，並將其轉化為聯合艦隊整體的核心競爭力，以確保在市場中的持續領先地位。

　　換言之，跨企業組成的聯合艦隊在海外市場戰略中需要同時兼顧短期和長期的規劃思考。短期戰略強調在企業間組織的靈活應變和快速行動，以應對當前市場的快速變化；而長期戰略則需要更深入地思考國際市場的未來發展趨勢，並制定相對應的戰略方向和投資計畫，以聯合艦隊在競爭激烈的國際市場中獲得持續的成功與成長。

03

新國際雁行聯合艦隊基地的形成

　　台灣產業發展與競爭力很大原因來自產業群聚的形成，過去探討產業群聚時，常依照不同性質區分不同的產業群聚劃分，例如垂直整合型群聚或是水平整合型群聚。但是，在半導體、AI以及ICT等科技創新的應用下，眾多產業從生產、流通乃至銷售方式都產生革命性的變化，孕育而生的是新產業結構型態，稱之為產業棲息地生態系統。產業棲息地生態系統有別於傳統產業群聚的形式，半導體科技進步的ICT使得跨地理、跨時間以及跨人才資源的產業結合，不被局限在固定區域當中。因此，我提倡以產業棲息地生態系統作為新國際雁行聯合艦隊的前進基地，因為這個系統能夠提供產品的研發創新、生產以及調度的穩定基礎，這是因應未來新時代經濟的新產業群聚網絡。

　　建構穩定的產業棲息地生態系統包含三個步驟，首先是建立「產業棲息地靜態環境」，再者為進行「產業動態戰略」，最後形成「穩定產業生態系統」。「產業棲息地靜態環境」的構成，除了結合不同規模與異質性的企業之外，政府的財政、金融以及產業政策等支援系統扮演重要角色，例如提供特別貸款的公股銀行體系的設置、提高債務保證的信用保證機構、擴大投資對象與範圍的創業投資中心的成立等。在「產業棲息地靜態環境」階段完成數位科技轉型以及科技研發創新，為聯合艦隊提供堅強的產業後盾，從產品創新到人才資源的交流合作。「產業動態戰略」的進行，一方面由數位轉型的科技創新促進產業雙螺旋的內循環效果，引導產業棲息地的最適化移動路徑，具有產業升級功能；另一方面，以聯合艦隊的企業組合方式，推動新南向、中東歐、拉丁美洲等新國際雁行的市場開拓，提高國內產業縱深發展空間，從內循環到外循環的戰略布局，實踐雙螺旋經濟效應。在「產業動態戰略」上，國際市場的海外經營據點設置是鏈結國內外產業的橋樑，也是國內探知國際市場資訊的觸角延伸，更是建構產業棲息地生態系統的穩定裝置。

　　因此，「穩定產業生態系統」的維持需要有人力資源與行政部門兩大生態系統的支持才能夠順利進行，其形成架構如圖3-1新國際雁行聯合艦隊產業生態系統基地。以下各節將循著此圖形架構進行分析與說明。

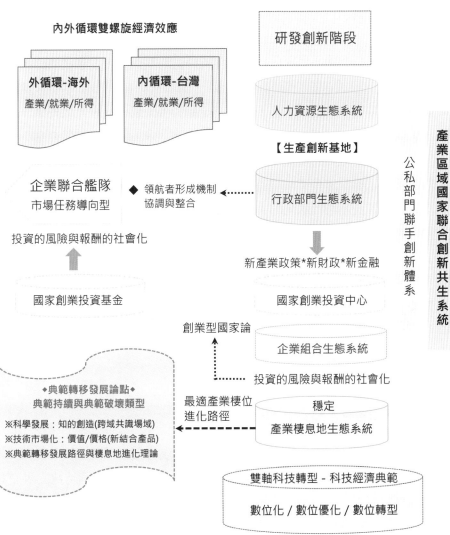

圖3-1　新國際雁行聯合艦隊產業生態系統基地
資料來源：林佳龍繪製而成。

一、人力資源生態系統

　　隨著半導體、AI等高科技快速進步，技術密集產業（technology-intensive industry）已經成為引領我國經濟成長的主流，知識密集所需要的人力資本將扮演更重要的關鍵角色，過去我國產業發展與技術人才培育有著密不可分的關係。早期台灣產業面對市場環境較為穩定，與歐洲、美、日等國家在國際市場競爭上的區隔較為明顯，以國內技職教育所提供的基礎人才從事產品開發、設計與生產的經營模式創造企業利潤。但是，隨著技術創新與市場需求變化快速，產業趨於多元化的發展，過去產業與產品的生命週期縮短，致使單一產品和單一專業技術人才已經無法滿足眾多產業發展需求。因此，企業要在新時代經濟架構下掌握產業變動趨勢、建構永續的人力資源生態系統、培育產業新技術所需各項人才規劃是企業永續經營的重要工程。新時代經濟需要高科技人才培育，如何融入於產業棲息地的人力資源生態系統當中，作為培養優秀的科技人才顯得格外重要。高科技領航國際雁行需要培養科學技術基礎和系統性知識，人才培育重點應該包含對科學技術與經濟、社會、自然環境之間的認識、思考、決策以及運用等「多層次學習訓練」。加上為了因應多元市場需求與產業特質差異，企業也需要具備彈性巧妙運用的能力，因此人力資源培育任務並非完全由公部門擔當，企業也須負責一部分學習訓練工程，這是「產官學」的人力資源生態系統。因此，「多層次學習訓練」體制是建立在「產官學」的基礎之上。

（一）政府公部門體系的人才培育

　　「多層次學習訓練」是培養未來人才能夠正確應對各種問題和處理能力，這需要從政府公部門的正規學制各階段教育過程中推動，特別是建立具有科學性的博雅教育（liberal arts education）。科學性博雅教育的推動有助於台灣產業發展，優勢科學技術以提升產業的市場韌性，增強新國際雁行聯合艦隊的續航力。

❶鏈結目前12年國民基本教育體制與高等科技學習訓練的一體化

　　台灣在103學年度起延長過去的九年國民基本教育為十二年，並將高級中等學校分為普通型、技術型、綜合型及單科型[1]等型態，這將有利於學生升大學之前選擇自己的未來專業，並選擇自己的就學途徑，規劃將來的專業出路。然而，如以培養科學技術創造為基礎的教育而言，應該朝向永續發展所需的多元化人力資源目標，建立新科學技術的教育體制。由於過去教育體制更著重於單純學科教育養成，未能將國家產業經濟的發展做整體考量，導致整體教育體制與產業需求之間存在落差。因此，為了確保學生具備多元科學技術的素養與能力，能夠符合社會需求，應該納入產業發展於教育體系之中。這將會涉及產業端、小學、中學、高中以及大學教育階段的課程大綱以及課程內容的制定，需要建立一套新的科技教育訓練模式。同時，為了培育永續的科技創新能力，必須建立一個連貫性的教育體系，從小學到中等教育延伸到高等教育和成人教育的科技政策，以及強化各教育階段的鏈接功能與培育科技創新能力人才的教育體制。

❷落實各教育階段的銜接與加強科技創新的綜合性學習功能

　　在一體化的科學教育體制下，如何落實推動關係著學生未來的專業養成能力，特別是科技創新需要具備多元思維的學習訓練。學生可以透過課程學習、訓練以及文化獨特元素帶動科學上發現或是發明的新知識，將這些智慧成果與經濟、社會間產生聯繫，創造公共性價值。近年來國內外對台灣高科技產業提出很高評價與期待，為了因應次世代科技產業的研究與發展，體制框架下教育是培育下一代科學技術人才的關鍵，這須從初等教育、中等教育和高等教育等各階段都需要提出想法和目標。然而，科學技術能力的養成除了理論科目的學習之外，也需要專業科學設備的操作，目前國內各階段教育環境確實還存在區

---

[1]　參考行政院教育制度（https://www.ey.gov.tw/state/7F30E01184C37F0E/c533c870-9854-4344-b325-0239147484bd。瀏覽日2023/11/17）。

域間或是學校間落差，教育者與學生之間能否能夠落實另一個階段的銜接任務，一直以來是教育界與產業界深感困惑的問題。我認為其中一個重要原因在於各教育階段與科技產業未來的人力資源應具備哪些特質和技術能力並沒有明確的界定，也就是說現行教育體系人才的培育與現場的實戰能力之間存在一些模糊性有關。相較於過去的現況教育方式、課程規劃以及多元升學等體制，雖然開創許多的教育創新提高學習多元思維，但也存在一些問題。台灣教育體制建立明確的人才培育目標與自我學習能力，各教育階段課程規劃與紮實訓練是一座聯繫橋樑。

台灣發展需要來自多元的教育人才，文化、哲學、藝術等人文教育是重要基礎，而在經濟社會或是產業發展則需要將教育、科學技術以及創新能力形成一體化的機能。未來國家整體發展需要以知識創新帶動經濟發展，這種影響將展現在經濟成長上，也包括經濟結構的調整、產業升級、就業機會的增加以及社會福利等多元目標改善等。由於各教育階段和科技創新的綜合性功能發揮，使得知識創新帶動更高層次發展，呈現螺旋式發展型態。透過對科學技術、管理經驗、制度安排等方面的不斷創新，對企業可以提高生產率和勞動效率，從而提升產業的附加價值。例如，新技術的應用使得生產過程更加高效，降低了生產成本，提高了產品品質，增加了企業的利潤，進而促進了整個經濟的發展。

另一方面，知識創新也能促進經濟結構的調整和產業升級，關於這一點我曾經在《印太新秩序下的台灣之路》一書中指出。隨著知識經濟的發展，傳統產業面臨著轉型升級的壓力，知識創新則為新興產業崛起提供了重要的機會之窗。新技術的應用也使得一些新興產業蓬勃發展，這是台灣產業優勢所在，如資通訊技術、生物創新技術、新能源等，這些產業不僅能夠創造新的經濟成長，也是將來厚植產業競爭力的基礎，還能夠更進一步完善相關產業鏈的發展，推動整個經濟結構朝向更加尖端、智能化方向前進。加上知識創新也帶來了更多國人的就業機會，隨著新技術的不斷創新湧現，需要大量的研發人員、技術人才以及相關產業鏈的從業人員的投入，這是新國際雁行聯合艦隊人力生態系統的重要功能。知識創新不僅促進了科技人才的培養和就業，還為社會提供了更多的就業機會，降低了失業率，改善了人民的生活水準。因此，知識創

新對社會福利的改善也起到了重要作用，唯有透過不斷地創新，與此同時可以提高台灣醫療衛生水準，提供更好的醫療服務和健康保障。而在環境維護上，利用改善環境保護技術，減少汙染，改善人民的生活環境，提高人民在這方面的教育水準，促進人才培養和人力資本的積累，從而為社會經濟的可持續發展奠定基礎。換言之，知識創新對經濟發展的影響是多方面的、深遠的。它不僅推動了經濟發展，促進了經濟結構的調整和產業升級，還帶來了更多的就業機會，改善了社會福利，為經濟的可持續發展提供了一道可行之路。因此，各國政府和企業應當高度重視知識創新，加大投入力道和加強合作，以推動知識創新與經濟發展相互促進，實現經濟更高度化發展。

（二）企業私部門的人才培育

私人企業人才培育對企業和產業發展至關重要。在競爭激烈的市場環境中，優秀的人才是企業成功的重要關鍵因素。過去研究也多顯示，透過有效的人才培育，企業可以更有效率因應市場挑戰，提高競爭力，實現公司的持續發展。同時，良好的人才培育還能夠推動整個產業的發展，促進一國的經濟繁榮。企業人才培育對其發展的重要性在於確保企業內部擁有高素質、高技能的人才團隊，並在不斷變化下的市場環境，企業需要具備更加靈活的適應能力和創新精神的員工，使得他們能夠快速適應新技術以符合新市場的需求，這在新國際雁行的航道上更須如此推動企業持續發展。因此，企業需要透過各種培訓、教育和人才引進等方式，以不斷提升員工的專業技能、管理能力和創新意識等作為應對市場的變化。企業的人才培育對產業發展的重要性在於推動產業結構升級和技術進步，優秀的人才也是推動科技創新和產業發展的核心力量，所以培育具有創新精神和實踐能力的人才，方可促進新技術的應用和產業的轉型升級。這不僅有助於提高產業的競爭力，同時也帶動了整個產業鏈的升級和優化產品層次。具體而言，企業可以採取多種方式來進行人才培育，建立完善的人才培訓體系，定期開展各項相關技能培訓和新觀念管理訓練，幫助員工不斷提升自我的專業技能和新管理方式。

另外，企業可以與職校、大專及研究機構間合作方式，開拓新的科技研發

項目與技術創新，吸引高水準科技研發人才和技術人才加入企業，促進企業人力資源新陳代謝，提升創新能力。同時，企業還可以建立人才激勵機制，透過提供晉升機會、差別薪資制度或是提供優惠退休等誘因措施，吸引和留住優秀人才，保持企業的競爭優勢。企業人才培育對企業和產業發展的重要意義在於不斷提升員工技能和素質，除了推動科技創新和產業升級之外，在激烈的市場競爭中持續維持優勢地位，實現永續經營。因此，企業應當高度重視人才培育工作，不斷完善培育機制，為企業的長期發展奠定堅實的人才基礎。由於聯合艦隊的任務在海外市場，除了本國人才培育之外，如何納入國際人才也是另一個重要課題。

（三）「產官學研」的人力資源生態系統

　　上述說明基礎教育階段和企業人才培育在聯合艦隊組成人才專業提供上至為重要，本節將以「產官學研」討論四者之間如何協作建立一套人力資源生態系統以符合聯合艦隊所需。過去台灣的「產官學研」合作由來已久，這是一種產業界、政府機構和學術研究單位之間的密切協作與合作模式，目的在於建立一套完整的人力資源生態系統，以促進人才的培育、流動以及應用以推動社會的經濟發展。在此種合作模式下，首先產業界扮演著重要角色，企業們可以提供實際的職場需求和專業知識，建構人才培養提供具體的方向與目標。產業界也可以透過與大專院校的合作關係，提前開展職業技能培訓和實習計畫，幫助學生預先了解職場需求和市場專業發展趨勢。產業界還可以更進一步透過與學術研究單位或是政府機構間的合作關係，開拓科學研究項目和技術轉移以促進科技創新和產業升級的目標。另一方面，政府機構在「產官學研」合作中也扮演著重要橋樑角色。政府可以提供政策上支持與資源保障作為促進產業與學術研究單位之間的交流與合作。同時，政府機構還可以透過政策引導和資金支持，鼓勵企業提高對人才的投入和培養的意願，從而推動人力資源發展。完成高等教育階段之後，很多專業人才選擇學術研究，學術研究單位成為「產官學研」合作的重要參與者之一，提供專業知識和研究成果，為產業界和政府機構提供科學依據和科技創新支持。同時，開展人才培養、科研項目和技術轉

移，促進人才的持續精進與全面性發展，為台灣社會經濟的發展提供強有力的支撐。

「產官學研」的合作將是建立人力資源生態系統的重要途徑，從產業界、政府機構到學術研究單位之間的密切合作與協作，建立緊密交流互動的合作機制，有助於促進人才的培育、流動和應用，推動社會的經濟發展與進步。因此，各方應加強彼此間溝通與合作機會，共同建立起完善的人力資源生態系統，建立起產業人才和經濟社會的共同發展，形成互利共生關係。

二、行政部門生態系統

上述人才培育包含基礎教育階段和企業人才養成兩大人力資源的生態系統，在這裡不可忽視的是推動新國際雁行聯合艦隊的行政部門人才養成教育。行政系統各部會的文官體制教育並不是單以經貿專業作為選才條件，進入公務行政系統之後會涉入更多元專業，鏈結與協調企業間合作或人才調度對聯合艦隊的營運至為重要，如何建立行政部門生態系統是刻不容緩的課題。

政府各行政部門在人才培育的工作方面，其功能主要體現在協助建立和推動基礎教育階段和企業人才養成的人力資源生態系統。政府的參與不僅可以提供政策支持和資源利用，還能夠協調各方合作，鞏固整體人才培育體系的完整性。政府行政部門可以在基礎教育階段和企業人才培育提供法律制度和政策性保障。例如，透過與政策相呼應的教育計畫，鼓勵學校加強基礎教育課程，培養學生的基本技能和專業素養。同時，政府可以透過相關部門的政策支持，鼓勵企業擴大對人才培育的投入與參與以提高培訓品質和水準。政府各行政部門可以協調各方合作，促進人才培育體系的整合發展，組織相關的聯合培訓計畫和人才交流等活動，促進基礎教育階段和企業人才培育之間能夠造就人才順利進入另一個職場。此外，政府還可以推動產官學研的合作，建立人才培育常態機制，促進教育、企業和政府之間的合作和交流。

由於政府各行政部門相對可以提供資源保障能力，以支持基礎教育階段和企業人才培育的擴展，再透過財政補助或是獎勵政策等方式，提供資金鼓勵

學校和企業作為擴大人才培育投入的誘因。同時，政府還可以提供相應的物資和技術，幫助學校和企業改善教學條件和培訓設施以提高培育品質水準。換言之，政府各行政部門在人才培育中扮演著提供相對應政策的支持、協調各方的合作以及提供有效資源或資金，鞏固基礎教育階段和企業人才培育體系的完整性，有利於推動新國際雁行聯合艦隊的經營運作與發展。

要達成上述目標，行政系統各部門之間需要密切協調，共同推動「產官學研」的人力資源系統，各部門應該建立跨部門協調機制以確保人才培育工作的確實開展。各部門可以透過定期召開跨部門會議、建立協調機構或設置專責部門從中協調，確保各部門間資訊共享與資源整合，實現整體人才培育工作的順利進行。例如在教育部、經濟部、勞動部或是其他相關單位的共同參與，共同設立「產官學研」的人才培育委員會或工作小組，共同討論制定相關政策和計畫，朝向人才培育的全面發展。其次，行政系統各部門應該加強資訊交流，建立跨部門的訊息共享平台，即時分享各自的政策措施、培育成果和需求情況，以促進各部門之間的協同合作和相互支援。也可以透過舉辦跨部門的培訓交流活動、建立更多元的人才資訊庫，促進人才流動和共享，促進人才培育資源的最大化利用。

行政系統各部門除了加強跨部門政策之間的整合以爭取最大效率，也須注意在共同執行的協調度。而各部門在制定相關政策和法規時，應該考量到其他部門的利益和需求，透過加強協調並避免政策之間的矛盾和衝突，可以建立跨部門的政策執行機制，確保政策的有效實施和執行效果的最大化。

此外，行政系統各部門也需要加強對外合作和國際交流，這是新國際雁行聯合艦隊需要建立的，透過加強與國外相關機構和組織或是企業的合作關係，學習國際更先進的人才培育經驗和做法，推動台灣人才培育體系能夠更加完善和不斷提升。同時，可以透過國際交流和合作方式吸引和引進優秀的人才和資源，促進我國人才培育體系朝向更國際化的發展。總之，行政系統各部門之間需要建立協調合作機制，共同推動「產官學研」的人力資源系統完整性，並促進人才培育工作的全面發展，並以跨部門協調機制、加強資訊共享，以及海外人才交流互動以促進人才培育工作能夠更有效率地展開。

三、產業棲息地穩定生態系統

　　過去台灣的經濟發展，產業群聚發揮了極大的功能。如今，由於國際地緣政治發生結構性的改變，半導體、AI和量子計算等產業也發生了技術革命性進展，ICT產業發展下更加速數位轉型，大幅改變過去商品特性，從生產、消費以及商業管理模式的巨大變革，引發一連串的典範轉移。台灣面臨國內外環境變化的衝擊，國家與企業必須調整戰略以融入新的國際政治與經濟框架才能維持國際上的競爭力，產業最適棲息地生態系統就是在這樣背景之下所提出的戰略思維，也是台灣永續經濟發展新模式。圖3-2是產業棲息地生態系統的架構，這也是本書探討主題——「新國際雁行聯合艦隊」的生產創新基地。

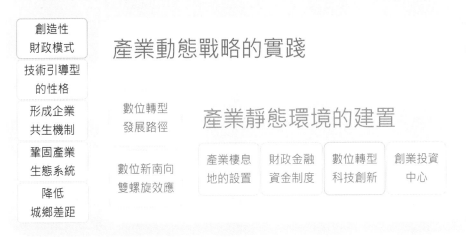

圖3-2　產業棲息地的穩定生態系統形成架構
資料來源：林佳龍（2022），《印太新秩序下的台灣之路：數位時代的產業最適棲息地理論與雙螺旋策略》，台北：釀出版。

　　建立產業棲息地的穩定生態系統需要三個階段過程：首先是產業棲息地的靜態環境，包含了產業棲息地的設置、財政金融資金制度、數位轉型以及創業

投資中心的設置。第二階段為產業棲息地的動態戰略行動，包含了建立數位轉型的發展路徑和發揮數位新南向的雙螺旋經濟效應。最後形成產業棲息地穩定生態系統，要達成最後階段的產業生態穩定系統需要具備創造性財政模式、技術引導型政策配合、建立企業共生機制、鞏固產業生態系統措施以及縮小城鄉差距等五項目標。

簡言之，建立產業棲息地的穩定生態系統需要經歷三個階段，分別是靜態環境、動態戰略行動和穩定生態系統形成。其間，每個階段的特點和目標制定的推動內容有：

❶靜態環境階段：在這一階段的重點是確立產業棲息地的基礎設施和制度架構，在既有的或是評估合適的地點、範圍以及產業別，建立產業集聚區或產業園區，提供企業發展的基礎設施和服務支持。除此之外，也需要其他配套措施，包含(1)財政金融資金制度：建立適合產業發展的財政和金融支持制度[2]，為企業提供資金和財務支援，促進產業的良性發展，例如設置公股銀行體系支援或是建立企業信用保證機構等；(2)數位轉型：推動企業從數位化、數位優化到數位轉型，建立數位化基礎設施和平台，提高企業的生產效率和競爭力；(3)創業投資中心的設置：建立創業投資中心，提供創業孵化機制和投資服務，支持企業創新創業活動，促進新興產業的發展，這是擴大投資對象範圍。

❷動態戰略行動階段：在這一階段，我們需要針對產業發展的動態變化制定相應的戰略和行動。具體推動內容主要有(1)建立數位轉型的發展路徑：根據產業特點和市場需求，制定適合的數位化發展策略和計畫，引導企業實現數位化轉型，結合製造、流通到市場供需狀態；(2)發揮數位新南向的雙螺旋經濟效應：利用數位化的技術與創新，前進海外市場，例如新南向、中東歐、拉丁美洲諸國，拓展市場空間與合作機會，實現內外循環的經濟效益。

---

[2] 這個部分可依參考林佳龍（2022），《印太新秩序下的台灣之路：數位時代的產業最適棲息地理論與雙螺旋策略》，第七章，頁169。

❸穩定生態系統形成階段：在這一階段，需要確保產業棲息地的穩定運作和永續發展，推動主要內容有(1)創造性財政模式：運用靈活多元的財政支持機制，鼓勵企業創新發展，促進產業生態系統的穩定運行；(2)技術引導型政策配合：制定技術引導型政策，引導企業加大技術投資，推動產業技術升級和創新發展；(3)建立企業共生機制：促進企業間合作共生共榮，構建產業生態網絡，實現資源共享和互利雙贏的目標；(4)鞏固產業生態系統措施：加強產業監管和管理，保障產業生態系統的穩定運行，防止環境破壞和資源浪費；(5)縮小城鄉差距：穩定生態系統可促成產業發展，也可促成農村和邊遠地區均衡化發展。促進城鄉協調發展，縮小城鄉差距實現共同繁榮將會是穩定的產業棲息地系統的核心目標[3]。

四、國家創業投資機制的意義

由私人企業和國家資本的投資在投資風險與報酬的社會化方面存在著明顯的差異，這涉及到兩者在投資決策、風險承擔、收益分享以及社會效益方面的不同邏輯。私人企業投資通常以商業利潤為目標，其投資決策主要基於市場機制和經濟效益，以追求投資回報為主要考量。在風險承擔方面，私人企業通常會尋求最大程度的風險分散，以降低自身的風險，並將風險控制在可接受的範圍內。同時，私人企業獲得的收益主要歸私人所有，並且通常存在較高的報酬期望，以吸引私人投資者參與。相較之下，國家創業投資的決策更多地受到公共利益和政策導向的影響。國家創業投資通常以促進經濟發展、創造就業機

---

[3]　參考林佳龍（2022），《印太新秩序下的台灣之路：數位時代的產業最適棲息地理論與雙螺旋策略》，第八章，頁173-185。

[4]　關於國家創業投資的論述可以參考下列書籍：丹恩·席諾、掃羅·辛格著、徐立妍譯（2017），《創業之國以色列》，新北市：木馬文化事業有限公司；傑生·紀偉哲著、林添貴譯（2017），《以色列菁英創新奇蹟》、台北：遠見天下文化出版股份有限公司；瑪里亞娜·馬祖卡托著、鄭煥昇譯（2021），《打造創業型國家：破除公私部門各種迷思，重新定位政府角色》，台北：時報出版。

會、推動產業升級等公共目標為主要考慮，而非僅僅追求單一的經濟回報。因此，在投資決策方面，國家創業投資可能會更多地關注於對社會和產業的長遠影響，而不僅僅是短期經濟利益。

另一方面，國家創業投資在風險承擔方面可能會更願意承擔較高的風險，因為其目標不僅僅是單一企業的獲利，更多是為了推動整個產業或經濟的發展。因此，國家可能願意承擔較高的風險，以支持具有潛力的新創企業或產業，並通過政策和資金支持降低風險。而在收益分享方面，國家創業投資的收益通常會被社會化，即投資收益可能會被用於支持更廣泛的公共目標，如社會福利、基礎設施建設等。相對而言，私人企業的收益主要歸私人所有，並且往往集中在少數投資者手中。

因此，由於私人企業投資和國家創業投資在投資風險與報酬的社會化方面存在著上述的明顯差異。私人企業投資主要追求個人或企業的經濟利益，風險和收益主要由投資者自行承擔和分享；而國家創業投資則更多地關注公共利益，願意承擔較高的風險，並將收益社會化，用於支持更廣泛的社會目標。新國際雁行聯合艦隊是因應新時代的環境變革所提出的作為，其任務也具備多層面的目標，國家資金的投入與政策支持是完成這項任務的關鍵因素，有必要參與其中。過去國家資金投入產業創新已有明鑑，其中台積電的成就最具代表性。

國家創業投資對台積電的成功起著重要作用，這是眾所周知的故事。台積電成立的早期階段，政府除了提供資金之外，也協助向私人企業籌湊資金，加上技術支援和政策扶持等方式，積極參與了台積電的創業過程。在國家創業投資方式下，為台積電提供了穩定的資金支持和營造良好政策環境，為台灣半導體產業發展奠定了基礎。半導體產業投資需要鉅額資金，私人企業往往難以獨力承擔。國家創業投資的介入為台積電提供了穩定的資金來源，有助於支持其在研究開發、製造以及市場開拓等各方面的資金需求。同時，半導體產業初期面臨著技術上的挑戰，需要不斷創新和升級才能保持競爭力。政府通過提供技術支援和政策扶持，為台積電提供了技術上的支援和政策上的保障，有助於促進其技術創新和產業升級。政府通過制定相對應的政策與法規，為台積電提供了良好的經營環境和發展空間。例如，政府可能採取減稅優惠、補貼措施、專

利保護等政策，鼓勵和支持台積電的發展，提高其競爭力。這是金融政策與財政政策雙管齊下對企業創業所產生的經濟效益。

　　從上述我們充分了解到國家創業投資對台積電的成功的確起到了關鍵性作用。國家創業投資為台積電提供了穩定的資金來源、技術上的支援和良好的政策環境，有助於推動其在半導體產業的發展和成功。同樣地，新國際雁行聯合艦隊擴展海外貿易能否順利進行，在組成過程中國家資金的參與也極為必要。因為新國際雁行聯合艦隊對產業發展、市場開拓、雙螺旋經濟效益以及社會公共性等各方面都能發揮重要影響，這可從台積電的例子獲得實證。從產業發展的角度來看，新國際雁行聯合艦隊的企業組合是以AI、ICT、數位科技、量子計算等科技創新為基礎，這些領域通常需要龐大的資金投入和長期的技術研發，而國家創業投資可以提供穩定的資金作為這些產業的發展和創新，為聯合艦隊運作提供良好的發展環境。另外，在市場開拓方面，新國際雁行聯合艦隊主要目標在於開拓海外市場以擴大台灣產品的國際影響力。國家創業投資還可以充實在市場資訊、開展國際合作、促進貿易便利化等方面的措施，為企業拓展海外市場提供更大的支持和保障。這些措施的作用將會反映在就業與所得等經濟效益上。透過國家創業投資的參與，可以促進新興產業的快速發展，創造更多就業機會，提高勞動生產率，促進經濟成長，進而提升國人的生活水準，雙螺旋效果就是海外貿易成功的重要指標。從社會公共性的角度來看，新國際雁行聯合艦隊的成功不僅僅對企業本身有利，還對整個社會和國家的發展有正面影響。國家創業投資的參與可以加速產業發展符合國家戰略需求，也能促進產業升級轉型並推動科技進步和社會進步。

Chapter 04

聯合艦隊組織運作與組織間學習

　　企業聯合艦隊的新國際雁行肯定可以為台灣創造雙螺旋效果[1]，這在研究上已獲得初步實證，若能持續推動，順利擴大海外市場，對我國未來的經濟發展與產業升級必能產生重大影響[2]。產業數位化轉型已成世界未來趨勢，無論是產品的製造，或是流通和消費，勢必會日益普遍地以數位科技的型態運作。亞洲區域隨著經濟的繁榮發展，生活品質日益提升，國民健康問題也更加受到政府重視，因此在推動新國際雁行聯合艦隊初期，數位科技產業也將扮演非常重要的角色。例如，台灣的醫療水準與醫療保健制度多年來一直受到國人與世界肯定，醫療製造與數位科技的結合無疑是台灣產業的一大優勢，也因如此，透過數位醫療相關產業的整合，以產業「聯合艦隊」方式前進新國際雁行區域將會形成一個堅強有力的商業團隊。然而，在展翼新國際雁行航道上時，亦即，台灣在進入各國市場時，不少情況都需要審慎觀察和評估，包括各國在風土民俗與文化上所呈現的多元色彩，以及典章制度和法規上的差異，此外還須考慮各國在經濟發展上的程度不一，因為所有這些因素都可能帶來挑戰。是故，台灣企業前進新南向市場時，有其必要思考合適的商業模式，並規劃符合當地各項環境條件的推動策略。

　　「新國際雁行聯合艦隊」可分為兩大部分，一個是台灣企業整合，另一個是海外市場據點的設置。前者包含產、官、學、研等各界專家之整合——例如透過大肚山產業創新基金會媒合相關公部門單位以鏈結企業與學（研）界成立

---

[1] 林佳龍（2022），《印太新秩序下的台灣之路：數位時代的產業最適棲息地理論與雙螺旋策略》，台北：釀出版。

[2] 林佳龍、洪振義（2022），〈數位新南向「雙螺旋效果」的戰略分析：向量自我迴歸（VAR）結合動態產業關聯模型之應用〉。論文發表於第四屆「後疫情時代下日本與全球政經變遷及影響」國際學術研討會，淡江大學全球政經學系日本政經研究碩士班與關西大學綜合情報學部共同主辦，2022年12月16日，新北市：淡江大學守謙國際會議中心。

聯合艦隊等方式，這是屬於國內整隊編制階段，而後者是新國際雁行當地市場的經營據點設置，則是推動企業前進的經營手段。在這裡先以後者的新國際雁行當地市場的經營據點設置作為探討的重點。前進新國際雁行地區其第一要務在於考慮當地市場以何種方式運作，建立經營據點將有助於推動各相關產業在當地落葉生根。如同上述，由於新國際雁行國家可能多少存在著各種環境條件上的差異，關於各個據點的經營模式之選擇與設計亦應該有所不同，其中也包含相關產品的來源管道等細節。

在上述所需考慮的各項課題基礎之下，建立完整的聯合艦隊將會是前進海外市場成敗的關鍵，而聯合艦隊的基本核心價值即在於成員之間「共生‧共好與共進化」的思維組合。因此，在正式前進海外市場之前，參與企業成員需要對新國際雁行國家與市場環境進行前置考察與評估，經歷企業間合作共識的形成過程。

一、國內整隊編制階段

前面章節提及在海外市場的開拓上，產業棲息地生態系統的完整性與安定性扮演著重要的關鍵角色，在聯合艦隊的前置作業上應該先完成「新國際雁行國家與市場環境的前置考察與評估」，再來進行聯合艦隊基礎成員之編制。這是預先對新國際雁行區域的市場需求以及當地典章制度與法規的適度掌握之後，再審慎選擇台灣相關產業建立內部的生態系統，以滿足「現階段」新國際雁行國家的需求。

新國際雁行經貿活動計畫，從參與成員的整隊編制、組織運作思維到執行方式，可以分成幾個層次來討論，分別是(1)聯合艦隊的領航者、(2)聯合艦隊合作夥伴的內部生態系統，以及(3)當地據點／公司的執行者等三個層面。圖4-1是新國際雁行聯合艦隊的整隊編制，從組織運作思維到執行方式。

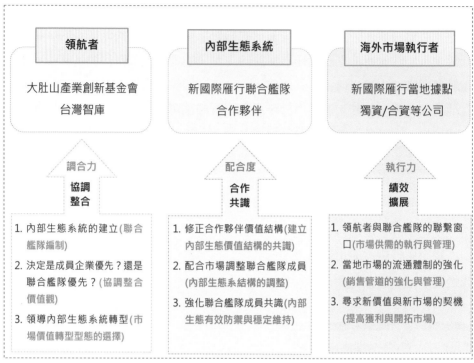

圖4-1　新國際雁行聯合艦隊編制與組織運作

（一）新國際雁行聯合艦隊的領航者

　　擔任聯合艦隊領航者的主要功能在於協調與整合合作夥伴的意見，建立完整與安定的戰鬥團隊，為達到此項目的首要核心要素在於與聯合艦隊合作夥伴彼此「協調一致」。因為聯合艦隊的內部生態系統若無法「協調一致」，則將無法實現大部分成員對自身產品的價值主張，也無法創造海外市場價值。由於聯合艦隊自具內部生態系統，每位成員在合作協調安排當中若能達成共識，成員之間就能產生明確的角色，了解自身的定位，並配合前進新國際雁行的各項流程，朝向戰略目標前進。而要達成合作成員的「協調一致」需要先行定位聯合艦隊內部生態系統的性質——是以成員企業的主張為優先？或是聯合艦隊整體利益為優先？一般而言，私營企業內的組織管理結構往往是透過層級節制的手段來監督公司的各項決策以取得良好績效，不過聯合艦隊若同樣以此手段作

為組織運作機制的話，則容易陷入本位系統（ego-system）的陷阱之中，是故我們需要先行確定領航者在內部生態組織系統中是以何種運作機制來領導聯合艦隊。另一方面，參與合作夥伴的各位成員相對地也需要決定自身企業將以何種理念扮演聯合艦隊追隨者角色。

　　領航者應該具備規劃與協調的能力，大肚山產業創新基金會與台灣智庫即非常適合擔任這項工作。大肚山產業創新基金會是由各產業的中小企業所組合而成，也是聯合艦隊基本合作夥伴聯合組織，在相同價值觀的溝通與協調上較容易達致。台灣智庫是以關注廣泛公共議題所建立的政策平台，聚集相同理念的人士，在這個平台上提出對於國家社會的發展願景，追求正常化國家、落實自由民主及幸福社會為核心價值的研究機構。因此，台灣智庫作為聯合艦隊領航者較能以客觀而平等的立場協調整合內部生態系統合作夥間的價值觀。作為領航者角色需要建立穩定適合於內部生態系統之策略，透過具有說服力的方式傳達給合作夥伴，使得聯合艦隊能夠在團結一致的行動下航向新國際雁行市場。

（二）新國際雁行聯合艦隊合作夥伴的內部生態系統

　　團結一致的共識是維持內部生態系統穩定的關鍵條件，可以避免聯合艦隊各合作夥伴陷入本位主義。由於前進新國際雁行競爭對手眾多，勢必面臨當地或是國際企業的強力挑戰與競爭，聯合艦隊需要打造內部生態系統的集體盾牌，遵循成員共識下所建立之內部生態體系的價值結構。換言之，聯合艦隊必須立基於集體防禦的生態系統架構下，這也是上述所提及聯合艦隊領航者應該扮演的角色。當面對其他企業的競爭與威脅時，聯合艦隊在紀律維持上需要建立幾項原則作為內部生態系統的防禦機制，作為調整與前進的動力。內部生態系統防禦機制的基本原則如下：

❶聯合艦隊集體價值結構如何建立？──價值結構的形成機制

　　聯合艦隊內部生態系統的共同意識需要建立在共同價值的基礎之上，這種共同價值並非以合作夥伴的強弱作為設定的標準，而是在**領航者**的協調與整合下能夠獲得每位成員盡皆認同的價值主張，如此才能長長久久地合作駛向新南

向市場。雖然，獲得全體成員一致同意的價值主張並不容易形成，它卻是聯合艦隊進軍國際市場所不可或缺的基礎條件。艦隊出航開拓新領域之前，若預先具備此基礎要件，我們或可見到一幅極其美好的雁行畫面！在一片浩瀚無際的國際商業市場之汪洋上，聯合艦隊信心滿滿地帶領合作夥伴勇往直前，而全體合作夥伴也無私地提供自家優勢產品左右護航，一起乘風破浪！

❷來自市場對聯合艦隊價值結構挑戰的防衛決策如何制定？——先行確認外部競爭威脅來自何方

前進新國際雁行市場需要認知到各種各樣的挑戰將會在不同發展階段過程中出現，除了上述提及之內部生態系統的價值主張共識，還可能出現來自外部的競爭對手。因應外部競爭或是市場條件轉變，聯合艦隊需要建立防衛決策以捍衛市場優勢，首先應該確認威脅在哪裡，並能分析問題的本質，進而提出決策方案。

❸當外部威脅與市場環境已然改變，聯合艦隊合作夥伴之間價值主張存在矛盾如何化解？——重新修正價值結構

外部競爭對手挑戰聯合艦隊的價值主張將會迫使內部生態系統需要重新修正價值結構。所以確認威脅的問題本質之後，領航者將啟動協調與整合工作，在聯合艦隊合作夥伴之間建立新的價值主張，建立新的共識。內部生態系統的價值結構修正意味著合作夥伴的原先價值主張將發生變化，新的價值結構也可能損及一部分合作夥伴之利益而產生新的矛盾。

運用上述之聯合艦隊的防禦機制原則，當面臨市場挑戰時，可以維持內部生態系統的平衡並繼續前進。聯合艦隊未來在新南向地區也可能面臨同業之間的競爭，這些威脅很大部分來自於技術創新與高性能產品的需求，市場競爭條件勢必產生變化。聯合艦隊因應市場威脅在於能否在產品的性能或效能上提出更具競爭力的作為，並對內部生態系統價值結構做出適度的調整。換言之，聯合艦隊需要對於現在內部生態系統做適度改善，對合作夥伴間之價值主張做必要的修正以因應市場要求。圖4-2表示聯合艦隊內部生態系統的市場分布。表中

可以說明，當面臨市場威脅之際，舊價值結構維持力之高或低與新價值結構達成力之高或低，所可能產生的結果。價值結構所處的象限位置並非固定，而是會隨著內部生態系統的老朽衰退，或是市場威脅、技術創新與發明等刺激，促使聯合艦隊必須產生移動才能生存。

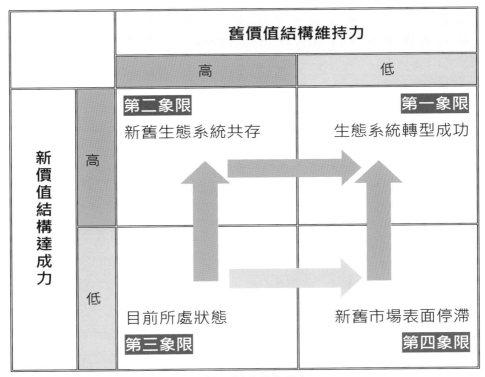

圖4-2　聯合艦隊內部生態系統來自市場威脅與防衛程度
資料來源：林佳龍繪製。
註：表中箭頭直線皆代表內部生態系統的發展路徑。

設定聯合艦隊從第三象限出發，內部生態系統目標為第一象限的轉型策略。停靠在第三象限聯合艦隊所處市場位置在於高水準的價值結構維持力，新的價值主張上處在低水準，當舊技術與效能逐漸失去優勢，新的技術與效能尚未成熟之下，內部生態系統價值結構將會移動到第四象限。第四象限市場是處在舊價值結構已經下降到低水準，而新技術與效能的價值結構卻尚未形成的瓶

頸階段，此時聯合艦隊的重要課題在於如何提升內部生態系統進化的關鍵動能。聯合艦隊提升內部生態系統進化的關鍵動能在於提升跨域整合與高度ICT化的內部生態系統[3]，以創造技術與效能帶領聯合艦隊進入第一象限，重新調整進入高度化、高整合的醫療生態體系。此時在聯合艦隊已經進化為新生態系統，主導新國際雁行市場的新發展趨勢。

　　聯合艦隊由第三象限出發到第一象限還可以從另一個路徑來達成，即透過第二象限的發展型態。當聯合艦隊在價值結構上雖然具有高維持力的競爭優勢，但逐漸感受到來自外部新技術與新效能的威脅，為了持續維持內部生態系統的價值主張，必須不斷改進與提升現有技術並建立新的價值結構，聯合艦隊將會進入第二象限的新舊生態系統的共存。隨著技術創新與新價值主張的形成與舊價值主張的消退，新價值結構也將成為聯合艦隊合作夥伴的共識，成為內部生態系統的新價值主張，進而造就聯合艦隊內部生態系統的轉型。

（三）當地據點／公司的執行者

　　前進新南向需要在當地設置執行據點，應先透過調查與收集資料，分析當地的相關法律、稅制等投資環境條件之後，再決定經營組織的公司型態，並可由「數位醫療聯合艦隊」的組織成員共同出資成立。由於據點公司擔任聯合艦隊醫療相關產品的服務與銷售，擔任市場供需的執行與管理，也是領航者與聯合艦隊的重要聯繫窗口。在此同時當地據點也扮演著市場新價值發掘者的角色，可以掌握契機為聯合艦隊開拓新市場以提高獲利。公司的設置則可以採用聯合艦隊合作夥伴共同出資的獨資，或是與當地相關業者共同合資的方式。前者的聯合艦隊獨資方式有助於凝聚新南向事業同舟共濟的精神，發揮齊心一力的共識。後者的合資是基於借助精通新南向市場流通管道，或是熟悉醫療相關法律規章、善於與當地公部門的協調溝通以促進事業順利推動的跨國合作，可以強化與當地市場的流通體制結合和銷售管道的拓展。

---

[3]　林佳龍（2022），《印太新秩序下的台灣之路：數位時代的產業最適棲息地理論與雙螺旋策略》，台北：釀出版。

二、新國際雁行聯合艦隊的經營據點設置推動步驟

（一）步驟一：新國際雁行市場的事前調查與分析

　　以聯合艦隊基礎成員對新國際雁行國家進行市場考察與評估，調查與分析新南向友邦關於醫療的相關法律、稅制等投資環境條件之後，選定投資夥伴國與精選策略性產業，並由技術與整合服務能力強之旗艦企業共同參與。新國際雁行市場的事前調查與分析有助於聯合艦隊的合作夥伴的整編、內部生態系統的建立，以及當地經營據點規模的設置等規劃。其中，新國際雁行區域需要決定產品的來源（當地製造或是來自台灣進口等）與當地設置公司的營運模式（獨資、合資或是策略聯盟等）兩個基本課題。事先縝密地策畫與新市場狀態的掌握對聯合艦隊前進新國際雁行區域的經營績效至為重要。

（二）步驟二：新國際雁行市場經營據點設置推動

❶討論階段

(1)前進新國際雁行相關產業的討論

　　聯合艦隊前進國際之前，需要分析海外市場中相關產業的競爭格局、成長趨勢以及需求的特點等，這將可能涉及到市場規模、經濟成長率、競爭對手強弱以及當地消費者行為等各方面的調查與分析。此外，也需要評估所涉及產業的國際化程度以及當地市場對於跨國合作的接受程度，這些事前的確認將有助於確定在海外市場開拓過程中可能面臨的挑戰。

(2)前進國家的選擇（包含該國的城市或區域的討論）

　　在選擇海外經貿對象國家時，需要考慮該國的經濟發展水準、市場規模、政治穩定性、法律法規、人才資源等因素。這些因素可以影響到企業在該國市場的發展和經營情況。同時，還需要考慮到這些對象國家的對外開放程度、貿易政策、市場門檻障礙等因素，以確定企業是否能夠順利進入和經營。

(3)進駐城市（區域）的公司（經營）型態與初期投資規模的討論與設定

需要根據前期的市場調查和分析結果以確定進駐該國的城市或區域的最佳經營型態，包括直接投資、代理商、合資企業等方式。另外，也需要評估初期投資規模，考慮到市場開拓、品牌推廣、人員培訓等各方面支出，以確保聯合艦隊在海外市場的穩健發展。

(4)前進新南向國家之策畫書的制定

在制定前進對象國家的策畫書時，需要明確目標、戰略、目標市場、市場定位以及營銷策略等內容，這將有助於聯合艦隊統一思想、明確目標，作為前進該市場的執行指南。而在制定策畫書時，還需要充分考慮到前期市場調查報告，確保策略的可行性和有效性。

(5)前進新南向家（區域）的最終決定

最終決定前進對象國家時，需要綜合考慮以上各項因素，須符合參與企業的整體發展戰略，這些可能還需要透過決策會議或者多方討論達成一致。

同時，還需要審慎評估對象國家存在的風險與機會，以及需要建立與當地合作夥伴的關係，確保企業在海外市場的長期運作。

聯合艦隊新國際雁行基於以上五項說明，企業在海外市場的拓展過程中需要充分考慮市場分析、國家選擇、公司型態以及投資規模、制定策畫書以及最終決策等方面的準備，以確保在海外市場經營的穩定性。

❷籌備階段

聯合艦隊海外市場確定設置經營據點後，在籌備階段中需要特別注意以下幾點：

(1)再確認與掌握當地市場環境

初步決定設置海外經營據點之後，還需要再次深入了解當地市場環境的

各項確認工作，包含消費者需求、競爭格局、法律法規、文化習俗等方面的資訊，這將有助於確保未來聯合艦隊的經營策略布局與市場需求的一致性。同時，還需要掌握當地的經濟發展狀況、政治穩定程度以及社會文化背景等因素，這將有助於制定適合當地的經營計畫。

(2)與合作夥伴（當地企業等）的交涉

聯合艦隊與當地的合作夥伴進行密切的交涉之際，須確定合作項目內容、方式以及條件等，這些可能涉及到合作協議的簽訂、業務範圍的確定、資源共享等方面的協商。另外，還需要建立良好的合作關係，加強溝通和互信基礎的推動機制，以確保彼此合作的順利進行。

(3)經營型態決定與公司成立

聯合艦隊需要參考前期的市場調查和合作夥伴的意見，確定在當地的經營型態，包括直營、合資、代理等形式。這需要考慮到市場需求、法律法規、資金投入等因素。除此之外，還需要完成相應的公司設立手續，包括註冊、認證、稅務登記等程序，符合當地法律規範。

(4)確保與培育人才

海外市場經營據點的設置需要確保擁有足夠的人才進行當地的經營活動，透過人才招聘、培訓以及管理等過程，以確保聯合艦隊業務可以與當地企業順利推動。

同時，還需要注重當地人才的培育，建立海外市場的本地化團隊，可以更加順利適應當地市場與文化。

(5)客戶開拓規劃

在經營據點籌備階段上，需要考慮提出客戶開拓計畫，包括目標客戶的確定、開拓策略的制定、行銷推廣的計畫等，這將有助於快速與當地的客戶建立良好關係。

同時，還需要建立完善的客戶服務資訊，提供優質的售後服務，以滿足客戶的需求並提升客戶滿意度。

(6)製造與進口產品的整合窗口建立與管理

當聯合艦隊涉及到製造或進口產品時，需要建立良好的供應鏈管理或產品管理系統，這包括與供應商之間的合作、產品品質的管控以及庫存管理等工作。同時，還需要建立有效率的物流與配送系統，以確保產品能夠及時準確地交付給客戶，並保持庫存量的安全部位。

整體而言，在聯合艦隊海外市場確定設置經營據點的籌備階段之後，需要特別注意再次確認當地市場環境、與合作夥伴的交涉、經營型態的決定與公司成立、人才的確保與培育、客戶開拓規劃以及製造與進口產品的整合窗口等項目工作內容。透過這些措施，可以有效降低海外市場進入的風險，提高經營績效。

❸經營階段

在聯合艦隊海外市場設置經營據點進入經營階段時，需要特別注意以下幾點：

(1)相關設備與零組件的調度

當經海外營據點已經進入經營階段時，需要合理安排和調度相關設備和零組件，以確保生產或庫存的產品服務順利進行，例如生產設備、工具、原材料等的調度和管理。此外，也需要注意適時地補充與更新，以確保產品生產與庫存的持續性，維持高效率管理。

(2)銷售相關產品與數位科技的服務

海外據點是延續聯合艦隊的經營保證，需要積極開展銷售相關產品或是數位科技的服務，以滿足當地客戶的需求，這些包括產品展示、技術培訓、售後服務等方面的工作，並透過不斷尋求創新，利用數位科技與智慧化手段提升產品和服務的品質與效率，以提升競爭力與客戶的滿意度。

(3)公司內部的人力資源訓練，以及財務風險評估

　　海外經營據點需要重視內部人力資源的培訓和管理，確保員工具備足夠的專業知識和技能，以應對市場競爭以及客戶需求的變化，也需要進行財務風險評估，確保公司在經營過程中能夠及時發現存在的各種風險，保障聯合艦隊企業成員的穩健發展。

(4)觀測分析當地市場環境變化，提出分析與建議等報告

　　面對數位化與智慧化的國際市場快速變化，更需要密切觀察和分析當地市場環境的波動，包括競爭情況、政策法規、消費者需求等方面的變化趨勢，這些方面的掌握有助於企業及時調整策略，應對市場變化。同時，還需要定期提出相關報告，對當地市場環境進行再評估與分析，並確實提出建議並改善措施，以指導當地據點的經營。

　　在聯合艦隊海外市場設置經營據點進入經營過程中，如上述所提的各項問題，特別注意相關設備和零組件的調度、銷售相關產品和數位科技的服務、公司內部的人力資源訓練和財務風險評估，並透過當地市場環境變化的觀測分析和報告內容，透過這些措施，可以有效提升企業在海外市場的競爭力和經營效率。

❹擴大投資階段

　　當聯合艦隊海外市場設置經營據點，經營逐漸穩定，並已經進入擴大投資階段之際，需要特別注意以下幾點：

(1)原經營據點維持與擴大

　　當海外經營據點的經營逐漸穩定之際，需要對原經營據點的營運情況進行全面評估，確定其經營效益和發展潛力，進入擴大投資時期的階段。如果原據點營運良好且市場需求強勁，可以考慮進一步擴大投資，以提升其規模和影響力。同時，也需要注意保持原經營據點的穩定性和持續性，避免過度擴張導致營運風險增加。

(2)原品項目的評估、調整以及對新產品開發的建議

　　擴大投資之前也需要對各種原有產品項目進行評估，分析其市場表現與競爭優勢，並根據市場需求調整產品組合以及定價策略。同時，也需要開展新產品開發，以滿足不斷變化的市場需求。而對於新產品開發，參考專家與第一線人員的意見進行市場調查和技術評估，以確保新產品在市場的競爭力和可行性。

(3)數位智慧科技相關產品的新組合，開創新市場

　　隨著數位智慧科技的快速發展，可以考慮開發新的產品組合，將數位化與智慧化的技術應用到現有產品中，或開發新的數位智慧相關產品，以開創新的市場空間。在進行新產品開發時，需要關注當地市場的數位化程度以及消費者需求與能力，確保新產品符合市場趨勢和需求。

(4)開拓新市場的經營據點設置，設備更新

　　需要根據市場潛力與需求狀況，開拓新的市場經營據點，擴大企業的市場覆蓋範圍。同時，也需要對現有經營據點的設備進行更新與升級，以提升生產效率和產品品質。並在新市場的設置過程中，同樣需要充分考慮當地的法律法規、文化習俗以及市場競爭情況，並採取適當的經營策略和管理措施。

(5)擴大投資財務評估與資金調度的建議報告製作

　　而在擴大投資的過程中，需要進行全面的財務評估，包括成本收益分析、風險評估、資金調度等方面，這些有助於確保投資的合理性與穩定性。另外，還需要製作相關的建議報告，對擴大投資的盈利能力、風險控制、資金調度等方面進行詳細分析和建議，為決策提供更具科學性的參考依據。

　　上述關於聯合艦隊海外市場設置經營據點進入擴大投資階段時期，需要特別注意原經營據點的維持與擴大、產品組合的調整和新產品開發、數位智慧科技產品的應用以及新市場的開拓和設備更新。同時，也須注意擴大投資的財務評估與資金調度的建議報告等事項，透過這些措施，可以有效促進企業在海外

市場的長期發展以及維持競爭優勢。

三、新國際雁行聯合艦隊的組織間學習

　　本書談論焦點在產業棲息地系統建置與聯合艦隊的組成，是屬於跨業企業內（間）的結合體，彼此之間的共同價值、共同目標以及共同規範下的集體行動，需要一套學習準則的「融合‧融和」機制。過去我提出產業棲息地企業間學習模式，可以透過知識取得→企業間資訊分配與共享→基於資訊解讀後學習的知識創造→新知識的具備等四項行動層次的過程。然而，本書所討論範圍更為廣闊與複雜，需要有更嚴密的學習模式進行產業棲息地系統與聯合艦隊的整合，如何建立兩者之間的橋樑，透過企業內（間）的交流學習，並建立制度化的學習模式才能將彼此的企業優勢展現出來，巧妙結合各企業內部存在的「異質化」與「同質化」的技術、管理能力、文化以及經驗等優勢條件，以生產創新、商業模式創新開創新的格局前進國際市場。**透過學習是尋找組織學習達到最佳狀態均衡點的重要方式**，因此，本書進入各章討論之前，說明企業內（間）組織學習的幾種論述以作為產業棲息地系統的建置和聯合艦隊組成在推動上的具體作為。

（一）透過學習的組織整合管理策略目標

　　不同業種企業所形成的管理元素並不完全相同[4]，成功企業擁有獨特的經營模式，當多家企業成為一個聯合組織體時，必須面對如何整合已經存在的異質化元素，使其能夠發揮正向的綜效力量。國內外許多企業採取學習系統的思考方法作為組織學習能力基礎，推動競爭優勢的策略管理與目標。透過學習的組織整合管理將成為聯合艦隊的重要課題，過去眾多研究也顯示整合管理成功與否對企業在策略目標能否達成至為重要[5]。組織整合的學習需要確認企業間合夥

---

[4]　杜拉克著、劉毓玲譯（2000），《21世紀的管理挑戰》，台北：天下文化。

[5]　例如：彼得‧聖吉著、郭進隆、齊若蘭譯（2019），《第五項修練（全新修訂版）：學習型組織的藝術與實務》，台北：天下文化；Robbins, S. P. and Coulter, M.(1999), *Management*, Sixth Edition.

關係，如何透過產業民主之典範建立企業互利共生機制，而企業的整合領導與管理是以有機管理企業內（間）不同層面之間合作，連結組織內（間）與外部結合成為一個網狀組織架構。

　　但是，隨著國內與國際社會對經濟活動產生外部性問題的重視，企業經營戰略也須回應日益嚴苛的要求，企業經營所關心的不只是組織內部問題，其組織行動必須善盡社會責任與環境維護。當企業聯合艦隊駛向國際雁行區域之際，組織經營策略制定必須從「社會的‧政治的‧國際的」由內向外擴充。因此，本書探討聯合艦隊組織內涵時，這些都將是納入考量的重點。

（二）聯邦式企業組織內（間）學習

　　組織學習論述的另一種觀點——聯邦管理組織（federation management organization）的學習模式，透過網絡化的組織學習（organizational learning）[6]，經由組織的知識取得，共有以及利用的過程[7]，改變企業組織的行動策略。聯邦式的組織學習不僅是學習其他企業能力，更重要的是從中結合不同企業創造新的經營技術與能力，參與合作企業夥伴所保有知識的相互結合，以聯合組織創造新的知識。由於聯邦式的組織學習是一種跨企業合作的學習模式，其核心思想在於通過聯合多個企業的知識和能力，以創造新的經營技術與能力。組織學習使得不同企業可以共享彼此的經驗和專業知識。同時，跨企業的學習可以促進企業之間的互相啟發與學習，每家企業的參與者也都能從其他企業的成功經驗中獲取啟示，學習到新的方法和技術。透過學習其他企業的能力，聯邦式組織可以迅速吸收並導入最新的產業發展趨勢和最佳實踐，從而提升自身的競爭力和創新能力。另外，聯邦式組織學習的一個關鍵優勢在於能夠結合不同企業的獨特優勢與資源，以創造新的經營技術和能力。透過企業合作夥伴之間的互相

New York Prentice Hall. International, Inc.。

[6]　Provan, K. G. (1983), "The Federation as an Inter-Organizational Linkage Network," *Academy of Management Review*, 8, pp.79-89.

[7]　Nevis, E. C., A. J. DiBella and J. M. Gould (1995), "Understanding Organizations as Learning Systems," *Sloan Management Review*, 36(2), pp.73-85.

交流和合作，將不同企業的專業知識和技術結合起來，形成更加綜合性與創新性的解決方案。例如，當一家企業是擅長生產製造，而另一家企業則具有市場行銷，透過彼此合作關係建立策略聯盟或是共同組成另一家公司，都可以將這兩方面的能力結合起來，打造更具競爭力的產品與銷售服務。

　　另一方面，聯邦式組織學習還可以促進參與企業夥伴之間知識的共享和相互結合。不同企業可能擁有各自獨特的專業知識和技術，透過各種合作可能方式，將這些知識進行整合和結合，創造出新的知識和價值。這種知識的相互結合有助於打破知識孤島，提升知識交流深廣度，從而促進創新和進步。因此，聯邦式組織學習是透過學習其他企業的能力、結合不同企業創造新的經營技術，並參與合作企業夥伴所保有知識的相互結合，能夠有效促進新知識的創造和創造附加價值。像這種跨企業的學習模式為企業帶來了更多的機會與挑戰，同時也會激發創新和提升企業競爭力。

　　上述的聯邦式組織學習方式包含兩個階段學習，分別為深慮學習（deliberate learning）與情境學習（contextual learning），前者為來自其他企業的學習，或是企業（間）的共同學習方式，後者在組織（間）的網絡架構下企業自律性的學習方式，兩種方式所能獲得的效果不同，參與企業之間的溝通交流程度也不一樣。深慮學習重視企業有意識地從其他企業或者與其他企業共同學習的過程，這種學習可以是透過研究其他企業的成功案例、參與跨企業的培訓或研討會、建立與其他企業的合作關係等方式進行的。主要的特點在於深慮學習強調的是有意識、有計畫地進行學習活動，企業通過主動尋找學習機會來提升自身能力和競爭力。因此，深慮學習能夠帶來較為明顯和直接的學習效果，因為企業是在有計畫情況下去學習和尋找機會，所以學到的知識和經驗通常比較豐富和系統化。深慮學習溝通交流程度上，參與的企業通常需要與其他企業進行較多的溝通和交流，因為學習的過程可能涉及到尋找合作夥伴、參加培訓課程、共同研究問題等。

　　另一方面，情境學習是企業在組織網絡架構下，透過自主性地在特定情境中學習的過程，這樣的學習方式可能是通過參與組織內部的專案、活動或者與組織外部的利益相關者互動的方式進行的。情境學習強調的是企業在實際的

工作和生產過程中，透過與不同情境的互動與體驗來學習和成長，並能夠提供更加貼近實際工作場景的學習體驗，有助於企業更加理解和應用所學的知識，並可以快速培養出實踐能力。另一方面，相對於深慮學習，情境學習所需的溝通交流程度可能較低，因為學習的重點在於實際工作和生產過程中的互動與體驗，而不是特意與其他企業進行合作或交流中進行學習的。

　　因此，深慮學習的優點在於可以有針對性地學習其他企業的成功經驗並追求最佳的應用實力，有助於提高企業的競爭力；而情境學習的優點則在於能夠提供實際工作場景下的學習機會，有助於培養出實踐能力和解決問題的能力。兩者的結合可以更全面地提升企業的學習和創新能力，使企業能夠更好地應對市場的變化和挑戰。組織間學習應用在第一章中提及的典範轉移理論中的「回遊思考」建立的企業跨業平台，應是以深慮學習方式對企業的研究創新較能發揮其作用。

四、聯合艦隊企業間商業模式

（一）共識和共同合作

　　上述組織間學習的功能在於將來聯合艦隊可以追求整體組織的最佳共識，這是由於跨企業結合必須克服不同企業的文化、價值觀、企業成長策略或是企業決策模式等之間的差異。因此，在聯合艦隊共同合作上關於價值創造、價值傳遞以及價值獲取的機制等方面如何建立共識與共同合作是非常重要的。

　　聯合艦隊組成目標是透過整合不同企業的資源與專長來實現最大化的價值創造。建立共識和共同合作可以確保所有企業成員都專注於共同的目標，充分利用各自的優勢資源，實現整體的最大價值。由於共識和共同合作有助於減少聯合艦隊在推動過程中的摩擦與阻力，從而提高組織的經營效率。當各企業成員都遵循相似的價值觀和合作模式時，決策制定和執行可以更加流暢和迅速。因此，建立共識和共同合作建立了一個共同的溝通平台，有助於促進跨企業之間的訊息共享和協調。良好的溝通與協調可以幫助聯合艦隊快速應對市場的快

速變化，及時做出調整與行動。

　　除此之外，共識和共同合作有助於建立跨企業之間的信任和合作關係。當企業成員認識到彼此的共同利益與目標時，就會更願意相互信任和支持，從而形成更加緊密的合作關係。當然，聯合艦隊不免面臨各種風險，包括合作風險、市場風險等。建立共識和共同合作可以降低風險，因為企業成員可以共同應對風險，分享風險經驗，並能在風險發生時共同承擔責任，增強聯合艦隊的組織韌性力量。

（二）聯合艦隊商業模式的價值創造、價值傳遞以及價值獲取

　　當建立了共識和共同合作的基礎後，跨企業聯合艦隊需要著重於價值創造、價值傳遞以及價值獲取的機制，這些機制對於確保聯合艦隊穩定經營是非常重要的課題。

　　在價值創造上，跨企業聯合艦隊的創造機制需要考慮到各個企業的核心競爭力和資源優勢，這包括結合不同企業的技術、專業知識以及市場的銷售能力等，以創造出新的產品、服務或解決方案，從而滿足市場需求並創造利潤。在這一過程中，需要確保各企業成員的核心價值被充分發揮，同時尋找合作的點和互補的優勢，將聯合艦隊整體組織的價值創造出來。

　　另外，在聯合艦隊的價值傳遞上，涉及將創造出的價值提供給最終用戶或客戶的過程，這需要確立有效的供應鏈管理以及合作機制，包含從原材料供應商到最終消費者，並能保證產品或服務的品質、有效率地運送和交付。同時，跨企業聯合艦隊需要建立共同的品牌形象和價值主張，以確保將價值準確地傳遞給海外市場，提高市場競爭力。

　　最後是價值獲取機制，這部分涉及如何從市場獲取價值並能實現獲利，這包括定價策略、收益分配機制、市場營銷策略等。而在跨企業的聯合艦隊中，組織成員需要先行確立公平合理的收益分配機制，各企業成員之間的利益已然獲得公平對待，有助於合作和共同目標的達成。同時，聯合艦隊經營時，還需要制定明確的市場營銷策略，確保產品或服務能夠明確定位，吸引海外市場需求，實現穩健的利潤與成長。

　　如同以上所述，價值創造、價值傳遞和價值獲取的機制是跨企業聯合艦隊成功的重要組成部分。透過建立有效的機制，確保各企業成員之間的協作和共同努力，增強聯合艦隊整體組織持續穩定地創造價值的能力，以獲得更佳的商業成果。

五、「新國際雁行聯合艦隊」的時代意義

　　產業群聚的完整性是台灣企業發展的重要因素，然而一直以來，企業對外貿易型態大都是單打獨鬥，憑藉著勤奮、專業以及冒險等精神開拓海外市場，開創高度的經濟成長。隨著產業高度化與科技創新促進產品生命週期的快速更迭，企業獨力因應市場的變化更加困難，新南向政策所面對的國際市場環境變化的挑戰更是如此。聯合艦隊型態的商業模式是建立新的價值結構，當遇到市場威脅與挑戰時則建立新的、更完善的價值主張作為鞏固市場的前進策略。領航者重新部署合作夥伴修正價值主張，或是尋找新的合作夥伴提升內部生態系統的技術創新能力，以新的價值主張重新塑造內部生態系統的價格結構。聯合艦隊組成是建立在完整生產鏈的基礎之上，同時以跨業整合聯合創新為動力，這將會徹底改變過去台商企業單打獨鬥開拓市場的方式。一旦聯合艦隊前進新南向的商業模式得以成功，也將為台灣經濟發展開啟新時代的契機，這將包含以下幾個面向：

（一）產業棲息地理論的國際延伸

　　產業群聚的生產模式為台灣建構完整生產鏈的產業結構，而棲息地理論的穩定產業生態系統則是產業群聚的進化版，既能促進產業升級還能創造螺旋的經濟效應。聯合艦隊將國內的產業群聚型態以跨業組合的產業鏈結進行貿易，使得產業棲息地理論得以落實於國際經濟活動之中。聯合艦隊可以隨著新南向的不同需求進行產業組合，具備特殊性的內部生態統，可以更機動且富彈性地滿足國際市場的需求，甚而可以進一步強化國內產業生態系統，形成更具韌性的產業結構。

（二）DIMEs模式的國際擴展

　　聯合艦隊的組合型態除了提高產業生態系統的緊密程度之外，由於聯合艦隊以對應新南向、中東歐、拉丁美洲等國家需求的組合，可以為當地創造經濟與健康。從DIMEs的角度來看，「新國際雁行聯合艦隊」模式可以促進台灣與新南向、中東歐、拉丁美洲等國家關係，拉近與當地社會與居民之間的友好關係，將更加鞏固國家安全。換言之，以聯合艦隊內部生態系統機制將使得台灣國家安全的DIMEs模式得以推向國際。這個部分本書將在下一章更進一步詳細說明。

（三）從「創業國家」到「聯合艦隊型創業國家」

　　面對地緣政治架構重整的國際局勢變化，與數位科技創的新經濟時代來臨，台灣已經無法光靠過去的經濟發展模式繼續取得成功，企業與政府的角色也須有所調整，這也出現在一些國家的政策調整之上。例如，以色列、美國、德國或是日本等國家，以創業國家（start-up nation）或是創業型國家（entrepreneurial state）方式，重新定位政府與企業之間的功能[8]。其實創業型國家的基本概念與做法一直都存在，像日本與台灣的產業政策之中也曾經實施過，半導體產業的發展就是明顯的例子，但大都是以生產階段的研發為主。數位新南向政策從過去的生產階段的政府角色延伸到國際消費市場，在國家政策引導所形成的環境之下，前進新南向可視為台灣形式創業國家活動的一環，而「聯合艦隊的組合模式」將進化成另一種模式，這裡稱之為「聯合艦隊型態的創業國家」（start-up nation of the combined fleet types）。國家隊組成將有助於企業跨業整合，建構完整內部生態系統的各種可能模式，能夠有效地提供支援不同友邦與印太戰略夥伴國的需求，創造更具韌性的國際政經關係。

---

[8]　有些論點將這樣的風潮視為「第四次國家革命」或是「第四次國家能力革新」的新動向。參考林宗弘在瑪里亞娜・馬祖卡托著（2021），《打造創業型國家》頁5-13之導讀，台北：時報出版。

　　上述，聯合艦隊的組成對台灣未來影響層面是多元的，(1)從企業的研究創新與經營績效提供一個機會之窗；(2)從產業發展角度來看，促進產業生態系更加完整，並創造國內產業的**國際棲息地**，這意味著將加深並增廣產業結構，有助於為台灣提供韌性經濟體質；(3)過去佳龍提倡DIMEs模式分析台灣的國家安全議題，新國際雁行聯合艦隊商業模式的成功將可以強化DIMEs，並提升台灣的技術力，如能以此為核心勢必有助於將台灣的國家安全建立在「DIMEs+技術力」基礎上，加速前進國家正常化之路。

Chapter
05

聯合艦隊海外據點與經營模式：
新DIMEs模式的國際擴展

　　前面討論聯合艦隊國內產業基地塑造與企業間組織形成，本章將啟動新國際雁行航向國際市場，開創台灣產業和經濟外交之路。建構新國際雁行的航道架構，與我過去提倡的DIMEs模式密切相關。傳統的DIMEs包含了外交（diplomacy）、情報（intelligence）、軍事（military）、經濟（economy）以及軟實力（soft power）等五個層面構成的思維架構[1]。而本章將傳統DIMEs模式做些調整，建立符合聯合艦隊的海外經貿戰略的需求，稱為新DIMEs模式。

　　新DIMEs模式的「D」是以聯合艦隊經貿實力強化實質外交（diplomacy）關係；「I」是以聯合艦隊科技商品建立與各國間情報（intelligence）安全；「M」是以聯合艦隊的多國籍企業海外製造（manufacture）契機，鏈結與各國間建立國際產業軍團；「E」是聯合艦隊以雙螺旋機制，建立與各國的經濟（economy）發展關係；「S」是以聯合艦隊推動「包容性」人本主義價值的軟實力（soft power），並與當地企業和勞動者建立合作夥伴關係，延續「Taiwan Can Help, and Taiwan is Helping!」的人道關懷。

　　接著我想更進一步說明，台灣透過聯合艦隊模式所產生的效果。在「D」方面，聯合艦隊的經貿實力可強化外交實質關係，這意味著可以與各國建立穩固的經貿合作關係，進而增進彼此之間政治和外交互動的穩定性關係；「I」方面，聯合艦隊科技商品的可能會涉及到某些情報安全問題，這意謂彼此在科技領域上需要透過信任和合作，以確保資訊和技術的安全性；在「M」方面，聯合艦隊的多國籍企業創造了海外製造契機，這有助於建立國際間產業合作，組

---

[1]　林佳龍（2022），《印太新秩序下的台灣之路：數位時代的產業最適棲息地理論與雙螺旋策略》，頁108-110，台北：釀出版。

成產業團隊以推動跨國製造業的轉型和整合，從而提高與各國之間的經濟互動和聯繫；在「E」方面，聯合艦隊巧妙應用雙螺旋效果以促進與各國之間彼此經濟發展，例如透過技術轉移、資金投入等方式，促進各國經濟的協同發展；在「S」方面，聯合艦隊可以推動「包容性」的價值軟實力與當地企業和勞動者建立合作夥伴關係，這也是企業社會責任實踐的一環，同時增進了國際間文化和價值觀的交流。聯合艦隊與各國之間的關係邏輯性建立在以高科技產業為核心，通過合作、技術交流、製造業整合等方式，實現經濟、政治、外交等多方面的利益共贏。然而，應注意的問題包括技術安全風險、不同國家間的利益衝突、文化差異等，需要通過合作協商和風險管理來解決。

　　基於上述的價值觀，本章討論聯合艦隊海外據點與經營模式的具體實踐作為，並討論新國際雁行聯合艦隊的商業模式與各國之間在D、I、M、E、S的具體步驟與方案

一、建立聯合艦隊海外據點的重點

（一）建立國際合作夥伴關係

　　推動聯合艦隊建立與國際合作夥伴關係是新國際雁行戰略的核心部分，而進行合作首先需要策略性地選擇目標國家，同時這些國家在科技、製造業、經濟發展等方面具有一定的實力和需求。世界上很多國家與台灣並無正式外交關係，但透過經貿交流管道與目標國家進行參訪交流、經貿會議等，卻得以了解彼此需求和意願，探索合作的可能性。確認彼此意願與需求的下個階段，再與這些目標的對象國家政府和產業代表進行高層次的會談和洽談，明確雙方的合作意向和共同目標。在這個過程中，台灣需要充分展示聯合艦隊的優勢和潛力，充分表達對目標國家的合作能夠帶來具體利益。由於這些目標國家在經濟發展程度、產業結構或是文化制度上存在差異，聯合艦隊的企業組合也會有所不同，展現台灣企業與產業具有堅毅韌性與柔軟性。另外，也需要了解目標國家的政策環境和相關法律法規以確保雙方合作能夠順利進行，進而簽署合作協

議以建立合作夥伴關係。這些協議應該包括合作的範圍、責任分配、資源投入以及目標等內容，建立雙方的合作有具體的框架和基礎。還有，各項協議簽署都需要經過雙方相關主管首長的批准，確保其具有法律效力和約束力。

　　除了上述政府層次的協議之外，還需要建立聯合艦隊企業成員與對象國家的企業和產業界的合作，例如建立聯合工作小組或委員會，並由雙方的企業代表和專家組成，負責具體的合作項目的推進和協調。同時，也可以通過舉辦各種企業交流會議、展覽和商貿洽談等方式以建立雙方企業的合作和交流的實質關係。而在合作的過程中，需要持續加強與對象國家的溝通與相互理解，雙方企業也須即時解決合作中出現的各種問題和挑戰。雙方政府與企業經過不斷相互調整與合作共同推動聯合艦隊的順利推進以及實現雙方的共同利益。

（二）推動技術交流和合作

　　推動聯合艦隊與目標國家之間的技術交流是鞏固彼此能夠持續合作關係的一環，這將涉及到多方面的工作項目與多方向策略，因此需要從多個角度來進行和推動。建立技術交流平台是推動技術合作的重要一步。除此之外，例如透過彼此舉辦的技術交流會議、研討會或是工作坊等活動來強化技術合作關係。這些活動可以邀請來自不同國家的專家和學者參與，廣納各家理論觀點提高科學創新，經過共同討論與分享最新的技術發展和研究成果，促進彼此之間的學習和交流。

　　而建立技術合作項目是落實彼此技術合作的績效指標，可以透過與對象國家政府和企業的合作，共同推動技術研發項目、產品開發等方式，如此既可以建立長期穩定的合作關係，更能夠發展符合對象國家與企業的需求。

　　此外，在加強人才交流與培訓方面也是推動技術交流和合作的重要目的，可以透過舉辦相關合作專業的培訓班、學術交流、實習計畫等活動，來加強各國之間人才的交流和合作，促進技術的共享和傳播，提高產業發展和增進雙方技術人員的合作默契。為了維持交流合作的順利進行，雙方共同建立技術合作機制是必要的做法，包括透過簽署技術合作協議、建立聯合研發中心、成立技術交流基金等方式。這些機制將可以更加確保雙方技術合作的順利進行，並能

提高合作的效率和成效。數位科技化不僅僅應用於生產製造，同時也是建立合作機制平台的重要工具，為了加強國際科技合作，增建網絡設施也是推動技術交流和合作的重要途徑，這具有擴大參與國際科技的合作組織和跨國科技合作平台的實質意義。以這些網絡平台，一方面可以擴大合作的範圍和影響力，吸引更多的技術資源和人才參與合作，也能促進各領域專家投入推動技術交流和合作的深入發展，有助於台灣產業的科技創新。

　　從上述可知，聯合艦隊與對象國家之間的技術交流和合作關係需要多方面的專業技術與合作機制，包括技術交流平台設置、技術合作項目的選擇、人才交流和專業培訓、建立技術合作機制以及國際科技合作網絡的建立等。聯合艦隊的新商業模式可以有效地強化國與國之間的緊密關係、企業與企業之間的技術共享與合作，推動雙方產業的技術升級和科技的創新發展。

（三）推動跨國製造業整合

　　聯合艦隊新國際雁行的重要目標之一，是推動跨國製造整合關係，這是一項複雜而具有挑戰性的任務，需要採取各種策略和措施。一旦跨國製造業整合成功，一方面可以提升合作對象國的產業技術，增加當地就業與區域發展，提升雙方相互信任的基礎。而另一方面，也會為台灣產業帶來更多的需求與合作機會，創造雙螺旋的經濟效益，同時提高國內的就業機會，共創雙方合作雙贏。跨國製造業整合的重要途徑，首先建立雙方製造業合作平台，以此可以建立跨國製造業聯盟、規劃產業聚集區域或是合作科技製造園區等方式。這些平台可由不同國家的企業共享合作相關的各項資源與市場資訊，有助於製造業的垂直整合和產業價值鏈的形成。再由雙方企業共同建立一套製造業合作機制，這也是推動跨國製造業整合的重要手段。透過簽署製造業合作協議、設置製造業聯合研發中心或是製造基地等方式來促進企業間合作和溝通的管道，促進產品研究創新與製造進程。同時，台灣也可以透過此製造業合作平台參與相關的國際性組織，或是更進一步跨大範圍建立跨國製造業合作網絡等方式，以擴大製造業合作的範圍和影響力，吸引更多的國際企業參與本製造整合的合作框架內，促進製造業的國際化和全球化。

　　因此，以聯合艦隊模式推動與各國之間的跨國製造業整合關係需要具備多元的策略，這當中存在各種軟硬體的制度與設備，這些措施可以促進跨國製造業的合作與整合，也會提高彼此製造業的效率和競爭力，促進技術進步與產業升級。

（四）促進經濟合作

　　聯合艦隊的任務，除了前面提及的技術交流與製造整合之外，還可以延伸為雙方的經濟合作關係，而推動聯合艦隊與目標國之間的經濟合作是屬於多層次任務，需要從不同方面進行與推動。兩國經濟合作須先建立經濟合作框架，透過簽署雙邊或多邊的貿易協議，應以投資保護協定等方式建立一個具有穩定性、開放度、透明法治下的貿易與投資環境，營造雙方經濟能夠互利共贏的局面。而為了能夠順利推動此項計畫，需要確認經濟領域並建立經濟合作機制。這可以透過建立雙邊或多邊的經濟合作機制、成立合作基金或是建立聯合經濟委員會等方式，促進雙方在貿易、投資、金融、基礎設施建設等領域的合作，共同開發以實現經濟資源的有效配置，帶動彼此經濟成長的總體經濟目標。由於經濟合作範圍極廣，如何拓展雙方的經濟合作領域也是必須經過審慎評估與確認以作為合作項目，包括拓展產業合作品項、加強科技創新合作等方式。由於雙方在經濟發展階段和產業結構上的差異，透過不斷地討論與交流，從中選擇最適當的合作項目，設定初期、中期與長期的合作目標，經過多次調整與溝通，進而豐富合作內容，擴大合作規模，以實現雙方經濟的全面發展。

　　經濟合作所需人才交流的範圍遠大於前面的製造業整合，因此如何加強人才與當地的人文交流和合作成為推動經濟合作的一項重要手段。例如，透過舉辦文化交流活動、共辦人才教育訓練或是教育研究機構交流等活動，一方面增進雙方人民之間的相互了解和信任，營造良好的合作氛圍，也可以深化經濟合作內涵。

　　因此，聯合艦隊經濟合作的成功與否，透過經濟合作框架、經濟合作機制、合作領域、人文交流等措施以促進雙方經濟上的互利共贏關係，並共享經濟發展和繁榮的果實。

（五）推動文化交流與台灣價值觀分享

　　聯合艦隊以建立國際經貿合作關係為目標之外，還身兼建立與合作對象國家之間的文化交流和台灣價值觀分享的功能，這也是一種軟實力的展現。在方式上，可以藉由舉辦各種文化節、展覽和表演活動，向當地國民展示台灣的多元文化和豐富的傳統，這些活動不僅可以吸引當地民眾的關注，也為雙方建立起良好的文化交流平台，與相互理解的機會。也可以透過教育計畫的交流途徑，以學生交換、教師互訪和課程合作方式，讓這些國家的學生與教師深入了解台灣的文化和價值觀。這樣的交流不僅有助於學術研究和知識分享，也有助於培養兩國青年的友誼和互相尊重。政府可以透過支持台灣大專院校或各種機構，邀請對象國家的政府或教育機構共同舉辦文化論壇、研討會等，這種方式是促進雙方的文化交流和理念分享的重要平台。在這些活動中，邀請來自不同國家的專家和學者參與，共同探討文化交流、價值觀分享等相關議題，可以更深入建立與各國之間的對話和理解，推動文化共融和發展。另外，也可以透過媒體合作和文化產品交流的方式，推動雙方文化和價值觀的了解和分享。例如透過與當地媒體合作，製作介紹台灣文化的特輯和節目，可以讓更多的人了解台灣的文化和價值觀。同時，推廣台灣的文化產品，如書籍、電影、音樂等，也可以增進台灣文化的國際影響力；或是舉辦文化交流活動，包括藝術展覽、表演、文化節等。為了落實文化交流與價值觀認同，也可以透過設置文化交流基金和獎學金計畫提供資金支持，推廣人文交流計畫，鼓勵各國年輕人才的互訪和交流。鼓勵和推動各種形式的文化交流活動和項目，促進文化交流和理念共享的深層發展，加強雙方之間的文化交流和理解。這是透過聯合艦隊建立國際經貿合作關係，同時也搭起與對象國家之間的文化交流和分享台灣價值觀是一個持續而多元的過程與橋樑，需要採取多種途徑和方式來推動，建立更深層的友誼。

（六）在推動過程中需要注意以下問題

　　然而，在推動聯合艦隊與對象國家建立合作夥伴關係的過程中，需要注意的問題包括政治、文化差異、法律法規、市場需求和競爭狀況以及風險管理等

各種因素。政治因素在跨國合作中扮演著重要角色。一些對象國家可能與台灣沒有正式的外交關係，因此在與這些國家進行合作時，必須更加謹慎處理政治因素可能帶來的影響，充分控管可能產生的副作用，以利推動雙方經貿與投資的合作計畫。另外，還需要考慮到對象國家的外交政策和與其他國家的關係，以避免可能產生的政治衝突或影響。

另一方面，在文化上的差異也是需要關注的問題。不同國家之間存在著語言、價值觀念、商業習慣等方面的差異，這可能會對合作產生影響。在與對象國家進行合作時，需要深入了解其文化特點，尊重和理解各國文化，避免因文化差異而產生誤解和衝突；並能適應其商業環境和習慣，以確保合作順利進行。此外，法律規章是另一個需要關注的地方。不同國家有著不同的法律法規和政策制度，沒有事先掌握和了解可能對合作項目產生不利影響。因此，在進行跨國合作時，需要深入了解對象國家的相關法律規範，並確保合作項目的合法性和合規性，平衡各方利益，尋求合作共贏的解決方案。在技術安全風險上，也需建立技術保護機制，以防止技術外流和知識產權侵犯。此外，也需要深入分析對象國家的市場需求和競爭狀況，了解當地產業發展趨勢和需求狀況，同時考慮當地既有企業間的競爭狀態，聯合艦隊應該根據以上這些資訊事先制定相對應的市場策略。這些都是風險管理的一環。在跨國合作中存在著各種風險，如前述中的政治風險、法律風險、市場風險，或是從中引發各種財務風險等。這些都需要建立健全的風險管理機制，及時識別、評估以應對各種風險，並降低合作過程中的風險程度，以確保聯合艦隊的海外合作能夠順利進行。因此，推動聯合艦隊與目標國家建立合作夥伴關係需要在政治、文化、法律、市場和風險等方面加以注意和應對，以確保合作的順利進展和成功實施。

二、聯合艦隊推動新DIMEs模式做法

新國際雁行聯合艦隊的商業模式在促進與各國之間的關係方面涉及到五個主要方面，即D（外交）、I（情報安全）、M（製造）、E（經濟）和S（軟實力／價值觀）。

（一）外交（Diplomacy）

雖然台灣在外交方面（D）很難與各國建立正式外交關係，但聯合艦隊可以與各國政府積極推動實質性外交，建立緊密國與國之間的關係。透過建立穩固的經貿合作關係，增進雙方的互信與理解，有助於改善彼此之間的外交關係，進一步促進政治上的合作和協調。在具體作為上，例如舉辦高層次的會議和論壇，以討論貿易合作和雙邊關係，或是透過參與國際貿易展覽和高層論壇等活動，聯合艦隊能夠提高在國際舞台上的可見性以及影響力，進一步鞏固與各國之間的關係。聯合艦隊的國際合作有助於加強台灣與其他國家的外交關係，台灣得以拓展市場，提升產品的國際競爭力，並促進貿易合作。這些既有助於台灣產業開拓新的商機和擴大海外市場，也能提高產業整體的國際地位，增進實質外交。

（二）情報安全（Intelligence）

聯合艦隊科技商品的合作與交流有助於加強與對象國家的情報交流與安全。透過技術合作和資訊共享機制，可以提高彼此的資訊安全水準，共同應對各種安全挑戰，保障雙方的安全利益。聯合艦隊需要加強與各國的情報機構合作，分享技術情報、網路安全的威脅等訊息。同樣可以透過舉辦各項的國際安全論壇和研討會等活動，聯合艦隊能夠加強安全意識和合作，維護國際安全與穩定。聯合艦隊的科技合作和資訊交流有助於提升台灣的技術水準和安全防護能力。透過與其他國家的情報機構合作，台灣可以更及時地了解和應對國際上的安全威脅和挑戰，保障產業資通訊安全，進而促進相關產業發展。

（三）製造（Manufacture）

聯合艦隊利用多國籍企業海外製造契機，可以帶來國內外的製造業發展和就業機會，同時提高本國與對象國家的生產能力和產業水準。聯合艦隊的壯大需要拓展海外製造的合作關係，建立跨國供應鏈，降低生產成本，提高產品競爭力，這包括與對象國家企業進行合作，建立海外製造基地，並優化供應鏈管

理，以確保產品的高品質和高效率。透過合作成立國際產業軍團的合作方式，可以帶動生產力的提升和促進製造業的升級轉型，建立**國際型態的聯合艦隊**。一旦國際型態聯合艦隊成形，跳脫單純以台灣名義為主體的角色時，可以降低國際上的政治阻礙，有助於聯合艦隊國際雁行的巡航。聯合艦隊的海外製造合作有助於台灣企業透過與其他國家的製造業合作，可以分享先進技術和資源，提高產品品質和市場占有率，這對於台灣製造業的轉型升級和全球市場布局具有積極的影響。

（四）經濟發展（Economy）

聯合艦隊與對象國家的經貿合作有助於促進雙方的經濟發展，除了貿易活動之外，投資對象國家的基礎設施建設，或是舉辦國際投資論壇和雙方企業洽談會等活動，吸引國際投資和資金籌備。從聯合艦隊帶動的雙螺旋效益，建立穩定雙方經貿關係，更進一步促進雙方貿易往來和投資合作，推動經濟成長，提升人民生活水準，共創彼此的社會經濟繁榮。以聯合艦隊的國際合作促進台灣經濟的多元化發展和提高企業的社會責任意識，並透過經濟合作吸引更多外國投資，投入資金共同推動產業結構調整和經濟轉型。再以企業社會責任計畫加強台灣企業對當地社區的支持和環境保護，增進台灣產業的社會形象和公眾信任度。

（五）軟實力（Soft Power）

聯合艦隊推動「包容性」人本主義價值的軟實力，有助於提升對象國家對台灣的好感度和認同度。透過聯合艦隊的經貿合作促進與對象國之間的文化和人文交流，加深彼此之間的理解與友誼，可以進一步擴大台灣的國際影響力和形象。另外，前面所提及的台灣價值觀也是軟實力的展現，聯合艦隊以台灣價值觀進行交流與合作，這可以舉辦各樣的文化交流活動、人文藝術展覽等方式，促進不同文化間理解與尊重。同時，這也是企業建立國際社會責任的好時機，支持當地社區發展和環保項目，鞏固與各國之間的良好關係。

上述說明聯合艦隊與DIMEs模式的實施有助於促進台灣產業的國際化和全

球競爭力，同時也提升了台灣在國際舞台上的地位和影響力，進一步推動了台灣產業的發展和轉型。聯合艦隊的這些具體作為確實能夠展現在外交、情報安全、製造、經濟和價值觀等方面與各國建立緊密的合作關係，建立多方共贏和經濟綜效的極大化。然而，新國際雁行聯合艦隊對經貿合作國家將產生D（外交）、I（情報安全）、M（製造）、E（經濟）和S（軟實力／價值觀）等效果，但不同國家所產生的效果種類也不盡相同，其影響層面也勢必有所差異。所以在實際戰略推動上需要因地制宜，採用更適合與更具彈性的做法方能達成目標。

三、聯合艦隊的經營模式

　　新國際雁行聯合艦隊的海外經貿活動，如以多國籍企業理論觀點，成立跨國際間企業法人從事產品的開發、調度、生產或是販賣等活動，海外企業法人設置對聯合艦隊組織運作至為重要。透過在海外設置企業法人，聯合艦隊可以更有效地進行跨國貿易和經貿活動。這些企業法人可以作為聯合艦隊在海外的實體存在，負責一部分的開發或是調度，並從事生產和販賣等活動。有了這些企業法人的支持，聯合艦隊可以更靈活地應對當地市場的需求，提高對外經貿活動的效率和效果。同時，海外設置企業法人可以幫助聯合艦隊獲得更好地利用當地的資源和優勢，可以更深入地了解當地市場和環境，充分利用當地的人才、技術和資源，提高生產力和競爭力，也有助於擴大國際市場與影響力。

　　隨著地緣政治和國際分工體制的改變，海外市場已成為聯合艦隊的重要戰略方向。透過在海外設置企業法人，聯合艦隊可以更好地進入當地市場，擴大國內產品製造，創造國際服務的銷售規模，提升台灣產品知名度，開拓新國際貿易航道。另外，聯合艦隊擴展國際市場，成立海外企業法人也有助於降低風險減輕對單一市場或國家的依賴程度，以及提高對外經貿活動的抵禦風險能力，保障聯合艦隊的長期發展。然而，海外法人設置的經營型態關係著聯合艦隊的運作模式，其方式主要包括以下幾種：

（一）獨資企業

　　即全資擁有的海外子公司，由聯合艦隊組織成員直接經營和管理。這種型態的企業法人在海外設立分支機構，獨立運作，享有完全的自主權，但也需要承擔相應的風險和責任。

（二）合資企業

　　聯合艦隊與當地企業或其他國際企業合作，在海外設立合資企業。這種型態的企業法人可以通過合資的方式共同投資，共同經營，共享風險和收益，並充分利用合作夥伴的資源和經驗。具體上，例如在出資比例上，可以通過協商確定考慮到雙方的資源和貢獻，以及未來收益分配的公平性。出資比例建立在相互尊重、平等互惠的基礎上，避免不合理出資比例而造成合作衝突。人員編制應該考量合資企業業務需求和雙方專業能力，可以透過人力資源部門招聘、培訓和管理以確保合資企業的運作和管理能夠得到有效的支援和保障。另外，應該明確規定各方在人員編制和管理中的角色和責任，確保合作的順利進行。而在組織決策上，可以建立由雙方派出代表參與的董事會或管理委員會等組織，共同決定企業的重大事項，其成員的席位可以根據出資比例分配，或是透過嚴密討論與考慮後，以確保雙方權益。同時，應該建立有效的合資企業的決策機制和流程，確保決策的透明性和及時性，並且建立有效的溝通機制，促進各方之間的合作和協調。

（三）獨立法人

　　這種型態的企業法人通常是在當地註冊成立，擁有獨立的法人地位和經營權，但與聯合艦隊有密切的聯繫和合作關係。聯合艦隊可以通過委任董事或管理層的方式來參與企業的管理和決策。然而，當聯合艦隊在目標國家註冊成立獨立法人時，需要注意一系列問題以確保合規性和順利運作。法律合規性是首要考慮的問題，這是聯合艦隊海外經貿活動能否順利運作的基礎。聯合艦隊必須詳細研究對象國家的法律和制度規範，確保設立獨立法人的過程符合目標國

家的法律法規要求，包括公司註冊程序、所需文件和許可證等。仔細研究目標國的各種相關法律條款，以避免可能牴觸的法律風險和合規性問題，並遵守對方國家相關的公司法和商業法規。另外，獨立法人的資本結構也是註冊過程中需要仔細考慮的一個方面。合資企業必須確定各方的出資比例、股份比例、股東身分以及資本金額等，以確保各方的權益得到公平和充分的保障。合資企業設立獨立法人需要根據雙方的貢獻和利益來分配股權，以確保各方的權益得到充分保障。這需要與合作夥伴進行深入的協商和討論，以確定最適合雙方的資本結構。

　　另外，在人員編制上也是獨立法人成立後運作的關鍵因素之一。聯合艦隊需要確保適當選任管理人員和工作人員，並建立有效的組織結構和職責分工。這需要考慮到當地的勞動法規和人力資源市場情況，並確保人員具備必要的專業技能和經驗。組織決策也是獨立法人經營過程中需要重視的問題之一，聯合艦隊應該建立有效的決策機制和流程，確保各方的意見和利益能夠得到充分考慮，同樣也須制定明確的組織結構和權限分配相關的組織章程，以確保決策的即時性和有效性。

　　因此，在海外成立獨立法人是一個複雜的過程，需要在聯合艦隊運作之前就要仔細考慮各種因素，包括法律合規性、資本結構、人員編制和組織決策等。通過仔細規劃和準備，聯合艦隊可以確保獨立法人的順利營運和長期發展。

（四）特殊目的公司（SPV）

　　特殊目的公司通常是為了特定的項目或交易而成立的公司實體，可以用於海外投資和經營。聯合艦隊可以通過成立SPV的方式來進行特定項目的投資和經營活動，同時有效地管理風險。

　　聯合艦隊在對象國家是以特殊目的公司（special vurpose vehicle, SPV）型態成立時，首先也是需要注意是否具備法律合規性。成立SPV的程序必須符合當地的法律和法規要求，包括公司法、商業法和金融監管法規等。這些都需要事先確認和仔細研究對象國家的相關法律，以確保SPV的合法性和合規性。SPV的資本結構細節需要與合作夥伴充分討論，例如各方的出資比例和相對應的權益

分配，以確保各方的利益都能得到充分公平。成立特殊目的公司也需要在風險管理上充分掌握與控管，聯合艦隊需要制定相應的風險管理策略，未來經營上SPV可能面臨的各種風險，例如市場風險、信用風險和法律風險等，應該建立風險評估機制，制定各種風險措施以降低風險。

　　另一方面，公司的資金流動和管理也是一個重要問題。為了確保SPV的資金流動和使用符合當地的金融監管要求，透過有效的資金管理機制，可以確保資金的合法性和流動性。而在稅務方面，需要事前進行相應的稅務規劃，適度地降低稅負降低成本，這需要了解對象國家的各項稅法與稅收政策，制定稅務策略才能確保合法合規的法律規範，建立公司良好形象。還有建立有效的組織架構和管理機制將會影響聯合艦隊海外的經營績效，明確規定SPV的組織結構、管理階層以及決策程序，以確保有效運作與管理。

　　所以決定以特殊目的公司（SPV）作為聯合艦隊新國際雁行的經營型態時，需要考慮各種因素，包括法律合規性、資本結構、風險管理、資金流動、稅務規劃和組織架構等，都必須經過詳細規劃和準備過程，聯合艦隊才能夠順利運作與長期經營。

（五）代表處或辦事處

　　這種型態的企業法人通常是在海外設立的代表性機構，主要負責聯絡和協調工作，而不直接從事商業活動。這種形式可以幫助聯合艦隊在海外擴展其影響力和聯繫網絡，但不能直接從事經營活動。

　　聯合艦隊設置代表處或辦事處作為聯合艦隊海外經營據時，需要確認代表處或辦事處的設置許可證和許可程序，是否符合目標國家的相關法律和法規要求，例如公司法、商業法和勞動法等相關法規。

　　地點的選擇也至關重要。代表處或辦事處的位置選擇需要考慮聯合艦隊與當地政府、企業以及其他業務相關業者等方便進行合作和溝通的地點。因此，需要詳細考察各個地點的優劣，包括交通便利性、商業環境、政治穩定性等各項因素。代表處或辦事處的駐點人員派任與管理是聯合艦隊組織運作能否順利進行的重要因素。透過台灣派任或是當地雇用，建立有效的管理機制選擇適當

人員擔任該處負責人與工作人員。透過這套管理機制還包含職責分工、培訓計畫、工作流程等，以確保代表處或辦事處的順利運作。

另一方面，聯合艦隊的另項任務在於與當地政府和企業的關係，積極參與當地的商業社群和行業組織的活動，廣建人脈與豐富人力資源建立，為將來合作關係奠定良好基礎。例如透過參加商會活動、舉辦研討會、與當地政府和企業進行定期溝通等方式。當然，代表處或辦事處設置上，在風險管理和安全問題上也是必須考慮的因素，聯合艦隊同樣需要制定各項風險管理策略，包括安全措施、危機應對計畫等，以應對可能出現的安全風險和突發事件。

實際上代表處或辦事處與企業法人在性質和功能上是存在一些差異的。代表處或辦事處通常是設立在本國企業的國外分支機構內，其主要功能是代表母公司在當地進行業務活動、聯繫當地客戶和合作夥伴、提供各項售後服務等業務。代表處或辦事處並不具有獨立法人地位，其行為和責任通常由母公司承擔。相較之下，與前面各種企業法人是在國外獨立註冊成立的法律主體，在法律定位上具有獨立的法人地位和財務獨立性，企業法人可以獨立執行契約、擁有資產和負債，並獨立負擔相應的法律責任。

因此，就其優缺點而言，代表處或辦事處的優點在於成本較低、設立程序簡單、管理較為輕鬆，同時可以保持母公司的品牌形象和企業文化。但是，代表處或辦事處的權限和業務範圍相對地也受到限制，通常無法進行獨立的商業活動，並且責任由母公司承擔，這對於邦交國較少的台灣而言，萬一面臨國際仲裁時較為不利。

相對地，企業法人具有較大的自主權和獨立性，可以自行簽訂合同、開展業務活動，並享有更多的法律保護和權益。當然，要成立企業法人需要較多的時間、資源以及成本，也需要遵守當地更嚴格的法律和監管要求。所以代表處或辦事處和企業法人各有其適用的狀況和優缺點，在選擇設置模式時，應根據具體情況和需求，詳細評估以確保符合企業的發展策略和目標。

上述討論了聯合艦隊成立海外企業法人方式，可以根據具體的需求和情況來選擇適合的經營組織型態，每種型態都有其獨特的優勢和特點，需要根據實際情況進行選擇和設計。

06
「新國際雁行聯合艦隊」整體戰略分析

　　傳統國際貿易方式是企業單一項目輸出，獨自完成國際交易。現在則是由不同企業將各自生產的商品組合而成一組系統商品進行國際貿易，這種新的模式可稱之為「新國際雁行聯合艦隊」。這種聯合艦隊模式可以產生多方面的效益，例如(1)資源整合：不同企業合作生產的系統商品可以充分利用各自的專長和資源，實現資源的有效整合和優化配置；(2)風險分散：聯合艦隊模式可以分散生產和貿易風險，避免單一企業承擔所有風險，降低風險對業務的影響；(3)降低成本：合作生產和貿易可以降低生產成本和交易成本，例如通過共享生產設施和運輸渠道，以及大量採購原材料等；(4)擴大市場：聯合艦隊模式有助於擴大市場規模和客戶群，各企業可以一起進入新的市場，開拓更多的業務機會；(5)提高產品價值：通過合作生產，可以提高產品的附加值和競爭力，提供更具吸引力的商品給客戶；(6)促進創新：聯合艦隊模式有助於促進創新，不同企業之間的合作和交流可以激發新的想法和解決方案，推動產品和技術的創新發展；(7)提升企業競爭力：通過合作生產和貿易，各企業可以提升自身的競爭力，擴大市場份額，並在國際市場上取得更好的地位和影響力。

　　「新國際雁行聯合艦隊」模式可以為參與企業帶來更多的機遇和好處，促進企業間的合作與協作，實現互利共贏的局面，利用台灣產業優勢的領域，如IT、晶圓製造和ICT等應用，「新國際雁行聯合艦隊」模式可以創造各種國際貿易機會。在智慧製造系統方面，台灣擁有先進的晶圓製造技術和設施，可以與其他國家的IT和自動化技術企業合作，共同開發智慧製造系統，提高製造業的智能化水準和效率，透過AI人工智慧與IoT物聯網的運用結合處理問題。台灣產業在IT和ICT應用上具有豐富的經驗和技術，可以與其他國家的感測技術和資通訊科技的企業合作，共同開發物聯網解決方案，應用於智慧城市、智慧交通等領域。而在人工智慧（AI）應用上，台灣的IT產業具有豐富的人工智慧技

術和應用經驗，透過與其他國家的企業合作，共同開發各種AI應用，如智慧製造、智慧交通管理、智慧醫療等。還可與其他國家企業合作共同建立大數據分析平台，為合作雙方的企業和政府提供數據分析和預測服務，用於市場研究、風險評估、精準行銷等問題上。

根據上述「新國際雁行聯合艦隊」模式，台灣的企業可以與其他國家的企業進行跨國與跨界合作，共同利用各自的優勢與資源，開發創新的新產品組合，除了可以滿足各自需求之外，還能拓展國際市場，提高競爭力，並為台灣的產業帶來更多的國際貿易機會。

一、影響國際雁行與聯合艦隊模式的因素

根據過去眾多研究文獻顯示，影響經濟產業發展之主要因素，包括地緣政治、總體經濟發展、企業間組織體制以及企業間組織學習型態等幾個面向。過去研究指出台灣經濟發展主要來自貿易以及投資，其中以「資本累積理論」（capital accumulation theories）以及「吸收同化理論」（assimilation theories）[1]的論述最為普遍。「資本累積理論」屬於新古典經濟學派的主張，「吸收同化理論」則是以進化經濟學的觀點，並以經濟路徑依存性（path dependency）展現出我國經濟動態的發展[2]。除了不斷地透過生產要素投入，並利用來自先進國家的技術與經驗的學習，資本設備與人力資源的投資將可降低成本，以減少企業經營的不確定性風險[3]。在經濟發展過程中，歷經長期的「資本累積」的再投資，以及「吸收·同化」來自外部技術學習產生的效果，發揮了後進國家的生產優勢，在提升勞動生產力同時，也訓練出眾多的企業家，他們以企業家精神引領台灣經濟結構從勞力密集逐漸走向資本密集和技術密集的結構。台灣經濟

---

[1] Nelson, R. R. and Pack, H. (1999), "The Asian Miracle and Modern Growth Theory," *Economic Journal*, 109(457)416-36.

[2] Nelson, R. R. and Winter, S. G. (1982) "An Evolutionary Theory of Economic Change," Cambridge, MA Harvard University Press.

[3] Pack, H. (2000) "Research and Development in the Industrial Development Process," in Kim and Nelson(eds.), *Technology, Learning and Innovation*, Cambridge University Press.

發展特色常以OEM／ODM的委託生產方式發展出產業的技術軌道，展現出後進國家的經濟追趕過程，藉著投資發展路徑（investment development path, IDP）模式加入亞洲區域的雁行型態經濟發展[4]。台灣歷經多次經濟高度成長，奠定今日產業的技術基礎。換言之，透過資本累積的投資和吸收同化的學習提升了技術水準，這對企業成長與經濟發展具有重大影響。除了透過「資本累積」的再投資與「吸收・同化」的學習效果為經濟發展帶來可觀的成果之外，產業群聚（industrial cluster）同樣也發揮了重要影響。產業群聚的現象類似生態學，在特定區域內棲息不同物種族群共同生活，彼此之間存在相互依賴的現象。各種不同型態與業種的台灣企業，彼此間產業活動關係密切，往來頻繁，存在著互相依賴、競爭與合作的互動關係，形成一個「共生・共存」的產業生態系統[5]（Porter, 1998; Enright & Newton, 2004）。本論文分析的企業聯合艦隊即是在產業棲息地生態系中建構完成的。換言之，聯合艦隊的企業組合本身就是一個小型的產業群聚的縮影，而產業棲息地生態系統可視為高科技創新下的新型產業群聚，眾多研究也證明產業群聚為基礎的企業合作存在著諸多利基。

從產業群聚分析企業競爭力時，McNamara et al.（2003）認為透過產業群聚的競合關係與學習，企業可以提高競爭力，也能夠進一步吸引其他企業的進駐[6]，Porter（1993）也提出相同的觀點[7]。特別是當產業區域內已經存在某個產業特性或關聯性產業時，對相關企業的生產製造或是經營上能夠產生實質上的效益，例如特殊專業技術促使群聚內的企業獲得差異化能力的機會[8]（Krugman,

---

[4] 參考相關研究，例如：Dunning, J. H. (1981), "Explaining the international direct investment position of countries Towards a dynamic or developmental approach," *Weltwirtschaftliches Archiv*, 117, pp.30-64; Dunning, J. H. and Narula, R. (1996), *Foreign Direct Investment and Governments Catalysts for Economic Restructuring* (London, Routledge).

[5] Porter, M.E. (1998), "Cluster and the new economics of competition," *Harvard Business Review*, 76(6), pp. 77-90.; Enright, M.J. and Newton, J. (2004), "Tourism destination competitiveness a quantitative approach," *Tourism Management*, 25(6), pp. 777-788.

[6] McNamara, G., Deephouse, D.L. and Luce, R.A. (2003), "Competitive positioning within and across a strategic group structure the performance of core, secondary, and solitary firms," *Strategic Management Journal*, 24(2), pp. 161-181.

[7] Porter, M.E. (1993), The competitive advantage of nations, The Free Press.

[8] Krugman, P. (1995), Development, geography and economic theory, *The MIT Press*, Cambridge, MA.;

1995; Rosenkopf & Nerkar, 2001）。Dayasindhu（2002）進一步認為企業能從產業群聚產生的外部經濟效益、互惠性以及選擇彈性等優勢，為產業群聚內企業帶來更佳的競爭力[9]。

　　產業群聚的企業間交流可以透過相互學習方式進行，提升彼此的經營或生產技術。Pramongkit et al.（2002）指出企業組織體引進高科技能力之際，必須建構一套學習型的組織架構，引進新的科學技術，學習型機構的建立也成為企業選擇進入群聚的重要因素[10]。March（1991）認為組織吸取知識活動可以分成知識探索（exploration）與知識深耕（exploitation），透過這兩種方式所獲得的新知識能提供新的產品和新的服務以適應外部環境，也能提升企業的競爭力[11]。這樣的觀點也是聯合艦隊企業跨域整合需要的學習過程，因為知識被視為競爭力的來源，但企業組織僅有知識，卻無法巧妙應用的話，也很難發揮綜效。Huber（1991）主張企業組織累積經驗，在經驗理解之後作為組織共同的行動規範，成為組織的例行準則後，將更進一步被活用[12]。Huber（1991）更進一步提出以組織學習過程為基礎的組織記憶化模型，此模型分成四大構成要素，分別為知識獲得（knowledge acquisition）、情報供給（information distribution）、情報解釋（information interpretation）以及組織記憶（organizational memory）。由各層面產生的效果，組織成員都能具備組織內共同知識進行溝通與交流，如此可以運用新的知識創造更大價值。組織間交流產生的經驗成為例行共同準則規範將逐漸形成企業獨特的知識，使得組織成員遇事時能產生相同反應與共識，並採取

Rosenkopf L. and Nerkar A. (2001), "Beyond local search boundary spanning, exploration, and impact in the optical disk industry," *Strategic Management Journal*, 22(4), pp. 287-306.

[9]　Dayasindhu, N. (2002), "Embeddedness, knowledge transfer, industry cluster and global competitiveness A case study of the Indian software industry," *Techovation*, 22(3), pp. 551-560.

[10]　Pramongkit, P., Shawyun, T. and Sirinaovakul, B. (2002), "Productivity growth and learning potentials of Thai industry," *Technological Forecasting and Social Change*, 69(1), pp. 89-101.

[11]　March, J.G. (1991), "Exploration and Exploitation in Organizational Learning," *Organization Science*, 2(1), pp.71-87.

[12]　Huber, G. P. (1991), "Organizational Learning The Contributing Processes and the Literatures," *Organization Science*, 2(1), pp. 88-115.

一致行動與戰略而加強了組織體的競爭力（Nelson & Winter, 1982）[13]。聯合艦隊需要具備獲得外部知識的同化能力，成立性能優異的企業組合，持有戰略柔軟性的國際雁行前進海外市場，有些學者持有相同的看法，例如Hamel（2000）、Zahra & George（2002）[14]。

　　從上述眾多文獻研究成果可知，一般產業群聚類型會隨著產業的不同與需求差異而形成[15]，聯合艦隊的組成也會因國際市場或是國家間產業互補性的程度差異，進而提供不同的商品組合。從產業棲息地生態系統到企業組成聯合艦隊方式前進海外市場，過程當中需要透過企業間交流與學習取得彼此之間的共識，建立組織內部的共同價值。本節採用專家系統數理模型，透過問卷方式，試圖將國際雁行的聯合艦隊組織型態進行量化分析，從研究文獻中建立發展戰略路徑的因素。構成「新國際雁行聯合艦隊」的相關準則變數可以分成四大構面、十八項準則，整理如表6-1所示。

表6-1　構成「新國際雁行聯合艦隊」的因素

評估準則：構面／因素	描述
A 產業棲息地生態系統[16]	此構面是以企業生產、研究創新環境條件的各項因素，這是聯合艦隊產品組合的基地，穩定生態系統是提供高品質商品的必要基礎。
a_1：結合數位轉型	數位化在生產與流通消費上的管理是商業活動趨勢，產業棲息地的網絡建立是生態系統不可或缺的關鍵因素。
a_2：跨域整合系統	在數位科技化下，ICT、AI或是量子計算所衍生出產品是未來趨勢，每項技術存在很高門檻，企業間跨域所建構合作系統至為重要。

[13]　Nelson, R. R. and Winter, S.G. (1982), "Evolutionary Theory of Economic Change," Cambridge The Belknap Press of Harvard University Press.

[14]　Hamel, G. (2000), Leading the revolution, Harvard Business School Press, pp. 61-113; Zahra, S. A. and George, G.(2002), "Absorptive Capacity: A Review Reconceptualization and Extension, *Academy of Management Review*, 27 (2), pp.185-203.

[15]　Krugman, P. (1991), Geography and trade, The MIT Press, Cambridge, MA.

[16]　這個部分在我過去出版林佳龍（2022），《印太新秩序下的台灣之路：數位時代的產業最適棲息地理論與雙螺旋策略》（台北：釀出版）一書中討論過，請參考。

評估準則：構面／因素	描述
a_3：資源共享系統	產業棲息地是跨域企業間的系統組織，資源共享可以創造本身產品差異化，提高附加價值。
a_4：創新平台建立	棲息地內產業與企業的優勢發揮極致，需要有相互交流場域，這是鏈接企業產品與技術的場所，有助於產業棲息地的科技創新。
a_5：人力資源養成系統	棲息地系統的建立須跨域整合企業，人才培育是重要的因素，需要不同專業人力資源投入才能有效建立穩定的創新生產基地。
B 聯合艦隊組織型態	聯合艦隊的組合內容視海外市場的需求，不同商品的組合需要跨業合作，提供必要技術，所以其組織型態關係是否能夠符合市場需求至為重要。
b_1：企業間學習模式	聯合艦隊是由不同企業的合作所組成，企業間合作過程需要建立相互學習，融合不同企業的組織優點，同時可以增進了解，有助於團體的合作效率。
b_2：內部核心價值共識	跨業整合聯合艦隊存在不同企業的價值觀，如何形塑共同的核心價值才能夠建立相互信賴的共生環境，鞏固組織的團結力。
b_3：組織間決策機制效率	由於來自不同企業與部門，聯合艦隊組織運作需要設計一套可以快速且正確的決策機制，否則將容易喪失先機，失去利基。
b_4：產品組合創新能力	聯合艦隊能否符合國際市場需求，必須具備多樣化的產品提供能力，這需要有產品創新的技術與能力，以提高整體附加價值。
C 新國際雁行海外市場	台灣市場無法滿足國內產業生產規模的合理性，海外市場提供產業發展的縱深。
c_1：企業間合作效率	企業間透過學習與決策機制主要目的是培養默契相互了解，進而能夠落實推動以合作，增進整體運作效率，這是維持聯合艦隊的重要因素。海外市場的據點也是企業合作的一環，當地企業或是結合其他企業都是合作的方式。
c_2：國家間產業互補性	國際市場對聯合艦隊需求與該國的產業發展型態有密切關係，互補性高當將是國際貿易產生的重要原因。
c_3：海外據點經營模式	聯合艦隊的成敗包含國內與國外的相互運作是否順利有關，海外據點經營模式也將扮演重要的橋樑，包含生產銷售或開發新產品。所以經營模式將會影響聯合艦隊的經營績效。
c_4：產業韌性度	聯合艦隊所組合的產品能否維持競爭力，這將與產品是否具有強大的韌性度有關，這需要具備差異與獨特的產品創新不可。
D 地緣政治典範轉移	造成商業模式的轉變有來自外部事件衝擊，近年來有COVID-19疫情、美中貿易衝突以及俄烏戰爭等。
d_1：俄烏‧以哈戰爭爆發	這兩次戰爭影響區域戰略架構轉變，也是促使美國對一些國家採取科技與經濟圍堵，並改變國際大戰略的架構。

評估準則：構面／因素	描述
d_2：台海與印太戰略形成	美中從貿易衝突到區域霸權格局改變引發台海危機，形成美、日、澳、印等所建構的印太戰略，深深影響經濟與國防的安全疑慮，國際分工體制重整將改變過去的貿易版圖。
E 政策執行力	政黨對峙治與經濟的意識型態差異，政黨政治變化將影響國內政治與經濟的政策方向，從穩定性，牽引行政系統正和做法或是國家基金參與度都會不同。
e_1：國內政黨政治穩定性	民主制度特徵在於透過選舉結果選擇政黨執政，這將會產生政治循環的可能性，執政意識型態推動改變國內政經內容。
e_2：跨行政整合力	構成「新國際雁行聯合艦隊」需要跨部會整合，關係著此經營模式運作的效率性。
e_3：國家基金參與度	國家資本的參與象徵政策支持，也反映出風險共同分擔與經濟成果共享的意義，這對初期新模式的運作帶來穩定效果。

資料來源：林佳龍、洪振義（2023），〈數位新南向「雙螺旋效果」的戰略分析：向量自我迴歸（VAR）結合動態產業關聯模型之應用〉。論文發表於第五屆「後疫情時代下日本與全球政經變遷及影響」國際學術研討會，淡江大學全球政經學系日本政經研究碩士班與關西大學綜合情報學部共同主辦，2023年12月15日，新北市：淡江大學守謙國際會議中心。

二、「新國際雁行聯合艦隊」戰略分析

本節當中所指的中心度是代表因素之間的重要度（prominence），原因度是代表因素之間的關聯性（relation），計算方式請參照本書的附錄[17]。

（一）「新國際雁行聯合艦隊」的重要度與關聯性

以DEMATEL法獲得「新國際雁行聯合艦隊」影響因素的中心度（D+R）與原因度（D-R），如表6-2。其中D表示影響其他因素的總和，R表示被影響因素的總和，當中心度（D+R）值愈大則顯示對「新國際雁行聯合艦隊」的影響程度愈強，也將會是愈接近於影響問題的核心因素。另一方面，當原因度（D-R）的數值呈現為正時，則準則偏向為受影響的一方；反之，原因度（D-R）為負數時，此準則偏向為影響因素。

---

[17] 參考附錄四「DEMATEL-ANP分析相關結果數據」中的DEMATEL架構與運算步驟。

表6-2　「新國際雁行聯合艦隊」的D+R（中心度）與D-R（原因度）

構面／因素	D	R	D+R	D-R
a_1：結合數位轉型	4.3314	4.6615	8.9929	-0.3301
a_2：跨域整合系統	4.8519	5.2961	10.1480	-0.4443
a_3：資源共享系統	4.6862	4.4842	9.1704	0.2020
a_4：創新平台建立	4.6895	4.7332	9.4227	-0.0437
a_5：人力資源養成系統	4.1837	4.6307	8.8144	-0.4471
b_1：企業間學習模式	4.2280	4.4716	8.6996	-0.2436
b_2：內部核心價值共識	3.9523	4.0895	8.0419	-0.1372
b_3：組織間決策機制效率	4.4328	4.4435	8.8763	-0.0107
b_4：產品組合創新能力	4.9849	5.5573	10.5422	-0.5723
c_1：企業間合作效率	5.5354	5.6732	11.2086	-0.1378
c_2：國家間產業互補性	5.3870	5.3195	10.7065	0.0675
c_3：海外據點經營模式	4.7468	5.4480	10.1948	-0.7012
c_4：產業韌性度	3.8030	5.9709	9.7739	-2.1679
d_1：俄烏·以哈戰爭爆發	4.6039	3.0421	7.6460	1.5618
d_2：台海與印太戰略形成	4.5844	3.4267	8.0111	1.1577
e_1：國內政黨政治穩定性	4.8374	2.9682	7.8055	1.8692
e_2：跨行政整合力	4.5812	4.2089	8.7901	0.3723
e_3：國家基金參與度	4.0453	4.0401	8.0855	0.0052
平均值	4.5814	4.5814	9.1628	0.0000

資料來源：同表6-1的林佳龍、洪振義（2023）國際學術研討會論文。

由表6-2各項構面推估各項因素數據可以看出幾項重點：

（二）「A產業棲息地生態系統」構面

　　「A產業棲息地生態系統」構面中，中心度（D+R）最高的因素為「a_2：跨域整合系統」，其原因度（D-R）值以「a_3：資源共享系統」為最高，被視為在產業棲息地內應該優先提升的重點。因為產業棲息地系統是構成新國際雁行聯合艦隊的生產基地，在此系統是由無數企業透過AIoT、ICT與數位科技鏈結而成的，其中企業間的「a_2：跨域整合系統」與企業間的「a_3：資源共享系統」是關鍵因素。

在「a_2：跨域整合系統」上可以產生各種優點，包含：

❶促進產業間合作：將不同產業的企業連結起來，促進產業間合作，實現資源、技術和市場的整合綜效，共同應對跨領域的挑戰。

❷提高系統效率：整合不同產業的資源和專業知識，跨領域整合系統提高了系統效率和效能，加速創新和產品開發，提升整個系統的競爭力。

❸創造價值共享：有助於創造價值共享的機會，各產業可以通過合作共贏，共同分享系統帶來的收益和成果。

另一方面，「a_3：資源共享系統」是產業棲息地系統建立的重要原因，可以影響企業間帶來以下幾項利點：

❶最大化資源利用：資源共享系統可以將系統內的資源進行最大化利用，包括人力、物力、財力等資源，以滿足系統內不同企業的需求，達到資源的有效配置。

❷降低成本風險：透過資源共享系統，企業可以分擔成本和風險，共同投資於系統的建設和營運，以降低單一企業承擔的風險和負擔。

❸促進創新與發展：資源共享系統有助於促進創新和技術發展，企業可以共享彼此的專業知識和技術，共同探索新的產品和市場，推動系統的持續發展和進步。

上述可知兩項因素在棲息地系統於新國際雁行聯合艦隊中扮演著關鍵角色，它們有助於促進產業間合作、提高系統效率、創造價值共享、最大化資源利用、降低成本風險，並促進創新與發展。

（三）「B聯合艦隊組織型態」構面

在「B聯合艦隊組織型態」構面的中心度（D+R）上，以「b_4：產品組合創新能力」的因素數值為最高，原因度（D-R）值則皆呈現負值，意味著暫時沒有需要馬上進行提升作為。聯合艦隊中涵蓋了來自不同企業的跨界專業知識和技術，這種跨界性質促進了不同專業領域之間的知識結合，從而激發出更多的創新思維和方法。企業可以彼此學習，從不同領域獲取靈感和想法，進而產生全新的產品組合設計和創新方案。其次，聯合艦隊中的企業可以共享彼此的資

源和技術。這包括人力、設備、研發成果等方面的資源。如上面所述的共享資源機制，企業可以加速產品創新的過程，降低研發成本和風險，從而更容易實現產品組合的創新。除此之外，聯合艦隊組織型態也能更靈活地應對市場需求的變化，透過企業間合作夥伴密切合作，即時掌握市場反饋和客戶需求，並快速調整產品組合，以滿足市場需求，這在國際市場上是極其重要的，因為國際市場存在不同經濟社會的發展條件。這種靈活性和反應能力有助於在市場競爭中保持競爭優勢。聯合艦隊中的合作過程有助於建立開放、包容的創新文化，企業間思想交流和創新實踐可以激發組織內部的創新能量，促進創新的發展和實踐，這在本書〈緒論〉所提及的「回遊的思考」概念。聯合艦隊的企業可以共同承擔研發和市場推廣的風險，企業將更願意冒險嘗試新的產品組合和創新方案，而不會因為單一企業的風險承擔而過於保守。這種風險共擔與共享能夠促進創新的進行，推動整體組織的產品組合創新能力不斷提升。新國際雁行聯合艦隊的組成能夠為整體企業組織帶來產品組合創新能力，這是多方面因素綜合作用的結果，包括跨界專業知識結合、資源和技術共享、市場需求反饋、創新文化建立以及風險的共同分擔與共享。

（四）「C新國際雁行海外市場」構面

在「C新國際雁行海外市場」的構面上，中心度（D+R）值以「c_1：企業間合作效率」因素數值為最高；而原因度（D-R）值以「c_2：國家間產業互補性」為正值，說明聯合艦隊國際雁行必須先行盤點海外市場各國的產業特性，分別做出戰略上的區別。

在新國際雁行聯合艦隊的海外市場擴展中，企業間合作效率關係新商業模式的成功與否。這是因為在海外市場擴展的過程中，涉及到跨國合作和跨文化溝通，而高效率的合作能夠帶來多方面的好處。例如，「c_1：企業間合作效率」提高可以加速國際市場的進入速度。當各個企業在聯合艦隊中能夠以高效協作，共同處理市場進入所需的文件、許可和註冊等程序時，將能夠更快地進入海外市場以搶占先機，並建立起品牌和客戶基礎。其次，合作效率的提高有助於降低成本和風險。由於當企業之間能夠高效地共享資源、技術和市場資訊

時，可以降低整個市場進入過程的成本，並分擔其風險。例如，合作夥伴可以共同分擔市場推廣費用、研發費用和市場風險，從而降低每個企業單獨承擔的負擔，這將有助於提升市場競爭力。當企業能夠高效地協作，共同開發和推廣產品時，能夠更迅速地滿足客戶需求，提高產品的品質和服務水準，從而提升在海外市場中的競爭力，開拓更多市場的機會。由於企業高效率彼此合作還可以促進產品創新和組織間學習，企業間能夠快速地分享知識、經驗和技術時，能夠更好地吸取對方的優點，從而促進創新的發展和學習的進行。這有助於提高整個聯合艦隊的創新能力和競爭力。因此，企業間合作效率的提高在新國際雁行聯合艦隊的海外市場擴展中至關重要；它能夠加速市場進入速度，降低成本和風險，提升市場競爭力，並促進創新和學習的進行，從而為聯合艦隊的海外市場擴展帶來更多的機會和成功。

另外，在新國際雁行聯合艦隊的海外市場擴展中，考慮國家間產業互補性是至關重要的，也需要考慮不同企業組合的需求，這是因為不同國家在產業結構和專業領域方面存在差異所致，而這些差異往往反映了各國在技術、市場需求、資源配置等方面的特點。

由於各國的產業結構存在著互補性，例如某些國家可能在某些高新技術領域具有先進的技術和研發能力，而其他國家可能在傳統製造業或原材料生產方面有著豐富的資源和生產能力。因此，透過台灣企業的多元組合或是組合不同國家的企業，可以實現產業間互補，提高整體聯合艦隊在海外市場中的競爭力和市場覆蓋率。

其次，考慮不同企業組合型態還可以更好地滿足市場的多樣化需求，特別在高科技產業的應用與結合上。海外市場的需求可能因地區、文化和習慣等因素而不同，而組合不同國家的企業可以更好地理解當地市場需求，提供更符合當地需求的產品和服務，從而提高市場滲透率和客戶滿意度。而透過組合不同國家的企業，還可以更好地利用各國的資源和市場優勢。例如，某些國家可能擁有廉價勞動力和豐富的自然資源，而其他國家則擁有先進的技術和市場網絡，組合這些企業將可以實現資源和市場的共享，提高整體聯合艦隊的競爭優勢和利潤結構的改善。

　　因此，考慮不同企業組合的需求使得新國際雁行聯合艦隊更有助於實現產業間互補和海外市場的擴展，滿足市場的多樣化需求，並能更佳利用各國的資源和市場優勢，從而提高整體聯合艦隊在海外市場中的競爭力和市場占有率。

（五）「D地緣政治典範轉移」構面

　　「D地緣政治典範轉移」的外部環境側面上，兩項因素的中心度（D+R）值比較小，但原因度（D-R）值都遠超過平均值，這意味著外部事件衝擊是構成國際雁行聯合艦隊的基本核心因素。這也同時說明台灣經貿地緣政治具有很高的敏感度。

　　地緣政治典範轉移對於新國際雁行聯合艦隊模式的必要性，在於推動聯合艦隊在新的政治環境下做出適應性調整，以應對地緣政治格局的變化所帶來的影響。近年來，美國與中國或俄羅斯之間的政治與經濟對立日益加劇，這種對立造成了全球地緣政治環境的變動，對國際貿易和分工產生了重大影響。

　　由於地緣政治的變動可能導致各國的貿易政策和法規的變化，例如貿易壁壘的提高、關稅的調整等，這會直接影響到聯合艦隊成員企業的進出口業務。因此，聯合艦隊需要調整自身的業務模式和貿易策略，以應對新的政策環境，保障自身的利益。其次，地緣政治的變動也將影響到產業分工和價值鏈的重組。例如，各國政府基於經濟安全考量，可能會加強自主生產能力，減少對其他國家的依賴，這將導致產業分工的重新調整和價值鏈的重新配置。在這種情況下，聯合艦隊需要重新評估成員企業的角色和定位，找到新的合作方式和商業模式。再者，地緣政治的變動也可能對國際市場的風險和不確定性帶來影響，地區性衝突、國家間貿易戰爭等因素都可能對市場造成不利影響。因此，聯合艦隊需要加強風險管理和應急準備，建立更加靈活和多元化的市場布局，降低風險帶來的損失。在地緣政治典範轉移之際，對於新國際雁行聯合艦隊模式的必要性在於要求聯合艦隊能夠靈活應對外部環境的變化，調整自身的業務模式和策略，以保障利益和提升競爭力。只有透過適應性調整，聯合艦隊才能在新時代的商業環境中取得成功。

（六）「E政策執行力」構面

政府扮演的「E政策執行力」構面上，從中心度（D+R）與原因度（D-R）所呈現的數據和「D地緣政治典範轉移」的現象相似，聯合艦隊的海外擴展成效與政府扮演的「E政策執行力」存在密切關係，需要建立在「e_1：國內政黨政治穩定性」、「e_2：跨行政整合力」以及「e_3：國家基金參與度」等三項因素下推動以提升聯合艦隊對內的產業整合，以及對外國家之間的外交協助。

政策執行力對新國際雁行聯合艦隊模式的成敗至關重要，而國內政黨政治穩定性、跨行政整合力以及國家基金參與度等三項因素在政策執行力中具有重要代表性。由於國內政黨政治穩定性直接關係到政府的施政效能和政策執行力，政治穩定的國家，政府能夠更加集中精力和資源來推動相關政策的執行，因為政黨權力之間的競爭和變動較少，政府的施政動力較大。反之，在政治不穩定的國家，政府可能會受到政治動盪和權力角逐的干擾，政策的執行可能會受到阻礙，進而影響到新國際雁行聯合艦隊模式的實施和運作。而在跨行政整合力方面，政府不同部門之間的協調和合作能力是促進新商業模式的整合效率。新國際雁行聯合艦隊模式組成涉及到政府多個部門和單位的合作和協調，例如經濟部、國家發展委員會、財政部等部門。如果政府內部存在著部門間利益衝突、合作不力或資訊不對稱等問題，將會嚴重影響到新國際雁行聯合艦隊模式的順利推進和有效運作。另外，國家基金參與度則關係到政府對新國際雁行聯合艦隊模式的投入和支持程度。國家基金作為政府的重要金融工具，可以用於支持和推動新興產業的發展和合作，包括新國際雁行聯合艦隊模式。如果政府能夠積極參與並投入資金，將有助於提升聯合艦隊的資源和影響力，促進其在國際市場上的競爭力和地位。因此，政策執行力對於新國際雁行聯合艦隊模式的成敗至關重要，其中國內政黨政治穩定性、跨行政整合力以及國家基金參與度等三項因素直接影響政府的施政效能和對聯合艦隊的支持程度，對新國際雁行聯合艦隊模式的成功與否扮演著重要關鍵角色。

三、「新國際雁行聯合艦隊」的要素因果圖分布與調整

（一）要素因果分布與調整

從表6-2的D+R與D-R各項因素準則可以繪製聯合艦隊的要素因果圖，如圖6-1所示。

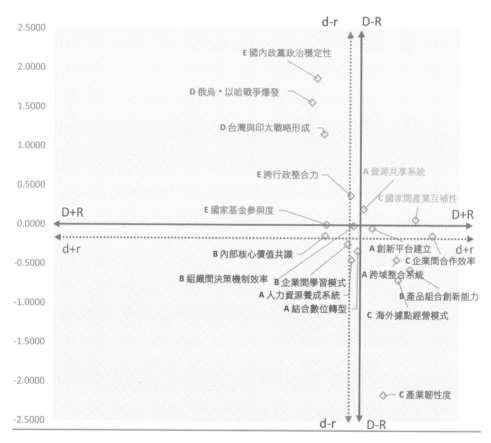

圖6-1 「新國際雁行・聯合艦隊」的要素因果分布與調整
資料來源：同表6-1的林佳龍、洪振義（2023）國際學術研討會論文。

　　當因素數值愈接近中心，表示對聯合艦隊組成運作的重要程度就愈高，而利用要素因果圖可以更明瞭地進行多角度的比較分析，並觀察因素結構之關聯順序。表6-1數據所呈現的因果圖為紅色實心雙箭頭，五構面十八項要素分布在四個象限之中，代表「強勢成因要素群」、「強勢結果要素群」、「弱勢成因要素群」以及「弱勢結果要素群」等要素特質。然而，本節進一步結合網路程序分析法（ANP），計算這五構面十八項要素的因素權重，依其權重大小作為調整因果圖的判斷標準[18]的依據，其結果如表6-3，可以得知「新國際雁行聯合艦隊」的因素權重。

表6-3　「新國際雁行聯合艦隊」的因素權重

構面／因素		構面／因素	
A 產業棲息地生態系統	權重	B 聯合艦隊組織型態	權重
a_1：結合數位轉型	5.65%	b_1：企業間學習模式	5.42%
a_2：跨域整合系統	6.42%	b_2：內部核心價值共識	4.95%
a_3：資源共享系統	5.44%	b_3：組織間決策機制效率	5.40%
a_4：創新平台建立	5.74%	b_4：產品組合創新能力	6.75%
a_5：人力資源養成系統	5.61%	合　計（平均值）	22.52%（5.63%）
合　計（平均值）	28.86%（5.77%）	D 地緣政治典範轉移	權重
C 新國際雁行海外市場	權重	d_1：俄烏‧以哈戰爭爆發	3.68%
c_1：企業間合作效率	6.90%	d_2：台海與印太戰略形成	4.14%
c_2：國家間產業互補性	6.46%	合　計（平均值）	7.82%（3.91%）
c_3：海外據點經營模式	6.61%	E 政策執行力	權重
c_4：產業韌性度	7.24%	e_1：國內政黨政治穩定性	3.60%
合　計（平均值）	27.20%（6.80%）	e_2：跨行政整合力	5.10%
		e_3：國家基金參與度	4.89%
		合　計（平均值）	13.60%（4.53%）

資料來源：同表6-1的林佳龍、洪振義（2023）國際學術研討會論文。

---

[18] 由DEMATEL法可測出其重要性，但是為了能更精準了解強度大小，以ANP法計算各項因素權重，再經由專家學者討論出哪些因素需要做調整，以符合企業聯合艦隊組合的實務運作需求。

由於構面的要素項目不一，應從單一項目的要素權重大小與構面全體平均值進行比較，以作為調整D+R與D-R的依據。表6-3權重當中，「A產業棲息地生態系統」以「a_2：跨域整合系統」的6.42%超過平均值的5.77%；「B聯合艦隊組織型態」以「b_4：產品組合創新能力」這要素超過平均值；「C新國際雁行海外市場」是以「c_1：企業間合作效率」與「c_4：產業韌性度」兩項要素超過平均值；「D地緣政治典範轉移」以「d_2：台海與印太戰略形成」超過平均值；「E政策執行力」構面也有兩項要素超過平均值，分別為「e_2：跨行政整合力」和「e_3：國家基金參與度」。

從上面超過平均值要素來看，「c_1：企業間合作效率」（6.90%）與「e_2：跨行政整合力」（5.10%）調整圍強勢要素群，將原先D+R與D-R的實心雙箭頭直線分別往左向下移動為r+d與r-d虛線雙箭頭直線，經過調整後的要素座標如圖6-1的虛線的四個象限。

（二）調整後的要素因果分布

由於構面的要素項目不一，應從單一項目的要素權重大小與構面全體平均值進行比較，以作為調整D+R與D-R的依據。表6-2權重當中，從圖6-1經過調整後「新國際雁行聯合艦隊」的要素因分布於四個象限要素座標，經過調整後的各項準則要素如圖6-2。

第一象限的「強勢成因要素群」

座落本象限屬於核心因素，表示該因素具有對「新國際雁行聯合艦隊」戰略連結度較高、原因度也高的特質。因此，「e_2：跨行政整合力」；「a_3：資源共享系統」；「c_2：國家間產業互補性」；「b_3：組織間決策機制效率」；「c_1：企業間合作效率」等因素被視為解決「新國際雁行聯合艦隊」戰略的關鍵影響性因素，應列為優先處理的對象。

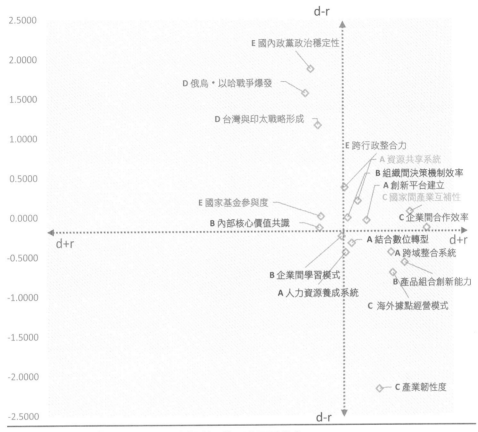

圖6-2 調整後「新國際雁行聯合艦隊」的要素因果分布
資料來源：同表6-1的林佳龍、洪振義（2023）國際學術研討會論文。

第二象限的「弱勢成因要素群」

座落本象限屬於驅動因素區，表示該因素具有對「新國際雁行聯合艦隊」戰略連結度較低，但原因度偏高。換言之，本區因素特質存在微量的獨立性，但會影響少數的其他因子。屬於這些因素有「e_1：國內政黨政治穩定性」；「d_1：俄烏‧以哈戰爭爆發」；「d_2：台海與印太戰略形成」；「e_3：國家基金參與度」；「b_2：內部核心價值共識」等。由於與其他因素之間的互動性較低，偏向外部環境因素特質，很難以內部組織力量扭轉外部條件的變化趨勢，只需做好因應管控此區域的因素即可。

第三象限的「弱勢結果要素群」

「b_1：企業間學習模式」在「新國際雁行聯合艦隊」戰略上的重要性在本書〈緒論〉當中的「理論二：典範轉移理論創新發展路徑」與「理論四：完善聯合艦隊需要組織的治理與學習理論」都強調其重要性。但從研究數據上卻座落在第三象限的獨立因子區，因素之間呈現連結度低且原因度低，因素之間呈現連結度低且原因度低的狀態。但更進一步觀察，「b_1：企業間學習模式」是座落在中心點的鄰近位置，具有多元特性，即將轉為第一象限或第四象限的區域，這意味著「b_1：企業間學習模式」雖然屬於「弱勢結果要素群」，但也將可能會是「強勢成因要素群」與「強勢結果要素群」。本書也將企業間學習模式視為聯合艦隊組成的必要關鍵因素。

第四象限的「強勢結果要素群」

本象限的因素可視為被影響因素區域，且屬於「強勢結果要素群」。在這區域內的因素之間的連結度高，但原因度較低的「結果」因素。由於是在「新國際雁行聯合艦隊」戰略上的重要強勢結果因素，雖是急需被管理但並非被直接進行改善因素，所以須從第一象限與第二象限的因素中盡情改革，才能產生連動改善的效果。在這區的結果因素有「a_1：結合數位轉型」；「a_2：跨域整合系統」；「a_5：人力資源養成系統」；「b_4：產品組合創新能力」；「c_3：海外據點經營模式」；「c_4：產業韌性度」。

上述的各象限的說明在於，DEMATEL分析法的優點之一在於從複雜相互關聯因素當中抽取出不同強度的關鍵原因屬性與關鍵結果屬性的要素分類，從上述分布於不同屬性的四個象限當中，可以分成兩條觀察路徑。第一條路徑為第一象限到第四象限的強勢路徑，第二條路徑為第二象限經由第三象限再連接第四象限的弱勢路線，這兩條路徑都可以思考「新國際雁行聯合艦隊」組合與推進方法或是戰略的選擇。在這裡我們將更進一步的說明修正後的戰略發展路徑圖。

四、「新國際雁行聯合艦隊」發展戰略路徑

「新國際雁行聯合艦隊」的發展戰略規劃對於台灣未來前進海外市場帶動國內產業發展至關重要。這是因為在一個快速變化的全球市場環境當中，聯合艦隊需要建立一套明確的發展路徑和策略來引導其成長和擴展，以應對市場競爭和風險挑戰。這也是新時代典範轉移所必須調整的新商業模式。以聯合艦隊的要素因果分布為基礎思考發展戰略路徑有助於聯合艦隊確立明確的目標和方向。當台灣產業在面對眾多的市場機遇和挑戰時，聯合艦隊需要明確地定義其發展目標和戰略方向，並將其轉化為具體的行動計畫和策略。透過發展戰略路徑，聯合艦隊可以確保所有成員企業都朝著共同的目標和方向努力，提高整體組織的協調性和執行效率。發展戰略路徑有助於聯合艦隊有效利用內部與外部的資源和優勢，這在全球市場競爭日益激烈當中，資源的分配與利用尤為重要，而發展戰略路徑可以幫助聯合艦隊分析和評估各種資源應用和優勢，並根據各海外市場需求和競爭環境制定相應的戰略，以最大程度地發揮其潛力和效益。

另外，發展戰略路徑有助於聯合艦隊應對市場變化和風險挑戰，掌握實際狀況與未來變化趨勢。隨著地緣政治與科技創新速度的加劇，聯合艦隊需要即時調整其發展戰略，以應對新的市場機遇和挑戰。而發展戰略路徑可以幫助聯合艦隊及時識別和分析市場變化，並制定相應的應對措施和調整策略，以保持競爭優勢和市場地位。如果能夠制定一套具有效率的發展戰略路徑，將有助於提高聯合艦隊的長期競爭力和持續發展能力，透過制定明確的發展戰略路徑，聯合艦隊可以建立起長期的發展規劃和策略框架，並不斷優化和調整其發展方向和策略，以確保組織的長期發展和競爭優勢。

圖6-3是修正後「新國際雁行聯合艦隊」的發展戰略路徑圖，其發展過程說明如下：

「新國際雁行聯合艦隊」的發展戰略路徑可依分成強勢路徑與弱勢路徑，前者是從第二象限的內部因素的政黨政治改變和外部因素所引發的地緣政治變化的路徑開始，再進入第一象限的「強勢成因要素群」區域，進行聯合艦隊的

發展戰略目標。而弱勢路徑也是以第二象限的「弱勢成因要素群」為起點，再進入第三象限與第四象限完成目標。其發展路徑即為：

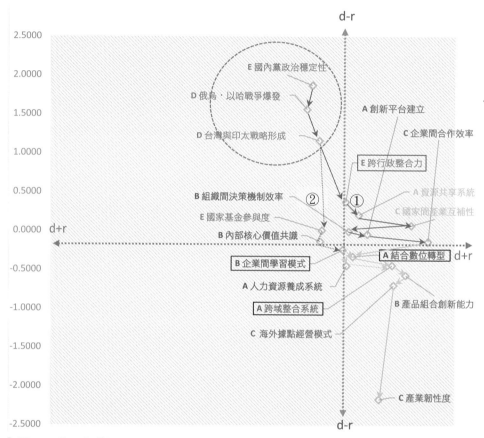

圖6-3　修正後「新國際雁行・聯合艦隊」的發展戰略路徑圖
資料來源：同表6-1的林佳龍、洪振義（2023）國際學術研討會論文。

　　強勢路徑①：第二象限「e_1：國內政黨政治穩定性」→「d_1：俄烏・以哈戰爭爆發」→「d_2：台海與印太戰略形成」→第一象限「e_2：跨行政整合力」→「a_3：資源共享系統」→「c_2：國家間產業互補性」→「b_3：組織間決策機制效率」→「c_1：企業間合作效率」→第四象限「a_1：結合數位轉型」→「a_2：跨域

整合系統」→「a_5：人力資源養成系統」→「b_4：產品組合創新能力」→「c_3：海外據點經營模式」→「c_4：產業韌性度」（達成目標）

　　弱勢路徑②：第二象限「e_1：國內政黨政治穩定性」→「d_1：俄烏・以哈戰爭爆發」→「d_2：台海與印太戰略形成」→「e_3：國家基金參與度」→「b_2：內部核心價值共識」→第三象限「b_1：企業間學習模式」→第四象限「a_1：結合數位轉型」→「a_2：跨域整合系統」→「a_5：人力資源養成系統」→「b_4：產品組合創新能力」→「c_3：海外據點經營模式」→「c_4：產業韌性度」（達成目標）

　　從上面修正後的「新國際雁行・聯合艦隊」戰略路徑圖可以看出兩條發展模式的共通點與差異性。

（一）國家公權力參與方式的不同

　　強勢路徑①重視政府單位的跨部門整合提供協助（「e_2：跨行政整合力」）；弱勢路徑②則重視公部門資金的加入提高聯合艦隊企業合作的信心（「e_3：國家基金參與度」），以此建立企業組織間價值共識（→「b_2：內部核心價值共識」）

（二）聯合艦隊組成與策略計畫思維的不同

　　弱勢路徑②以內部組織價值共識建立之後直接進入企業間相互學習模式推進聯合艦隊的組織建置；而強勢路徑①採用步驟較為縝密的規劃，在外部環境變局下，認為有了政府各部門的出面協調整合之後，盤整內部資源並建立共享機制（「a_3：資源共享系統」）。接著考察評估海外市場產業互補性，如何運用自身產業的優劣（「c_2：國家間產業互補性」），認為需要建立組織的決策模式（「b_3：組織間決策機制效率」）以增進合作效率（「c_1：企業間合作效率」）。

（三）一致性目標的追求策略展現

　　上述兩點差異凸顯**強勢路徑**①與**弱勢勢路徑**②在思維上的不同，但最終新國際雁行聯合艦隊的最終目標是一致的，如何建立具有科技創新的產業韌性（「c_4：產業韌性度」）是永續發展的重要因素，也是在地緣政治結構性改變下台灣生存之道。建立產業韌性度的戰略路徑，強勢路徑①與弱勢路徑②是分別由「c_1：企業間合作效率」與「b_1：企業間學習模式」進入第四象限，並在「a_1：結合數位轉型」合流，表示企業間需要進行數位優化與數位轉型才能夠推動聯合艦隊企業間整合系統（「a_2：跨域整合系統」），也能共同培育多元的人才，建立一套適合國際雁行與聯合艦隊的人力資源體制（「a_5：人力資源養成系統」）。如能跨域整合成功與發揮效用，企業將可以促進國際雁行的產品開發與創新（「b_4：產品組合創新能力」）。最後，建立台灣的產業韌性重要因素在於海外經營模式與據點的設置，作為鏈結國內產業與國外市場的戰略中心（「c_3：海外據點經營模式」）。海外經營模式與據點設置方式，須視不同區域國家的情況，需要具有彈性才能有效地將台灣產品推向國際。

五、第四型態雁行理論的新嘗試

　　以貿易帶動經濟已經成為台灣的發展模式，而企業常以單一個體執行這項任務。在這當中，多國籍企業也扮演著海外投資的重要角色，提供資金或是技術作為產業發展的動力，同時也展開了國內產業結構調整與產業升級，勾畫出景氣循環的樣態。世界經濟在這樣的發展背景之下，雁行理論呈現多階段的變形，從第一型態的貿易型態轉變→第二型態的海外生產據點設置→第三型態全球化下的世界經濟雁行。然而，在2018年美中貿易衝突下，一連串國際事件爆發，改變了世界局勢結構，COVID-19疫情蔓延重創了全球經濟與生命，俄、烏戰爭引爆歐洲地緣政治動盪，以及以、哈戰爭促動長期以來中東的政經敏感神經，促使自由民主體制國家與極權專制體制國家，從軍事、政治、經濟到社會等廣泛領域築起一道高牆涇渭分明。「脫鉤」或是「去風險化」帶動生產供應

鏈重組的風潮，逐步建構新的國際分工體制。這些現象使得地緣政治與國際經濟的典範轉移，同時也因半導體，AI以及量子運算等科技創新，透過科技與產業的新結合，對內對外的商業經營模式也產生了變化。台灣處於地緣政治核心位置，也扮演高科技產業製造的關鍵角色，面對這些新局面的國際政經局勢，企業的商業營運模式必須調整才能因應市場需求。本節提出國際雁行聯合艦隊的思維就是試圖探索新商業模式的可能性，尋找企業走出國際帶動國內產業的新方式，也是建立第四型態雁行理論的初步嘗試。如前所示，在聯合艦隊的國際雁行戰略上，形成強勢路徑與弱勢路徑兩種，不管是哪一種都在國際局勢轉變產生地緣政治與經貿的典範轉移下展開新商業模式的前進方式，在路徑推進策略上也呈現相同與相異的形式，可以歸納以下三項：

1. 強勢路徑與弱勢路徑採用不同的國家公權力參與方式。
2. 強勢路徑與弱勢路徑在聯合艦隊的組成與策略的計畫思維不同。
3. 強勢路徑與弱勢路徑兩項路徑最終目標一致性，以追求強大的產業韌性為目標。

　　企業以跨業組成聯合艦隊模式前進海外市場，這新時代經濟下的新思維，除了是因應半導體、AI科技創新必要的策略之外，也是擺脫長期外交困境走向國際的契機，經濟與外交堅固的大戰略。然而，這套大戰略需要建立在「時間因素」上進行，必須視不同時期的國際政經環境變化有所調整，也就是將戰略分成短期與長期的思考。2022年作者發表了〈數位新南向「雙螺旋效果」的戰略分析〉，實證數位新南向政策確實能夠產生經濟內外循環的「雙螺旋效果」，並創造就業機會。而本節則進一步以企業聯合艦隊的組成前進海外市場，這是新商業經營模式，這也是配合科技產業優勢所形成的經貿團隊，在共生共榮跨業組織的生態系統下，為台灣海洋貿易開啟另一道的國際航線，建立海上經貿藍圖的新嘗試。

第二部
產業別案例分析

Chapter 07

半導體晶片與AI聯合艦隊

　　半導體被稱為「工業米糧」，從日常生活中到處可見的智慧手機、汽車、個人電腦、電視、冰箱等，到軍事國防的武器，例如飛彈、戰鬥機、無人機等，都被用於這些產品上，發揮了「大腦」與「神經」的功能。一台傳統汽車的製造零組件大約需要三萬個，而光是半導體製造設備就超過十萬個零組件，顯示半導體的產業生態系非常複雜，涵蓋範圍非常寬廣。半導體的製造是跨多種多樣的業者所形成的網絡，其建構體系非常複雜，需要配合需求者的狀況量身訂製，其間供需雙方透過討論與經驗交流，找出解決方案，然後才能著手生產。由於市場與科技的快速變化，半導體晶片或是AI晶片的製造，時時刻刻面對著各種艱難挑戰，要達到供需雙方的共識與滿足，這個產業需要不斷進化與調整。半導體、晶片以及AI產業之間的關係就像是一座森林生態系，而半導體所使用的材料其產業又是另一座森林生態系統。

　　在半導體、晶片與人工智慧（AI）產業中，其生態系結構非常複雜，範疇廣泛，參與者眾多。例如在設計開發階段，包括晶片設計、電路設計等過程，即需要專業的工程師和設計團隊使用先進的設計工具，以及各項專業技術來進行複雜的設計和測試；甚至在生產製造階段同樣處處可見專業分工之細密，而各項產品之生產製造也都必須透過高度自動化生產線和嚴格品質控制系統來完成。至於在半導體材料製造相關產業則需要使用到各種特定材料，而每種材料都擁有其專業製造流程和供應商，且須考量純度、穩定性和成本等方面的不同要求。從材料進入製程技術階段則需要精密的設備和控制系統，這些設備須由專業供應商提供，並且克服客製化的解決方案以滿足客戶的需求。製造完成後，產品需要進行測試驗證，包括功能測試、可靠性測試等，以確保其品質和可靠性。最後來到產品進入市場銷售階段，這時相關業者還須進行市場調查、制定銷售策略以及市場行銷等工作；同時，需要建立完善的銷售通路和售後服

務系統以滿足客戶的需求。這些階段彼此緊密相連，共同構成了半導體、晶片與AI產業的複雜生態系統。

　　由上述可知，建構半導體、晶片與AI產業的森林生態系是一項極具挑戰性的任務，其困難度體現在多個層面上。首先，在材料製造上，這些相關產業涉及的零組件和製造設備的數量非常龐大。以半導體產業為例，單單製造設備零組件就超過十萬個之多，這需要龐大的供應鏈和生產力來支撐。其間不僅需要相關業者具有高度的組織能力和協調能力，還需要建立高效率的物流體系和供應商關係，以確保製造過程的流暢性和效率性。此外，這些產業的製造過程也極為複雜。從設計到生產，涉及到多個專業領域的知識和技術，包括材料科學、電子工程、化學工程等等，要將這些知識和技術進行有效整合，不僅需要業者具有跨領域的能力和豐富的經驗，還需要不斷地進行研發和創新，以應對市場和技術的快速變化。半導體、晶片和AI產業之間的關係也極為複雜，這些產業彼此相互依賴，互相影響，需要密切合作和溝通，才能共同應對市場需求和技術挑戰；而隨著科技的不斷發展，這種相互依賴和影響的關係也在不斷演變和調整，需要業者保持敏銳的洞察力和應變能力，隨時調整策略和方向。

　　總之，建構半導體、晶片與AI產業的生態系需要業者具有高度的組織能力、跨領域的知識和技術，以及敏銳的洞察力和應變能力。只有通過不斷努力和創新，才能夠建立起一個穩定和持續發展的生態系統，共同推動半導體、晶片和AI產業的發展與進步。從另一個角度上來看半導體、晶片以及AI，它們是建立在跨國之間的生態系統，並非單一國家可完成的，這是屬於國際產業生態系的森林系統。簡單來說，在全球，半導體產業屬於高度的跨國專業分工生態系，一些主要國家所擅長的專業領域各自扮演著不可或缺的角色；以美國為主的EDA（晶片設計工具）與設計優勢，再結合歐洲以及美、日等國家所提供的製造設備和生產所需的材料，加上台灣（邏輯晶片為主）與韓國（記憶體晶片為主）的製造能量，建構了完整的全球半導體供應體系。

　　若以晶片完成品來看，美國以供應全球處理器晶片為主，歐盟和日本則供應多數車用以及工業用的晶片，而韓國與台灣則分別為全球記憶體龍頭和最先進的邏輯晶片的代工製造服務。台灣以本身的高度專業分工，加上國際夥伴所

提供的關鍵設備與材料，以最先進製程技術，創造出最具競爭力的生產製造模式，提供全球品牌及系統業者優質且專業的晶片代工服務[1]。

　　日本學者黑田忠廣（Kuroda Tadahiro）將台灣烏山頭水庫與台積電半導體做巧妙比喻：前者是「神的水來了」，一萬六千多公里的水路網絡布滿在嘉南平原上；後者是「神的數據來了」，如果台積電將每一個月所生產的幾百萬晶片的配線連結起來，其長度將超過十億公里，可環繞地球二萬五千周，可見其數據資訊量之龐大[2]。

一、半導體晶片與AI產業結構

　　台灣半導體產業具有垂直分工與產業群聚的特色，生產模式使其在半導體晶片生產方面具備彈性高、速度快、客製化服務、低成本等優勢[3]。

（一）半導體晶片相關產業

　　晶片生產要經過三大流程，分別為晶片設計、晶片製造以及晶片封裝與測試，依階段可將半導體晶片產業分為上游、中游和下游。半導體公司如果從晶片設計、晶片製造到晶片封測等製程全都要獨力進行的話，就是屬於「垂直整合製造商（IDM）」，可以英特爾公司為代表。但是，隨著半導體晶片技術的需求愈來愈高，建造晶片製造工廠的成本也隨之提高。蓋一座大型3奈米晶圓廠後，成本將可能超過二百億美元（約台幣六千二百億元以上），而且需要耗費多年的建設時間。同時，半導體晶片的製造是一個高度複雜且密不可分的生產流程，涉及多個階段與相關產業。從原材料的提供到最終產品的銷售，每個階段都是連貫的且相互依賴，共同構成了晶片製造的整體流程生態鏈。半導體材料供應商提供製造晶片所需的各種半導體材料，如矽晶圓、化學氣相沉積材

---

[1]　經濟部工業局（2023），《臺灣半導體產業發展動態》資料。

[2]　黑田忠廣著、楊鈺儀譯（2024），《半導體超進化論控制世界技術的未來》，台北：時報文化出版企業股份有限公司。

[3]　經濟部（2022），《臺灣重點發展產業：半導體》資料。

料和金屬薄膜等。這些材料是製造晶片的基礎，沒有這些材料投入，晶片製造工程將無法進行。還有半導體晶片的設備供應商提供製造所需的各種設備，包括晶圓製造設備、光刻機，以及化學氣相沉積（chemical vapor deposition）設備等。這些設備是晶片設計的重要工具，關係著晶片生產良率與品質。晶片設計企業提供設計晶片的功能與架構建立，將客戶需求轉化在晶片設計上，透過各專業軟體工具進行模擬和設計，以確保設計的功能性以及可行性。由於鉅額晶片廠的建置費用已經很難獨力承擔，加上各個製程階段存在著複雜技術與不同專業，也需要投入鉅額且不確定的研究開發投資。進入1980年代之後，逐漸透過委外製造晶片的方式取得必要晶片反而變得容易了，於是進入了「晶圓／晶片代工」新商業模式。因此，晶片生產流程方式從最初的垂直整合製造轉變為更為細密的分工合作模式，半導體產業於是能更有效地應對快速變化的技術和市場需求。

　　晶片代工廠使用製造設備和半導體材料進行晶片生產，這些廠商擁有專業知識和技術，能夠將設計轉化為實際晶片產品，這是台灣長久以來累積的競爭實力。晶片需要進行測試過程，包括電性能測試、功能性測試等，再進行晶片封裝保護以避免受環境損害，能順利與其他系統連接。而封裝材料與設備供應商則提供封裝晶片所需的材料和相關設備，可以確保晶片能夠被有效地受到保護，並整合到最後階段的產品當中。經由電子產品製造商或系統統合業者將晶片集成到各種電子產品之中，如智慧手機、電腦和車輛等，最終呈現給消費者一套完整的商品。整個過程是一個密切相關且高度專業化的產業鏈，每個階段都是連貫的，且都須依賴於前一階段的成果。

　　如果以半導體晶片的上中下游製造工程區分，不同階段所扮演的功能都將會關係到台灣在半導體晶片製造的競爭力，它是從垂直整合到專業分工的高科技產業。半導體產業鏈上游為IP設計與IC設計業，當晶片設計好後就會委託第三方晶片廠生產，這些相關企業除了設計晶片業務之外也包含晶片的銷售，所以像這些IP或IC等設計公司也被稱為「無廠半導體公司」；中游為IC製造、晶圓／晶片製造、相關生產製程檢測設備、光罩、化學品等產業，晶片代工廠就是承接上游的晶片設計公司晶片的生產需求，本身並不從事產品設計，而這個

階段也是公司需要投入最多技術、人力和成本的階段，台積電即以晶圓代工模式參與國際半導體晶片製造的關鍵角色；下游為IC封裝測試、相關生產製程檢測設備、零組件（如基板、導線架）、IC模組、IC通路等產業。晶圓封裝測試是半導體製造的最後一個階段，這個階段目的在於確保製造的晶片沒有錯誤，透過以晶片的良率標準，將晶片放入一個保護外殼之中，確保能夠正常運作。工程師將會透過各種測試，以確保晶片能夠符合業主的需求規格，再進行封裝作業，圖7-1表示半導體晶圓／晶片製造的產業鏈。接下來本節將進一步分析台灣相關產業以及半導體晶片的產業結構。

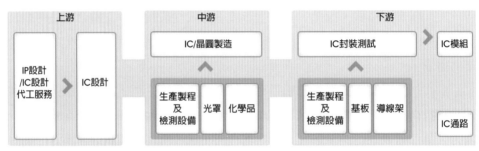

圖7-1　半導體產業鏈
資料來源：產業價值鏈產業平台網頁https://ic.tpex.org.tw/introduce.php?ic=D000&stk_code=1410

（二）上游半導體晶片設計相關產業與企業分布

　　上游的半導體晶片主要產業在IC設計[4]與IP模組[5]，前者是晶片製造所需要的設計圖，是由客戶或自行開發所需的規格，包含設計晶片上的程式碼、元件以及元件之間的電路等功能。由於IC晶片在設計上非常複雜與專業，為了提升效率，IC設計公司直接向IP公司購買IP模組，作為晶片上所需的各項功能。在上游半導體晶片相關產業可以分為矽智財與IC設計，其中IC設計又可以區分成CPU／GPU、多媒體通訊、記憶體以及其他產業等。

---

[4]　IC設計是指積體電路設計（**Integrated circuit** design, IC design）。

[5]　IP模組也稱為矽智財，全稱智慧財產權核（Semiconductor **intellectual property** core），簡稱IP。

　　設計是半導體製造工程的核心關鍵，在CPU／GPU領域，從表7-1中可知，有輝達（NVIDIA）、超微半導體公司（AMD）以及英特爾等美國優秀企業。在2023年第三季IC設計公司行列中，台灣的聯發科技（MediaTek）、聯詠科技（NovaTek）、瑞昱半導體（RealTek）分別排在全球前十大的第五、第七和第八，共有1,605億元的產值，在半導體上游產業中皆占有重要地位。另外，在IC設計多媒體通訊領域的企業則有美國高通（Qualcomm）、博通（Broadcom）以及台灣的聯發科技等知名企業。

表7-1　上游半導體晶片相關產業與主要國內外企業分布

子產業名	公司名					
IP矽智財	(ARM) 安謀	(SNPS) 新思科技	(CDNS) 益華電腦	3035 智原	3443 創意	3529 力旺
	3661 世芯-KY	6533 晶心科	6643 M31	8054 安國		
IC設計 CPU/GPU	(AMD) 美超微	(INTC) 英特爾	(NVDA) 輝達	2388 風盛		
IC設計 多媒體通訊	(QCOM) 高通	(AVGO) 博通	(MRVL) 邁威爾	(NXP) 恩智浦	(ON) 安森美	2379 瑞昱
	2454 聯發科	3034 聯詠	4966 譜瑞-KY			
IC設計 記憶體	(MU) 美光	2337 旺宏	2344 華邦電	2408 南亞科	三星	SK 海力士
IC設計 其他	(TXN) 德州儀器	3014 聯漫	4961 天鈺			

資料來源：Trading Valley Inc.網頁資料。https://blog.growin.tv/ic-industry-introduction/。閱覽日2024/04/02。

　　表7-2是世界IC設計主要企業的比較。美國在世界IC設計領域的市場占有率高達63%，台灣居次約占20%，中國也有13%左右的市場占有率。

表7-2　世界IC設計主要企業的比較

2022年	🇺🇸 美國IC設計業	🇹🇼 臺灣IC設計業	🇨🇳 中國IC設計業
各國的前三名廠商	1. Qualcomm：367億美元(#1) 2. Broadcom：261億美元(#2) 3. Nvidia：245億美元(#3)	1. 聯發科：185億美元(#6) 2. 瑞昱：38億美元(#8) 3. 聯詠：37億美元(#9)	紫光展銳：21億美元 海思/比特大陸：尚未公布
全球市佔率	約63%	約20%	約13%
群聚效應	矽谷	科學園區/IC設計園區	北京/上海
銷售區域	全球銷售(美日韓中…)	全球銷售(中國…)	以中國內銷為主
標準制定	影響力大(主導者)	影響力提升(參與者)	影響力漸增(自有標準)

資料來源：工業技術研究院（2023），〈臺灣對全球重點國家半導體產業合作策略〉資料。

（三）中游半導體晶片製造相關產業與企業分布

　　中游半導體晶片相關產業主要為晶片代工廠。晶片代工廠接受晶片設計公司的晶片需求，將設計完成的電路圖透過光學成像原理建置到矽晶圓載體之上，從事製造生產。層狀結構的電路設計需要經過多次的光罩投入、圖形製作、形成線路與元件等複雜程序建置設計需求的積體電路[6]。對於IC製造業者而言，良率高低實為決定半導體晶片產業競爭力的關鍵因素。中游的半導體晶片製造，在晶圓代工的市占率上，台灣位居最高，先進製程領導者除了台積電之外，還有聯電、世界先進、力積電等企業也分別在不同製程與產品領域中，具備優異的半導體晶片製造廠地位。電路轉印到晶圓的過程中，需要透過各式各樣的半導體晶片製造設備與半導體晶片製造相關材料，例如基本材料的晶圓、金屬薄膜的靶材、光罩以及光阻等化學產品[7]。

　　參考圖7-1半導體產業鏈說明中游的半導體晶片相關產業。在國內外的IC／晶圓製造上，包含晶圓製造、DRAM製造以及其他IC／二極體製造等三大領域。首先，晶圓製造方面的國內外企業如下圖7-2所示，其中，國內企業以台積電、聯電以及力積電等企業為主要，國外企業則以三星電子最具代表性。

---

[6]　Trading Valley Inc.網頁資料。https://blog.growin.tv/ic-industry-introduction/。閱覽日2024/04/03。

[7]　經濟部（2022），《臺灣重點發展產業：半導體》資料。

本國上市公司（16 家）

麗正	聯電	台積電	旺宏	台亞
華邦電	大同	南亞科	統懋	全新
嘉晶	台勝科	新唐	全訊	力積電
昇陽半導體				

本國上櫃公司（7 家）

穩懋	漢磊	世界	中美晶	合晶
環球晶	宏捷科			

外國上櫃公司（1 家）

環宇－KY

知名外國企業（3 家）

格羅方德	三星電子	中芯國際

圖7-2　中游半導體晶片製造的國內外企業
資料來源：產業價值鏈產業平台網頁https://ic.tpex.org.tw/introduce.php?ic＝D000&stk_code＝1410

　　另一方面，在DRAM製造上國外企業占了極大優勢，其中韓國的三星電子、SK海力士以及美國的美光科技等三家公司加起來占了國際市場90%以上。進一步比較這三家企業DRAM的市場占有率，三星電子占約42.3%，SK海力士占約29.7%，美光科技占約22.3%。而台灣則主要扮演關鍵零組件和終端產品銷售這兩個角色。半導體晶片的中游階段通常涉及到製造和加工過程，以及相關的技術輔助和設備供應等，包括半導體製造化學材料供應商[8]、半導體製造設備服務商、晶圓代工廠，以及半導體製程技術服務商[9]等。

　　在這個階段的IC製造，台灣主要企業為台積電、聯華電子、力積電以及世界先進（VIS）。在IC設備方面，台灣的代表企業則有弘塑科技（Grand Process）、天虹科技（Skytech）以及志聖工業（C SUN）等。

---

[8]　這些公司提供用於製造半導體晶片的化學材料，如蝕刻劑、光阻劑（photoresist）、絕緣層材料等。

[9]　這些公司提供半導體製造設備的安裝、維修和售後服務。

（四）下游半導體晶片相關產業與企業分布

在半導體晶片的下游階段，半導體晶片被應用到各種電子產品中。電子產品製造商將半導體晶片嵌入到各種產品中，從智慧型手機到家電，甚至汽車電子系統等，這些產品製造商相當依賴電子零組件供應商。電子零組件供應商提供電子產品製造所需的各種零件與零組件，例如顯示器、電源供應器和連接器。從圖7-3可以知道目前台灣半導體產業鏈及代表廠商的市場分布狀況。

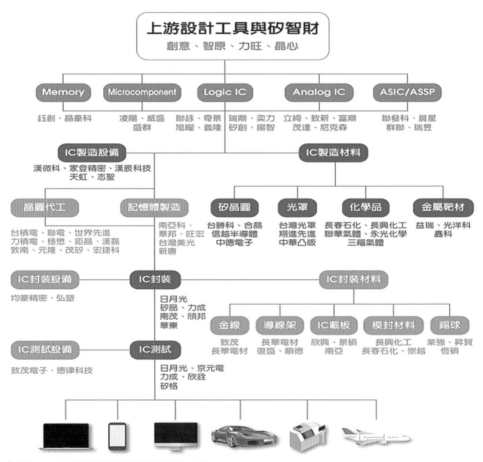

圖7-3 台灣半導體產業鏈及代表廠商
資料來源：經濟部（2022），《臺灣重點發展產業：半導體》資料。

　　智慧系統是匯集多個半導體晶片整合到一個系統中，以建立更複雜的智慧功能，例如人工智慧系統和物聯網設備的結合。這需要與系統設計和軟體開發公司密切合作，以設計與開發控制操作的這些晶片軟體。同時，電子產品測試與驗證服務公司則負責確保所製造的產品其性能和品質能夠符合標準和需求。半導體設備受到半導體前段製程──包括晶圓製造、晶圓廠設施、光罩設備，以及後段組裝、封裝與測試設備的需求成長的帶動，在國際市場居於領先的地位。半導體晶片的封裝是將加工完成的晶圓經切割後，透過塑膠、陶瓷或金屬包覆保護晶粒避免遭受汙染以達成晶片與電子系統的電性連接與散熱效果。此階段還包括半導體晶片測試，其可分為兩個階段：首先是進入封裝之前的晶片測試階段，主要測試電性；其次是半導體晶片成品測試階段，主要測試半導體晶片的功能、電性以及散熱是否正常以確保品質。一旦半導體晶片產品投入市場，分銷商與零售商將負責市場行銷，包括批發和零售銷售以及售後服務等業務。

　　電子產品應用開發者和軟體開發者則負責開發各種應用軟體和客製化的解決方案，以滿足不同客戶與市場的需求。這些公司在智慧化和數據化的產品發展中扮演著重要角色，共同推動著整個電子產品生態系統的發展。目前全球半導體產業有逐漸朝向區域性發展之趨勢，區域性且專廠專用的晶圓廠生產模式正在形成，這也將帶動廠商對售後服務的需求，例如日本正積極推動半導體產業製造，而東南亞國家也持續強化在半導體下游封測的產業實力[10]。我國的IC封測代表企業為日月光半導體（ASE）、矽品精密（SPIL）、力成科技（PTI）以及世界先進（VIS）等。

（五）國際半導體供應鏈產值比較

　　依照圖7-4世界半導體供應鏈產值，2022年全年全球半導體供應鏈總產值達9,590億美元，以美國的3,777億美元最多，約占全體的39%；其次為台灣的1,704億美元，約占了18%；之後的第三大與第四大則為韓國、日本，其半導體供應鏈產值分別為1,288億美元與1,103億美元的規模。

---

[10]　經濟部（2022），《臺灣重點發展產業：半導體》資料。

● 2022年全球產值9,590億美元(約台幣28.8兆)，**美國第1，台灣第2，韓國及日本第3、4**

🇺🇸 39%	🇹🇼 18%	13%	12%	11%	⭐ 7%
(3,777億美元)	(1,704億美元)	(1,288億美元)	(1,103億美元)	(1,037億美元)	(627億美元)

● 2022全球產值*仍以**IC製造佔比達54%**，其次為設計及設備

2%	22%	39%	15%	4%	7%	11%
矽智財 EDA	IC 設計	IC製造 IDM	IC製造 晶圓代工	IC 封裝測試	材料	設備
(170億美元)	(2,082億美元)	(3,720億美元)	(1,420億美元)	(424億美元)	(698億美元)	(1,076億美元)

* 全球產值包括矽智財/EDA、fabless（IC設計）、IDM、晶圓代工、IC封測、材料、設備次產業

圖7-4　世界半導體供應鏈產值（2022年）
資料來源：工業技術研究院（2023），〈臺灣對全球重點國家半導體產業合作策略〉資料。

　　另一方面，光在半導體一項的製造上就占了54%，其中IDM的IC製造規模為3,720億美元，晶圓代工的IC製造為1,420億美元。其次，在IC設計上也占了22%，高達2,082億美元的經濟規模。

（六）AI相關產業

　　當今進入了快速發展的數位化時代，人工智慧的AI技術已經深刻融入到我們的生活和工作中。無論是在各行各業的應用，還是在各種設備和裝置的開發中，AI都扮演著愈來愈重要的角色。然而，要實現AI系統設備裝置的順利製造與運作，同樣需要眾多的相關產業密切合作，才能確保各個環節順利製造與整合。

　　首先，半導體製造業為AI系統的核心，高性能的晶片是AI系統的關鍵組件，而半導體製造業提供了先進的製程技術與高效能晶片的可能性，為實現AI系統提供了不可或缺的基礎。這些晶片不僅擁有優異的運算能力，還能夠在不同的應用場景中實現高效能的運算。其次是感測器製造業，這是在AI系統中的感知功能。通常AI系統是透過感測器來捕捉，取得感知外部環境的數據，如圖像、聲音、溫度等。感測器製造業者提供了各種高性能的感測器，為AI系統的感知功能提供了關鍵角色。

另外，還需要電子元件製造業提供AI系統中使用的各種電子元件，這些元件包括電容、電阻、晶體振盪器等；這些元件對於AI系統的構建和運作至為重要，因為它們確保了系統的穩定性和可靠性，保證了AI系統的正常運作。封裝與測試業也是AI系統的重要裝置，封測的過程包括將各種電子元件封裝在一起然後進行測試，以確保其性能符合要求，品質可靠。

AI系統的最後部分為軟體開發業者，其提供AI系統所需的各種軟體算法，系統中透過複雜的軟體算法來展現各種功能，如機器學習、深度學習、自然語言處理等。軟體開發業者提供了專業技術和工具以實現AI系統的功能和效率。

從上述AI系統相關產業的密切合作與互相配合，確定了AI系統裝置的製造和運作。從晶片製造到軟體開發，從感測器製造到封裝測試，每項環節都需要這些產業的支持和參與，才能實現AI系統設備裝置的順利運作，從而推動人工智慧技術在各行業中的應用與發展。

二、半導體晶片、AI聯合艦隊的組成意義

從上述可知，半導體晶片製程可以分成前段製程（Front-End Processes）的晶圓製造、薄膜沉積、光刻等，中段製程（Middle Processes）的金屬化和連接、絕緣層製造等，以及後段製程（Back-End Processes）的封裝、測試、修補與標識和排序等。所涉及的相關投入要素有基本化學材料、化學相關製品、塑膠製品、玻璃及其製品、其他非金屬礦物製品、半導體、印刷電路板、其他專用機械設備、產業用機械設備修配及安裝、電力及蒸汽、批發、金融服務、法律及會計服務、租賃等部門[11]。這意味著在半導體晶片製造工程，投入要素彼此之間存在連貫性，主要展現在完整且複雜之供應鏈上的相互依存關係。

由於半導體晶片已經是先進製造業的核心之一，需要廣泛使用基本化學材料、化學相關製品、塑膠製品、玻璃及其製品，以及其他非金屬礦物製品。這些原材料和相關產品的供應需求將隨著半導體需求的增加而提高，進而帶動相

---

[11]　參考2016年產業關聯表產業分類。

關產業的生產與發展。由於半導體晶片的製造過程中，也需要使用到印刷電路板以及其他專用機械設備，這些設備的需求量也伴隨著半導體需求的增加而增加。同時，這些設備的製造和安裝也需要相應的產業用機械設備的修配及安裝服務，這將帶動其他相關服務業的需求。除此之外，半導體晶片製造對電力能源的需求也很大，因此隨著半導體晶片製造擴大，將對電力供應產生影響，需要更大的能源供應能力才能夠滿足需求。還有隨著半導體晶片發展，在服務產業商方面也將受到影響，例如批發、金融服務、法律及會計服務、租賃等部門都能雨露均霑。這些服務部門在半導體晶片的發展過程中扮演著重要角色，能滿足企業在資金、法律支援、會計服務以及租賃等方面的需求。

而在AI系統的建構上，需要裝置各種電子製品配件等設備，例如感測器、電容、電阻、晶體振盪器，並結合機器學習、深度學習、自然語言處理等功能軟體鏈結而成的AI系統。與半導體晶片的製造一樣，AI系統的各項產業也存在彼此之間的連貫性與相互依存的關係。AI系統的建構需要搭配各種電子配件，且隨著需求的增加，將刺激這些電子製品配件的需求，進而推動相關產業的生產和供應。同時，AI系統的建構需要透過多種功能軟體的結合，例如機器學習、深度學習、自然語言處理等。這些都將隨著AI系統需求的增加，帶動這些功能軟體的市場需求，進而促進相關軟體產業的發展與創新。而這些電子製品配件和功能軟體的需求增加，將進一步帶動相關科技產業的發展，例如電子製品配件的需求增加將推動相關製造業的生產，而功能軟體的需求增加則將促進相關軟體開發和研究機構的發展，帶動引申性的需求（derived demand）。由於AI系統的應用已經進入到製造業和服務業的各個領域之中，眾多的製造業需要應用AI系統來實現智慧製造與自動化生產，而服務業則需要應用AI系統來提升服務品質和效率。因此，AI系統的需求增加將帶動製造業和服務業的轉型升級，推動整個產業的發展和創新。

然而，半導體製造版圖有所遷移，全球半導體供應鏈展現了新樣貌，其中先進製程將集中於台灣與美國，而日本與歐洲則將逐步建構晶圓代工能力，解決當地晶片需求。2020年5月台積電正式宣布選定在美國亞利桑那州興建先進製程晶圓廠，這是台積電晶片製造全球布局的正式起跑。之後2021年10月，

台積電與日本企業集團SONY旗下全資子公司SONY半導體共同宣布，將在日本熊本縣設立子公司JASM（Japan Advanced Semiconductor Manufacturing）。2023年8月，台積電與羅伯特博世公司（Robert Bosch GmbH）、英飛凌科技股份公司（Infineon Technologies AG）以及恩智浦半導體（NXP Semiconductors N.V.）更是共同宣布，將共同投資位於德國德勒斯登的歐洲半導體製造公司（European Semiconductor Manufacturing Company, ESMC），提供先進半導體製造服務[12]。即台積電將橫跨中國、美國、日本、德國，落實其「長期且值得信賴的技術及產能提供者」的目標。其具體規劃如下：

2020年5月，台積電宣布將斥資一百二十億美元，在美國的亞利桑那州興建一座月產能兩萬片的N5先進製程晶圓廠，預計2021年動工，2024年底開始量產，這項計畫將可以為當地帶來一千六百人之多的就業機會。2022年12月，台積電宣布其位在亞利桑那州之晶圓廠的第一期工程將於2024年開始量產N4先進製程，其第二期工程預定於2026年開始生產N3先進製程，合計兩期工程總投資金額擴大為四百億美元，預計將為當地額外創造一萬個高薪高科技工作機會，其中包括四千五百個直接受雇於台積電的工作。

2024年2月24日，台積電在日本熊本廠舉行開幕典禮。熊本一廠是以生產22/28奈米和12/16奈米為主，月產能為五點五萬片晶圓，並計畫於2024年底開始量產。同時，預定興建熊本二廠計畫，與索尼（Sony）、電裝（DENSO）和豐田汽車共同投資JASM，興建第二座晶圓廠，並計畫於2027年底開始量產，製程延伸至6/7奈米[13]。

而在德國的德勒斯登的歐洲半導體製造公司，主要扮演角色在於利用台積電的28/22奈米平面互補金屬氧化物半導體（CMOS），以及16/12奈米鰭式場效

[12] 《科技新報》（*TechNews*, 2024），〈台積電美國、日本、德國擴產，打造半導體業日不落國〉，民國113年2月23日。https://finance.technews.tw/2024/02/23/tsmc-expands-production-in-the-united-states-japan-and-germany/。閱覽日2024/04/05。

[13] 《數位時代・半導體與電子產業》（2024），〈台積熊本廠創5個第一！菊陽町小鎮大好日子要來了，為何說負荷不了？〉指出，透過這項投資，台積公司、索尼、電裝株式會社，以及豐田汽車持股將分別為86.5%、6.0%、5.5%和2.0%，且預計將直接創造總計超過三千四百個高科技工作機會（2024/03/25）。

電晶體（FinFET）製程。這是以支援汽車和工業市場中快速成長的未來產能需求，並能進一步強化歐洲半導體製造生態系統的策略合作，這項目標將於2024年下半年開始興建晶圓廠，計畫在2027年底開始生產[14]。

　　除了台積電海外設廠帶動了台灣半導體生態相關產業的間接合作之外，透過國際合作與投資，也有國際企業來台灣從事投資者，比較成功的案例除了美商英特格（Entergris）、德商默克集團（Merck）、日商艾迪科（ADEKA）之外，還有半導體設計盧森堡商達爾科技（Diodes）、記憶體製造商日本鎧俠株式會社（Kioxia）、日本化學材料領導廠商三菱化學（Mitsubishi Chemical）、異丙醇國際大廠日商德亞瑪（Tokuyama）、日本密封元件廠商華爾卡（VALQUA）、日商住友電木（Sumitomo Bakelite）及法商亞東工業氣體（ALFE）等近年皆在台灣設立新廠，以因應半導體市場需求[15]。

　　另一方面，在半導體高科技研究開發或是營運中心上，來自國際的設置與投資也逐漸增加。例如，設立研發中心（實驗室）／開發平台和設置功能別營運中心就是一個例子。

（一）研發中心（實驗室）／開發平台的設立

　　半導體晶片存在關鍵在於生態系的完善，以及不斷地克服技術上的困難，其中日本和德國等半導體材料大廠在台灣擴產或擴大研發中心，這是由於半導體等級材料和化學品氣體純化門檻較高，而在台積電不斷採用新技術下，將驅動日本與德國材料大廠來台灣擴產與台積電合作以擴大競爭力。因此，為了持續發展因應市場需求，美商應用材料（Applied Materials）在南科擴建第二座顯示器設備製造中心，並設立研發實驗室，內有兩座無塵室及一座實驗室作為支援台灣顯示器技術的生態體系。除此之外，德國的半導體與電子封裝材料企業賀利氏（Heraeus）2021年底決定在竹北台元科技園區設立創新實驗室，這是致

---

[14] 參考《科技新報》（TechNews, 2024），〈台積電美國、日本、德國擴產，打造半導體業日不落國〉，民國113年2月23日。這項計畫案每月產能約在四萬片的12吋晶圓，總計投資金額預估超過一百億歐元，晶圓廠將由台積電負責營運，推估將可以創造約二千個高科技專業工作機會。

[15] 經濟部（2022），《臺灣重點發展產業：半導體》。

力於開發電子產品創新中心以提供客戶共同研發創新與合作，創造更好的技術服務。其他還有蘋果（Apple）、微軟（Microsoft）、谷歌（Google）、IBM、亞馬遜（Amazon）、美商超微（AMD）、日商信越化學（Shin-Etsu）等世界知名企業也都在台灣設置研發中心或資料中心，這都是因為台灣半導體產業製造技術領先、相關科技專業優秀人才匯集之故[16]。加上俄烏戰爭與南海紛爭，使得日本、德國等半導體材料大廠因應地緣政治危機，在台灣和韓國布局產能與研發中心以分散風險。隨著半導體晶片以及AI技術的重要性提升，未來將會有更多材料和化學品相關之國際廠商進駐台灣擴產，或是在台灣設立據點。

（二）功能別營運中心的設置

因應在亞洲市場裝置機台數量的需求增加，國際廠商陸續在台灣設置設備的維修、重整、訓練或零件／模組物流中心。例如，2020年8月，全球半導體的微影技術大廠艾司摩爾（ASML）即在南科設立荷蘭母公司以外首座EUV（極紫外光）全球技術培訓中心，協助台灣訓練EUV設備人才，並將持續擴大在台灣的客戶支援團隊。早在2018年10底，美商應用材料為因應AI、大數據時代來臨，以及各項新興科技的快速發展，已在竹科成立最新的全球技術培訓中心。同樣在2018年10月底，全球知名的記憶體大廠美商美光亦將DRAM卓越中心設在台灣，並規劃在未來十年擴大投資一千五百億美元，以保持技術領先優勢，擴大DRAM的製造能量。為因應5G與高效能運算先進製程的趨勢商機，世界雷射應用領導企業德國創浦集團（TRUMPF），透過與台灣的工研院及台灣機械工業同業公會合作，於2020年9月，在台灣南科成立「台灣半導體與電子產業先進雷射應用服務中心」，為台灣半導體設備廠商提供關鍵升級技術[17]，這將更進一步鞏固台灣產業鏈在這方面的優勢。

---

[16]　經濟部（2022），《臺灣重點發展產業：半導體》，〈外商成功案例二〉。

[17]　經濟部（2022），《臺灣重點發展產業：半導體》，〈外商成功案例三〉。

（三）台灣半導體的新價值定位

　　面對可能威脅，台灣IC設計需要朝向高價值產品轉型，因勢利導，透過互補合利的國際合作策略提升競爭力，這也是半導體晶片與AI聯合艦隊成立的任務。

圖7-5　互補合利的國際合作策略
資料來源：工業技術研究院（2023），〈臺灣對全球重點國家半導體產業合作策略〉資料。

　　上述台灣與美國、日本、德國等國家之間在半導體晶片產業上的合作與投資，從圖7-5互補合利的國際合作策略座標上，這些國家座落在最右上方的第一象限，這是「Taiwan Inside」策略，透過產業主導與政府協助的模式進行。然而，如本書第一章所指出，地緣政治、經濟發展以及商業模式三個面向已然產生了典範轉移，座落在其他三個象限的策略進入一個新的布局調整。在第二象限的國家性質上屬於關鍵技術較高，是利基合作的夥伴策略，包含了英國、荷蘭、比利時、法國以及義大利等國；與這些國家主要在於半導體能量催化前瞻技術上的合作，例如A世代前瞻半導體、化合物半導體、關鍵新興晶片設計技術、量子或是矽光子等相關領域。這些是以超高技術的矽製程為目標，從製程、人才、技術等多方面著手進行，並以鞏固科技創新的台灣半導體產業供應鏈為基礎，同時能夠降低外國掌控相關設備、材料、軟體，建立台灣有利的產業戰略地位，持續擴大資通訊應用市場之優勢。

　　另一方面，對於中東歐新市場是台灣今後需要努力開闢的國際雁行航道，這是座落於第三象限的位置，被視為「歐洲之心（新）」且具有潛力開創新局的區域。此區域包含立陶宛、捷克、波蘭以及斯洛伐克等國家，可以先從人才培育、顧問服務以及Tier 2供應等方式的合作著手。另外，還有南亞印度現階段也屬於這樣性質的企業合作。當然，現在於處第三象限區域的國家與台灣合作和投資的方式，會隨著半導體產業與這些國家的發展程度而改變，屆時合作內容也需要調整，共同建立互惠共利的國際供應鏈的合作夥伴。

　　四十幾年來，中國一直是台灣經濟發展的重要市場，包括出口與進口方面。半導體晶片與AI不單是貿易財，也是國家安全與經濟安全的重要產業，特別是對於對台灣抱有敵視態度的國家而言，市場過度依賴已經成為印太戰略下的重要課題。因此，對於中國市場，台灣在半導體晶片與AI相關產業與技術層面上的戰略，應該以降低依賴分散風險，並提高國家與經濟上的安全為推動重要方向。

（四）「晶片驅動台灣產業創新方案」的提出

　　政府為了迎接與因應未來產業科技變革的契機和挑戰，提出〈晶片驅動臺灣產業創新方案〉（簡稱〈晶創臺灣方案〉），規劃從2024年到2033年投資台幣三千億元預算，從2024年開始推動五年期計畫，透過台灣半導體晶片製造與封測的領先優勢，並結合生成式AI等關鍵技術發展創新與應用。此項產業政策目的在於推動加速台灣半導體與晶片整體產業生態系統的創新突破[18]。

（五）「桃竹苗大矽谷推動方案」

　　為了促使台灣科技廊帶形成，推動產業聚落與園區完整，桃機雙港國際物流優勢，以及產官學研與新創能量發揮，政府提出〈桃竹苗大矽谷推動方案〉，如圖7-6。這項計畫工程包含了半導體和其相關產業，例如航空、物流、

---

[18]　行政院（2023），〈晶創臺灣方案—奠基臺灣未來10年科技國力〉資料。https://www.ey.gov.tw/Page/5A8A0CB5B41DA11E/6dd41826-ed84-4b92-9f51-e6ebeb8621f8。閱覽日2024/04/02。

生醫生技以及汽車等產業，透過科技產業提升文創觀光，朝向科技島的目標，這是一項以科技與人文並進的國家發展計畫。同時，〈桃竹苗大矽谷推動方案〉也是與「亞洲・矽谷3.0計畫」相輔相成，連結蔡總統任內提出的六大核心戰略產業、晶創計畫等政策，進一步整合桃竹苗科技廊帶與園區能量、布局新興科技產業以打造一個具有創新、共融及永續的高科技聚落[19]。

圖7-6　桃・竹・苗—大矽谷的科技廊帶
資料來源：國家發展委員會（2024），〈桃竹苗大矽谷推動方案〉資料。

（六）策略產業區域優勢[20]

在策略產業區域優勢上，是以半導體為心臟地帶，2022年北部IC產業產值約占全台的65%，主要產業分布與其企業有：

☆IC設計：聯發科（手機處理器、AI）、瑞昱（網通IC、多媒體IC）、聯詠（顯示器驅動IC）、超微（CPU／GPU）、高通（手機IC）。

19　國家發展委員會（2024），〈桃竹苗大矽谷推動方案〉資料。
20　國家發展委員會（2024），〈桃竹苗大矽谷推動方案〉資料。

☆IC製造：台積電、聯電、力積電、世界先進、華邦電。

☆IC封測：日月光、力成、京元電。

　　這些都是因應全球挑戰厚植產業國際競爭力，美、日、德等先進國家在半導體的需求上積極布局，例如美國亞歷桑那州、南韓的首爾，以及日本九州等區域打造重要半導體聚集地，這都是基於區域優勢的發展模式。政府考量桃竹苗產業與園區基礎的完整條件，在科技廊帶已逐步成形情況下，推動桃竹苗大矽谷計畫，以連結政策資源，達成以下三項主要目標[21]：

1. 強化竹科外擴效益，深化先進製程及技術研發，確保半導體根留台灣。
2. 加強六大核心戰略產業、晶創計畫等政策在地連結，布局新興科技產業。
3. 串聯桃竹苗產業聚落與園區能量，轉型為創新、共融及永續的高科技聚落。

其次為雙港暨物流倉儲核心，除了航太維修之外，還有物流倉儲和國際大廠區域物流中心，主要相關企業分別有：

☆航太維修：華航、長榮航太、星宇、安博航太、長異發動機。

☆物流倉儲：新竹物流、全日物流、PChome、UPS、FedEX、遠雄自貿港。

☆國際大廠區域物流中心：NVIDIA、AMD。

　　同時，桃、竹、苗的科技廊帶上具備了資通訊重鎮的特質，電路板、筆記型電腦以及設備通訊等。主要相關企業分別有：

☆電路板：欣典、南亞電路板、金像電、台光電。

☆筆記型電腦及設備：廣達（筆電）、英業達（筆電）、研華（工業電腦）。

☆通訊：智邦（高速交換器）、中磊（5G小基站）、台揚（衛星／微波

---

[21] 國家發展委員會（2024），〈桃竹苗大矽谷推動方案〉資料。

系統）、雲達（伺服器）、耀睿（5G驗測）、啟碁（衛星接收器）、佳世達（車用通訊）。

另外，這區域也是台灣生醫研製的主要產業聚落，2023年桃竹苗生醫營業額占全台20%。從製藥、醫療相關材料以及委託開發與製造服務（CDMO）。主要企業有：

☆製藥：中化（抗生素專廠）、健喬信元（呼吸道用藥）、台耀（抗癌藥物開發）。
☆醫材：台灣微創醫材（高階植入式醫材）、晶碩（隱形眼鏡）、奈米醫材（人工水晶體）。
☆CDMO：台康生技、保瑞、永昕生技、台灣生物醫藥製造公司（TBMC）。

桃竹苗科技廊帶策略產業區域的另一個優勢在淨零國產化，這主要與再生農園有關的產業，主要產業別與企業有：

☆風電：世紀鋼鐵（基座）、東元（馬達）、宏泰電工（陸纜）。
☆太陽能：聯合再生（電池及模組）、元晶（電池及模組）。
☆儲能：台達電（電池製造）、全漢企業（電池模組）、來穎（電池模組）、儲盈（系統整合）、輝能科技（固態電池）。

這項推動方案是以串聯桃竹苗科技廊帶建構引領全球的產業生態圈為目標，連結在地產業技術、新創能量以及在地產業園區的策略。這將可以深耕在地前瞻技術驅動產業創新，強化深科技新創發展和配合在地需求延攬與培育人才，以及加速園區雙軸轉型並優化園區建設，構築完整的科技廊帶計畫[22]。

---

[22] 本項方案在四年推估效益有：新增產值約新台幣六兆；新增就業人口約十四萬人；先進製程持續突破，成為國際半導體產業科技重鎮。參考國家發展委員會（2024），〈桃竹苗大矽谷推動方案〉資料。

圖7-7　深耕在地前瞻技術驅動產業創新
資料來源：國家發展委員會（2024），〈桃竹苗大矽谷推動方案〉資料。

　　圖7-7是以深耕在地前瞻技術驅動產業創新，透過前瞻元件與材料、先進製程檢測技術以及關鍵晶片開發建立A世代半導體的競爭優勢；以氮化鎵、碳化矽等高頻、高功率材料運用於電動車和衛星通訊等領域，強化製造優勢。透過AI晶片的邊緣運算導入自動化工廠與自動車的實務應用，擴大適用領域。技術與應用面的功能提升需要軟硬體整合，促進在地產業升級。特別是以晶片結合AI、5G等技術，與在地農村、廠商、電商、醫療機構合作，打造智慧永續的產業發展，例如應用於智慧製造，智慧農業，資安防護以及精準醫療等相關產業上。另一方面，可以在淨零科技（竹科園區淨零計畫）、創新藥物（苗栗國衛院、新竹生醫）、低軌衛星（新竹國家太空中心）以及電動和智慧自動駕駛（桃園虎頭山創新園區）等領域上，透過研究創新的驅動開創台灣新興產業商機。

（七）強化深科技新創發展

圖7-8　強化深科技新創發展策略
資料來源：國家發展委員會（2024），〈桃竹苗大矽谷推動方案〉資料。

　　經濟部、數位部、國科會、國發會以及國發基金等跨部會行政與資源的整合推動，這項工程也與聯合艦隊推向世界市場的動力密切相關，特別在布局海外據點雙向合作上，如圖7-8。例如可以透過矽谷、東京新創據點以協助國際晶片新創與竹科供應鏈合作、國際生醫來台CDMO等方式建立連結，或是桃竹苗深科技新創赴海外培訓、參展等。

（八）設計完善的配套措施[23]

　　建立一個具有創新、共融及永續的高科技聚落需要各項基礎設施的支持和配套，例如自來水供應、電力供應和交通運輸路網等各項規劃，具體項目與負責行政單位如下：

　　☆自來水供應規劃（經濟部）
　　☆電力供應規劃（經濟部）

☆交通運輸路網規劃（交通部）

☆產業人口居住規劃及用地配套（內政部）

☆員工子女教育規劃（國科會、教育部）

☆醫療資源規劃（衛福部）

☆淨零轉型規劃：提升園區內廢棄物處理韌性（環境部、經濟部、國科會）

☆淨零轉型規劃：淨零轉型與循環經濟（環境部、經濟部、國科會）

　　自來水供應和電力供應的穩定性是高科技產業持續運作的關鍵，而良好的交通運輸路網則有助於人員和物資的快速流動，促進產業的發展和合作。其次，在產業人口居住規劃及用地配套是建立聚落的基礎。良好的居住環境與適當的用地分配可以吸引優秀人才和企業前來聚落共襄盛舉，推動台灣高科技產業的發展。同時，提供完善的教育以及醫療資源也是吸引人才的重要條件之一。員工子女教育規劃和醫療資源規劃的完善有助於吸引專業人才及其家庭的認同度，可以提升高科技產業的專業人才集聚效應。還有，淨零轉型規劃則是符合現代社會對於環境保護和永續發展的要求，提升園區內廢棄物處理韌性和淨零轉型的推動，以及循環經濟可以減少環境汙染，同時也能提高資源的利用效率，將有助於形成具有創新、共融及永續的高科技聚落。

　　因此，上述這些完善配套措施是相互關聯，共同營造一個適合高科技產業發展的環境，有助於促使台灣科技廊帶形成，打造一個具有創新、共融及永續的高科技聚落。

（九）半導體、晶片以及AI晶片產業四大布局

　　政府半導體、晶片以及AI晶片產業也提出四大布局策略[24]，分別為：

---

[24]　行政院（2023），〈晶創臺灣方案—奠基臺灣未來10年科技國力〉資料。

❶以結合生成式AI+晶片帶動全產業創新

　　透過生成式AI+晶片結合人文社會科學，以民生社會經濟作為終端應用為標的，運用各產業的知識領域生成式AI帶動食、醫、住、行、育、樂、工業各產業發展。另外，結合民間企業、高等教育機構以及研究單位的合作，利用晶片與生成式AI技術，發展應用在各行各業的創新解決方案。

❷強化國內培育環境吸納全球研發人才

　　提升國內學術教育機構以及研究單位的基礎設施與教材，讓台灣成為全球晶片設計訓練重要基地以培育IC設計人才，延續半導體晶片與AI的競爭優勢。同時，設置海外基地，並組成「晶創特聘專家團」，透過產學研合作、或是海外招募等方式，網羅國際IC設計人才參與台灣的相關科技產業研究創新。

❸加速產業創新所需異質整合及先進技術

　　異質性整合與研究創新對AI晶片發展上至為重要。台灣朝向更完備的IC設計工具生態系與關鍵技術自主，一方面可以促進先進晶片的設計能力，加快異質整合設計及介面，另一方面加速朝向先進製程以及IC設計領先技術的突破。

❹利用矽島實力吸引國際新創與投資

　　鏈結國際晶片新創與資金以及引導民間資金促進晶片新創應用層面，透過完整的半導體產業生態優勢，以及支援創意潛力以吸引IC新創事業的成功。邁向以全球最大的IC新創聚落品牌為目標，使成為國際投資機構IC新創投資的最佳選擇。

三、典範轉移下的晶片戰爭

　　當國際進入地緣政治結構性變化之際，半導體已經成為兵家必爭之產業，從這一兩年出版的書籍可看出已經提高到戰爭層次的激烈程度。例如《矽島的危

與機：半導體與地緣政治》[25]、《半導體地緣政治學》[26]、《晶片戰爭》[27]、《供應鏈戰爭》[28]、《半導体有事》[29]以及《半導体超進化論：世界を制する技術の未来》[30]等都顯現出半導體與國家安全緊密相關。從現實狀況來看，圖7-9顯示地緣政治下的全球半導體晶片戰略，其中造成地緣政治結構性改變主因有美、中對立、COVID-19疫情、烏俄戰爭，以及供應鏈韌性和供應鏈自主等。涵蓋了經濟與國防上的安全問題，其本質在於前面已經提過的自由民主體制與專制極權體制在價值觀的差異，所引申出對人類普世價值認同落差所致。

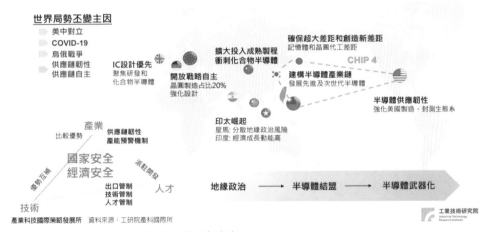

圖7-9　地緣政治下的全球半導體晶片戰略
資料來源：工業技術研究院（2023），〈臺灣對全球重點國家半導體產業合作策略〉資料。

[25] 黃欽勇、黃逸平（2022），《矽島的危與機：半導體與地緣政治》，新竹：國立陽明交通大學出版社。

[26] 太田泰彥著、卓惠娟譯（2022），《半導體地緣政治學》，新北市：野人文化股份有限公司。

[27] 克里斯・米勒著、洪慧芳譯（2023），《晶片戰爭：矽時代的新賽局，解析地緣政治下全球最關鍵科技的創新、商業模式與台灣的未來》，台北：天下雜誌股份有限公司。

[28] 埃德・康威著、譚天譯（2023），《供應鏈戰爭：砂、鹽、鐵、銅、鋰、石油的戰略價值》，台北：遠見天下文化出版股份有限公司。

[29] 湯之上隆（2023），《半導体有事》，東京：文春新書。

[30] 黑田忠広（2023），《半導体超進化論：世界を制する技術の未来》，東京：日経プレミアシリーズ。

　　台灣站在地緣政治的核心地理位置[31]，在半導體製造上也掌握絕對優勢的關鍵角色，這使得我國無法在這場半導體晶片戰爭中置身度外，而是位居國際戰略之最前緣。從地緣政治到半導體結盟，再演變成半導體武器化，在經濟上或是國防上，台灣已經成為國際上的戰略要塞。圖7-9的全球晶片戰爭可以看出各國對半導體晶片的戰略方向。首先，CHIP4架構中的美、日、台、韓，美國採取強化本國製造與建立封測生態系的策略，建立半導體供應韌性，而台灣則以發展先進及次世代半導體建構半導體產業鏈優勢競爭力。其他國家，例如英國是以IC設計為優先，德國則在於晶圓製造占比20%，強化設計的開放戰略自主。由此可知，各國政府莫不處心積慮，介入這場半導體晶片戰爭，企圖改變半導體製造版圖。然而，驅動全球半導體版圖改變的兩大要素在於是否具有誘因和具備建立門檻作為。前者常以投資補助及租稅減免，加速技術研發及建立本國半導供應鏈韌性，後者在於強化本國在半導體供應鏈與核心晶片的科技管制，包括高階製造技術、設備、零件等。

表7-2　半導體晶片世界主要國家的政策與科技管制重點

	主要政策	簡要內容	主要挑戰		半導體科技管制重點
美	晶片與科學法	補助半導體研發、製造及勞動力發展	需強化半導體供應鏈韌性	美	EDA 軟體工具、高階製程設備、高階運算晶片與超級電腦、美籍人才及實體清單
台	產創條例 10 條之 2	研發投入、先進製程機器或設備租稅減免	關鍵設備、材料仰賴進口	台	高科技產品出口許可、中國投資併購及參股許可、政府補助科研計畫人員管制、國安法提供營業秘密保護
韓	半導體超級強國達成戰略	達成記憶體、晶圓代工強國	晶圓製造技術追趕台灣	韓	核心技術管制出口行為或海外併購、合資
日	半導體供應鏈強韌化支援計劃	加強半導體製造設備、零組件材料製造能力	需強化半導體在地製造與供應	日	加強管制高性能半導體製造設備之出口
歐	歐洲晶片法案	半導體廠補助吸引投資	需強化半導體在地製造與供應	歐	軍商兩用物品出口管制，包括半導體軟體、設備及材料製程設計與模擬軟體　荷蘭禁止 EUV 及限制 DUV 等先進設備出口至中國
中	國家積體電路產業投資基金	補助投資半導體公司	缺乏半導體高階技術	中	管制半導體零件出口、個案審查外資半導體企業在中國銷售及半導體關鍵原材料錄、鎵相關材料出口管制

資料來源：工業技術研究院（2023），〈臺灣對全球重點國家半導體產業合作策略〉資料。

---

[31] 依據維基百科資料，第一島鏈（First island chain）的範圍是由東亞海岸線往東的西太平洋島嶼以及其間的海域，具體上是從北邊的日本群島、琉球群島南下接台灣、菲律賓、大巽他群島至紐西蘭。這是美國在地緣政治管理上的第一道防線，由國家與島嶼連成鏈條狀，故稱為第一島鏈。

　　表7-2為半導體晶片主要國家在政策和科技管制上的比較。從表中反映出各國在半導體晶片上因競爭力優劣與差異所制定的不同政策與規範的重點。台灣半導體晶片發展必須巧妙應用自身的優勢與劣勢，透過全球供應鏈自主的協同合作建立新的半導體競爭優勢，進而建構更加健全（robust）及更具效率（efficient）的半導體生態系，更進一步深化與國際合作夥伴的關係，如表7-3台灣半導體晶片與國際間可以合作的項目與政策方向。這也是我積極提倡將產業棲息地理論推向國際，同時也是新國際雁行聯合艦隊的一項任務。

表7-3　台灣半導體晶片與國際間可合作項目與政策方向

標的國家	合作定位與策略	產業鏈合作/優勢領域		出海口潛力 (市場/新興應用)	政策方向
		台灣	合作國		
美國	在商言商 合力互利	**先進**製程及封裝技術	• EDA • 運用先進製程的IC 設計 • 設備	• 高效能運算 　(資料中心，AI) • 消費性電子(手機) • 軍用 • 車用	產業主導、政府協助
日本	雙向互補 健全半導體生態系合作		• 材料 • 設備	• 汽車/工業 • 高階消費性電子	強化研發合作、政府協助
德國	前瞻技術、非矽基/異質整合研發合作		• 關鍵設備零組件 (雷射、光學晶片) 及材料	• 汽車/工業	雙邊產學研合作架構及強化資源支持

資料來源：工業技術研究院（2023），〈臺灣對全球重點國家半導體產業合作策略〉資料。

　　本章觀察半導體晶片產業結構與主要企業，勾畫出台灣的產業特質，再從地緣政治與經濟模式的變革分析未來的發展方向與策略，並且得出「技術深耕台灣、產線佈局全球」，從「中國加一」邁向「台灣加N」的總體戰略。在這樣認知的基礎下，我提出聯合艦隊商業模式航向國際市場，一方面持續擴展半導體晶片的新科技、新市場與新領域，另一方面建立與國際間的合作關係以深化台灣的實質經濟外交。

Chapter

08

智慧醫療聯合艦隊

　　隨著經濟發展與所得提高，人們愈來愈講究生活品質，對於醫療服務業的要求也相對地日益重視，其中智慧醫療系統對於現代醫療體系的發展至關重要。想要建立完善的智慧醫療體系，除了需要具備高度醫療水準之外，還需要引進高度科學技術，這兩項要件剛好是台灣的產業優勢。智慧醫療整合了先進的科技和醫療服務以提高醫療服務的效率、品質以及可行性，也能為患者提供更好的醫療和健康管理。

　　智慧醫療需要利用數據分析，利用人工智慧以及大數據技術來改進醫療服務的流程和效率，使得醫生能夠更快速、更精準地診斷和治療疾病，從而提高醫療服務的質與量。這些技術同時也是構成台灣科技產業的主流，我國業界不僅擁有尖端技術也能製造相關產品設備與零組件，完整的智慧醫療的生態鏈是台灣朝向這方面發展的重要條件。智慧醫療系統可以通過數據收集和監測技術，追蹤患者的健康狀況和病歷，使得醫生能夠提供更為個性化的健康管理和預防服務，從而降低疾病的發生。智慧醫療也有助於提高醫療資源的合理配置和管理，透過利用智能技術，醫院和醫療機構可以有效管理醫療資源（例如人力、物資和財務等），大幅提升醫療系統的運作效率和成本效益。

　　另外，還可以透過智慧醫療系統提供醫生與患者間的溝通，加上智慧健康監測設備、在線醫療平台以及移動醫療應用程序等技術，患者能夠更主動地參與自身健康管理，並與醫生進行更加順暢的溝通和互動，建立相互信任關係。同時，智慧醫療系統也促進了醫療創新和科技應用的發展，採用遠程醫療、3D列印、基因編輯等醫學技術的應用，智慧醫療為醫療行業的未來帶來了更多的可能性和機會。

　　因此，建立智慧醫療系統是現代醫療體系發展的必然趨勢，有助於提高醫療服務效率、品質和可行性，促進醫療創新和健康管理，以及改善患者和醫生

之間的溝通與互動具有重要的意義和價值。

一、智慧醫療相關產業

　　過去我曾以跨域整合與人本醫療品質提出智慧醫療產業棲息地的最適化移動路徑[1]，透過台灣科技優勢開發醫療相關設備產品，擴展國際的智慧醫療商機。而在建構智慧醫療系統上，需要很多相關產業的配合，包括醫療設備製造商、軟體開發商、數據分析公司、雲計算服務提供商等。每個部門與產業各自在智慧醫療生態鏈中扮演著不同的角色，形成了上游、中游和下游的產業生態鏈。例如在生態鏈的上游，醫療設備製造商和感測器供應商等公司提供醫療設備和技術，這些包含有醫療影像設備、生理監測儀器、智能感測器等機械裝置。設備和技術是智慧醫療系統的基礎，為後續的數據收集和分析提供了必要的支持。如以產業關聯分析的觀點，上游涵蓋上述醫療相關設備的投入，例如半導體、被動電子元件、各種電子零組件或是輻射及電子醫學設備、光學儀器等，每項產品都還有自己的生態系統，複雜的產業結構說明智慧醫療系統的建置遍及對各產業的需求，其經濟波及係數很高。台灣具有完備的產業結構，各階段的製造生態鏈可以作為建構現代智慧醫療產業發展的後盾。

　　而在中游，有軟體開發商、數據分析公司和雲計算服務提供商等公司負責開發和提供軟體應用程序、數據分析工具和建置雲端計算平台。這些技術和工具應用於處理和分析醫療數據，從而展現現代智慧醫療系統的各項功能，如病歷管理、健康監測、診斷輔助等。

　　最後，在下游相關產業則包括醫療機構、醫院管理公司、保險公司，以及健康管理平台等，這些機構與平台是智慧醫療系統的應用端，不僅提供醫療服務、健康管理和保險服務，也將智慧醫療技術應用於實際的醫療和健康管理之中。

---

[1]　林佳龍（2022），《印太新秩序下的台灣之路：數位時代的產業最適棲息地理論與雙螺旋策略》，第四章，頁90-91，台北：釀出版。。

因此，在智慧醫療的產業生態鏈中，上游提供了基礎技術和設備，中游開發了相應的軟體應用和數據分析工具，下游則應用這些技術和工具提供醫療服務和健康管理。智慧醫療體系的建立需要產業上、中、下游的密切合作，共同構建起智慧醫療系統，實現醫療資源的優化配置和健康管理的智慧化。因此，必須鏈結相關產業的協同合作，才能夠實踐現代化智慧醫療系統的建構和應用。

二、智慧醫療系統中的產業關聯結構

產業關聯分析可以呈現各個產業之間的關係，展現產業結構的緊密程度，了解不同產業之間的依存關係和相互影響。產業關聯分析可以幫助我們理解智慧醫療體系相關產業之間的聯繫和影響，包跨製造業到服務業的主要相關部門：

（一）醫療設備製造業

業者製造各種醫療設備和器材，如醫療影像設備、生理監測儀器等，這些設備是智慧醫療系統的基礎。

❶醫療影像相關設備

醫療影像設備是用於醫學影像檢查和診斷的設備，主要包括X光機、CT掃描機、MRI機、超聲波機等。這些設備能夠產生人體內部的影像，幫助醫生進行疾病的診斷和治療，其內部構造每一項都構成一個產業和一個市場。因此，當市場每增加一組醫療影像設備，就會引發對周邊配備產品的需求，具有一定程度的引申需求（derived demand）效果[2]。

醫療影像設備的內部構造包括：

(1) 影像感測器：這是用於顯示人體內部結構影像功能，在不同功能的影像設備，將使用不同的感測器，如X光感測器、磁共振感測器等。

(2) 控制系統：作用於控制影像設備操作，以便獲取影像、處理以及顯示

---

[2] 林佳龍、洪振義（2022），《新政治經濟學：理論與政策的解析》，頁236，台北：釀出版。

等目的。

(3) 軟體系統：有助於影像再處理與分析，能夠提供醫生對影像進行更詳細檢查和診斷。

(4) 機械結構：組裝影像設備的必要支撐以及固定，確保影像的穩定性和準確性。

現階段台灣的智慧醫療相關產業發展階段是「替代力強需求增加，附加價值高；對其他產業影響力大，感應度高，重要性逐漸增大」[3]，智慧醫療產業棲位處在高度化但是尚處於較低的整合狀態。透過聯合艦隊商業模式將有助於將智慧醫療相關產業整合，朝向第一象限產業棲息地的最適棲位，如圖8-1所示。

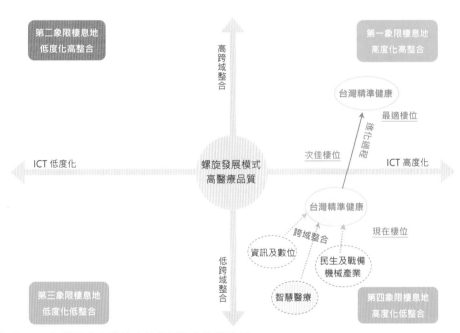

圖8-1　智慧醫療產業棲息地的最適化移動路徑
資料來源：林佳龍（2022），《印太新秩序下的台灣之路》，頁90-91。

---

[3] 主要主標數據為替代力係數（1.002975）、加工度係數（0.846864）、影響力係數（1.455011）以及感應度係數（1.006836）。參考林佳龍、洪振義（2022），〈台灣產業感應度與影響力變化之分析（1996-2020）〉，台灣智庫working paper。

❷生理監測儀器相關設備

　　另外，生理監測儀器是用於監測人體生理狀態的設備，主要用於病房監護、手術監測、疾病診斷等。生理監測儀器相關設備有心電圖機、血壓計、脈搏氧監測器、血糖檢測儀等各項產品。

(1) 生理感測器：利用於監測不同生理指標的變化，如心電圖感測器、血壓感測器、脈搏氧感測器等。

(2) 控制和顯示系統：有利於控制監測儀器的操作，並獲得監測到的各項生理數據。

(3) 數據儲存與傳輸系統：用於儲存監測到的生理數據，並透過網路或其他方式將數據傳輸到醫療端。

（二）電子產業

　　主要半導體製造業者、感測器製造業者等。這些公司生產的電子元件和感測器是智慧醫療系統中智慧設備的核心要素。在這些方面，台灣擁有許多產業優勢，具備豐富人才資源和高素質工程師團隊是台灣能夠立足於國際版圖的關鍵因素。機上電子相關產業的製造基地和供應鏈體系十分完善，因此能夠以高效率和高品質產品滿足國內外市場的需求。另外，台灣政府透過不同階段的產業政策，積極推動產業升級與技術創新，為電子產業的持續發展提供了良好的政策環境。由於台灣地理位置優越，與全球各地的市場和供應商連接緊密，有利於產品的國際化和市場開拓，例如西邊提供中國核心零組件與設備；北邊來自日本半導體關鍵原料，台灣也輸出高階晶片與相關電子零件到日本；還有南向輸出電子零組件與設備到東南亞各國和印度等新興工業國家。台灣電子產業在三角貿易體制上扮演重要關鍵角色，在電子產業生態系統中具有較強的競爭優勢和市場地位。電子零組件製造業提供各種電子元件，用於製造醫療設備和醫療器械，並參與智慧醫療設備的研究創新與開發，提供技術和專業知識上的支持，提升智慧醫療設備功能的完善。電子產業也提供數據分析和處理技術，對醫療數據進行有效分析，提供準確的診斷和治療建議。台灣的電子產業生態

系統相當豐富，涵蓋了許多不同產業部門與相關企業的專業分工與特化，使得整體生態系統相當完整，以下是電子產業生態系統的一些主要部門：

❶半導體製造業

台灣擁有世界領先的半導體製造技術和龐大的半導體製造基地。台灣的半導體業界包括許多知名的晶圓廠和封裝測試廠，如台積電、聯電、華邦電等。智慧醫療產業發展與半導體有密切關聯，而在半導體製造過程中需要與基本化學材料、化學相關製品、塑膠製品、玻璃及其製品、其他非金屬礦物製品、半導體、印刷電路板、其他專用機械設備、產業用機械設備修配及安裝等部門密切相關[4]。例如基本化學材料部門在半導體製造當中，以化學氣相沉積（chemical vapor deposition, CVD）和物理氣相沉積（physical vapor deposition, PVD）技術需要各種高純度的化學氣體和薄膜沉積材料，而在晶圓製造中，也需要使用各種化學溶液進行蝕刻、清洗等工藝步驟。

另外，由於智慧醫療產業發展對半導體的需求增加，而半導體製造過程中也需要其他半導體的投入，產生加乘效果，這是由於半導體製造過程的核心就是半導體材料的製備和加工。從晶圓製造到電路製造，再到封裝測試，半導體材料在整個製程中發揮著關鍵作用。智慧醫療對半導體需求增加，也會擴大印刷電路板的生產，這是因為印刷電路板是半導體裝配過程中的重要組成部分。印刷電路板提供了電子元件的支撐平台和連接介面，使得半導體元件可以組裝成最終的電子產品。

❷電子零組件製造業

智慧醫療發展也與電子零組件相關產業密切相關，而這些產業主要包含了塑膠原料、其他金屬製品、半導體、被動電子元件、印刷電路板、其他電子零組件、電腦周邊設備等[5]。台灣的電子零組件製造業發展成熟，涵蓋了電子元

---

[4]　參考2016年產業關聯基本表（產品對產品）（行政院主計https://www.stat.gov.tw/default.aspx）。

[5]　參考2016年產業關聯基本表（產品對產品）（行政院主計https://www.stat.gov.tw/default.aspx）。

件、積體電路、顯示器件等領域。台灣擁有眾多的電子零組件供應商和代工廠商，如台達電子、華碩、鴻海等。

聯合艦隊促進智慧醫療相關產品的需求，間接引發對電子零組件的需求增加。由於電子零組件需求的增加，與其他相關產業部門存在著密切關係，將促發對整個產業鏈產生連鎖效應。首先，電子零組件製造過程需要大量的塑膠原料和金屬製品，用於製造外殼、連接器、導線等。因此，隨著需求的增加，將帶動相關原料和金屬製品市場的擴大。同時，半導體和被動電子元件作為電子零組件的核心部件，需求的增加將直接影響到這些產業的生產和發展。半導體製造商可能需要擴大生產能力，提高研發投入，以滿足市場需求。而被動電子元件製造商也需增加產能，以因應市場需求的增加。而印刷電路板作為連接各種電子元件的基礎，需求的增加將帶動印刷電路板市場的擴大，可能促進製造商加大生產投入，提高產能。除了核心元件外，其他電子零組件如顯示器件、連接器等也會因需求增加而帶動相應市場的擴大。並隨著電子產品市場的擴大，對電腦周邊設備的需求也將相應增加，可能促使相關製造商加大生產投入，以滿足市場需求。因此，電子零組件需求的增加將直接影響到相關產業部門的發展，帶動整個產業鏈的擴張和協調發展。

（三）軟體開發業

提供醫療資訊系統（HIS）、雲端運算平台、數據分析軟體等。這些軟體應用是智慧醫療系統的核心，用於管理醫療數據和提供相應的各種服務。

❶醫療資訊系統（Healthcare Information System, HIS）

智慧醫療透過數據整合實現了醫療資訊的即時傳輸與共享，不同醫療機構間數據可以更加方便地快速交流，提高醫療決策的準確性和效率。例如，醫生可以輕鬆地訪問患者的病歷、檢驗報告以及影像資料，從而更好地了解患者的病情，制定更適合的治療方案。智慧醫療在HIS的應用上可以幫助醫療機構達成醫療資源的優化配置，透過對大數據的分析，可以更清楚了解患者的需求和醫療資源的供給狀況，從而合理安排醫護人員的工作時間和醫療設備的使用以提

高醫療資源的利用率和效率。

　　另外，智慧醫療的應用還可以實現客製化醫療服務，透過對患者的數據進行分析和評估，可以實現對患者的健康狀況進行個性化的監測和治療。例如，系統可以根據患者的個人狀況與病史，提供最適的健康建議和治療方案，從而提高治療的準確性和有效性。還有，智慧醫療在HIS的應用上，可以提供智慧化醫療決策的支持，透過機器學習和人工智能算法的應用，軟體系統可以對患者的各項數據進行嚴密分析，協助醫護人員制定更加準確和有效的治療方案。例如，醫療系統軟體可以根據患者的病情，評估與預測疾病的發展趨勢，提供相對應的治療建議，從而提高醫療決策的科學性和精準度。因此，在醫療資訊系統（HIS）上的應用，可以實現數據整合和共享、醫療資源優化、個性化醫療服務和智能醫療決策支持等多個方面的功能，從而提高醫療服務的品質、效率。

❷雲端運算平台

　　智慧醫療的另一個關鍵方面是在雲端運算平台的應用。雲端運算平台為智慧醫療系統提供高效的資源管理、數據存儲以及運算能力，可以加強智慧醫療的功能和效能。雲端運算平台實現醫療訊息的集中存儲和管理，透過將醫療數據存儲在雲端服務器上，可以大大減輕醫療機構的資源壓力，節省存儲空間，並能減輕成本負擔。同時，由於數據集中存儲，各醫療機構和部門可以共享資訊與數據，提高整體醫療資訊的可用性和準確性。

　　另外，還可以透過雲端運算平台即時同步更新數據與新訊息發布。由於數據存儲在雲端，醫護人員可以透過網路隨時隨地參考資訊和更新數據，落實醫療資訊的即時性。這將使得醫護人員能夠及時掌握患者的最新情況，提高醫療服務品質。雲端運算平台還可以建置強大運算能力與數據分析功能，這將進一步強化智慧醫療系統的功能和效能。透過雲端運算平台提供的大數據分析技術，對醫療數據進行更深層分析，有利於發現潛在的疾病風險，並較能精準觀察與治療病情，提供更加個性化的醫療服務。雲端運算平台還可以實現醫療設備與程式應用於病情發展的虛擬化，有助於治療和管理。透過在雲端搭配醫療設備與軟體應用程式，可以促成資源共享和動態配置，提高醫療設備的利用率

與效率，同時也能減少設備的購買與成本控管。因此，善加應用雲端運算平台，可以為智慧醫療系統提供強大的資源管理、數據分析以及運算能力，並進一步提升智慧醫療的功能和效能，增強醫療服務的質與量。

　　另一方面，數據分析軟體在智慧醫療中處理醫療數據上扮演重要功能，他可以從中挖掘出有價值的資訊，提供醫護人員作為決策判斷之依據，增進醫療上的效果。數據分析軟體增進處理大數據的分析，並提高發現關鍵訊息的機會。由智慧醫療系統所產生之患者的各種相關數據、臨床數據、醫學影像等資訊，資訊量極其龐大且雜亂無章，若沒有經過適當處理，將無用武之地。然而，透過數據分析軟體對這些資訊進行結構化處理和深度分析，即能發現潛在的關聯性與規律性，抽取出對醫療決策有價值的資訊。數據分析軟體還能夠實現對患者健康狀況的監測，透過對患者的醫療紀錄和生理數據進行持續監測，及時發現患者的健康異常，以及治療過程中產生的疾病風險，能夠提前進行預防和治療。例如，數據分析軟體可以推估患者的各項生理參數，從病史觀察出可用的種種資訊，這可以精準預測患者未來疾病發展趨勢，提供作為健康管理的建議。除此之外，數據分析軟體還可以針對醫療資源更進一步優化配置，經由過對醫療設備和醫護人員的使用情況進行分析，比較前後做合理安排資源的分配，這將會提高醫療資源的利用率和效率。例如，軟體可以根據患者的病情和治療需求，自動安排手術室和醫生的排班，確保資源的合理分配與醫療行政的效率。

　　以數據分析軟體持續推動智慧醫療服務的改進與優化，對醫療數據也能持續監測和分析，透過不斷優化醫療流程以及治療方案，將朝向提升永續醫療品質目標。例如數據分析軟體可以根據患者的反饋資訊與治療結果，進行不斷調整治療方案，可提高治療的成功率和患者的滿意度。

　　總之，應用數據分析軟體於智慧醫療系統當中，有效地處理大量進程遠端的各項醫療數據，並透過分析找出有價值的資訊為醫療決策提供科學依據，進行有效率的疾病治療，提高患者的治癒率。

（四）雲計算服務業

　　智慧醫療產業的發展和雲計算服務業之間有著緊密關聯，這主要體現在兩個主要方面：數據分析和醫療應用。智慧醫療產業需要處理大量的醫療數據，包括患者的病歷、影像檢查結果、生理數據等資料。這些數據資料需要有效地管理、存儲，並經過分析之後，幫助治療醫生或醫療機構做出更準確的臨床決策以改善醫療效果。

　　醫療內容日益複雜，需要龐大的數據量與分析，傳統的計算方式已經難以應對，而雲計算具有強大的運算能力和彈性存儲的解決策略卻能派上用場。雲計算提供了處理大數據的能力，使得智慧醫療機構可以更具效率地進行數據分析，從而提升醫療服務的品質與效率。在數據分析方面，雲計算不僅提供了處理大數據的能力，還可以透過各種數據即時掌握狀況，並進行預測性分析。即時分析對於某些醫療應用非常重要，例如在急診室中需要快速做出診斷，或是監測患者的身體現況。而預測性分析則可以幫助醫療機構做出更好的預測以利疾病風險控管與患者治療效果，從而提前做出相應的預防與處理。由於這些分析過程需要大量的計算資源和判定方法的支援，而雲計算的彈性和效率使得這些分析變得更加容易展現治療效果。

　　另一方面，雲計算也直接支持智慧醫療的各種應用。例如，遠程醫療服務是智慧醫療中的一個重要趨勢，它使得醫生和患者可以透過互聯網進行遠程診斷、治療以及監測。在這種模式下，醫療數據需要在雲端安全地進行存儲與傳輸，並且需要在雲端進行遠程診斷和處理。另外，雲計算還能支持醫療影像的處理和分析，這在醫學影像學中非常重要。醫學影像數據通常非常龐大且複雜，需要複雜的計算方法和巨量的計算能力來進行處理和分析，而雲計算能夠提供這樣的處理能力。雲計算還能提供個性化、客製化的醫療服務，透過分析個人數據，為每個患者提供選擇更多元的醫療方案。這些方案可能包括基因檢測或基於健康數據的生活方式建議等，而這些分析和計算過程同樣需要在雲端進行。

　　因此，雲計算為智慧醫療提供了醫療過程中的基礎設施和計算方法，使得

醫療機構能夠更有效地利用這些數據進行分析、提供各種醫療服務，從而提高醫療品質、降低成本、改善患者體驗等效果，這也使得雲計算和智慧醫療之間的融合成為現代醫療科技發展的一個重要趨勢。

（五）通訊技術業

　　智慧醫療實施過程與通訊技術業之間也存在密切關係，特別是在醫療數據的傳輸和連接服務上。智慧醫療產業需要大量的醫療數據以支援各種醫療應用，包括病歷數據、生理監測數據、影像檢查結果等，這和前面的雲計算服務業或是雲端運算平台相同都需要處理這些資料。由於這些數據的流動和共享對於醫療機構內部的各個部門與不同醫療機構之間共享資訊至為重要，通訊技術業的角色就是提供這些數據的安全、穩定和高效的傳輸通道。

　　特別在數位科技創新之後，IoT、ICT乃至AIoT等技術結合，已經成為智慧醫療產業中不可或缺的一環。這些技術使得物聯網科技可以將各種醫療設備和器材連接到互聯網，實現數據的即時監測與收集。例如，患者的生理監測器、藥物配送系統、醫療設備等都可以透過物聯網技術與智慧科技鏈結，並將數據傳輸到雲端供醫護人員進行觀察、監測以及分析。通訊技術業就是提供各項的物聯網設備連接服務，建構一套醫療網絡系統以確保數據的安全和即時傳輸所需的各種資料。

　　另外，無線通訊技術也是智慧醫療產業的關鍵技術，這可以應用在醫療環境中的移動性和靈活性，例如在醫院內部的醫護人員可以利用無線通訊技術隨時隨地訪問患者以取得數據，並進行即時診斷和治療。同時，患者也可以用無線通訊技術與醫護人員進行即時溝通與觀察病況。無線通訊技術的應用使得醫療服務更加提升便利性和效率。通訊技術業的物聯網與無線通訊等技術開發，將為智慧醫療產業的發展提供重要的支援，實現醫療數據安全、穩定以及高速傳輸，提升醫療服務的便利性與效率性，進而推動智慧醫療的不斷創新與進步。

（六）醫療服務業

在智慧醫療體系中，除了製造業外，服務業也扮演著重要的角色。這些服務業包括醫院、診所、健康管理公司等，它們提供實際的醫療服務和健康管理，是智慧醫療系統的應用端。

醫院和診所是智慧醫療系統的重要應用端之一，它們通過應用智慧醫療技術和系統，提供更加高效、準確和個性化與客製化的醫療服務。例如，利用智慧醫療系統的數據分析功能，醫院和診所可以對患者進行監測健康數據，並分析病情進展狀況，還可提前發現患者的健康問題所在，採取有效的治療措施。

另外，健康管理公司在智慧醫療體系透過應用智慧醫療系統技術，為個人或企業團體提供健康診斷與管理服務，包括健康監測、疾病預防、健康教育等。隨著智慧醫療需求的增加，健康管理公司的業務量也將會隨著提高，這將會表現在幾個方面。例如：

❶醫療設備和器材：隨著醫療服務的提升與智慧醫療技術的應用，醫院和診所對先進智慧醫療設備和器材的需求將增加，包括影像診斷設備、監測設備、手術精密機械等。

❷醫療資訊技術：醫院和診所將需要更多的先進醫療資訊技術，導入智慧醫療系統的應用，包括加入醫療資訊系統、雲端運算平台、增購數據分析軟體等。

❸醫療服務人員：隨著醫療服務的擴大和提升，醫院和診所將需要更多的醫療服務人員，包括醫生、護士、技術人員等，以滿足日益增加的患者需求。

❹健康管理服務：健康管理公司也會需要更多的健康管理專業人員和健康教育人員，以提供更加全面和個性化的健康管理服務。

上述可知，智慧醫療需求的增加將促使服務業提高對相關行業的需求，並進一步促進對智慧醫療技術和產品設備的升級，從而提高了台灣的醫療服務水準。透過產業關聯分析，我們可以了解到智慧醫療體系涉及到多個不同產業的合作和相互影響，並且這些產業之間存在著密切的依存關係。

三、智慧醫療聯合艦隊的組成意義

　　將上述的智慧醫療與聯合艦隊的相互融合在一起，以一個結合各方專業知識與資源、建立跨產業的智慧醫療聯合艦隊。為了有效地組成一個團隊，這些企業需要建立一個跨學科的合作組織，包括醫療設備工程師、軟體工程師、醫療專家、數據分析師等不同專業領域的人才。除了建立跨學科的團隊之外，醫療設備與技術公司還應該注重緊密合作和技術創新，共同討論以解決技術或是設計問題，並不斷推動醫療設備和技術的發展和創新。這樣的聯合艦隊才能夠從多個角度設計和開發智慧醫療設備，以確保其在各方面都能夠滿足國際雁行的海外需求。這個聯合艦隊將包括醫療設備與技術企業、醫療資訊技術企業或是健康管理企業等。例如前面所提，關於醫療設備與技術企業提供醫療設備、醫療器材以及相關技術，如影像診斷設備、監測設備、智慧醫療設備等。在智慧醫療聯合艦隊中，它們將負責提供最先進的醫療技術和設備，以支持聯合艦隊的醫療服務。

　　結合各種企業組合成新國際雁行聯合艦隊前進海外市場對台灣產業發展有著重要的時代意義。這種模式能夠有效地整合台灣高科技產業，如半導體、AIoT等高科技領域。台灣在這方面的產業具備豐富的技術與經驗，可以與智慧醫療相結合，開發出具有競爭力的解決方案，滿足國際市場的需求。其次，聯合艦隊合作模式有助於提升台灣企業的競爭力，透過智慧醫療相關產業合作，同時企業學習彼此對方的技術和管理經驗，提高整體產業技術水準與產品品質，增進台灣產業在國際市場上占據更有利的競爭地位，而這種模式也有助於拓展台灣企業的海外市場。智慧醫療是一個全球性的發展趨勢，結合各種企業組合成的聯合艦隊能夠齊心協力一同進入海外市場，開拓新的經貿機會，擴大產品的銷售範圍。另外，這種合作模式有助於增加台灣產業的多元化，由於智慧醫療涉及多個領域，包括醫療設備製造、軟體開發、數據分析等，企業透過與不同產業的合作朝向產業多元化，可以降低風險，並提高企業收益。因此，結合各種企業組合而成的新國際雁行聯合艦隊，將對台灣產業的發展創造契機，提升產業的競爭力，擴展海外市場推動產業的多元化發展。

　　除此之外，四年來COVID-19疫情全球蔓延，造成無數生命與財產的損失，智慧醫療不僅是產業發展問題，也是健康與安全問題。而智慧醫療在科技防疫上國際雁行智慧醫療聯合艦隊的海外輸出也肩負著這項使命。智慧醫療聯合艦隊在全球疫情蔓延的情況下，透過智慧醫療技術的科技防疫可以發揮關鍵作用，扮演至關重要的角色。智慧醫療技術，可以透過遠程醫療診斷、智慧監測、數據分析等功能，有效地監測和控制疫情傳播。聯合艦隊可以結合台灣的高科技產業，例如半導體、人工智慧等，開發和應用各種智慧醫療技術，提供全球各地醫療機構和政府機構所需的解決方案。其次，智慧醫療聯合艦隊在國際間扮演著促進健康與安全的使命。加強國際合作與知識共享，聯合艦隊可以加速智慧醫療技術的推廣以及應用，並幫助各國加強對疫情應對能力，保障全球公共衛生安全。

　　另外，智慧醫療聯合艦隊的海外輸出還可以促進國際合作和交流。通過與各國醫療機構、科學研究機構或是當地企業的合作，可以共同推動智慧醫療領域的研究與創新，促進全球智慧醫療技術的發展和應用。因此，智慧醫療聯合艦隊隨時在可能爆發疫情之際，可以充分發揮醫療專業與科技的防疫功能，既是產業發展的推動者，也是健康與安全的守護者。透過技術創新、國際合作以及知識共享，聯合艦隊可以有效地應對疫情挑戰，促進全球健康事業的發展。

四、智慧醫療聯合艦隊的新國際雁行

（一）「以人為本」智慧醫療科技的輸出型態

　　智慧醫療科技可以為人們實現更加「醫療平權」的目標，促進每個人享有更平等的機會接受全面醫療保健，不因種族、性別、年齡、社會經濟地位、性取向、宗教信仰或其他身分特徵而有所差別。智慧醫療聯合艦隊的新國際雁行正是促進國內外社會朝向這項目標前進。台灣善用醫療專長領域及經驗分享各種資源到新南向區域，其中以印度、印尼、泰國、菲律賓、馬來西亞、越南及緬甸等七個新南向重點國家為優先對象，並委託國內十家醫學中心，藉由多元

方式推動醫學相關領域的合作[6]，如圖8-2。

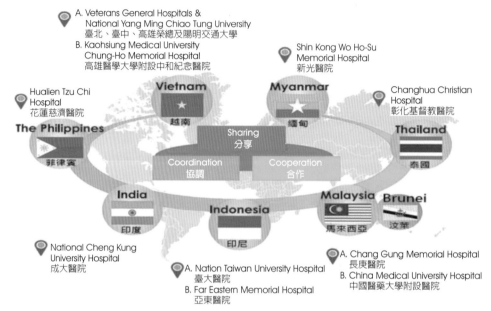

圖8-2   「七國十中心」新南向國家智慧醫療醫衛合作醫院
資料來源：衛生福利部報告資料（2023年12月25日）。

　　另一方面，如同上一節所分析，推動這項措施需要國內眾多的相關醫療產業配合，同時也能夠增加企業的經貿實績。換言之，新國際雁行智慧醫療聯合艦隊是一項「以醫帶產」的策略，輸出我國醫衛經驗，帶動我醫療衛生相關產品出口。目前台灣在各種產業的智慧應用上如同表8-1所示，依照國際區域的需求差別，可分為旗艦廠商、城鄉廠商、系統廠商以及新創廠商等不同層級的智慧應用。

---

6   例如，「七國十中心」醫院已經透過多元方式相互交流，包括簽署MOU、赴海外舉辦國際研討會及參展、取得穆斯林友善醫院認證等方式。衛生福利部報告資料（2023年12月25日）。

表8-1　台灣智慧應用領域主要產業與代表企業

旗艦廠商	重點輸出領域	系整廠商	重點輸出領域
中華電信	5G/6G 應用、智慧應用(智慧農業、醫療、交通)	群光電能	智慧應用(智慧建築)
遠通電收	智慧應用(智慧交通)	華碩雲端	智慧應用(智慧醫療)
皇輝科技	整合通訊、智慧應用(智慧交通)	億鴻科技	智慧應用(智慧能源)
神通資科	智慧應用(智慧治理、通關自動化)	資拓宏宇	智慧應用(智慧交通、智慧教育)
台達電	智慧應用(智慧工廠)	經緯航太	智慧應用(智慧農業)
研揚科技	智慧應用(智慧交通、智慧路燈)	牧陽能控	智慧應用(智慧能源)
凌群電腦	智慧應用(智慧金融、機器人)	艾陽科技	AI 應用
城鄉廠商	**重點輸出領域**	群通通訊	平台應用(醫療照護)
中保科技	智慧應用(智慧交通)	**新創廠商**	**重點輸出領域**
拓連科技	智慧應用(充電樁)	甫田科技	智慧應用(智慧農業)
大世科	智慧應用(智慧農業、智慧公廁)	雅匠科技	智慧應用(AR/VR 應用)
寬緯科技	智慧應用(智慧農業)	台灣智駕	自駕車
碩網科技	AI ChatBot	翔探科技	智慧應用(無人機農噴)
展綠科技	智慧應用(智慧節能)、平台應用	雲派科技	智慧應用(智慧停車)
先進醫資	智慧應用(智慧醫療)	柯極互動	AI 應用
卡米爾	平台應用(空汙監測)		

資料來源：呂曜志（2024），〈戰略型產業與國際合作：臺灣的觀點與策略〉，台灣智庫資料。

　　由於台灣產業系統的完整性，呈現在應用領域的多元分布，這是重要優勢也是特徵。也因為如此，台灣才有能力以聯合艦隊模式進行智慧醫療的人道關懷與國際貿易，開創新時代的國家戰略。

　　除了智慧醫療設備之外，醫療衛生人員的培訓是另一重點。圖8-3為來台灣接受專業培訓的醫療專業人員，其中超過50%來自新南向政策合作夥伴國家，雖然2019年受到COVID-19疫情衝擊，在人才培訓上受到影響，但也在可看出2022年正逐漸回復。台灣提供外國醫療衛生人員的培訓教育對智慧醫療聯合艦隊的推動具有重要意義。透過向外國醫療衛生人員提供培訓，可以增強他們的專業能力和技術水平，使他們能夠更好地適應智慧醫療技術的應用和操作。這對未來智慧醫療聯合艦隊的推動至為重要，因為建構良好的醫療團隊是智慧醫療服務的核心。

　　培訓外國醫療衛生人員，可以促進國際醫療的合作與交流，還有助於拓展台灣在智慧醫療領域的國際影響力，強化與其他國家的緊密合作關係。這種國

際合作不僅可以促進智慧醫療技術的共享與創新，還有助於加強國際醫療人才的交流與合作，提高整體醫療水準。同時，提供外國醫療衛生人員的培訓教育也能夠為這些國家帶來人道關懷與生活水準的提升。透過培訓，外國醫療衛生人員能夠學習到先進的醫療知識和技術，提高診療水準，為本國民眾提供更優質的醫療服務。這不僅可以提高國家的醫療水準和品質，還可以有效地改善民眾的健康狀況，提升其生活水準。圖8-3為新南向醫事人員來台培訓人數變化。

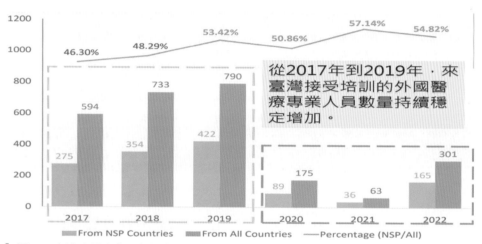

圖8-3　新南向醫事人員來台培訓人數
資料來源：衛生福利部報告資料（2023年12月25日）。

（二）智慧醫療「七國十中心」的具體實現

❶「台灣特色醫療暨科技產品推廣中心」（Taiwan Advance MedTech Centre, TAMC）

台灣長庚醫院於2023年1月7日在馬來西亞檳城設立「台灣特色醫療暨科技產品推廣中心（TAMC）」[7]，作為實體台灣醫療器材展示場域（至2023年12月25日為止，有十四家台灣醫療相關廠商參與）並協助台灣廠商代理及認證。在

---

[7]　推廣中心規劃四大展區，包括：「台灣醫療特色」、「智慧醫療」、「醫衛材產品」以及「機器人復健中心」。

TAMC體制下，長庚醫院協同國內廠商以實體整廠輸出模式進行系統整合深耕該區域，並協助二十多家廠商至馬來西亞發展，除了在國際上樹立台灣醫衛品牌之外，也將結合國內與東協各國共同參與智慧醫療產業鏈[8]。另有馬來西亞四家機構[9]透過TAMC建立智慧醫療合作關係，並協助台灣廠商申請准證等[10]，擴大台灣廠商的醫療生態系統範圍。

❷馬來西亞HMI合作案：「智慧病房」示範點

　　台灣結合MET基金會[11]、聯新國際醫療集團以及新加坡新康集團（HMI Groups），提供顧問諮詢服務，優先引用本國的智慧醫療產品，建置「智慧病房」示範點[12]。「智慧病房」可以透過數位科技的健康紀錄，這是構成智慧醫療的重要組成一部分，它可以幫助醫療機構更有效率管理和分析患者的病況，利用各項醫療紀錄和健康資訊以提高醫療品質。「智慧病房」構想是借助台灣經驗，推動「醫療紀錄和健康資訊數位化」、「家戶健康管理全面化」以及「醫療管家照護模式一體化」幾項重點融入智慧醫療系統之中。另外，還有「iWard Architecture 智慧病房建置規劃」方案，這是以台灣智慧醫療產品為基礎架構，在數位轉型過程中，提供優化醫院作業流程等服務，並導入台灣醫院經營理念建立一套營運管理的解決計畫。而這套醫院資訊系統（hospital information system）

---

[8]　參考衛生福利部報告資料（2023年12月25日）。

[9]　新康集團HMI、極樂寺慈善醫院、ICG Healthcare以及Gamuda Land檳城醫院。

[10]　友華生技申請馬來西亞藥證、上銀科技申請落地准證以及安排台塑生醫「迅知多合一藥物濫用快速檢驗試劑」至馬公立醫院試用推廣等。

[11]　MET基金會為提倡台灣醫療健康產業朝向國際化、產業化的戰略目標，由「產官學界」共同組成的，以「國際健康產業布局」以及「新南向醫衛合作與產業鏈發展中長程計畫」建立整體行銷管道，以國際目標市場建立台灣特色醫療服務品牌，全名稱為「財團法人台灣醫療健康產業卓越聯盟基金會」（Medical Excellence TAIWAN, MET），未來MET將在政府部會指導下，協助聚攏、醫療院所、健康醫療產業業者，建構資源網絡平台，發揮整合成效。

[12]　於馬來西亞境內有兩家醫院──馬六甲仁愛醫院（Mahkota Medical Centre）及柔佛州立康專科醫院（Regency Specialist Hospital），智慧病房預計設置在柔佛州立康專科醫院新大樓。聯新與新康的跨國合作，打造馬來西亞智慧醫療新時代，「以台灣推動智慧醫療的經驗，協助新加坡新康醫療集團於馬來西亞建置智慧病房，未來將作為人員教育訓練基地，朝向智慧醫院發展，開創台灣醫療新藍海」（醫管視野/2023.08.28/ https://www.landseed.com.tw/news-list/view/F588E286DBFA）。

是以資訊即時的串聯整合，將NIS護理資訊系統、檢查檢驗、考勤／人事系統以及電子健康檔案（Electronic Health Record, EHR）整合在一起，如圖8-4。

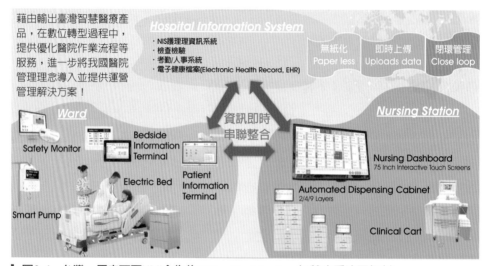

圖8-4　台灣—馬來西亞HMI合作的5iWardArchitecture智慧病房建置規劃
資料來源：衛生福利部報告資料

❸泰國與彰基介接中華電信、慧誠智醫合作案：設置三個示範點

　　2021年透過彰化基督教醫院介接中華電信、慧誠智醫及泰國 MD Health 醫療集團等企業合作，中華電信提供泰國智慧醫療上的5G／6G與AI技術的醫療應用，成立智慧護理站、All in One 生理量測站、智慧藥櫃、E-paper 床頭卡與患者行為偵測系統等。透過跨國醫療合作方式，協助泰國成立智慧病房示範點、遠距醫療示範點以及智慧藥櫃示範點等三項智慧醫療工程。透過彰化基督教醫院的介接，台灣的中華電信和慧誠智醫與泰國的MD Health醫療集團等企業建立合作關係[13]。台灣與泰國在智慧醫療領域的跨國合作關係不僅是技術交流的體現，更是兩國在醫療品質、產業發展、高科技應用以及經濟成長等多方面互惠共贏的重要里程碑。我認為可以帶來以下幾項的主要效果：

---

[13]　數位產業署（2023），〈智慧城市國際合作經貿訪團暨臺泰產業鏈結高峰論壇大會參訪交流報告〉，數位發展部資料。

(1) 醫療品質水準的提升：透過智慧醫療技術的應用，如5G／6G與AI技術、智慧護理站、智慧藥櫃等，泰國的醫療服務品質將顯著提升。這些技術能夠提高診斷的準確性，優化患者護理流程，並透過遠距醫療服務，將醫療資源延伸至偏遠地區，縮小城鄉醫療資源差距。對台灣而言，這是展現其醫療技術與服務品質的國際舞台，有助於提升國際形象與影響力。

(2) 醫療相關產業的發展：這項合作促進了台灣醫療產業的國際化，為台灣醫療設備製造商、軟體開發商以及服務供應商開拓新的海外市場。同時，泰國透過引進先進技術與管理經驗，加速本地醫療產業的升級與創新，促進產業結構的優化。

(3) 高科技產業的推動：中華電信提供的5G／6G與AI技術應用在醫療領域，不僅加速了智慧醫療的發展，也推動了高科技產業的創新與成長。這種跨領域的合作模式為高科技產業開闢新的應用場景，也促進了科技創新與產業融合，有助於提升兩國在全球高科技競爭中的地位。

(4) 經濟發展的促進：除了直接推動醫療與高科技產業的發展外，這樣的合作還有助於促進台灣與泰國的經濟成長。一方面，透過合作開發新技術、新產品，可以創造更多就業機會，增加企業的收益。另一方面，提升醫療服務品質與效率，有助於吸引更多國際醫療旅客，進一步促進旅遊、服務業等相關產業的發展。

因此，台灣與泰國在智慧醫療領域的合作關係不僅能夠提升雙方的醫療品質與服務水準，還能推動醫療相關產業與高科技產業的發展，進而促進兩國的經濟成長，實現共贏。此外，這樣的國際合作還能加深台灣與泰國之間的友好關係，為未來更多領域的合作奠定良好基礎。

❹曼谷吞武里醫院（Thonburi Hospital）智慧病房示範點

在泰國谷吞武里醫院（Thonburi Hospital）內設置的智慧病房示範點，透過一系列的智慧醫療裝置，如數位床頭卡、紅外線偵測系統、智慧生理量測站、

智慧床墊、智慧藥櫃以及智慧護理站等，這些設施與裝置不僅能夠顯著提升患者的精準醫療，也對泰國提他區域醫院的經營管理方式建立示範效果。

這套智慧病房系統首先對患者治療品質有著顯著的提升作用，也能夠精準地監控患者的生理狀態，透過數位床頭卡顯示最新的健康資訊，使患者能夠即時了解自己的健康狀況。而智慧床墊和生理量測站的應用，可以更為精準的健康監測，即時發現病情變化，提高治療的效率和效果。另外，智慧藥櫃可以確保藥物正確分配與快速運作，減少人為錯誤，保障患者安全，這些都對於醫療服務效率的提高也是顯而易見的。同時，智慧醫療系統讓醫護人員能夠更有效地管理患者資訊，大幅減少手工記錄和查詢時間，使醫護人員能將更多時間和精力投入對患者護理與治療。紅外線偵測系統等技術應用，全天候監測患者的行為和活動，對需要特別護理的患者提供更快速醫療服務，以保障患者安全。

智慧病房系統象徵醫院經營管理的優化，它提供了大量的數據和資訊，幫助醫院管理層對醫療服務流程、資源分配，以及醫療品質，可以進行更為精準的醫療分析與評估。這些不僅提升了醫院的營運效率，也使得醫院能夠根據數據分析結果，不斷優化醫療服務流程，提高醫療服務品質，進而提升患者滿意度和醫院的競爭力。還有，智慧醫療系統有助於增加醫院的經濟效益。隨著醫療服務品質和效率的提升，醫院能夠吸引更多患者，增加收入。智慧醫療系統透過提高營運效率，降低人力成本，進一步提高醫院的經營績效。

從上述可知，泰國谷吞武里醫院的智慧病房示範點展示了巧妙應用智慧醫療技術，可以提升醫療服務品質、提高醫療效率以及促進醫院經濟發展，這不僅大大提升了患者醫療的效果，也為醫院管理與經營帶來了革命性的改進。

❺泰北清萊（Overbrook Hospital）遠距醫療示範點

泰北清萊醫院的遠距醫療示範點由彰基與中華電信、達擎科技及慧誠智醫共同合作設立的遠距醫療平台，相關軟硬體設備已裝置完成，並進行教育訓練。遠距醫療示範點在於展現串聯醫療端感測設備與醫院端的醫療資訊系統進行遠距會診，並記錄患者生理量測數值及個案資訊，提供泰北清萊醫院本院和Chiang Khong、Mae Sai兩間邊境診所等三地之間的遠距醫療服務，以提高邊境居

民醫療服務品質，改善醫護人員工作流程，讓泰北清萊醫院成為泰北智慧醫院的示範醫院。在台灣的遠距醫療是由中華電信的「原住民離島地區衛生所4G維運及5G網路建設計畫」，結合5G、4G、固網及遠距醫療平台，提供設置區域內的醫療服務，例如預約掛號、多訊源視訊會診、會診紀錄及雲端錄影等多項功能，可以協助山地偏鄉的衛生所建立遠距專科門診，而目前全台已有十多處的示範應用案例。而這次的泰北清萊地區合作案，可以在泰國改善「以數位平權提升醫療平權」的目標之外，也是將台灣經驗推廣海外的最佳案例。

實施遠距醫療的意義在於協助山地鄉衛生所或是醫療站，透過串聯醫療端感測設備與醫院端醫療資訊系統可以進行遠距區域執行共同會診，解決地理因素障礙所造成患者醫療的困難。此系統可以完全記錄患者生理量測數值及個案資訊，有利於判斷病況與未來療程的進行。

此次泰國遠距醫療系統的建立對台灣與泰國都能帶來多方面的效益。

例如在醫療與健康方面，該系統能夠提升泰國的醫療服務水準，而台灣醫療專業經驗可以透過這套遠程醫療系統，協助解決泰國偏遠地區醫療困難，因而改善當地的醫療服務。同時，此系統能夠完全記錄患者的生理量測數值及個案資訊，有利於醫療人員判斷病況，進行適切的治療。還有在產業貿易方面，此系統的建立提供了兩國醫療科技更加緊密合作契機。台灣透過與泰國在醫療科技領域的合作，推動雙方技術交流和共同研發，提升了兩國的醫療科技水準之外，台灣的醫療產品和服務可能在泰國市場上獲得更多商業機會與需求，從而促進了兩國之間的醫療產業發展和貿易往來[14]。

另外，還可以在經濟效益上提高兩國的就業機會。醫療科技產業的發展將帶動相關產業求，並增加就業機會，尤其是在台灣的醫療科技企業可能會因技術支援需求而增加就業機會。同時，醫療科技合作和產品貿易往來，也有助於促進台灣與泰國之間的經濟連結和互動，提升雙方經濟的穩定性和發展潛力。

---

[14]　例如，透過彰化基督教醫院舉辦之「台泰智慧醫療研討會」，台灣醫療電子業大廠英華達公司販售全泰第一台Circulating Tumor Cells（CTC）偵測設備於泰國PMG醫院。

❻曼谷華僑醫院（HuaChiew Hospital）智慧藥櫃示範點

由於醫院必須處理上千種藥品，每天備取的處方數量龐大，這對藥師的工作而言是項巨大挑戰與負擔。藥師要在短時間內熟悉藥品的儲存位置並不容易。當醫院設置智慧藥櫃就能夠提供一種智慧感知新藥局，它能夠精準配藥，可以減輕藥師的工作負擔，並提升患者安全的醫療系統。台灣提供智慧藥櫃系統給曼谷華僑醫院，確實對其醫療體系帶來諸多方面的貢獻。因為這套系統能夠提高藥物管理效率，藥師以往在面對龐大的藥品種類和外觀相似的情況下，不啻是一大挑戰和負擔，而智慧藥櫃系統能夠幫助他們快速查找和配藥，既減輕了工作負擔，也提高了醫藥的管理效率。同時，智慧藥櫃系統也能夠降低人為取藥上的錯誤機率，特別是新進藥師往往會因為藥品外觀或名稱相似造成混淆，而系統能夠提供精準的配藥功能，減少錯誤取藥的可能性，從而提高了用藥安全性。智慧藥櫃系統還可以提升病患取得藥物的服務品質，促使藥品的配送更加準確和快速，患者無須等待過長時間即可領取所需藥品，進一步提高患者的滿意度，也使得醫院能夠更好地應對繁忙的工作量。

另外，智慧藥櫃系統也能強化醫療安全措施，它提供了藥品使用記錄和追蹤功能，可以追蹤每次藥品的配送和使用情況，這將有助於泰國醫院實施更加嚴格的醫療安全措施，從而保障患者的安全。因此，台灣提供的智慧藥櫃系統對泰國的醫療體系貢獻是多方面的，不僅可以提高醫院的醫療效率、降低藥品的錯誤率，乃至於能夠提升醫療服務品質和加強醫療安全措施，這些都有助於改善泰國的醫療服務水準，為醫院提供更好的管理和患者更安全的治療環境。

（三）泰國智慧醫療系統與台灣企業聯合艦隊的結合

上述台灣透過產官學研聯合艦隊方式推進泰國智慧醫療系統設置智慧病房、遠距醫療以及智慧藥櫃等三個示範點，這是一個初步成果。這是政府機關與醫療機構聯合介接，並由台灣企業提供智慧醫療技術，再由相關廠商製造必要的軟硬體機器設備所創造的新國際雁行的新南向航道。

台灣與泰國在智慧醫療系統的合作上，透過產官學研聯合艦隊方式推進，

不僅標誌著兩國在技術與醫療領域的緊密合作，也預示著將對雙方的經濟、產業、企業經營、研究創新、文化交流，以及外交關係產生深遠影響。

　　從經濟角度來看，智慧醫療系統合作將直接促進台灣智慧醫療技術的出口，增加台灣企業的海外市場新契機，同時也將為泰國創造更多就業機會，加速雙方的經濟發展。在產業層面上，建立智慧醫療合作關係有望加速兩國醫療產業的創新與轉型，特別是在醫療設備、健康照護、資訊科技等領域，帶動相關產業的發展。

■ 示範點使用方案與產品列表資料(均已設置在示範點)

■吞武里醫院智慧病房示範點
1. 智慧護理站 - 慧誠智醫
2. 智慧生理量測站 - 慧誠智醫(零組件:泰博、永田、研華)
3. 智慧藥櫃 – 慧誠智醫(零組件:安勤)
4. 紅外線偵測系統 - 慧誠智醫(零組件:伍碩)
5. 智慧床墊 - 慧誠智醫(零組件:工研院)
6. 數位床頭卡 - 慧誠智醫(零組件:元太)

■Overbrook醫院遠距醫療示範點
1. 智慧生理量測站 - 慧誠智醫(零組件:泰博、永田、研華)
2. 護理推車 - 慧誠智醫(零組件:圓剛、泰博)
3. 遠距醫療平台 – 中華電信
4. 雙系統醫用電腦 – 達擎

■曼谷華僑醫院智慧藥櫃示範點
1. 智慧藥櫃 – 慧誠智醫(零組件:安勤)

圖8-5　泰國智慧醫療系統示範點的企業廠商產業分工
資料來源：衛生福利部報告資料。

　　另外，企業有機會參與國際合作項目，這不僅拓展了海外市場，同時也是一次學習和適應不同市場需求的機會，促使企業加強產品和服務的在地化調整，提升國際競爭力。以產官學研聯合艦隊的合作模式，雙方在醫療科技領域的研究與創新得以加速，共享資源，結合各自的優勢，推動醫療科技的進步，如圖8-5。

　　另一方面，在文化交流方面，智慧醫療系統的合作不僅促進了技術層面的交流，也加深了對彼此文化和社會價值觀的理解，有助於增進雙方民眾的相互認識和友好情誼。同時也加強了台灣與泰國之間的雙邊關係，提升了台灣在國際社會中的影響力，透過實際的合作項目展現台灣的軟實力，有助於台灣在國

際社會中扮演更積極的角色，進行實質經貿外交。因此，台灣透過上述的方式與泰國在智慧醫療領域的合作，不僅能夠促進雙方在經濟、產業、企業經營等方面的發展，也有利於推動研究創新、文化交流和外交關係的深化，展現了一個全面而深遠的多贏合作模式。

　　智慧醫療前進泰國之外，台灣還可以發掘更多新南向國家合作醫院及台灣合作廠商，搭配不同需求，設立不同性質之示範點。同時，持續在已設立之示範點，發掘更多相關醫療產品需求，引導更多台灣合作廠商進入，擴大聯合艦隊陣容，建立更多元化示範點功能。為了能夠永續經營，確保台灣產品的品牌及售後服務相當重要，更需進一步連結相關廠商建立維修平台，協助強化產品售後服務，增加產品銷售優勢，建立台灣品牌形象。

（四）智慧醫療系統與其他區域合作交流狀況

　　除了上述馬來西亞與泰國之外，智慧醫療聯合艦隊繼續前進其他國家區域，建立新的示範點，帛琉共和國就是其中之一。

❶帛琉共和國智慧醫療系統

　　帛琉共和國是台灣友邦，位居西太平洋；全國有約三百四十座島嶼，人口約為二萬一千多人，各類醫生人數登記在案僅三十四人，實際執業人數約二十餘人，護理師含護佐約一百一十人，全國醫病比為1：521。主要醫療服務是由一家九十床之帛琉國家醫院、三家私人診所及數家離島基礎衛生所提供，醫療資源可謂相當缺乏，尤其缺乏次專科專業醫療服務，複雜病例及重症患者須藉跨國醫療轉診，很多仰賴來自台灣、美國、日本及韓國等國家，不定期提供駐診醫療服務[15]。為了推動我國援外醫療工作，協助友邦建構醫衛體系與提升醫事人員的專業能力，外交部自2012年（民國101年）起辦理「太平洋友邦及友我國家醫療合作計畫」，依此計畫派遣醫護人員，或是透過線上方式提供當地民眾醫療服務與諮詢，並協助進行各項公共衛生推廣活動。新光醫院也透過「太平

---

[15]　衛生福利部報告資料（2023年12月25日）。

洋六友邦醫療合作計畫」協助推動該區域的醫療，並以長期駐點方式進行醫衛合作。除了提供臨床醫療協助外，也提供當地醫衛人員的教育訓練以提升當地醫療專業知識及技術水準。

帛琉共和國屬於島嶼國家，交通與地理因素造成執行醫療救助上的困難，遠距醫療設備已成為重要的醫療方式，智慧醫療的進步可以提升醫療效率。在遠距醫療設備的建置上，包括友達集團「達擎行動診療車」，配備有高解析觸控螢幕、攝影鏡頭及麥克風，搭載遠傳「5G遠距醫療智慧平台」，並結合手持五官鏡（耳鏡、口腔鏡、數位皮膚鏡、數位眼底鏡），可發揮遠距照護、遠距諮詢、遠距診斷、遠距處方等各項功能[16]。

台灣提供的遠距醫療設備這套系統，代表著一項重要的醫療技術和服務進步，特別是對於一個面臨地理和交通限制的島嶼國家而言。這一舉措不僅體現了台灣在智慧醫療領域的先進技術和經驗，也為帛琉的醫療服務質與量帶來顯著的提升。例如透過「達擎行動診療車」等遠距醫療設備的引進，帛琉能夠將專業的醫療服務延伸至偏遠地區，解決了地理障礙對醫療存取的限制。這種醫療設備應用，不僅提高了醫療服務的可及性，也確保了所有居民都能夠享受到即時和高品質的醫療照顧。而配備先進的通訊技術和醫療設備，例如高解析觸控螢幕、攝影鏡頭、麥克風以及5G遠距醫療智慧平台等，使得帛琉的醫生能夠進行即時遠程諮詢和診斷。這不僅提高了醫療服務效率，也可以減少患者等待時間，實現醫療服務的即時性和準確性。

另外，透過手持五官鏡等專業設備，帛琉的醫療服務範疇得以擴展到更多專科領域，如耳科、口腔、皮膚及眼底等，大大提升醫療服務的全面性與專業性。這種技術的應用對於提升當地居民的健康水準相當重要，也為帛琉醫療人員提供了更多學習和發展的機會。為了更進一步協助提升帛琉醫療，2023年8月透過新光醫院派遣病理檢驗科、資訊部及硬體／軟體設備廠商團隊赴帛琉考察，了解帛琉國家醫院智慧醫療設置可行性、量測網路速度雲端儲存空間及診間／候診區大小等，強化醫療智慧化，如表8-2。

---

[16]　同註15。

表8-2　帛琉智慧化醫療技術項目與協力企業

項目	產品	廠商
糖尿病眼篩檢	VeriSeeAI	Acer
新光轉診資訊系統平台升級	1. 國際醫療導入 PACS 專屬行動化方案 2. 新增儀器接收授權費 3. 燒錄光碟軟體版本升級(支援 win11)	EBM
門診診間報到/叫號機	1. 取票機 2. 公播叫號系統 3. 公播顯示器	新誼
建置數位病理系統	aetherAI　數位病理玻片系統	雲象
慢性肝炎防治	攜帶型超音波影像系統	
AR 智能眼鏡	1. Vuzix M40000 Starter Kit AR 智能眼镜 2. FacePro 遠程專家遠距醫療　4K 超高清 APP 使用權費用。	軟鑄

資料來源：同註15。

　　因此，台灣提供遠距醫療系統和智慧化醫療技術，促進了帛琉醫療服務的品質和效率，也製造在醫療知識和技術的共享機會，加強了台灣與帛琉在醫療衛生領域的合作與交流。這不僅是對帛琉醫療體系的一大貢獻，也展示了台灣在國際醫療援助和合作中的積極角色，進一步加深了兩國之間的友好關係和互信基礎。醫療合作計畫是以輸出台灣優質衛生醫療經驗，也是醫療軟實力展現，作為加強我國醫療援外效益，進而提升台灣在國際舞台之能見度，並增進外交情誼。

❷巴拉圭智慧醫療系統

　　透過台灣的國際合作發展基金會和國泰綜合醫院與巴拉圭衛福部的合作，建立巴拉圭醫療資訊管理系統，目的在於提升醫療效能。透過國合會駐地計畫團隊與巴拉圭政府共同組成醫療資訊管理效能運行機制團隊，並由國泰綜合醫院提供醫療的專業諮詢。在這團隊分為醫療技術組與醫療推廣組，配合國泰綜合醫院共同協助開發基礎版系統（門診），並經常性派遣技術人員前往駐地協助，為巴拉圭各省級行政區協助醫療機構導入智慧醫療系統。如下圖所示。

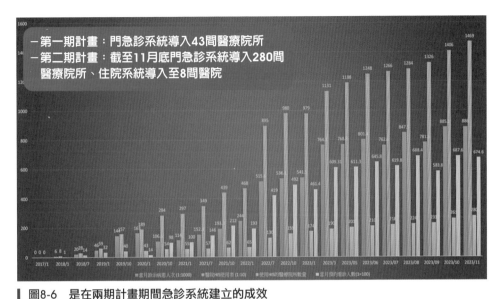

圖8-6　是在兩期計畫期間急診系統建立的成效
資料來源：國際合作發展基金會（2023），〈國合會協助巴拉圭導入（建置）醫療資訊系統（HIS）之推動現況及預訂進度〉，外交部資料。

　　在台灣與巴拉圭的智慧醫療合作項目中，透過台灣的國際合作發展基金會和國泰綜合醫院的專業技術支援，目的在於建立和優化巴拉圭的醫療資訊管理系統、網路基礎設施以及資訊安全機制。這項跨國合作不僅強化雙方醫療服務的質與量，對醫療管理與治療的效率有直接的提升作用，同時也對經濟、貿易、國內產業與企業的發展，以及外交關係帶來一系列深遠的影響。台灣與巴拉圭之間的醫療合作是台灣企業提供了進入巴拉圭市場的門戶，有助於增加台灣的出口並促進經濟活動。長期來看，這不僅可以增強台灣在全球醫療資訊技術領域的競爭力，也為巴拉圭帶來先進的技術和知識，有助於促進當地經濟的發展和醫療科技產業的成長。

　　這種合作可能伴隨著雙方在貿易協定和政策上的進一步談判和調整，有利於促進雙邊貿易關係的發展，增加雙方貿易交流，並進一步降低貿易壁壘，增加貿易的便利性。另一方面，對台灣的產業與企業而言，台灣的科技和醫療產業可以透過國際醫療合作展示其實力和創新能力，不僅提升台灣醫療品牌的國際形象，也有助於帶動產業的升級和創新。對巴拉圭來說，這種合作有助於

加速國內相關產業的發展，提高國內企業的技術水平和創新能力，從而促進經濟多元化和產業現代化。特別在外交層面上，台灣與巴拉圭透過這種實質性的合作關係，不僅能夠加深雙方的政府與人民之間友誼，也有助於提升台灣在國際上的能見度與影響力，對於打破台灣的國際孤立困境有積極正面的作用。對巴拉圭而言，與技術先進的台灣建立密切智慧醫療產業的合作關係，不僅能夠改善國內醫療服務品質，也能提升其在國際舞台上的戰略地位。因此，台灣與巴拉圭在智慧醫療領域的國際合作是一個互利共贏的戰略部署，它不僅促進了雙方在醫療、經濟、貿易和技術上的發展，也加強了彼此在外交上的合作與信任，為兩國帶來長遠的利益。

09

智慧城市聯合艦隊

　　當今世界，隨著人口的不斷集中於城市，都市面臨著諸多挑戰，包括能源供應的壓力、交通擁擠的困擾以及環境汙染的威脅。在這樣的背景下，智慧城市成為了現代人們追求的都市樣貌。智慧城市的概念是運用各種數據、通訊及科技來改善城市問題，利用數位科技，從IT、ICT、IoT、AIoT等人工智慧到雲端運算等工具，來處理交通、電力設備、建築物等設施系統，形成有效率的互動串聯。這種應用不僅僅提升了城市營運的效率和管理水準，更重要的是改善了居民的生活品質。智慧城市的建設使得居民或外來旅客都可以享受到更為便捷、安全和舒適的生活環境。例如，智慧交通系統能夠減少交通擁擠和塞車時間，智慧能源系統可以提供穩定可靠的能源供應，智慧環境監測系統可以改善空氣品質和減少環境汙染，這些都直接影響到人們的生活品質。

　　另外，智慧城市也有利於促進都市周邊的經濟發展。科技產業和相關行業的發展帶動了就業機會的增加，提高了城市的競爭力和吸引力，吸引了更多的投資和資源進入城市，推動了城市經濟的發展。重要的是智慧城市的建設有助於提升城市的可持續發展能力，透過科技手段提高能源利用效率、減少碳排放和資源過度消耗，推動城市的綠色低碳發展，這是帶動城市長期發展的重要關鍵。因此，打造一座智慧城市不僅僅是因應人口大量集中於都市所帶來的各種負荷，更是為了提升城市的營運效率、改善居民生活品質、促進經濟發展以及提升城市的可持續發展能力。這些都是現代都市追求智慧城市的重要原因。

　　另一方面，隨著智慧城市將會逐漸擴及附近周邊區域，使得過去偏鄉地方得以透過高科技工具分散都市內能源、交通以及環境的壓迫，促進區域均衡發展的功能。智慧城市的能源管理系統將可以透過太陽能和風能等可再生能源的引入，改善偏遠地區的能源供應情況。這樣的能源供應方式不僅能夠滿足外圍居民的生活需求，還可以為當地的工業和商業提供穩定可靠的能源支持，並使

得偏遠地區擺脫以往對都市能源的依賴，促進當地的經濟發展，實現區域內能源的均衡分配。另外，智慧城市的交通系統可以加強偏遠地區與城市之間的聯繫，改善交通運輸的便捷性和效率。透過智慧交通管理系統的應用，可以實現交通流量的優化調配，減少交通堵塞時間，使得居民可以更加便捷地進出偏鄉與城市之間。同時，便捷的交通聯繫也將促進區域內部和區域之間的商業和文化交流，促進區域內交通的均衡發展。

此外，智慧城市的環境保護措施也有助於改善偏遠地區的生態環境。智慧環境監測系統可以即時監測大氣、水質等環境指標，及早發現和處理汙染源，保護當地的生態環境。同時，智慧水資源管理系統可以實現對水資源的有效利用和分配，解決偏遠地區的用水困難問題，從而促進區域內環境資源的均衡開發以及保護。

因此，智慧城市的推動將高科技工具引入城市內部和周邊地區，從而得以實現區域的均衡發展。透過能源、交通和環境等方面的改善與升級，偏遠地區能更快擺脫過去的發展局限，共同與都市區域實現更加均衡的發展契機。

雖然智慧城市帶來了許多好處，但也可能產生一些隱憂和負面的影響。隨著智慧城市的建設，隱私侵犯成為一個嚴重問題。大量的感應器和攝影機可能會在城市的各個角落收集居民的個人資訊，這對隱私安全構成了威脅。防範這一問題的方法之一是加強隱私保護相關法律的制定和執行，並明確界定個人資訊的使用範圍和條件。其次，數據安全問題也是智慧城市必須面臨的挑戰。智慧城市的運行需要大量的數據收集和傳輸，一旦數據被盜或流出，或是遭到駭客攻擊，將對城市營運造成嚴重影響。為了及早防範此問題，需要建立加強數據加密技術的應用、建立健全的數據安全管理體系以及提高IT人員的安全意識。需要注意的是，智慧城市可能加劇數據鴻溝問題，即使在智慧城市中，仍有一些人無法負擔最新科技費用或不擅長使用，導致有些人被邊緣化。為了防範這一問題，可以加強智慧城市基礎設施的普及和教育，提高居民對科技的認知和應用能力。然而，過度依賴科技也有其風險。當城市過度依賴科學技術運行，一旦發生技術故障或系統崩潰，即可能導致嚴重後果。為防患於未然，可以預先建立備份系統和各種應急配套計畫，以應對可能產生的突發事件。

　　儘管智慧城市帶來了許多好處，但也需要注意可能產生的隱憂和負面影響，唯有透過加強法律法規的制定和執行、強化數據安全保護、提高居民科技應用能力以及建立應急應變機制，才能有效防範這些問題，確保智慧城市健康穩定地發展。

一、構成智慧城市體系的相關產業

　　智慧城市的建構需要有智慧醫療、智慧交通、智慧農業以及智慧製造等多元領域的配合。完善的智慧城市體系之中，智慧醫療、智慧交通、智慧農業以及智慧製造等四大領域全都扮演著重要角色，它們相互配合，共同促進了智慧城市的全面發展。

　　智慧醫療在智慧城市中的角色，主要透過智慧醫療系統的數據分析、人工智慧等技術，來提高醫療服務的效率和品質。例如，智慧城市中的醫療機構可以利用大數據分析病例並建構各種醫療資料，既可以實現個性化的治療方案，也能提高醫療效果。智慧醫療還可以提升醫院資訊化管理以提高醫療資源的利用率，包括更多更好地提供遠程醫療服務，解決偏遠地區的醫療資源不足問題。

　　而在智慧交通方面，智慧交通系統可以精確掌握全天候交通流量，實施智慧輸送調配和管理，減少交通堵塞和交通事故發生，以提高交通運輸的效率和安全性。例如，智慧城市中的交通管理系統可以根據實際交通情況需要，以智慧化模式進行適度調整交通信號，減少塞車時間，提高交通流動性。同時，智慧交通還可以實現多種交通方式的整合排序，促進公共交通與私人交通之間的互聯互通，提高交通系統的整體效能。

　　另外，智慧農業也是智慧城市體系中的一環，透過物聯網、大數據以及人工智慧等各種技術，從生產到流通與消費等階段，進行對農作物的精準管理和智慧化生產。例如，智慧城市中的農業系統可以利用感測器監測土壤濕度、溫度和養分含量，提供精準的灌溉和施肥方案，提高農作物的產量和品質的控管。同時，智慧農業還可以實現農作物的智慧化採收和分級包裝，提高農產品的附加價值，促進農業產業的發展。

最後，智慧製造是智慧城市工業化發展象徵，透過物聯網、雲計算和人工智慧等技術，進行工廠生產過程的智慧化與自動化。例如，智慧城市中的製造企業可以利用物聯網技術監控生產線上的設備狀態，評估設備故障的預測和防範，提高生產效率和產品良率。同時，智慧製造還可以實現生產訂單的智慧化的調度，以可視化方式進行生產管理，提高製造企業的競爭力和市場反應能力。

從上述可知，智慧城市中的智慧醫療、智慧交通、智慧農業和智慧製造等四大領域相互配合，可以共同促進城市的智慧化和永續發展。經過這些領域的不斷創新和應用，能夠進一步推動智慧城市的建設，提供市民與旅客更加便捷、安全以及舒適的生活與經濟社會環境。

智慧城市聯合艦隊的海外經貿，需要規劃不同層級的智慧化系統，組織各種產品的企業結合。因此，對於構成智慧城市的科技與產業體系，必須先行編組各種企業團隊與建構完善的產業生態系統。而分屬不同領域的智慧化，所需具備的產品與企業組成也會有所不同，我們須從構成這四大智慧化領域的相關產業分析，才能夠順利推動聯合艦隊的遠航目標。其中，在前面一章已經分析過智慧醫療的相關產業與產業關聯的結構性，這個部分本章就省略，請讀者翻頁參考，這裡只針對智慧交通、智慧農業和智慧製造三項領域討論。

（一）智慧交通相關產業

在建構智慧交通系統中，涉及了許多相關產業的合作，包括相關設備製造業者、軟體智慧化的軟體開發業者，以及提供數據分析服務和雲計算服務的業者等。這些產業在智慧交通生態鏈中扮演著不同的角色，產業生態鏈涵蓋上游、中游和下游。由智慧相關交通設備製造企業與感測器供應公司負責提供各種智慧交通設備，例如智慧共桿、智慧影像分析（IVS）、科技執法等。這些設備在智慧交通系統中扮演著關鍵角色，它們被應用在收集交通數據、監控交通狀況、執行交通管制等實踐場域上。

其次，中游的軟體開發業者以及數據分析與雲計算服務公司則負責開發和提供智慧交通系統所需的軟體應用與數據分析工具。這些軟體和工具可以將從

各種感測器和設備收集到的大量數據進行處理分析，以作為交通管理、交通預測、交通優化等智慧化功能。

雲計算業者負責提供雲計算基礎設施並建立服務平台，以作為智慧交通系統的運作。雲計算技術可以達成交通數據的存儲、處理等功能，為智慧交通系統提供專業技術。因此，智慧交通系統所涵蓋的上游、中游和下游產業的相互配合，並共同推動智慧交通系統的建構及實際運行操作，從上游產業提供各種智慧交通設備，到中游業者的軟體開發與應用，透過數據分析工具提供下游廠商執行雲計算基礎設施與平台服務，共同構建了智慧交通系統的完整生態鏈。

例如智慧交通在智慧共桿、智慧影像分析、科技執法、路口監控、智慧停車等相關項目的所扮演具體功能如下：

❶智慧共桿：智慧共桿是指具有感測、通信、計算等功能的交通設備，它用於收集交通數據、提供計時資訊，例如監測交通流量、道路狀況，並提供路況預測等功能。

❷智慧影像分析（IVS）：智慧影像分析系統是利用監控設備拍攝的影像數據，透過圖像處理與人工智慧技術進行分析進行識別，主要用於監測交通違規、交通事故等情況，提高交通管理的效率和精準度。

❸科技執法：科技執法是利用高科技技術工具進行交通管理和執法工作，包括電子警察系統、自動識別系統等，用於監控交通違規行為、記錄交通違規資訊，並確認違規行為責任。

❹路口監控：路口監控系統是用於監控交通路口的運輸工具流量與確保行車安全設備，通常包括交通信號控制、紅綠燈監控、交通流量監測等功能，用於提高路口通行效率與安全性。

❺智慧停車：智慧停車系統利用感測器和軟體技術，對於停車場和路邊停車位的監測和管理，包括停車位資訊計時更新、停車場導航引導等功能，協助駕駛可以正確且快速地找到停車位提高停車效率。

（二）智慧農業相關產業

智慧農業系統所涵蓋的專業與製造領域需要來自不同領域的產業合作，從

農業機械設備的製造到相關軟體開發，再到數據處理與分析，以及雲計算服務的支持。這一系列的農業合作形成了智慧農業生態鏈，從上游的機器相關設備的硬體製造，到中游的機械用、管理用等軟體開發，以及下游的數據平台與分析和應用服務等，都是智慧農業領域範圍。例如，上游相關的農業機械設備製造業者提供各種農業機械設備，如自動化播種機、收割機、分級包裝設備以及用於精確農業的各種感測器和無人機等。這些設備與工具是現代農業自動化與農業生產相關數據收集的基礎，對提高農業生產效率和降低勞動強度具有關鍵作用。另外，中游的軟體開發公司和數據處理公司則負責開發推動智慧農業平台，如IoT管理平台、智慧養殖漁業管理平台、智慧巡檢和農噴系統，以及農產品履歷平台等。這些平台和系統透過整合各項農業設備的數據，作為對農業生產過程的即時監控、管理，從而提高農業生產的精確度和可追溯性。另外，雲計算服務供應業者則提供所需的計算資源和數據存儲服務，透過大規模數據的處理與分析，並以智慧農業應用在高效率的生產與管理上。

透過這樣的智慧農業的產業生態鏈合作，使得智慧農業系統能夠擴大服務範圍，從田間管理到後端智慧化數據的分析。此外，智慧農業從生產效率的提升到農產品的品質控制，創造了農業經營的全面優化。例如，智慧農業IoT管理平台可以實時監測土壤濕度、作物生長情況及氣候變化，從而做出最佳灌溉和施肥決策；智慧養殖漁業IoT管理平台能夠實時監測水質條件，實現精確養殖環境。智慧經營的巡檢和藥物噴灑系統，能夠精確地進行病蟲害防治，提高合理的藥物控管。智慧農業應用在農產品履歷平台上，則可以提供農產品從田間生產到餐桌消費的全程追蹤，這是從生產端到最終消費端之安全供應體系的一環，能夠提高消費者對農產品的信心。

因此，智慧農業是透過眾多跨產業的緊密合作，整合上游的農業機器設備製造、中游農業經營管理的軟體開發與數據分析，並透過下游的雲計算服務，共同推動我國農業走上更高效經營、更精確度控管、更低資源浪費、更少環境破壞之永續農業的發展之路。

（三）智慧製造相關產業

　　製造業一直是引領著台灣經濟長期發展的重要因素，也是台灣邁向國際市場的關鍵力量，更是台灣展現產業創新之舞台。可喜的是，隨著該產業之悠久發展早已建構出完善的生態系統，這是台灣國際競爭力的泉源，獲得國際市場對台灣產品的信賴，以及製造能力的肯定。高科技創新帶動AI化的風潮也吹襲到各種產業中，智慧化製造的新生產模式遍及產業生態鏈的上中下游，每個階段的製造相較以往都能以更快速、更精準的模式進行每項生產工程。智慧製造是以導入智慧化系統，以更高效率、更靈活的方式進行生產，解決了過去許多人力無法處理的各種突發狀況。智慧製造需要運用到物聯網系統並以大數據為基礎，透過人工智慧、機器學習以及自動化等技術，從傳統製造業轉型為具備收集製造過程中所獲得巨量數值的能力，並進行高度數據化、自動化以及智慧化的生產製造，實現「最佳化生產」。完備體系的智慧製造是從智慧設備的融入（例如加入電子裝置，並由連接組件結合智慧功能和溝通功能的智慧組件等設備）與智慧工廠的設置（採用自動化技術和系統建立高度智慧化製造場域）成為智慧生產，之後再進行所謂智慧物流（透過感測器進行數據記錄與分析，整體物流更加有彈性與效率）等四個層次的生產流通過程[1]。

　　要達到智慧製造需要透過各項技術與設備裝置配合，例如建立生產流程優化、資源管理和能源效率的體系，透過大數據分析和預測導入供應鏈管理和智慧物流之中，進行品質控制和資訊追溯、數字化設計，導入智能機器人和自動化等進行製造，完善生態鏈體系建構一座先端的智慧製造系統。

二、多元智慧產業的智慧城市體系

　　上一節討論建置一座智慧城市體系需要具備哪些相關產業，本節將更進一

---

[1]　參考騰榮創新股份有限公司網頁介紹（https://geasycloud.com/blog_smart-manufacturing.php#one/ 閱覽日2024/03/04）

步討論這些產業關聯結構對智慧城市的重要性。

　　建置一座智慧城市需要具備相關智慧產業，而每一種智慧化項目都各有需要具備的軟硬體設備與管理系統。如何妥善規劃智慧化城市與智慧醫療、智慧交通、智慧農業以及智慧製造之間的聯繫關係是城市治理的關鍵所在。接下來我想針對智慧城市與其他智慧產業之間的關係，思考彼此之間的結構性關聯，可以分成四個部分說明。

（一）數據共享和整合

　　智慧城市的建設需要建立一個統一的數據平台，將智慧醫療、智慧交通、智慧農業和智慧製造等領域產生的數據進行共享和整合。這樣可以實現跨領域的數據應用，提高城市管理的效率和智慧化水準。更具體而言，在建立統一數據平台時，首先需要進行數據收集和整合的過程，而在各個智慧領域，如智慧醫療、智慧交通、智慧農業和智慧製造，都擁有自己的數據源，包括感測器、監控設備等，用於捕捉相關領域的各種數據。

　　這些數據源可能來自不同的設備、不同的系統，數據格式、結構也可能有所不同。之後再將這些來自各領域的數據透過統一的數據接口進行整合，建立統一的數據庫。在整合的過程中，需要考慮數據的格式、品質，進行數據標準化處理，以確保數據的準確性和完整性。有完善數據整合之後再對數據進行存儲和管理。這會涉及到數據存儲在統一的數據庫中，經過組織化、分類和索引，方便數據的查詢和應用。建立數據平台開放數據共享，讓不同部門和機構可以自由地訪問與使用數據。這樣可以促進跨領域的數據應用，提高城市管理的效率和智慧化水準。

　　最後，透過所建立的統一數據平台的利用，進行各種數據分析，這包括預測、優化、決策制定等各方面的應用，幫助城市行政單位快速且正確地掌握城市管理狀態，以便提出更具科學性的合理決策。像這樣建立統一的數據平台是智慧城市建設的重要一環，從數據的收集、整合、存儲、管理、共享和應用，並實現跨領域的數據應用提高城市治理的效率和智慧化水準。

（二）資源優化和協同作業

　　智慧城市的各領域可以透過數據共享和整合，以落實資源優化配置與相互合作。例如，智慧交通系統可以根據智慧農業的數據預測農產品運輸需求，提前調度交通資源；智慧製造系統可以根據智慧醫療的數據調整生產計畫，優化生產資源配置與管理。

（三）智慧服務和應用場景

　　智慧城市的建設可以透過整合智慧醫療、智慧交通、智慧農業和智慧製造等領域的技術和服務，創造更多智慧化的應用場景與服務。例如，智慧交通系統可以與智慧醫療系統結合，實現醫療救援的智慧化；智慧農業系統可以與智慧製造系統結合，實現農產品的智慧化加工和包裝。

（四）風險防範和應急處理

　　智慧城市建設需要考慮風險防範和應急處理機制，智慧醫療、智慧交通、智慧農業和智慧製造等領域可以採用共享數據和資源配置以加強風險防範和應急處理的能力。例如，智慧交通系統可以根據智慧醫療系統的數據預測突發事件對交通的影響，提前調整交通流量，減少風險發生的可能性。

　　依據上述，智慧城市的建設需要建立一個可以統一與相容聯繫的數據平台，實現各領域之間的數據共享和整合，進而促進資源的優化配置和協同作業的可能性，創造更多智慧化的應用場景和服務，擴大城市商機提高市民所得，同時也須注意加強城市的風險防範和應急處理能力，從而實現智慧城市永續發展的願景。

三、智慧城市聯合艦隊企業組成的意義

　　智慧城市的理念建立在各種智慧設備系統與資訊科技的結合應用，使區域內人們可以取得更加便利，精確的動態方式進行城市境內的生產、流通以及

生活的活動環境，透過感測器設置與資訊系統地融入結合，並整合供電系統、供水系統、交通系統以及製造和醫療等體系於智慧城市之中。具體而言，將整體社會經濟活動基礎建構在物聯網、網際網路以及AIoT等技術上，透過智慧醫療、智慧交通、智慧農業或是智慧製造等系統整合而成為一體化的智慧城市。因此，智慧城市聯合艦隊在組織成員、異種的產業關聯、跨業技術、系統相容度上，其規模或複雜性都遠超過其他智慧產業系統，將智慧城市與新國際雁行聯合艦隊的思維結合，是一個結合了各方企業的專業知識與資源，以及跨產業的智慧城市聯合艦隊前往海外市場。因此，智慧城市的聯合艦隊組成在於結合各方面的專業知識、技術和資源，共同開發和建構智慧城市，創造產業新結合推向國際市場的運作模式。因此，智慧城市聯合艦隊的產業鏈涵蓋上游（基礎材料與技術提供）、中游（技術整合與應用開發）和下游（最終產品與服務提供）等不同階段的產業組合。

（一）智慧城市聯合艦隊的產業結合

❶ 上游產業與科技技術

(1) 資訊技術與通訊企業（ICT）：這些企業是提供必要的基礎硬體設備、軟體開發平台以及通訊技術等。例如，物聯網設備、雲計算服務、大數據分析工具和資通訊安全性的解決方案等，這些是智慧城市各項功能與應用的技術基礎。

(2) 能源與公用事業公司：這些企業負責智慧城市的能源供應與管理，包括智慧電網、可再生能源技術、水資源管理和垃圾處理系統等，提供城市運行所需的基礎能源和水資源。

(3) 製造業企業：是以專注於智慧製造、自動化和機器人技術的企業，透過這些技術提高生產效率，促進城市區域內產業升級，為智慧城市提供必要的裝備和工具。

❷中游產業與科技技術

(1) 建築與房地產開發商：這些企業專注於智慧建築與可持續城市的規劃和開發各項技術應用，包含建築資訊模型（BIM）、能源效率設計以及綠色建築材料等，整合上游的技術與材料，開發應用於智慧城市生活居住與工作環境的建構。

(2) 交通與物流企業：涵蓋從公共交通系統到私人運輸服務的企業，利用ICT和自動化技術，開發智慧交通系統和物流的解決方案，提高城市交通和物流的效率與可持續性，例如智慧交通管理系統、自動駕駛車輛以及共享經濟平台等地設置。

(3) 教育和研究機構：負責培養智慧城市所需的人才，進行相關領域的研究工作，推動智慧城市相關技術創新和應用層面發展。

❸下游產業與科技技術

(1) 醫療保健服務提供者：涉及智慧醫療系統開發和應用的相關產業服務，包括遠程醫療服務、健康數據分析和個人化醫療解決方案等。

(2) 農業技術服務企業：提供智慧農業技術應用於實際農業生產與管理，提高農業生產效率和品質，包括精準農業技術、農業物聯網解決方案以及氣候智慧農業系統等。

(3) 金融服務業：提供智慧城市項目融資的銀行和投資公司，並開發金融科技解決方案以滿足智慧城市營運的金融服務需求，以及開發智慧支付系統與金融科技解決方案的企業。

(4) 政府和監管機構：制定智慧城市的健康發展制定相關政策、標準和規範，促進智慧城市的全面良性發展，確保數據安全和個人隱私的保護，提供更好的智慧城市的生活環境。

　　上述說明建構智慧城市的相關產業，從技術研發到最終應用的完整生產鏈，每項產業在智慧城市建設中都扮演著不可或缺的角色。上游產業提供技術與材料，中游產業進行技術整合和應用開發，下游產業則將設備成品以及服務

提供到終端使用者，串聯不同產業角色共同推動智慧城市的運作與治理。

（二）智慧城市聯合艦隊海外擴展的意義

智慧城市聯合艦隊向海外市場擴張是一項複雜而富有挑戰性的過程，它不僅開啟了新的商業模式與前景，同時也將對聯合艦隊內各產業需求提出更高的要求。當智慧城市的相關技術、服務以及解決方案跨越國界推向國際市場之際，它們即將面臨各種不同的市場條件、文化差異和法律規範，這些差異要求企業提供更加定制化和本地化的產品和服務。在技術輸出過程中，企業面臨著必須對產品和服務進行本地化調整的需求。這不僅包括語言和介面的本地化，還涉及到對象國的技術標準、操作習慣等方面的調整，以符合當地企業或個人用戶的需求和法律法規的限制。這一過程當中，提高了對專業技術人員和本地市場研究的需求。

並隨著智慧城市技術的海外推進，強大的通訊技術成為重要關鍵。這不僅意味著現有技術的應用需求增加，也帶動了新通訊技術的開發與基礎設施的建設，例如5G／6G、物聯網設備的部署等。這些技術的發展與應用，進一步擴大了對專業技術人才和先進設備的需求。

另外，在大數據分析和雲計算領域方面，隨著智慧城市解決方案的國際化，海外市場對於數據處理和存儲能力的要求將呈現顯著增加。企業需要借助雲計算平台來處理和存儲大量數據，同時利用大數據分析工具來洞察市場趨勢和消費端需求，這將進一步推動雲計算服務與大數據服務的發展。在資通訊安全領域上，也將隨著業務的國際擴展，面對不同國家更為嚴格的數據保護法規，企業勢必提高自己這方面的安全標準，開發出更加安全、可靠的技術，以保護數據免受侵害或是盜取。這不僅增加了對專業安全技術的需求，也促進了相關安全產品和服務的創新發展。由於智慧城市項目的跨國擴展為不同領域的企業提供了合作的機會，從智慧交通、能源管理到公共安全等多個跨領域，聯合艦隊企業可以在智慧城市項目中找到合作的空間。這種跨領域的合作不僅推動了新產品和服務的開發，也要求企業提供跨領域整合的解決方案，從而促進了對跨領域技術和專業知識的需求。

綜合上述，智慧城市聯合艦隊的新國際雁行對於推動企業的技術創新、促進產品與服務的國際化、增加專業技術和管理人才的需求，同時也帶動了相關產業的發展與需求的增加。因此，智慧城市聯合艦隊的海外經貿活動不僅是技術和產品出口的過程，它們在推動全球城市化進程、促進國際合作、刺激經濟發展等方面具有深遠的意義，其主要內容可歸納為以下幾項重點：

❶推動全球城市化進程的創新

智慧城市聯合艦隊的技術海外推廣，將有助於全球範圍內城市化進程的創新與改革。隨著建構智慧城市系統的實施，一方面可以幫助對象國家提高其城市的管理、服務以及資源利用，可以因應對快速城市化所帶來的各項挑戰，例如交通混亂、環境汙染以及資源短缺等。這不僅提高了城市居民的生活品質水準，也為其他國家提供了可借鑑的經驗和模式。

❷促進國際科技合作和文化交流

在建構一座智慧城市時，聯合艦隊所組合項目將促進不同國家之間的科技合作與文化交流。透過跨國項目合作，不同國家可以共享最新的科技成果、管理經驗以及城市發展理念，強化國際間科技交流和合作關係。這種合作不僅限於技術層面，更涵蓋了政策制定、標準制定等多個層面，這些有助於形成國際共識與標準，推動全球智慧城市發展朝向更高標準。

❸刺激經濟發展與創造就業機會

聯合艦隊促進智慧城市的國際化，這對該國的經濟發展具有直接和間接的推動效果。直接作用展現在智慧城市項目的實施可以刺激當地的建設業、資訊技術產業以及服務業等行業的興隆，創造大量的就業機會。而在間接作用上，則是體現在智慧城市技術的應用可以提高城市的營運效率，吸引更多的投資與人才，促進經濟成長和社會進步。

❹開拓國際市場，提升國家品牌形象

　　國際化的智慧城市建設需求，不僅是促進了對台灣科學技術和產品的需求，同時也是建立台灣形象和品牌的輸出，成功的海外智慧城市項目可以展現出國家在技術創新、城市治理等方面的成就和實力，提升國家在國際舞台上的影響力和競爭力，進而促進國際貿易和投資。

　　因此，智慧城市聯合艦隊的海外經貿活動意義不僅是促進了技術和產品的國際流動，也為台灣企業創造國際經貿需求，促進雙方知識共享、文化交流以及經濟合作，並有助於全球城市化朝向健康發展。

四、智慧城市聯合艦隊的新國際雁行

　　透過智慧運輸、資訊安全、裝置監控、健康照護等多元面向建構一座智慧城市。目前台灣推動海外的智慧城市以新南向各國為重點區域，在疫情爆發前的2018年，東協在第三十二屆東協高峰會中提出「東協智慧城市網絡」（ASEAN Smart Cities Network, ASCN）計畫[2]。由於美中貿易衝突及地緣政治等因素影響，新南向國家與台灣之間產業互補性較高，已經成為台商轉移生產鏈的主要地區。本節將介紹泰國與越南在智慧城市的進展。泰國為東協第二大經濟體，在主要政策上有「泰國 4.0 政策」、「東部經濟走廊（EEC）計畫」、2022年100+個城市轉型為智慧城市、2032年三個城市成為世界級智慧城市、2036年爭取世界前十大智慧城市等計畫。另一方面，越南在2022年的國內生產總值突破四千億美元，經濟成長率為8.02%，是全球海外投資重要的國家。越南主要政策上有2022年推動胡志明市數位化轉型、2025年建立至少二個技術創新中心、2030年越南全國5G覆蓋率將達100%、2045年成為亞洲智慧生產服務及創新的領先中心等，這些都是與智慧城市密切相關的計畫。

---

[2]　參考詹子慧（2023），〈創新與開放驅動泰國智慧城市成長〉，新竹：工業技術研究院。報告中指出，ASCN計畫的網絡串聯十個東協會員國二十六個試點城市，以發展東協智慧城市網絡為目標，希望透過數位經濟商機與創新科技解決城市治理問題。

　　台灣中華電信在智慧城市與相關基礎建設上具有產業與技術上的優勢，透過CHT City OS、智慧共桿、5G專網以及資訊安全等技術創新，廣泛應用在智慧醫療、智慧交通、智慧農業和智慧製造的建構上，這些是智慧城市的核心系統。如圖9-1。

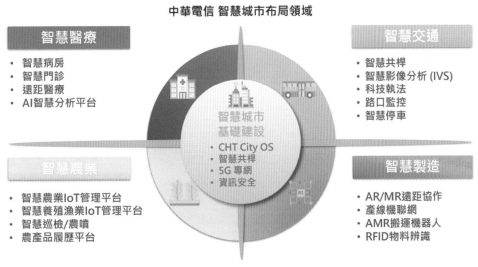

圖9-1　中華電信公司在新南向區域智慧城市的布局領域
資料來源：中華電信（2023），〈新南向智慧城市國際輸出布局〉報告資料。

（一）對泰國智慧城市科技的輸出型態

　　中華電信公司在泰國市場深耕多年，並與當地具有指標的企業建立合作夥伴關係，推展智慧城市應用與發展。

❶跨業整合的泰國智慧城市系統

　　目前在中華電信公司透過與泰國最大電力輸配公司的泰國地方電力局（PEA）在清邁與曼谷推動智慧城市與智慧能源的跨業整合，具體上的合作計畫包含協助PEA在曼谷園區設置六根智慧桿作為示範點，以及在清邁市合作推

展IVS（Intelligent Video Surveillance）智慧保全[3]的智慧城市計畫。曼谷園區設置六根智慧桿作為示範點與清邁市合作推展IVS智慧保全系統的兩項合作計畫都是智慧城市治理的重要一環，它們對於智慧城市的發展和治理產生很大的影響。

(1)曼谷園區設置六根智慧桿示範點

透過在曼谷園區設置智慧桿，可以對該地區的智慧化管理和服務品質的提升。這些智慧桿通常配備各種感測器、攝影機、無線通訊等設備，透過收集以及監測各種城市數據，如交通流量、空氣品質、垃圾清運等。同時，它們也可以提供作為智慧城市應用的展示和示範平台，讓居民和企業了解智慧城市的應用和功能。

如此，曼谷園區設置智慧桿示範點的設置，除了提高該地區的城市管理效率，也為智慧城市的應用和發展提供了實際場景與應用案例，這有助於推動智慧城市概念在泰國推廣。

(2)清邁市合作推展IVS智慧保全系統計畫

中華電信IVS智慧保全系統是利用智能影像監控系統進行城市安全監控和事件檢測，透過與清邁市合作推展IVS智慧保全系統計畫，可以提高該地區的安全防範能力，監控和預防犯罪活動、交通事故等事件。此設施將有助於提升城市居民和企業的安全感，促進社會穩定和經濟發展。

IVS智慧保全系統計畫可以提高城市的安全，改善城市治理和公共服務。透過智慧保全系統的建設與應用，對象國政府可以更加有效地管理城市安全，即時處理各種突發事件，提高城市的應變及治理能力，從而促進智慧城市治理實現現代化和專業化的目標。

因此，曼谷園區智慧桿示範點和清邁市IVS智慧保全兩項國際合作計畫的實施將為智慧城市治理提供更多的技術和實際應用，提升智慧城市的治理水準，

---

[3] 中華電信IVS智慧保全系統也提供公園綠地以及公共工程的雲端即時影像監控，達成全民安全防範和全民監工的作用。

促進城市發展和社會安全，有助於創建更加安全、智慧以及宜居的都市環境。

❷泰國智慧醫療合作與案例

　　與泰國在智慧醫療合作的項目主要是建立智慧病房與智慧醫院。先從五十個智慧病房合作開始，並在2022年5月31日，中華電信（CHT）與泰國吞武里醫院（Thonburi Hospital, TH）[4]簽訂「智慧醫院」合作意向書，這是一家最受信賴的私立醫院之一，全國擁有三十五家醫院網絡。於2023年中華電信協助完成HIS系統的介接，計畫推廣十八家集團醫院，約一千張病床，在與泰北清萊（Overbrook Hospital）醫院合作邊境的醫療診所，提供偏鄉地區的遠距醫療，提高醫療服務品質。這在上一章的智慧醫療「七國十中心」中有更詳細說明，可以參考。

　　中華電信（CHT）與泰國合作推動智慧醫療項目，特別是在智慧病房和智慧醫院的建立上，對泰國的醫院經營、經濟、社會、生活品質以及整體醫療水準獲得提升。透過智慧病房經營方式，醫院營運效率得到大幅提升，自動化的患者監測系統能夠減輕醫護人員的工作壓力，使他們能夠專注於提供患者照護的品質。另外，加入HIS系統介接功能，將會提高醫院的醫療資訊準確性與即時性，有助於醫生診斷的準確率和治療的有效性，從而大大提升醫療效果。這些技術的應用不僅優化醫療資源的分配，特別是透過遠距醫療技術，使得醫療服務能夠覆蓋到更多偏遠地區的居民，提高醫療服務範圍與及時性。這對偏遠地區居民的生活與醫療照顧非常關鍵，能夠拉近他們與城市居民在醫療服務品質上的落差。

　　透過與台灣的醫療合作，從經濟發展角度來看，泰國可以吸引更多的國際觀光客前來，這對觀光醫療產業的發展非常重要，這不僅能為泰國帶來可觀的

---

[4]　泰國TH醫院隸屬於Thonburi Hospital Group（簡稱THG），在泰國與十八家醫院機構組成醫療服務網，至2022年為止，該醫療集團擁有三百五十多名經驗豐富的醫生所組成專業醫療團隊，以較為精進的醫療技術與導入先進設備，致力於提高該集團醫院的服務品質。從2021年雙方以智慧病房合作為起點，借助中華電信ICT專業技術與創新應用導入，協助TH醫院（吞武里醫院）晉升為泰國智慧醫院標竿（參考〈中華電信與Thonburi Hospital攜手合作 共同開啟泰國「智慧醫院」應用服務新頁〉報導（https://www.cht.com.tw/zh-tw/home/cht/messages/2022/0531-1700/閱覽日2024/3/6）。

外匯收入，同時也會刺激相關資訊技術和醫療裝備的發展，推動國內外科技企業的合作與技術創新。至於對泰國社會和生活上的影響，智慧醫療的推廣將有助於提升大眾的自我健康管理能力和意識，這將會促進健康生活方式的形成。這些影響和改變不僅提升了國民的整體健康水準，也能促進社會的和諧與穩定，有助於泰國經濟社會的正向發展。

❸泰國智慧製造合作與案例

　　透過5G專網與智慧方案的應用，可以帶動各種智慧產業發展，智慧製造就其中的一項工程。5G的高速率、低延遲、廣連結可以產生眾多的效益，例如5G+AGV（無人搬運車）方式可以二十四小時作業，提高作業效率約20%。而在文化創意產業上，可以透過異地共演，創造新型態的跨域演出；在智慧醫療的應用上可以透過遠距直播方式，實施達文西手術3D AR遠距沉浸式教學；在智慧港口的港區貨櫃經營管理，可以提升作業效率與減少人力負擔降低成本。至今超過一百個5G專網成功案例，中華電信提供協助扮演合作的關鍵角色。中華電信以過去協助產業數位化轉型及升級經驗複製到泰國，並與泰國國家電信（National Telecom, NT）、The White Space（The WSP）合作在曼谷建立5G智慧製造（5G Smart Manufacturing），協助泰達電（DELTA Electronics Thailand）在泰國邦浦（Bangpoo）工業區一廠成功導入5G企業專網。這項合作案例是協助泰國能夠以AR遠程協作方式，應用在裝配培訓或操作輔助等，並導入工廠現場及視覺化的設備操作，作為泰達電後疫情時代的數位化轉型的一部分。泰達電計畫將AGV的智慧應用透過工廠5G 網路傳輸測試，將逐步以5G企業專網作為智慧應用的通訊基礎建設，並逐漸擴大到其他廠區。圖9-2為台灣與泰國智慧製造合作相關領域，以台灣高科技創新技術提供給泰國泰達電在5G+AIoT+雲端的智慧工廠應用，為泰國各行各業、政府及其部門創造更多便利生活、城市智慧化以及智慧製造的工廠管理等，協助開拓新興的應用領域[5]。

---

[5]　參考中央社（2024），〈中華電攜手泰國電信 助泰達電導入5G專網〉，民國113年3月6日（中央社2022/9/22，https://www.cna.com.tw/news/afe/202209220316.aspx/閱覽日2024/03/06）。

泰國 CHT、NT與WS廣結盟
共同推動5G專網+智慧製造應用

NT 5G企業專網合作MOU簽約

為泰x電打造5G專網與智慧製造創新服務
①5G專網 ②MEC ③AR遠端協同合作 ④AGV自動巡檢

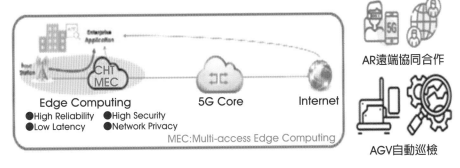

圖9-2　台灣與泰國智慧製造合作領域
資料來源：中華電信（2023），〈新南向智慧城市國際輸出布局〉資料。

　　從圖9-2流程中，工廠的智慧製造是透過機台IoT的設備連接與API整合通訊，以及運用5G／Wifi的快速串聯系統進行資訊交流，並應用於工廠製造過程。由於工廠能夠透過跨系統連接，經過資訊整合於監控和資料收集（SCADA）的即時儀表板、報表輔助決策判斷等作業之後預定將可以為工廠提高20%的量能。因為工廠透過智慧事件驅動，經過自動化連接跨系統及設備運作將減少人為判斷與人工上操作過失，可以降低整體5%錯誤率減少企業損失。

　　工廠的智慧製造系統涉及多種設備和技術的整合運用，包括但不限於上面所提及物聯網（IoT）設備、5G／WiFi通訊技術、自動化控制系統，以及數據分析和視覺化等工具。中華電信透過這些技術與設備的合作只是個起步，但為泰國在智慧製造上的確造成一定效果，為泰國的企業及其整體產業帶來具有革命性變革的開端。數位轉型是智慧製造的重要過程，先利用物聯網的各項設備收集生產線上的各類實時數據，包括機器運行狀態、生產效率和環境條件等，這些數據隨後通過5G或WiFi技術實時傳輸給中央處理系統。智慧製造建立在此基礎上，自動化控制系統將依據數據分析結果自動調整生產參數以實現製造過程的最適水準。智慧製造的實施不僅大幅提升了企業的生產效率，透過更精準的品質控制優化產品，也能提升市場競爭力。另外，智慧製造也促使企業採納新技術和新理念進行產業結構升級，並為技術創新與產品多樣化創造新的契機。此外，智慧製造透過更優質的生產過程也可以減少資源浪費，有助於減少能源消耗和汙染排放，能更好地保護生態環境和人類健康。同時，智慧製造的普遍實施對區域經濟社會的發展也有貢獻，不僅提升了生產效率和經濟發展，還創造了更多就業機會，有助於相關產業鏈的發展與形成。

❹泰國智慧農業與案例

　　解決勞動力與農業專業問題，將智慧科技用於農業經營與生產成為一種創新，同時也可以舒緩農業繼承者不足的問題。對台灣來說，智慧農業系統的建置已成為國家發展政策計畫中的一部分。智慧農業與前面討論的智慧醫療、智慧交通以及智慧製造一樣，需要依賴數位科技產業的設備與多樣化軟體的配合，這也是台灣產業結構與發展的特徵。圖9-3是台灣與泰國在智慧農業領域的合作，清邁皇家花園Rajapruek葡萄栽培園和清邁府HuayPao哈密瓜溫室引進智慧農業系統的經營栽作。

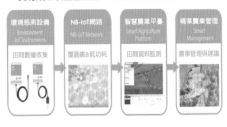

智慧農業 智慧農業科技 打造優質從農環境，邁向新農業時代

泰國 2021 清邁皇家花園Rajapruek葡萄栽培園　　**2022** 清邁府HuayPao哈密瓜溫室

①氣象站 ②土壤三合一偵測器(溫、濕、導電度)
③土壤PH值、澆灌 ④通風設施控制模組
⑤病蟲害噴藥與施肥AI分析建議

● 提供自主能源之田間感測器、NB-IoT無線網路、農業管理平台、AI智慧農業模型之整體服務。

● 農民能夠即時且精準的得知**田間土壤、水質、氣候**等資訊，並根據大數據的AI分析結果，**改善施肥、噴灑農藥等耕種行為**，進而降低人事、肥料、農藥資材成本及生產風險，達成精準農業目標。

圖9-3　台灣與泰國智慧農業合作
資料來源：中華電信（2023），〈新南向智慧城市國際輸出布局〉資料。

　　在邁皇家花園Rajapruek葡萄栽培園合作案中，中華電信協助建置氣象站並加裝濕度、溫度以及導電度三合一偵測器，檢驗土壤PH質與自動澆灌系統，建立通風設施控制模組調節，實施病蟲害藥物與施肥的AI分析模式。另外，清邁府HuayPao哈密瓜溫室計畫案中，以自主能源架設田間感應器、NB-IoT無線網路，建構農業管理平台，透過AI智慧農業模型實施農業的經營與栽種，朝向精準農業管理目標。

　　由於智慧農業是解決勞動力與農業生產問題的一個創新解決方式，同時也能夠舒緩農業繼承者不足的問題，這是經濟發展過程中的常見現象。中華電信與邁皇家花園Rajapruek葡萄栽培園合作的智慧農業經營模式，結合了多種先進技術設備與應用軟體系統，為越南農業帶來改變。其中，氣象站的設置能夠收集溫度、濕度、降雨量等氣象數據，提供準確顯示現況與預測天氣狀態，這將有助於農作物的經營管理和災害防範。土壤檢測器則能夠測量土壤的PH值、導電度等狀態的指標，幫助農民了解土壤營養狀況，適時調整施肥力度，以提高作物的產量與品質。自動澆灌系統根據氣象站和土壤檢測器的數據，以自動

調節灌溉水量和頻率方式，對作物生長採取精準灌溉與節省水資源，確保農作物的成長需求。透過通風設備控制模組是配合各項氣象數據與溫濕度的檢測數據，採取自動控制溫室的通風設備，調節內部空間溫度與空氣流通，營造合適的栽培環境。

另外，透過病蟲害藥物與施肥的AI模式進行病蟲害和施肥的監測和預測，即時發現問題並採取有效因應措施，提高農作物的抗病蟲害能力，提高生長能力。這些設備的組合與應用，使得農業的生產和經營更加智慧化和自動化，不僅提高了生產效率，也大大節省勞動成本，還能減少資源浪費和環境汙染。智慧農業除了能夠提高農作物的品質與產量之外，還能夠提高農民的收入，促進農村經濟的發展，這對智慧城市的生活與環境品質都別具意義。

智慧農業在智慧城市中扮演著多重角色：智慧農業有助於保障城市的食物供應，透過提高農產品的生產效率與品質，確保城市居民與外來旅客擁有充足的食物供應，從而增加城市食物的安全性與需求。另外，智慧農業技術可以減少農業對環境產生的負面影響，例如減少農藥和化肥的使用、節約水資源、減少溫室氣體排放等，有助於實現城市的環境保護和永續發展目標。透過推廣智慧農業也能改善城市周邊地區的土地利用方式，提高綠化率，從而改善城市整體的景觀和空氣品質。同時，智慧農業為農民帶來收入與就業機會，促進農村經濟的發展，減少農村人口流失，有助於實現城鄉間的均衡發展。再者推動智慧農業技術的研發和應用促進農業產業的升級和轉型，推動城市的科技創新和產業升級，將智慧農業與智慧城市的發展融成一體。因此，智慧農業在智慧城市中扮演著重要的角色，不僅可以保障食物供應、改善環境品質，還能促進經濟發展、科技創新，實現城市和農村區域共存共榮。

上述關於泰國智慧城市的合作案例，本節將探討台灣與越南在這方面的合作狀況，雖然有些尚屬建置階段，但已經持續推動智慧城市中的智慧醫療。例如，將泰國吞武里醫院（Thonburi Hospital）合作經驗複製到越南，推動智慧城市。中華電信以泰國吞武里的智慧病房系統，導入越南震興綜合醫院（Shing Mark Hospital），並整合智慧護理站、智慧藥櫃、生理量測站以及電子紙床頭卡等設備裝置與數位科技進行醫療行程。另外，在北越最大的外傷手術中心——

越德醫院（Viet Duc Hspital），長年來需要接受大量來自其他地區的轉診患者，以往由於缺乏資訊系統，在急診檢傷手術分級與手術排程上都是採用人工方式調控，以致等候時間延長、空間擁擠；如今建置急診智慧化的醫療資訊系統後，很快解決了醫院長久以來急診壅塞的困境。透過醫療新南向政策，國泰醫院與越南越德醫院簽署MOU，計畫派遣專業人員至國泰醫院接受培訓，透過資訊系統的導入，幫助越德醫院急診流程智慧化，提升醫療品質。另外，推動越德醫院遠距醫療解決方案，以「桌上型」與「行動醫療車」兩項遠距醫療方案進行醫療行為，可以透過遠端收集體溫、血壓以及血氧等生理訊號分析患者的身體狀態。透過這些系統導入醫療，可以優化醫療管理流程，減少患者約50%的等候時間，也可以提高相關醫護人員的工作效率，進而節省醫院64%人力與管理成本，提高醫院ESG評比績效。

五、新國際雁行聯合艦隊的海外產業聚落與生態

　　台灣以5G、AI、Big Data、Cloud等前瞻技術打造智慧城市經驗，透過智慧城市聯合艦隊的企業團隊組合傳播新南向雁行，除了開拓國內產業海外市場，也將深化實質經貿外交的目標。經過全球COVID-19疫情、美中貿易衝突、台海與南海局勢緊張，促使國際分工體制產生結構性變化，特別是高科技產業。過去中國台商和台灣企業看準局勢變化，重新布局海外事業於世界各地，其中主力企業形成一定程度的產業聚落，如圖9-4所示。海外產業聚落的形成也成為聯合艦隊的補給站，產業串聯使得企業的新國際雁行得以駛向更遠的國際市場。

圖9-4　台灣主要產業供應鏈的海外分布
資料來源：中華電信（2023），〈新南向智慧城市國際輸出布局〉資料。

從圖中可以知道這些產業供應鏈分成七大區塊，分別為：

（一）台積電（**TSMC**）在亞利桑那州新晶圓廠的供應鏈：包含有TSMC、
　　　僑力化工、長春石化、關東鑫林、京和科技、閎康等企業。

（二）德國／荷蘭／捷克的光電及機械業相關產業：勤誠興業、緯創資通
　　　等企業。

（三）泰國**PCB**產業：定穎、欣興、金像電、華通、燿華、聯茂、台燿、
　　　滬士電（楠梓電）、台虹等企業。

（四）越南電子產業：中強光電、河見電機、智邦科技、巨大機械工業等
　　　企業。

（五）印尼傳產製造業：構成企業有寶成集團、志強集團、新北海、翔鑫
　　　堡工業等企業。

（六）新加坡半導體：聯電、欣銓、世界先進、群創、華新科技等企業。

（七）墨西哥特斯拉供應鏈：英業達、和碩聯合科技、鴻海、和大工業、緯創資通、傑生工業等企業。

　　上面這些海外產業聚落，在當前國際局勢變化下扮演著重要角色。海外產業聚落不僅提供了企業在海外市場的生存基礎，還成為了企業聯合艦隊的協力廠商。在這些聚落中的企業可以相互合作，共享資源和資訊，提高彼此的競爭力。同時，這些產業聚落也可能成為企業海外發展的據點，為企業提供生產基地、銷售通路以及人才的儲備。

　　另外，對於台灣本土企業而言，海外產業聚落的形成意味著更多的國際合作機會，以及更廣闊的市場空間。如能透過與海外產業聚落的串聯，台灣企業可以利用在地資源，拓展海外市場以順應外部環境變化帶來的挑戰。同時，海外產業聚落也為台灣企業提供了學習和成長的平台，有助於提升其在國際市場上的競爭力。所以這些海外產業聚落的形成，可以為台灣企業開拓國際市場並提供產業技術支援，使得聯合艦隊能夠更加穩健地駛向更遠的國際市場。

10

電動車聯合艦隊

　　國際車輛產業整體發展趨勢朝向車聯網（connectivity）、自動駕駛技術（autonomous）、共享（shared）與電動車（electrified）等C, A, S, E四大核心要素。這是以電動車輛基礎，廣設充電場站，以5G、IoT、APP軟體等車聯網輔助，創新車輛共享服務營運模式。再透過高速連網、AI以及系統晶片等科技加速發展自動駕駛，爆發汽車產業的百年革命。

　　今日台灣在科技領域上的研究與製造扮演著關鍵地位，尤其是資訊通訊技術（ICT）方面，擁有深厚研發製造的經驗，這提供了台灣在電動車（EV）產業發展上的重要基礎。隨著電動車產業的快速發展，從研發製造之初，台灣就有眾多相關企業參與其中，並形成一個緊密連接的供應鏈。電動車製造成本當中，供應鏈相關企業各有其占比：電池約40%、底盤15%、車內裝飾16%、汽車電子10%、電機8%、電控6%、車身5%[1]。其中半導體、面板、資通電產業的車用資訊娛樂系統（IVI System）等製造分布在電子、電機以及電控這三項之中，合計約占全體自動車成本的24%，而這些生產要素也都是目前台灣具有極大優勢的產業。雖然電池是電動車最重要的組件，占大部分成本，以中國製造最具優勢。但是，台灣的電池技術和製造能力是有機會成為全球電動車電池和電池管理系統（BMS）的重要供應商。這不僅可以降低電動車的生產成本，也能加速電動車技術的創新和普及化的機會。

　　由於台灣在半導體及電子製造服務（EMS）領域持有領先優勢，為汽車電子和智慧駕駛系統提供技術上的必要基礎。這意味著台灣可以在資訊娛樂系統（IVI System）、先進駕駛輔助系統（ADAS）等高附加價值領域上扮演關鍵角

---

[1]　豐雲學堂（2024），〈電動車介紹：一文掌握電動車產業鏈上中下游概念股〉，民國113年3月（sinotrade.com.tw）。

色，可以進一步鞏固其在全球汽車電子市場的地位。電動車需要各種零組件，台灣具有汽車零組件製造業以及供應鏈的整合能力，能夠為電動車提供一套完整的製造方案，從而降低生產複雜性和成本。這種能力不僅限於傳統的汽車製造業，也涵蓋在新能源系統和電動車相關的創新技術和產品。

另一方面，台灣擁有尖端科技的研開發能力，且有潛力成為未來電動車持續研發的關鍵技術，例如電池技術、電動機控制、車用半導體等領域的研發中心。

未來電動車配備將會是先進三電系統為主角，包括高效的電池、有力的馬達和智慧化的控制系統等三電系統與關鍵零組件，這將會成為台灣未來產業發展的新動力。透過國際合作與技術交流，台灣可以加速這些關鍵技術的創新和應用。同時，面對全球對於綠色能源以及可持續發展的要求，台灣在綠色能源技術和電動車充電基礎設施上的開發也具有很大的潛力，這不僅能夠支援電動車產業的發展，也符合全球環保意識以及減碳潮流。

上述強調，台灣在電動車產業鏈中的角色是多元的，且具有完善的生產體制，從電池相關製造到電子系統，再到供應鏈管理和關鍵技術研發，台灣已經具備成為全球電動車產業的重要參與者的條件。透過持續不斷技術創新與國際合作，台灣不僅能夠在電動車產業中確立其地位，也能為全球環境永續發展盡一份心力。

一、電動車的相關產業與產業結構

資訊通訊技術（Information and Communication Technology, ICT）是電動車製造的關鍵因素，它的產業生態鏈是一個由多個產業部門相互關聯的所組成的複雜系統，涵蓋了硬體、軟體、服務以及相關的支援和基礎設施。硬體製造商是ICT產業的基石，負責生產各種電腦、手機、平板電腦等裝置所需的硬體。這些製造商生產的硬體，如晶片、顯示器、主機板等，作為提供其他部門必要零組件的基礎。例如，軟體開發商，他們負責設計、開發和維護軟體，以滿足個人和企業的需求。軟體開發廠商需要與硬體製造企業密切合作，以確保他們的軟體可以順利運行在各種不同的硬體平台上。除了硬體和軟體之外，資訊通訊

服務的供應商也扮演著重要角色，他們提供各種技術服務，包括軟體部署、網路管理、數據分析等，協助客戶可以有效利用硬體和軟體資源進行商業行為。而數據中心與雲端服務則是提供了各種應用上必要的計算與存儲數據。這些基礎設施的運用需要大量的硬體和軟體技術的支持，故須硬體製造企業和軟體開發商進行密切合作才能夠發揮資通訊產業的功能。

另一方面，零售商與經銷商負責將各種硬體、軟體和服務提供給最終端客戶使用，他們透過電子零售、通訊銷售業者、網路服務提供商等銷售管道，將產品和服務提供給消費者和企業的需求。

因此綜合上述，ICT產業生態鏈中的各個部分相互聯繫、相互依存，共同推動著ICT產業的發展，透過硬體、軟體以及服務的密切合作推動ICT產業能夠不斷地創新與發展，建構科技智慧化的經濟社會。而台灣在全球ICT產業中占有重要地位，具有強大的半導體製造能力、面板生產技術，以及資通訊相關產品的開發與製造實力，並隨著電動車（EV）產業的快速發展，這些能力使台灣得以在電動車產業鏈中扮演關鍵角色。

（一）電動車產業的分工角色

綜觀前面電動車產業生態鏈的各階段功能，台灣可扮演以下幾種角色：

(1)電動車電池和電池管理系統（BMS）供應商；(2)汽車電子和智慧駕駛系統的領先供應商；(3)汽車零組件製造和供應鏈整合服務；(4)電動車關鍵技術研發中心以及(5)綠色能源和電動車充電基礎設施的開發者等五大角色。

從(1)電動車電池和電池管理系統（BMS）在生產製造過程中需要哪些零組件與技術的配合來看，構成主要的配合元件和技術有：

❶電池單體：電動車電池是由多個電池單體組合而成，電池單體是生產電動車電池的重要組件。每具電池單體都包括正極、負極、電解液、隔膜等元件。

❷電池管理系統（BMS）：BMS是控制和監測電池的重要系統，它包括硬體和軟體兩部分。硬體方面，BMS需要電池模組、電壓和溫度感測器、控制器等元件；軟體方面，則需要相應的算法和控制策略。

❸電池冷卻系統：電池在工作時會產生熱量，因此需要配備冷卻系統來保持適當的溫度。這可能涉及到散熱器、冷凝器、冷卻液等配合元件和技術。

❹充放電控制系統：充放電控制系統是控制電池充放電過程的關鍵，需要相應的控制器、開關元件、電壓／電流檢測器等。

❺電池包裝材料：電池包裝材料需要具有良好的絕緣性能和耐高溫性能，同時也需要考慮到輕量化和成本效益。

❻安全保護系統：安全是電動車電池的關鍵課題，需要配備安全保護系統，這包含過電壓、過流以及短路的保護等技術面之確保。

❼封裝技術：電動車電池需要進行封裝，以確保其安全性和密封性，而封裝需要進行真空封裝、灌封等技術支援。

❽測試和檢測設備：在生產過程中需要各種測試和檢測設備，以便對檢測電池的性能、安全性以及可靠性。

　　上述八項的配合元件和技術，台灣在電動車電池和電池管理系統（BMS）相關的配合元件和技術上，確實擁有明顯的競爭優勢。這是由於台灣在半導體產業製造與研發上排列在世界的尖端隊伍中，擁有先進的製造技術與生產規模，如台積電等企業在晶片製造上的領先地位。這對於BMS中的控制器、感測器等半導體元件的生產提供了重要生產條件。而在電子元件製造業上也十分發達，具有豐富的經驗和技術，這些將在電動車電池生產當中，需要投入各種電子元件，如電池單體、電解液、隔膜等。台灣電子元件供應商能夠提供高品質產品，可以滿足電動車製造商對元件性能和安全可靠的要求。另外，台灣在電動車零組件製造上，具有台灣優良傳統產業的技術與品質，從電池冷卻系統、充放電控制系統，乃至安全保護系統，台灣企業早已建立了完善生產供應鏈。這些企業不僅具有高效率、高品質以及靈活性的製造能力，還能夠根據客戶需求提供客制化的解決方案。

　　過去政府部門相關單位就在技術研發投入了大量資源與政策性的配合，許多研究機構和企業在電動車電池、BMS和相關技術的研究與開發上取得了很多的重要成果。這些成果不僅建立台灣電動車產業技術水準的基礎，也為台灣在

國際電動車產業中的競爭地位上貢獻不少力量。台灣歷經長久的產業發展所累積的科學技術根基，配合在電動車電池和BMS相關的配合元件和技術上，形成卓越的競爭優勢。這樣的優勢不僅可以鞏固了台灣在電動車產業中的地位，也為台灣的企業創造了無限的發展契機。

在電動車製造中，汽車電子和智慧駕駛系統需要多種零組件和技術的配合，以確保系統的性能、安全和可靠性。而在(2)汽車電子和智慧駕駛系統上，所需包含的主要零組件與技術有：

❶影像感測器和攝影鏡頭：影像感測器和攝影鏡頭是智慧駕駛系統的重要組件，用於偵測車輛周圍的環境，如距離、速度、障礙物等。這些感測器包括雷達、激光雷達或是紅外線感測器等，攝影鏡頭可以用在視覺的辨識。

❷處理器和計算平台：智慧駕駛系統需要強大的處理器和計算平台處理，透過感測器和攝影鏡頭的數據，並能即時生成車輛的控制指令，而這些處理器包括中央處理器（CPU）、圖形處理器（GPU）以及人工智慧晶片等。

❸車輛網絡和通訊技術：智慧駕駛系統需要與車輛內部和外部的各種設備進行系統整合，需要能夠相對應的車輛網絡以及通訊技術，包括了控制區域網絡（CAN）、車載以太網（Automotive Ethernet）[2]、無線通訊技術，例如5G、WiFi、藍牙等。

❹軟體和演算法：智慧駕駛系統的核心在於軟體以及演算法，包括感測數據的處理、障礙物的辨識、路徑規劃以及自主決策等功能，這需要相應的軟體開發和演算法設計能力。

❺動力和驅動系統：電動車的動力和驅動系統需要有智慧駕駛系統配合才得以實現智慧化控制和整合操作，這包括電機、變速器、電子控制器（Electronic Control Unit, ECU）等。

❻安全和紅外線系統：智慧駕駛系統需要具備安全功能，如自動緊急煞車、車距保持、盲點偵測等，這需要相對應的安全系統以及紅外線感測

---

[2]　車用乙太網是一種專門用於汽車內部的乙太網絡，它可以高速數據傳輸和低延遲，其目的在於實現車載系統中的數字化和智慧化，並能整合車載娛樂系統、行駛輔助系統以及自動駕駛等功能。

器的裝置。

❼人機交互和車輛界面：實現智慧駕駛系統可靠性，需要人機交互和車輛
　介面的功能裝配，並需要設計易於操作和理解的介面，以及相應的控制
　裝置。

從上述七項的主要零組件與技術，台灣具備國際競爭力。在汽車電子與智
慧駕駛系統的相關主要零組件和技術上具有相當完整生態鏈，特別是半導體製
造技術和生產能力，例如台積電等企業在先進製程上處於領先地位。這使得台
灣在自動車製造上，能夠提供高性能、低功耗的半導體產品以滿足汽車電子和
智慧駕駛系統在處理器、感測器等元件的需求。另外，台灣在電子元件製造上
也具有豐富的經驗和技術，許多具有豐富經驗的電子元件供應商能夠提供高品
質、高可靠性的感測器、攝影鏡頭以及控制器等電子元件，滿足智慧駕駛系統
的需求。

由於台灣在資通訊技術上的優勢能力，擁有完整的通訊技術企業，這些企
業能夠提供先進的無線通訊技術與車輛網絡的解決方案，可以整合智慧駕駛系
統，並提供相對應的各項基礎配備。而在軟體開發上，台灣擁有豐富的人才與
經驗，許多企業以及研究機構透過產官學研的合作，在軟體開發與演算法設計
上累積眾多經驗與成果，並應用於智慧駕駛系統上。

因此，台灣在電子產業中已建立起完善的供應鏈體系，以快速、靈活地滿
足消費端的需求，這種供應鏈整合能力對於汽車電子和智慧駕駛系統是極具重
要的發展因素。

接著在電動車製造中，汽車零組件製造和供應鏈整合是非常重要環節，它
們確保了電動車以高效與高品質進行生產。在這一過程則需要多項零組件與技
術的密切配合，以下是電動車製造中主要的零組件與技術需求：

❶電池系統：電池組及其管理系統（BMS）是電動車的心臟。這要求電池
　單元可以達到高效率製造與電池管理系統的精準控制，以及這些組件的
　整合技術。

❷電機與驅動系統：高效率的電機和精密的驅動控制系統關係到電動車性
　能的良否，這包含電機的設計與製造、驅動控制器品項，以及這些系統

的整合技術等。

❸車身結構與底盤：輕量化材料和高強度結構設計對提升電動車靈活度與安全性至關重要，這涉及到先進的材料科學和製造技術水準。

❹汽車電子系統：從基本的車載娛樂到先進的駕駛輔助系統（ADAS），電動車對電子系統的依賴遠超過傳統汽車，這需要裝配微處理器、傳感器、控制單元等零組件，以及軟體系統的開發應用。

❺充電系統：分為內部的充電管理系統和外部的充電設施，這設施需要充電接口、電力轉換器，以及車輛通訊的軟體與硬體設計。

❻資訊娛樂和連接性：車用資訊娛樂系統（In-Vehicle Infotainment system, IVI system）和高連接性與高性功能的計算平台、多媒體處理能力，以及穩定的無線通訊技術。

❼智慧駕駛技術：自動駕駛車輛需要雷達、激光雷達（LiDAR）、攝影鏡頭等感測器，並須強大的數據處理和分析能力。

❽供應鏈整合：這不是單一技術或零組件，而是一種跨業綜合能力，包括供應鏈管理軟體（SCM）、物流和庫存管理技術，以及供應商管理和協同作業平台。

整合上述各項元素以能確保零組件即時送達生產線，並具有高效率、靈活性的生產過程。在這個過程中，技術的配合不僅僅是單一元件的組合，還包括軟硬體的融合、跨領域技術的應用，例如材料科學、電子工程、軟體開發等，建立高度自動化與數據驅動的生產流程。而供應鏈整合技術當可確保所有材料元件能夠在正確設定時間以最佳狀態送達生產線，這對於維持高生產效率和產品品質是相當重要的。

接著，我們將討論上述八項的汽車零組件製造和供應鏈整合，台灣是否能夠具備國際競爭力。台灣在電動車產業的零組件製造和供應鏈整合方面，從過去經貿經驗確實展現了強大的競爭力，其根基在於台灣企業擁有深厚的產業技術基礎與經驗，並具備靈活的供應鏈管理能力。這個優勢也涵蓋了電動車製造過程中的多個關鍵領域，包含上述的電池系統、電機和驅動系統、車身結構與底盤、汽車電子系統、充電系統、資訊娛樂與連接性、智慧駕駛技術，以及供

應鏈整合等各項專業。前面已經提及過，台灣在電池系統的製造與電池管理系統（BMS）技術開發方面有著堅固基礎，能夠製造高效能與高安全性的電池能力。雖然在電動機製造方面的規模尚屬中型，但台灣企業在高效能電機及其精確控制技術的研發上已具備世界水準，並已與多家國際大廠建立合作關係，持續創新。

在車身結構與底盤製造方面，台灣憑藉著過去在金屬加工和精密製造技術上的經驗積累，提供了輕量化且高強度的解決方案。同時，台灣作為全球半導體和電子元件製造的重鎮，在汽車電子系統的生產中扮演著關鍵角色，這些技術是實現汽車高度電子化的重要條件。另外，在充電系統上，包括電源管理技術與製造能力，台灣都有能力提供各種高效率的充電設備。而在資訊娛樂以及車輛連接技術方面，台灣在強大ICT產業基礎上，以高度化的產品和技術都可以滿足市場消費者的智慧化需求。高度智慧電動車技術凸顯台灣在軟體開發、人工智慧以及機器學習等領域的優勢，演算法以及軟體層面，台灣已經展現出強大的競爭力。企業利用豐富的供應鏈管理經驗使台灣能夠有效地整合資源，確保零組件可以即時供應，並提升生產效率。

上述說明台灣在電動車產業的零組件製造與供應鏈整合方面，不僅具有技術實力，也在電動車市場中位居重要的戰略位置。為了保持並擴大競爭優勢，台灣需要持續投資於技術研發，特別是在電動機和智慧駕駛的技術上，並加強國際合作，以促進技術交流和市場拓展。

另外設置電動車關鍵技術研發中心和綠色能源電動車充電基礎設施開發中心，這兩項可以作為推動電動車產業發展的兩大措施。這不僅能夠促進技術創新，更有望為台灣在全球電動車產業中建立起戰略基礎。以下分析這兩項做法如何創造產業技術創新的可能性，以及它們的成功對台灣電動車產業的意義何在。

（二）電動車關鍵技術研發中心

❶技術創新與突破：設置專門的研發中心以集中資源，包括資金、人才和技術，於電池技術、電機與驅動系統、電池管理系統（BMS）、智慧駕

駛等關鍵領域進行深入研究與開發。這不僅能夠推動技術進步，也有助
於解決目前電動車面臨的核心挑戰，如提高電池能量密度、降低成本、
增強安全性等。

❷產學研合作：研發中心可促進產學研緊密合作，透過與大學、研究機構
聯手加速新技術從實驗室到市場的轉化速度，培養專業人才，並促進知
識產權的創造和保護。

（三）綠色能源與電動車充電基礎設施

❶促進產業生態系統發展：開發綠色能源和建設充電基礎設施不僅解決了
電動車使用的便利性和可行性問題，還能推動相關產業鏈的發展，包括
充電站的建設、維護、營運以及綠色能源的生成和供應等，形成一個互
相促進的共進化生態系統。

❷創新商業模式：隨著充電基礎設施的完善，台灣可探索新的商業模式，
如充電設施與零售、餐飲、休閒娛樂等服務業的結合，創造多元化收益
模式。還有利用綠色能源為電動車充電也是實現電動車產業可持續發展
的重要一環，也符合政府現今的新能源政策。

　　一旦成功實施上述兩項策略，將有助於台灣在全球電動車產業中建立起核
心競爭力。一方面，透過關鍵技術的突破與創新，台灣能夠在電動車技術供應
鏈中占據更加重要的位置，吸引全球更多的合作夥伴和投資。另一方面，建立
完善的綠色能源和充電基礎設施，將提升台灣電動車產業的整體競爭力和吸引
力，促進產業生態系統的健康發展。

（四）MIH聯盟模式串聯全球電動車產業鏈

　　MIH聯盟（Mobility in Harmony）是由台灣鴻海集團（Foxconn Technology
Group）於2020年發起的一個電動車（electric vehicle, EV）產業生態系平台。MIH
聯盟目的在於以極簡化（minimalism）、本質（intrinsic）以及和諧（harmonic）
三理念，整合來自全球的汽車製造商、供應商、科技公司等多方資源和專業，
共同推動電動車產業的創新與發展。透過MIH平台作為台灣電動車產業的出海

口前進國際市場，並以「標準化、模組化與平台化」推動更快速的電動車製程，提升競爭力。MIH平台的設置展示台灣企業在電動車領域建立開放生態系統的決心[3]，加速電動車技術的創新和產品的市場推廣。MIH聯盟的核心目標是推動電動車產業的標準化、促進產業鏈的深度合作，並鼓勵技術創新。這包括從電池技術、電子系統、軟體系統整合到安全標準等多個方面，並建立統一的技術規範，以解決目前電動車產業相容性以及互操作性上所面臨的挑戰。透過這樣的標準化工作，MIH聯盟希望能夠降低進入門檻，吸引更多中小企業參與到電動車產業中，從而加快新技術的研發與應用。

　　另外，MIH聯盟致力於建立一個全面的產業生態系統，這不僅涵蓋了車輛製造和零組件供應，也包括了軟體開發、能源管理等多重領域。透過多元系統整合，解決來自不同領域的資源和技術，MIH聯盟推動跨行跨業的合作，促進電動車產品的創新與多樣化。MIH聯盟提倡成員之間的開放創新與合作，提供了一個平台促進各方知識共享、技術交流以及市場資訊聚集的場域。這種開放合作的模式不僅有利於加速技術的發展，也有助於拓展電動車市場的應用。MIH聯盟的成立，包含傳統汽車製造、IT、資通訊、能源等不同領域的企業提供了一個共同合作與創新的平台，共同推動電動車技術的進步與產業的發展。

　　因此，MIH聯盟使得電動車產業不僅推動了技術標準化，促進了產業合作，還加速了創新發展，建立了一個全面且開放的電動車產業生態系統。透過這種開放與合作期望能夠推動台灣電動車產業的快速發展，實現更環保、高效率、智慧高度化的策略方式。

二、電動車聯合艦隊的組成意義

　　經由上述電動車產業的討論，接著我們將重心移到聯合艦隊將如何連結台灣產業鏈優勢擴展海外市場。

---

[3]　財團法人大肚山產業創新基金會（2022），《科技特派員：林佳龍與十二位企業CEO的關鍵對話，前瞻台灣產業新未來》，台中：大肚山產創基金會。

台灣電動車產業透過聯合艦隊模式向海外市場拓展的策略，是基於整合產業鏈優勢、建立跨國合作橋樑，以及拓展銷售與服務網絡三大核心做法。台灣利用上一節討論過的各項技術，如電動車電池、電池管理系統（BMS）、汽車電子、智慧駕駛系統以及供應鏈管理等方面的技術和系統整合的解決方案，並對外展現台灣科技產業的競爭力和管理經驗。聯合艦隊模式整合台灣電動車產業的各項優勢，具備從零件製造到整車組裝的製造能力。透過聯合艦隊模式與國際企業、研究機構的技術交流和合作，不僅可以加速技術創新與產品升級，也有機會參與制定國際標準，提升台灣電動車產業在全球的影響力。聯合艦隊模式有助於在關鍵海外市場的銷售和服務網絡建設，並提升台灣企業品牌的曝光度，也使台灣企業能直接面對國際市場的需求與挑戰，可以快速適應並調整策略和產品滿足國際市場的多元需求。

從國際合作的角度看，台灣企業與國際領先的電動車製造商以及三電（電機、電控、電池）供應商建立合作夥伴關係，進行技術交流和合作研發。採取聯合艦隊模式的企業組合可以帶來產業效益，包括技術出口和品牌國際化、產業升級和發展創新，以及吸引國際來台灣投資。這些效益不僅可以加強台灣電動車產業的國際競爭力，也強化了產業結構的優化和產業升級，為台灣經濟的持續發展奠定強健基礎。聯合艦隊模式為台灣電動車產業提供了一條有效的發展路徑，透過整合產業內部資源、積極參與國際合作、擴展海外市場的銷售，以及建立服務網絡，使得台灣在全球電動車產業中扮演關鍵地位，且為台灣經濟產業發展帶來長遠助力。

三、電動車聯合艦隊的新國際雁行

（一）台灣ICT資通訊相關企業的電動車產業分布

政府在促進台灣ICT集團等企業以及產官學研機構參與電動車領域的合作可以起到關鍵性上的作用。這種跨產業組合和跨企業間合作形成的電動車聯合艦隊，在開拓海外市場上也將更加強化國際競爭力。政府的參與將更加有效率

地整合產業與企業，促進不同領域之間的合作，透過ICT技術與車電產業相結合，形成更全面、更具競爭力的發展環境，促進台灣電動車產業創新發展。同時，經過政府單位的溝通協調與資源分配，使得各企業和機構能夠共享研發成果、技術資源和市場情報，提高整體競爭力。有了政府背後支持與協調，各方能夠充分發揮各自優勢，共同推動電動車產業的發展。

　　另外，政府也能夠協助聯合艦隊在國際合作，促成電動車在海外市場的銷售機會和行銷管道，這對於進入新市場與擴大市場上，甚為重要。政府參與將有助於應對國際市場的挑戰，像是政府能夠幫助企業應對貿易技術的壁壘、法規標準等問題，提高在國際市場上的生存能力。像這種跨產業組合和跨企業間合作的方式對於國內電動車相關產業的發展也將產生重要影響。同時，透過與具有代表性的ICT企業合作，國內電動車產業與產業鏈相關企業的技術水準將可以獲得更高度化發展，並能促進技術轉移和知識共享，以加速國內電動車相關產業的技術升級。

　　台灣ICT資通訊相關企業集團跨入電動車產業主要分布在鴻海、金仁寶、和碩、廣達、聯電、台達電、明基、光寶等，圖10-1可以看出旗下的相關企業分布在不同電動車製造與系統當中，並扮演重要功能角色。

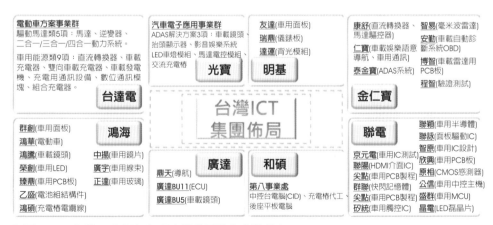

圖10-1　台灣ICT資通訊相關企業的電動車產業分布

資料來源：沈榮津（2023），〈台灣產業發展與未來趨勢〉，報告資料引用。

　　圖10-1中，**鴻海集團**旗下的企業在電動車產業中發揮著關鍵作用，每個子公司都在不同方面為電動車發展擔任不同功能角色。群創作為顯示技術領先者，提供了車用版面，包括中控顯示器和儀表板等。這些顯示器不僅是車輛的控制中心，也是駕駛者與乘客取得車輛資訊的介面，它的性能和可靠性對於駕駛此車非常重要。乙盛公司是負責電池組結構的設計和製造，這關係著電動車能否發展的重要因素。電池組的結構設計影響著電池的安全性、壽命以及整體性能，而乙盛的專業知識和技術則確保了電池組的優質性能。

　　車載鏡頭技術則由鴻騰公司擔當，這些鏡頭應用於車輛的感知系統中，例如行車記錄器和智慧駕駛輔助系統等，它們能夠捕捉和分析路況、監控駕駛者行為，進而提高駕駛安全性和駕駛操作。另外，榮創公司提供車用LED照明組件，用於車燈或內部照明。車用LED具有節能、長壽命以及高亮度等優點，同時也能提供更好的視覺效果，增進安全性與方便性，可提升駕駛者的能見度和車輛的外觀設計。鴻海集團旗下的這些企業透過各自的專業領域和技術能力，在電動車產業的電子系統以及視覺感知方面發揮著關鍵作用。它們的產品和技術不僅提高了電動車的性能和安全性，還推動了整個產業的發展與創新。

　　而**金仁寶集團**在電動車產業中，由兩家子公司扮演重要角色。首先，康舒公司是專注於提供直流轉換器，這在電動車結構系統中是非常重要的組件，它負責將電池輸出的直流電轉換為車輛內部各個系統所需要的直流電。康舒在設計以及製造直流轉換器上具有豐富的經驗與技術，優質產品能夠確保車輛系統的穩定供電，提高電動車的整體性能和能源利用效率。另一家智程公司則負責驗證測試，這在電動車的製造過程中是重要步驟，是確保車輛的各個系統和各組件可以符合相關的標準與規範，使其正常運行與安全使用。智程公司擁有先進的測試設備以及專業的測試團隊，能夠對電動車各方面進行全面且細緻的測試，從而進一步確保車輛的品質與性能都可以符合要求。金仁寶集團的康舒公司與智程公司在電動車產業的分工協同，為電動車在電源管理和系統測試上，提供電動車整體使用過程中的穩定性、安全性以及可靠性，同時也為金仁寶集團在電動車產業中的地位和競爭力奠定了穩固的基礎。

　　和碩公司在電動車產業中扮演的角色是提供主控電腦，這是電動車控制系

統的核心零組件之一，負責車輛的控制與資料處理。主控電腦在電動車中的作用十分關鍵，它負責控制車輛的各個系統，例如動力系統、車輛穩定性控制系統以及充電系統等。同時，主控電腦也需處理來自車輛各個部件的數據資訊，如電池狀態、車速、里程等，根據這些資訊產生相對應的控制與調整。和碩擁有豐富的經驗和技術，在主控電腦的設計、製造和測試上，都具有優良技術，能夠根據客戶的需求，設計與製造出符合高標準的主控電腦產品，再通過嚴格的測試與驗證流程，產品的品質和性能皆可以達到最佳水準。因此，和碩提供了高品質主控電腦負責電動車的控制與資料處理，使得車輛更加具有穩定性、可靠性以及安全性。

明基是台灣ICT資通訊相關企業集團中的重要成員，也在電動車產業中扮演關鍵的角色。明基主要提供車用版面、儀表板和背光模組，這些組件為電動車在顯示以及控制介面上提供了重要功能。車用版面是車輛的重要組件，用於安裝和支持車輛控制系統的顯示器、娛樂系統、導航系統等。明基車用版面具有良好的耐用性和安全性，能夠保護內部的電子設備，同時也具有高品質的外觀設計，提升了車內空間的整體美觀。而儀表板是車輛駕駛者用於顯示車輛的基本訊息，如車速、轉速、油量、電池狀態等。明基儀表板製品能夠提供清晰的顯示效果和準確數據，幫助駕駛者即時掌握車輛本體狀態，提高駕駛的安全性與可靠性。在背光模組方面，明基提供車輛顯示器，用於提供照明與背光，確保顯示器在各種光線條件下都能夠清晰顯示。當背光模組具有高亮度、均勻性以及節能性等優點，有助於提升駕駛者的視覺體驗。

廣達集團在電動車產業中，由旗下的廣達公司和鼎天公司分別在車輛的控制和導航系統方面發揮著重要的作用。廣達公司以提供車輛的ECU（電子控制單元）為其主要角色。ECU是電動車控制系統負責監控和控制車輛的各個系統，包括動力系統、煞車系統、轉向系統等。廣達公司憑藉其豐富的經驗與技術，在設計和製造ECU方面處於領先地位，其產品能夠確保車輛的各個系統正常運行，提高車輛的性能與安全。另外，鼎天公司是負責車用導航系統的開發與製造。隨著人們對於行車安全和便利性的要求不斷提升，車載導航系統已經成為了現代汽車的重要標準配備。由於鼎天公司導航系統具有精確的定位功

能、豐富的地圖資料以及友善的使用介面，這些將可以作為駕駛者的準確路線規劃和即時的交通訊息，並且能夠提高駕駛的行車安全性和便利性。這兩家公司的專業知識和技術能力為電動車產業發展和普及提供了重要技術的支持。

聯電集團旗下的聯穎公司、聯詠公司、原相公司以及聯陽公司分別在電動車產業的感知與通訊系統方面提供技術和組件。聯穎公司提供的是車用影像線，這是用於車輛的攝影鏡頭和顯示器之間的連接線，用於傳輸攝影鏡頭捕捉到的影像信號，方便駕駛者參考使用。由於提供影像線具有高速傳輸、穩定可靠的特點，以能確保車輛攝影系統的正常運作，提高了駕駛者的行車安全。而聯詠公司則負責面板驅動IC的開發和製造。首先，面板驅動IC是用於控制液晶顯示器的電源供應，以及顯示驅動的積體電路，這是車輛顯示系統的核心組件。聯詠公司的面板驅動IC具有高度積體、高效率，以及低功耗等特點，能夠確保車輛顯示系統的穩定性與性能。另外，原相公司提供的是CMOS感應器，這是用於攝影鏡頭中的光學感測器，能夠將光信號轉換為電信號，進行攝影鏡頭的影像捕捉功能。原相公司提供的CMOS感應器具有高解析度、高靈敏度和低噪音等優點，能夠為車輛攝影系統提供優質的影像輸出。最後，聯陽公司負責車用的HDMI介面IC的開發與製造。HDMI介面IC是用於車輛的多媒體系統中，提供高清影視與音頻的傳輸和顯示。聯陽公司提供的車用HDMI介面IC具有高清晰度、高品質的優點，能夠為車輛的多媒體系統提供優質的視聽功能。

台達電集團在電動車產業的主要業務包括馬達和電動車動力、電控方案以及微電網概念的充電樁等，提供車輛的動力和充電系統。馬達是電動車動力系統的核心部件，用於驅動電動車輛的輪轂或傳動系統的電機，負責轉換電能為機械能，提供動力來驅動車輛運轉功能。台達電提供高效率馬達，具有高性能與可靠性，能夠確保電動車輛的動力系統正常運行，提供強大的動力輸出。另一方面，台達電提供的充電樁是作用於將電能轉換為車輛電池充電所需的設備，是電動車充電基礎設施的重要組成。台達電提供的充電樁具有快速充電、安全可靠、高智慧管理等特點，能夠為電動車輛提供便捷、高效的充電服務，滿足用戶的需求。因此，高技術與高品質的馬達和充電樁設備提供電動車的動力與充電系統，能夠確保電動車的動力輸出和充電效率，為電動車的普及化與

發展扮演重要的關鍵。

　　光寶企業集團旗下的光寶科技公司和閎輝公司分別在車輛的電源管理和控制方面發揮著重要功能。光寶科技公司提供的是直流轉換器，這是電動車中重要的電源管理裝置，負責將電池輸出的直流電轉換為車輛內部各個系統所需要的直流電，並且提供穩定的電源。光寶科技公司的直流轉換器具有高效率、高功率密度以及低能耗的特點，能夠確保車輛的電源管理系統的運作穩定，並提高電動車的能源利用效率。而閎輝公司則是負責車用按鍵的設計和製造，是用於控制車輛各個功能的開關裝置，包括控制車窗、門鎖、空調、音響等功能。閎輝公司提供的車用按鍵具有靈敏的觸控感應、耐用的品質和符合人體工學的設計等特點，能夠確保車輛的控制系統正常運作，提高了車輛的安全性。

（二）啟動電動車聯合艦隊邁向國際雁行

　　電動車相關產業除了傳統汽車製造業參與之外，還需要高科技產業參與其中，台灣企業可以扮演的角色，如前面所述的(1)電動車電池和電池管理系統（BMS）至(5)綠色能源和電動車充電基礎設施等五階段功能。然而，依照現況關於台灣電動車製造程度的各項零組件與各項系統盤點後，如圖10-2所示。從圖中可知，電動車的製造對台灣來說，國內可以自製生產占了絕大多數，只有藍色部分的動力系統中的馬達驅控器和功率轉換晶片、電能系統的電池芯以及車輛電子系統中的ADAS、智慧座艙以及軟體OTA等幾個項目需要更加強研發。可見台灣製造能力已經具備完善的生產鏈生態系。

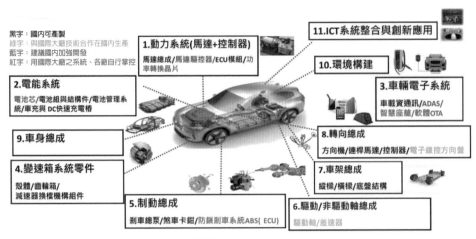

圖10-2　台灣電動車10+1系統國內製造能量

資料來源：社團法人台灣電動車產業聯盟報告資料（2023）中引用於林信義的雲科大演講資料。

　　電動巴士與一般電動車一樣是未來智慧城市發展的重要指標，從圖10-3的電動巴士關鍵零組件國內製造能量可知，與上面的圖10-2一樣，台灣除了在制動、驅動／非驅動軸以及轉向等系統，採用國際大廠系統之外，在動力系統馬達驅控器、電能系統的電池芯以及車輛電子系統ADAS，還是具備了電動巴士高自製率的能力。

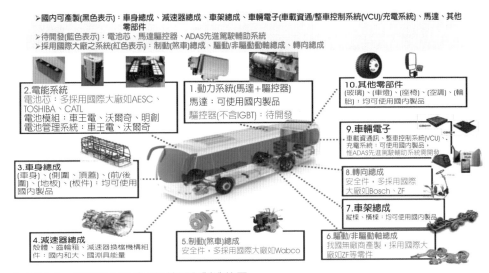

➤國內可產製(黑色表示)：車身總成、減速器總成、車架總成、車輛電子(車載資通/整車控制系統(VCU)/充電系統)、馬達、其他零部件
➤待開發(藍色表示)：電池芯、馬達驅控器、ADAS先進駕駛輔助系統
➤採用國際大廠之系統(紅色表示)：制動(煞車)總成、驅動/非驅動軸總成、轉向總成

2.電能系統
電池芯：多採用國際大廠如AESC、TOSHIBA、CATL
電池模組：車王電、沃爾奇、明創
電池管理系統：車王電、沃爾奇

1.動力系統(馬達＋驅控器)
馬達：可使用國內製品
驅控器(不含IGBT)：待開發

10.其他零部件
(玻璃)、(車燈)、(座椅)、(空調)、(輪胎)：均可使用國內製品

9.車輛電子
車載資通訊、整車控制系統(VCU)、充電系統：可使用國內製品，惟ADAS先進駕駛輔助系統需開發

3.車身總成
(車身)、(側圍、頂蓋)、(前/後圍)、(地板)、(板件)：均可使用國內製品

8.轉向總成
安全件，多採用國際大廠如Bosch、ZF

7.車架總成
縱樑、橫樑：均可使用國內製品

4.減速器總成
殼體、齒輪箱、減速器換檔機構組件：國內和大、國淵具能量

5.制動(煞車)總成
安全件，多採用國際大廠如Wabco

6.驅動/非驅動軸總成
我國無廠商產製，採用國際大廠如ZF等零件

圖10-3　電動巴士關鍵零組件國內製造能量

資料來源：沈榮津（2023），〈台灣產業發展與未來趨勢〉，報告資料引用。

　　另一方面，各企業在電動車的零組件與各項系統的製造上展開實作場域的建置，如下頁的圖10-4。這些場域設置對於電動車產業整體發展至為重要，在電動車聯合艦隊推向國際市場之際，也展現台灣的製造能力並提供企業間合作的機會。

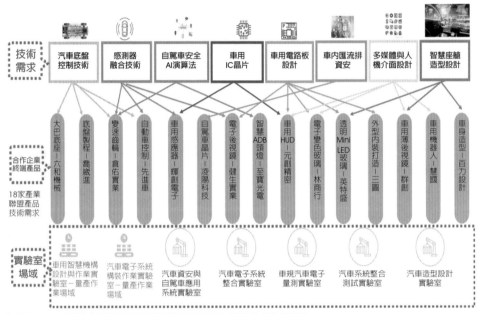

圖10-4　電動車製造的零組件與各項系統的實作場域建置
資料來源：社團法人台灣電動車產業（2023），〈聯盟協助台灣電動車發展重點方向〉資料。

　　圖10-4實作場域建置具有重要意義，因為智慧電動車的發展關係著融合先進的製造技術、資訊通訊技術（ICT）、人工智慧（AI）以及各種感測器技術等多領域的創新與製造技術，其發展趨勢是要求一個跨領域整合的電動車產業生態系統，而實作場域的設置在這個生態系統中扮演著關鍵角色。我認為以下幾點可以說明實作場域設置對電動車發展的重要性：

❶創新與研發的加速器：實作場域提供了一個可以快速測試與不斷重複試驗修正的新想法、新技術環境。在電動車實作場域中，從電池技術、電動機設計到車載資訊系統等各方面都需要持續的創新，透過測試與不斷重複試驗修正實作場域運作，企業可以減少從概念到產品的時間，加速創新過程。

❷促進跨領域合作：智慧電動車的發展需要多個領域的技術整合，包括車輛工程、電子工程、軟體開發等，這些製造工程的實作場域可以提供不同背景的工程師或是設計師營造共同工作的空間，有助於促進跨領域的

溝通與合作，從而加快產品開發進程並提升產品品質，這也是我在本書〈緒論〉中強調過的「回遊思考」場所。

❸測試與驗證：智慧電動車需要經過嚴格的測試和驗證才能確保其安全性、可靠性和性能優劣。實作場域提供了進行這些測試的設施，不僅包括基本的功能測試，還有模擬真實路況的測試，這對於評估電動車將來在實際應用上的表現至關重要。

❹技術展示與市場反饋：實作場域也是向投資者、潛在客戶和合作夥伴展示最新技術和產品的平台，透過這樣的實作場域展示，企業可以獲得市場反饋，進一步調整與優化其產品。同時，這也有助於吸引投資和建立品牌形象。

❺教育與培訓：隨著智慧電動車技術的快速發展，對於具備相關技能的工程師與技術人員的需求也快速增加，而實作場域可以作為教育和培訓的重要場所，不僅幫助現有員工技能提升，也為實習學生或新進員工提供實戰經驗，縮短理論與實踐之間的距離。

　　綜合上面所述，實作場域設置對於智慧電動車的發展具有多方面的功能，從加速技術創新、促進跨領域合作，到提供測試驗證的平台，以及作為技術展示和人才培訓的場所，這些都是推動電動車產業發展不可或缺的一環。

（三）台灣與巴拉圭淨零轉型合作案：巴拉圭電動巴士組裝廠建廠計畫

❶從巴拉圭投資合作到南方共同市場國家戰略

　　近年來台灣與巴拉圭的產業合作正在加溫，2022年台灣多項領域企業家組團參訪，並與當地業者簽署合作備忘錄，開啟雙方產業實質合作的機會之窗。

　　在國際社會的淨零碳排趨勢下，巴拉圭再生能源商機受到極大重視。巴拉圭約有99.8%的電力是來自水力發電，而台灣具備儲能技術與設備製造，可提供巴拉圭進一步發展再生能源產業。巴拉圭政府也希望台灣企業能夠到巴拉圭投資，特別在電動汽車、紡織及食品加工業等三項目作為初步合作目標[4]。台灣與

---

[4]　參考《中時新聞網》（2023），〈巴國供電100%來自再生能源 賴清德提2050淨零轉型這樣

巴拉圭的國際合作，除了可以促進巴拉圭產業升級與經濟發展，也能夠為台灣企業開拓海外商機。透過這些合作項目，不僅是順應國際趨勢，滿足巴拉圭國家需求，又可以展現台灣的產業優勢，共創雙贏局面。

另一方面，巴拉圭政府強調，他們是台灣戰略合作夥伴，希望透過共享自由民主價值發展。巴拉圭位於拉美心臟地帶，可以透過與台灣的產業合作共創商機，台灣可成為巴拉圭企業進軍亞洲市場商機的平台[5]，而台灣企業也可以透過與巴拉圭合作機會前進南方共同市場（Mercosur）。台灣對巴拉圭投資除了建立更穩固邦交情誼之外，也是擴大國際戰略的一環。南方共同市場是在1991年，基於民主憲章由巴西、阿根廷、烏拉圭與巴拉圭等國共同創立的國際市場機構，涵蓋範圍約三億人口的市場，具備低成本與人口紅利優勢條件吸引投資。

當台灣企業與巴拉圭展開投資商業合作時，並非僅是一個單純的商業行為，更是一個涉及多方面利益與效益的綜合性策略。從雙方產業發展的角度來看，透過合作，台灣企業可以利用巴拉圭豐富的自然資源和低成本的勞動力，降低生產成本，提高競爭力。同時，台灣企業的技術與管理經驗也可以幫助巴拉圭提升產業水準，推動經濟發展。進入巴拉圭市場也意味著進入南方共同市場，擴大市場規模，受惠於南方共同市場的貿易協定，促進跨國貿易商機。

而從企業布局的角度來看，進入巴拉圭市場不僅可以幫助台灣企業建立品牌形象，提升在拉美地區的影響力，還可以加強與當地企業以及其他南方共同市場成員國企業的合作，促進更多的技術交流和產業合作。同時，台灣企業的投資也有助於加深台灣與巴拉圭兩國的政治關係，促進雙方在外交上的合作，推動兩國之間的友好關係且增進雙方人民之間的相互了解和交流，推動文化交流與合作，進一步促進兩國人民之間的友好關係。因此，台灣企業與巴拉圭的投資商業合作不僅可以帶來經濟效益，還有助於推動雙方在多個領域的合作與交流，實現互惠互利的局面。

說〉，民國112年8月16日。閱覽日2024/03/17。

5　參考《貿易雜誌》（2023），〈進口最前線巴拉圭：台灣與友邦巴拉圭交流熱絡雙邊貿易持續成長〉，民國112年6月 第384期。閱覽日2024/03/17。

　　其中又以「電動巴士」成為台灣與巴拉圭合作的新亮點，這是由於巴拉圭具有全世界最優越的水力發電條件，但汽車柴油幾乎仰賴進口，電動巴士將可以充分利用巴拉圭的過剩電力，大幅節省公共運輸的燃料成本，可以為巴拉圭節省購油外匯。快速充電型的純電動巴士成為巴拉圭重要需求。電動巴士國家隊的成運企業以組裝廠方式輸出巴拉圭，被視為台灣與巴拉圭淨零轉型合作案的首部曲。成運企業將透過台灣電動巴士科技與快速充電技術投資巴拉圭，同時也要將台灣的車隊管理系統、智慧交通系統、智慧站牌及手機App公車動態查詢等系統引進巴拉圭。這將可以大幅提升巴拉圭的產業製造水準和資通訊技術，並提高就業率[6]。如果順利成功推動電動巴士的投資合作，經過車體在當地組裝，再致力於在地打造部分零組件以提高自製率，並輸出至南美洲共同市場，將可為台灣企業建立海外基地，並作為國際雁行聯合艦隊的產業補給站。

　　經濟部2022年提出智慧電動巴士DMIT計畫，其目標在於如圖10-5所揭示的整車開發的國產車加上整車四大關鍵次系統的國產研發。在此架構目標下，電動車聯合艦隊海外雁行。

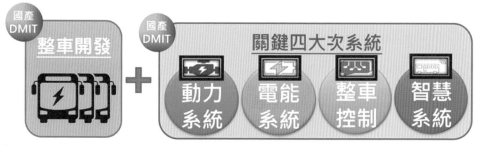

圖10-5　智慧電動巴士DMIT計畫推動目標
資料來源：財團法人車輛研究測試中心「知識文章/2050淨零轉型下國內電巴整車產業概況」（2023/04/12）。https://www.artc.org.tw/tw/knowledge/articles/13696。閱覽日2024/03/17。

---

[6]　《聯合報》（2023），〈產業突破 電動巴士國家隊成運將整廠輸出至巴拉圭〉，民國112年7月13日。https://money.udn.com/money/story/5612/7298192。閱覽日2024/03/17。

❷成運汽車製造進行巴拉圭電動巴士組裝廠建廠計畫

以成運汽車製造股份有限公司為代表之一的國內電巴公司在2021年通過政府DMIT示範型計畫（在台灣設計&製造），具備高自製率及去中國供應鏈等特性，可以快速提供市場之要求及規範。DMIT電動巴士除了具有市場競爭力及市場包容性，更結合台灣AI／IT等智慧化及自動化系統，成為台灣電動車產業以DMIT產品模式輸出海外的範例。成運企業的海外策略有[7]：

(1) 結合台灣的電動巴士高科技產業鏈及巴拉圭的豐富生產資源，加速巴拉圭公共交通運具電動化，協助巴拉圭政府提升就業率及國民滿意度，穩固台巴政府關係。

(2) 雙方政府及頂級企業合作組建電動巴士組裝廠，建立快充型電動巴士的營運模式及生產模式。

(3) 協助提高巴拉圭提高電動巴士自製率，透過巴拉圭與鄰國之貿易協定，外銷南方共同市場。

從上述(1)至(3)的市場策略來看，國內電巴公司可延伸開發多語種智慧型交通系統，以提升我國電動巴士的價值鏈與價格競爭力，如下圖10-6所示，開發出多元智慧系統的電動巴士前進巴拉圭。

---

[7] 參考成運汽車製造股份有限公司（2023），〈台灣與巴拉圭淨零轉型合作案首部曲巴拉圭電動巴士組裝廠建廠計畫〉，報告內容資料。

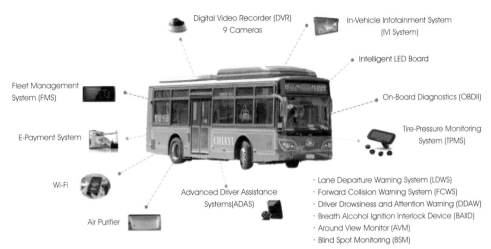

圖10-6　成運企業DMIT策略巴拉圭電動巴士設計與製造
資料來源：成運汽車製造股份有限公司（2023），〈台灣與巴拉圭淨零轉型合作案首部曲巴拉圭電動巴士組裝廠建廠計畫〉。

　　上圖中智慧電動巴士所涉及領域非常多元，展現台灣產業的鏈實力，配備了車隊管理系統（FMS）、電子支付系統、無線上網、空氣清淨、先進駕駛輔助系統（ADAS）、輪胎壓力監測系統（TPMS）、車載診斷（OBD-II）、智慧型LED版、車載資運娛樂系統（IVI System）、數位錄影機（DVR）、車道偏離警示系統（LDWS）、前方碰撞警示系統（FCWS）、駕駛者昏昏欲睡和注意力警告（DDAW）、呼吸酒精點火連鎖裝置（BAIID）、環景監視器（AVM）、盲點監控（BSM）等項目的設計與製造。

　　國內潛在投資業者如成運企業在巴拉圭投資建廠的計畫或華德動能在南美與北美市場涉及到多元智慧化系統的電動巴士製造，這些需要擁有多項先進的技術和配備，將對台灣很多相關產業帶來影響，包含[8]：

(1) 智慧科技相關產業：成運汽車製造投資的智慧電動巴士涉及車隊管理系統、無線上網、數位錄影機等多項智慧科技應用，這將提升台灣智慧科技產業在國際市場的知名度和競爭力。

---

[8]　參考成運汽車製造股份有限公司（2023）報告資料。

(2) 汽車零組件相關業：電動巴士的製造需要大量的汽車零組件，如輪胎壓力監測系統、車載診斷系統等，這將帶動台灣相關汽車零組件製造業的需求增加。另外，成運企業與華德動能等電巴公司從取得ARTC電動巴士整車及底盤認證、VSCC電動巴士性能驗證，以及台灣電動巴士示範型廠商資格，具有獨立整合與設計電動巴士三電系統及其他子系統的能力。同時也具備了自主設計底盤和自主設計車體。

(3) 車聯網系統相關產業：智慧電動巴士配備了車隊管理系統與車輛互聯功能，這將促進台灣車聯網相關產業的發展，包括軟體開發、數據分析等領域。

(4) 新能源汽車相關產業：電動巴士屬於新能源汽車的範疇，投資建廠將推動台灣新能源汽車產業的發展，包括電池技術、充電設施建設等。並且透過最安全的鋰電池，搭配長壽命、低溫運作及快速充放電等特性，打造SOC20%至80%僅十五分鐘快速充電策略做出市場區隔。

(5) 智慧交通相關產業：成運企業投資的智慧電動巴士配備了先進駕駛輔助系統、碰撞警示系統等安全技術，以提高巴拉圭交通系統的智慧化水準，這也將帶動台灣智慧交通相關產業的發展。

關於以上各項相關產業的需求，台灣電巴企業提供完整技術、供應鏈及全球共用平台，協助當地合作夥伴快速建立高產值及高市值電動巴士組裝廠，並透過全球據點同步資料持續優化電動巴士底盤。因此，成運企業投資在巴拉圭的電動巴士除了可以帶動台灣智慧科技、汽車零組件、車聯網、新能源汽車和智慧交通等產業的發展之外，還是少數具有車輛製造商、客營運運商、零組件供應公司，以及電動汽車的後勤維修保固等服務能力的國際車廠，提供給客戶的不只是車輛，也包含系統及供應鏈，這將提升台灣在這些領域的國際競爭力，並促進產業升級與轉型。

❸電動車聯合艦隊國際雁行的推動機制

電動車聯合艦隊是企業進行國際貿易的另一種型態，與傳統單一企業單一品項的交易方式不同，這是透過高科技跨業系統性整合的套裝商品形式交易，

其複雜性與難度遠超出一般製品。電動車聯合艦隊的組成，不僅是商品統合，還需要建立國際雙方的合作模式，包含雙方的政府單位與經營主體企業等相關人員，以及雙方出資比例的股權結構等。台灣的成運企業與巴拉圭中長期可望共同成立合資製造公司，除了雙方共同出資之外，也可能尋求國家投融資機制的協助。國家投融資機制投入代表國家對本國企業在外交上與經濟上的支持，也是行政部門作為企業海外發展堅實後盾的展現。為了保護企業海外經營的安定，台灣以過半股權比例共同成立合資製造公司，有助於確保電動車各項技術與經營策略的推動。

　　上述的電動車聯合艦隊商業模式以整合性商品形式交易，透過高科技跨業系統性整合特點，使得產品更具競爭力和市場吸引力。因此，未來在海外市場擴展時，企業能夠提供更多元化、更適應當地需求的產品，創造市場需求與競爭優勢。而成運企業的商業模式建立在國際合作模式之上，涉及政府單位、企業等相關人員的密切合作。這種合作不僅促進了企業間相互信賴，更有助於打造企業的國際形象和品牌，提高台灣產品在海外市場的知名度與信譽。台灣國發基金等政府機構的參與代表了國家對企業海外市場拓展的支持，且能夠為企業提供更多資源和保障，減輕企業進入新市場所面臨的風險，為企業在海外市場建立更穩固的立足點提供了支援。

　　同時，透過共同成立公司並擁有過半股權比例，台灣可以確保對電動車技術與經營策略的掌控。這種做法不僅有助於保護企業在海外市場的利益和權益，更能夠確保產品品質和技術水準的持續提升，從而增強企業在海外市場的競爭力和長期發展能力。因此，電動車聯合艦隊商業模式對未來海外市場擴展具有連續性的意義，它不僅提供了多元化的產品組合與經營合作模式，更為企業在海外市場的進一步發展奠定了穩固的基礎。

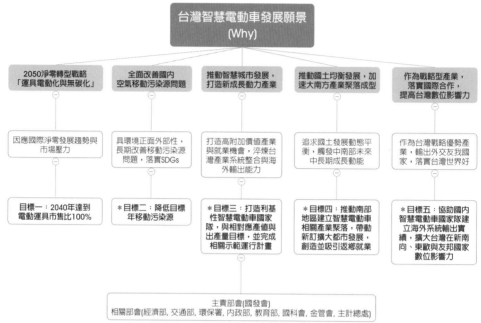

圖10-7 智慧電動車發展目標與效果

　　推動智慧電動車發展可以促進運具電動化與無碳化的「淨零轉型」、改善國內移動空氣汙染、推動智慧城市發展、有助國土均衡發展以及創造國際企業合作等幾項目標。從圖10-7中說明了，智慧電動車透過替代傳統燃油車輛，減少碳排放，進而改善了移動空氣汙染。這不僅符合環境保護的目標，也促進了城市的健康和居民的生活品質。導入智慧電動車系統與智慧城市發展密切相關，透過智慧交通管理系統、智慧充電基礎設施等逐漸建設與普及化，將提高城市交通的效率，減少交通堵塞造成的廢氣排放。同時，智慧電動車也能與智慧建築、智慧能源系統等相互連接，促使城市資源更加有效利用以推動智慧城市的整體發展。

　　另一方面，智慧電動車推廣與普及化的結果，將有助於國土均衡發展。這是由於透過分散城市交通壓力，智慧電動車可以間接促進近郊農村地區的發展，並推動新能源產業，增加就業機會，促進地方經濟繁榮。另外，智慧電動車廣泛利用，也有助帶動國際企業之間的合作與交流。畢竟國際普遍重視環境

保護意識，智慧電動車產業需要跨國企業彼此合作與共享資源，以推動技術和產品的創新，促進全球智慧電動車產業的繁榮。

　　上述說明智慧電動車產業發展，不僅符合環境保護和智慧城市的需求，還能兼顧國土均衡發展與國際企業的交流與合作，具備多重功能。

11

無人機聯合艦隊

　　建構新時代的經濟社會環境需要借助半導體技術以製造各種晶片，透過IoT、ICT、量子計算等技術結合AI的應用，發展出各種智慧型產業。半導體晶片是許多現代科技產品的核心組件，包括智慧型手機、電腦、通訊設備等。今後各種商品將巧妙利用半導體晶片的功能，並導入尖端科技，將應用範圍擴展到極致。而AI技術快速發展，注入了更多智慧與自主學習的能力，使得晶片系統更加智慧化和自動化。例如智慧醫療、智慧城市和智慧電動車等領域都是半導體技術及相關技術的主要應用領域之一。

　　在智慧醫療方面，半導體晶片和IoT技術可以用於監測患者的健康狀況、收集醫療數據、進行遠程診斷與治療等。智慧城巿則利用半導體技術和IoT技術實現了城市基礎設施的智慧化管理，包括交通、能源、環境監測、智慧安全等各方面。而智慧電動車也依賴半導體技術實現車輛的智慧化控制、自動駕駛、能源管理等功能。這些技術的結合將為世界帶來巨大影響，從智慧醫療、智慧城市到智慧電動車等應用的推廣，提高生活品質，提升效率，降低能源消耗，也改善環境品質，造就高度化的經濟發展。同時，這些智慧應用的普及也會帶動創新與創業活動，推動產業升級及轉型，並創造大量的就業機會。而智慧科技的發展將有助於解決眾多全球性挑戰，包括疾病預防和治療、城市交通壅塞、能源浪費等問題。

　　因此，半導體技術與智慧醫療、智慧城市、智慧電動車等應用之間的關係密不可分，其結合的結果將深刻改變世界的經濟、社會以及生活方式，並為人類帶來更加智慧、便利和可持續發展的未來。

　　然而，半導體晶片結合各項科技系統的應用不僅限於上述所提的智慧化領域，更由於地緣政治的變化與區域戰爭的爆發，尖端武器製造上也大量地使用晶片。其中，無人機的研發製造已經成為台灣未來發展的重點產業。無人機應用範

圍極廣，從休閒娛樂、商業乃至國防上的需求愈來愈大。台灣擁有世界一流的半導體技術，這項技術是無人機系統中不可或缺的部分，它用於控制系統、感測器和通信模組等關鍵組件。台灣的半導體相關產業擁有豐富的經驗和先進的製程技術，能夠提供高性能、低功耗的晶片，有助於無人機系統的穩定運行。

　　無人機製造需要高精度的加工和組裝技術，以確保系統的穩定性和可靠性。台灣的製造業具有優異的品質管理能力，透過生產流程控制，產出高品質、高性能的無人機產品。台灣擁有豐富的科技人才和研發資源，許多優秀的工程師和科學家服務於高等教育機構和研究機構，他們在航空、電子、通信等領域具有豐富的專業知識和實務經驗，透過這些資源為無人機的研究開發提供了強大動力。在無人機的發展上，可以充分展現出台灣在半導體的技術應用、精密工程製造以及研究創新人才的結合能力。這些優勢條件，使得台灣能夠開發出高品質、高性能的無人機產品，並在國際競爭中占據領先地位，為台灣科技產業的進一步發展提供了重要支持。另一方面，台灣在各項的核心技術中，已經具備製造高度化智慧無人機的基礎能力，圖11-1為台灣關於無人機關鍵核心技術的初步盤點內容。

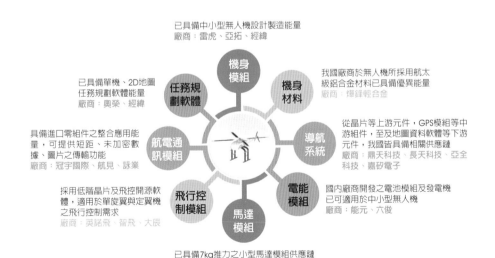

圖11-1　台灣無人機關鍵核心技術盤點
資料來源：國家發展委員會（2023），〈無人機產業盤點及國際合作規劃報告〉資料。

　　本章將分別探討台灣的半導體晶片、AI和無人機的產業結構與優勢，並分析以聯合艦隊商業模式前進海外市場，開闢台灣產業與企業永續發展的新航道，這是關係著未來台灣經濟發展與國家安全的重要產業。誠如2022年8月蔡英文總統於出席「亞洲無人機AI創新應用研發中心開幕記者會揭牌儀式」時所表示，面對國際情勢瞬息萬變，台灣也積極提升國防自主以及不對稱作戰能力和能量，在國機國造、潛艦國造的目標下，無人機產業將是台灣發展的重點[1]。

一、無人機相關產業

　　在現代科技的推動下，無人機已成為各行各業日益重視的使用工具，無論是用於監視、測量、搜救還是運輸，都發揮著重要作用。然而，要製造一架功能完整且可靠的商用無人機，需要多個關鍵零組件和軟體系統的配合，才能實現其各種功能。包含：

　　首先是機體架構。無人機的機體骨架，用於支撐各種零部件，如馬達、電子設備以及機載儀器等，功能或有差異。機架結構通常由輕質堅固的材料製成，如碳纖維、鋁合金等，以提供足夠的強度和耐用性。無人機需要配備驅動系統，這包括電動馬達、電子速度控制器（ESC）以及螺旋槳。電動馬達提供推進力，ESC控制馬達的轉速和方向，而螺旋槳則轉換電動馬達的動力作為機體的推進力。無人機內載的控制系統，是由飛控主板、陀螺儀、加速度計、磁力計以及GPS等感測器所組成。其中，感測器用於監測無人機的姿態、速度和位置，飛控主板則負責處理感測器數據並控制無人機的飛行速度與方向。

　　能源供應也是無人機執行任務的重要關鍵，通常由電池或燃料電池支應，用於驅動電動馬達和其他電子設備，並透過充電系統供給無人機的飛行時間。還有，無人機需要各種傳感器來感知周圍環境，這包括攝影鏡頭、紅外線感測器、雷達、溫度感測器等。這些傳感器提供了飛行中所需的各種數據，例如障礙物檢測、位置定位和目標追蹤等。另外，通訊設備是無人機與地面控制站或

---

[1]　參考台灣智庫（2023），〈五大信賴產業發展建議方案：軍工產業・無人機〉資料。

其他無人機之間的通信設備，包含無線通訊模組，如Wi-Fi、藍牙、數據連接等，以確保無人機和操作人員之間具備即時通訊和指令傳遞等功能。

另一方面，軟體系統是無人機執行任務的重要關鍵，一般系統包含飛行控制軟體、圖像處理軟體、任務規劃軟體等。飛行控制軟體負責管理無人機的飛行姿態和路徑規劃，圖像處理軟體用於處理攝影鏡頭或感測器捕獲的數據，而任務規劃軟體則用於制定和執行特定的任務或操作計畫。

近年來爆發的一些區域戰爭與軍事衝突，無人機都被廣泛地應用在軍事領域上。軍用無人機在現代軍事中扮演的角色愈來愈重要，其應用範圍涵蓋了多個關鍵領域。無人機被廣泛用於情報、監視和偵察（ISR）等任務上，它們配備各種傳感器和攝影鏡頭，能夠收集實時情報、監視目標位置，以及偵察敵方動態，這些數據有助於制定作戰策略與行動方案。無人機還被用於敵方位置的標定和打擊，它們搭載著精密的導航與定位系統，能夠準確鎖定敵人目標並進行攻擊，包括使用導彈、炸彈和其他武器來對敵方目標進行打擊，或是提供火力支援。

無人機也扮演電子戰的關鍵角色，可以搭載各種電子戰裝備，用於干擾、破壞或偵測敵方通訊和雷達系統，提供我軍或友軍所需的電子戰資訊。先進的軍用無人機還可以用於反無人機防禦，檢測、追蹤敵方無人機的功能，提高軍隊的安全保護，其配備有各種反無人機系統，例如雷射武器或導彈防禦系統，用於保護軍隊設施和人員安全。除此之外，無人機在地面支援和救援方面也可以產生重要作用，包括空中監視、目標識別、通訊中繼或是醫療救援等，可以提高作戰效能和士氣。因此，軍用無人機在各種軍事用途中都扮演著關鍵角色，巧妙應用和不斷創新將進一步提升現代化軍事在戰術與戰略上的能力。

除了商用與軍事之外，無人機在消防救災上的應用也愈來愈重要。無人機配備高清攝影鏡頭、熱像儀系統以及多光譜相機等感測器，可空中監視與偵察協助消防與救災。無人機能夠在空中監視火場、災區以及受災建築，提供即時的影像圖片，協助消防人員了解災情和制定救援計畫。消防救災的無人機具有火災監測與預警功能，配備煙霧和熱感測器，可快速識別火災的起火點和擴散路徑等情況，提供現況的火災監測與預警，有助於消防隊伍即時因應火災蔓延的狀態。

　　除此之外，透過無人機進行搜救與救援行動，以紅外線熱像儀和夜視攝影鏡頭等設備，在夜間或惡劣天氣下，不間斷搜索受困人員，並提供準確的位置資訊，協助救援人員執行搜救任務。同時，消防救災無人機還具有通訊中繼功能。利用配備通訊中繼設備，無人機可以在通訊中斷或受制於環境限制時，提供臨時通訊支援，搭載各種通訊設備，例如對講機、無線電和數據中繼設備，以確保與救援人員之間的溝通或是落實任務進行。當受限於地理限制時，無人機還可以空中投放救援物資和設備，例如水桶、消防器材、急救用品等，能夠精確投放到災區中，執行災區的救援和支援工作。

　　不管是商用、軍用或是消防救災的無人機，上述相關的零組件與各項設備都是確保無人機能否順利完成任務與運作的關鍵，各部分都發揮重要的作用，從機架結構到機載設備的每一個部分都需要它們共同操作配合。圖11-2為無人機製造的相關產業鏈，呈現極為複雜的專業領域與跨企業間合作。

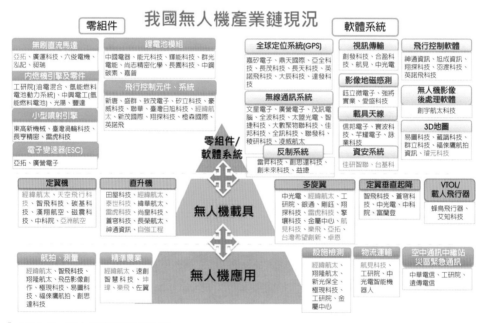

▌圖11-2　無人機產業鏈與企業
資料來源：參考台灣智庫（2023），〈五大信賴產業發展建議方案：軍工產業・無人機〉資料。

二、無人機聯合艦隊的組成意義

　　無人機製造與開發需要搭配各種AI系統功能，而AI系統又須依賴高階先進製程的半導體晶片。因此，半導體產業是無人機產業發展的關鍵要素。半導體的發展不僅推動了高智慧化無人機的製造，同時也提供了AI系統所需的基礎技術支持。除此之外，無人機內部裝置需要各種電子製品配件和功能軟體，這些產品與電子製品及配件產業、人工智慧產業密切相關。換言之，電子製品及配件相關部門提供了無人機製造所需的基礎零組件，而人工智慧系統則提供了無人機所需的智慧化技術。無人機的應用還涉及各個不同行業，進一步帶動了服務業的發展型態。服務業需要應用無人機技術來提升服務品質和效率，例如在農業、運輸、安全等方面。透過無人機相關企業的彼此合作，將進一步推動相關產業的同步發展，這種合作模式不僅有利於技術的交流與創新，還可以降低成本、提高效率，提升企業的競爭力，進而促進整個產業鏈完整性。

　　上述說明半導體晶片、AI系統以及無人機製造之間的關聯性，每項產業都存在跨專業領域與不同組織經營體，如何組成一個團隊共同推動無人機產業發展是一項困難的課題。本書以跨企業結合組成一項系統商品的商業模式，推動智慧無人機聯合艦隊前進國際市場，行銷台灣品牌的無人機。一旦智慧無人機聯合艦隊商業模式可成功實踐，所形成的產業波及效果（spillover effect）將非常可觀，這對整體產業發展具有重大意義。

三、建構半導體晶片、AI以及無人機一體化的產業結構

　　從圖11-1可知，無人機製造與開發需要搭配AI各種系統功能，而AI則依賴在高階先進製程的半導體晶片與各種軟體系統，三者之間密不可分，而台灣在這三方面都具備獨特的產業技術能力，我們有條件建構半導體晶片、AI以及無人機等三位一體的產業結構。在規劃半導體晶片、人工智慧（AI）以及無人機三位一體的產業結構時，台灣可以展現下面幾項特質：

（一）整合產業鏈與技術能力

　　半導體晶片製造是AI發展的關鍵，而AI又是無人機智慧化的核心。台灣在半導體製造、設計以及封裝測試等領域上都具有豐富的經驗與技術優勢，可以透過與AI技術整合，製造出性能優越的晶片。再將AI技術應用在無人機領域，可以提升其自主飛行、感知、避障、目標追蹤等能力，進一步提升無人機的性能與應用範疇。

（二）推動跨領域合作與研發

　　政府應促成半導體、AI、無人機等相關企業間合作，共同研發整合性的解決方案，以應對未來市場需求，例如，表11-1無人機企業的彼此合作。政府亦可以提供資金上的支援、稅收上的優惠等政策，鼓勵企業間合作，推動技術創新與產業升級。

表11-1　無人機企業間合作

台灣無人機廠商營運布局		
公司	主力產品	合作廠商
經緯航太	無人機	聯手成功大學馬達中心，結合中鋼自產矽鋼片供應商
益捷科技	無人機	與美國 Edge Autonomy，以色列 Elbit Systems 等公司合作，建立無人機供應鏈
亞洲航空 碳基科技	無人機	1. 亞航與碳基科技合作無人機 2. 亞航攜手碳基科技、天空科技、美商 SNC，及安捷飛航訓練中心等業者組成 MIT 無人機聯盟
雷虎科技	無人機	1. 與台灣縮時相機大廠邑錡(Brinno)公司展開雲台及雙光相機模組合作 2. 與創未來公司進行相位陣列雷達(AESA)合作
資料來源：各公司（整理：劉朱松）		

資料來源：參考台灣智庫（2023），〈五大信賴產業發展建議方案：軍工產業‧無人機〉資料。

（三）建立完善的生態系統

　　促成半導體、AI、無人機相關企業之間的合作，進而構建完整的產業生態系統，包括原材料供應商、設備製造商、軟體開發商等，可形成無人機製造的網絡效應，提升整體競爭力。並透過開放的創新平台和共享資源，鼓勵初創企業以及研究機構參與產業創新，推動技術交流與合作，以建立從創新發想到技術商模驗證到系統設計開發，再到量產的生態系，強化無人機產業的韌性，如圖11-3。

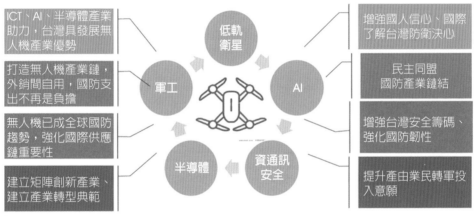

左側：
- ICT、AI、半導體產業助力，台灣具發展無人機產業優勢
- 打造無人機產業鏈，外銷間自用，國防支出不再是負擔
- 無人機已成全球國防趨勢，強化國際供應鏈重要性
- 建立矩陣創新產業、建立產業轉型典範

中央圓圈：低軌衛星、軍工、AI、半導體、資通訊安全

右側：
- 增強國人信心、國際了解台灣防衛決心
- 民主同盟 國防產業鏈結
- 增強台灣安全籌碼、強化國防韌性
- 提升產由業民轉軍投入意願

圖11-3　智慧無人機的功能與應用
資料來源：參考台灣智庫（2023），〈五大信賴產業發展建議方案：軍工產業・無人機〉資料。

（四）人才培育與教育鼓勵

　　無人機人才需要具備電機、資訊、航太、機械、商品設計及物流等跨領域的技術整合能力，因為無人機是高度「軟硬整合」的產品，無人機技術本身涵蓋了不同的領域，因此無人機領域需要具備包括航空、電機、機械、電腦科學、通信技術、人工智慧以及大氣科學等多個整合跨領域知識和技能的專業人才。而無人機領域的發展和創新，也須透過整體的課程規劃與學程整合產官學研能量，並提升教學場域以鏈結產業的需求。因此，當台灣建構無人機產業生態系統時，需要集聚眾多相關領域的專業人才，包含半導體製造、AI算法開發、無人機設計以及操作等方面。透過政府建立產官學研互動機制，提供高科

技科系學生獎助學金，補助高等教育機構等，鼓勵優秀人才從事相關研究與開發工作，吸引更多人才投入這一產業領域。

（五）規劃設立「無人機產業人才及技術培育基地」

透過區域教學能量，強化大專校院與產業聚落的技術連結，以產業園區致力無人機研發與無人機維修之雙軌發展，同步執行及落實無人機人才培育與技術研發之產學的接軌計畫，培育國內無人機研發與維修之專業人才，積極促成無人機應用之技術落地與產業發展，打造完整的無人機產業供應鏈，以期提升台灣軍事國防與民間應用無人機相關之技術水準與產業發展。

如能推動上述的各項工作，無人機三位一體產業結構將為台灣帶來正面效果，例如：

❶提升無人機性能與應用範疇：藉由整合半導體晶片和AI技術，無人機的感知、判斷和執行能力將大幅提升，可有效完成任務目標，還可以應用於更廣泛的領域，包括農業、建築、安防、物流等。

❷強化產業競爭力：台灣整合半導體、AI、無人機三大產業，可以提供整合性解決方案，增強企業競爭力，打造具有國際競爭力的無人機產業鏈。

❸促進產業創新與轉型：台灣具備良好ICT技術、精密機械製造、晶片產業條件，惟過去礙於無人機關鍵零組件在量的需求上遠不如民生應用型之消費級電子產品（如3C或車用產品），即便國內廠商有零組件自主開發的能力，但都因需求太少而缺乏開展新產線的需求，政府以戰略型產業思維協助無人機產業研發所需規格的相關技術或產品（例如：通訊模組、圖傳系統等），將有助於提升我國無人機產業在國際上的競爭力。而三位一體的產業結構促進了跨領域的合作與創新，推動了產業的轉型升級，有助於台灣無人機產業從傳統製造轉向智慧化、高附加價值的方向發展。

因此，整合半導體、AI和無人機三大產業，形成三位一體的產業結構，將有助於提升無人機產業的競爭力，並能更進一步強化台灣半導體產業與AI系統的韌性，以聯合艦隊的營運模式推向海外市場。

四、五大信賴產業的無人機軍工產業

　　賴清德總統提出的五大信賴產業，包含了半導體產業、人工智慧產業、軍工產業、監控產業、通訊產業等五項。國防與經濟是支撐國家生存發展的兩大支柱，發展軍工產業的智慧無人機是現今國際的重要課題。台灣擁有資通訊的產業優勢，能供應無人機需要的各項晶片，以及其他電子配備的製造能力。根據國際「無人機領域商業智能研究平台」，在「無人機就緒指數」（DRI）的排名上，台灣是全球第三，僅次於英國和澳洲。由於地緣政治充滿變化，民主陣營需要一條值得信賴的供應鏈，台灣將能藉由堅強的產業實力，成為無人機民主供應鏈的亞洲中心[3]。

　　俄烏戰爭爆發後，無人機在不對稱作戰上的應用，一躍成為許多國家的重要國防戰略性產業，加上國際上以美國為首阻絕紅色供應鏈和去中國化的氛圍，台灣無人機產業獲得多方關注，也帶來了和國防部、經濟部合作的「軍用商規」契機。台灣的「國防實力」正不斷提升，無人機產業要以內需來帶動產業的升級、轉型，也就是「以軍帶民」方式，利用國家的需求來帶動民間企業與整體產業發展、推動開發速度。以無人機軍工產業作為五大信賴產業策略，透過政府力量進行資源整合並與掌握關鍵技術且理念相近的國家合作，進而建立產業聯盟、組織國家隊，反制紅色成熟供應鏈。最後，透過矩陣創新、形成ODM、OEM的全球戰略產業鏈。這與前一節所提出的聯合艦隊模式相互輝映，雙管齊下共同建立台灣海內外的智慧無人機產業的大戰略。

　　對未來的世代，無人機無論在民用、軍用都會扮演很重要的角色，台灣作為先進工業國家，絕對不能在無人機領域缺席。蔡英文前總統任內便已指示由行政院成立「戰略推動產業辦公室」，盤點各部會對無人機的需求、應用，擴大政府在無人機產業的投資，再由產業界的內循環接軌擁有核心技術的國際戰略產業夥伴，達成「內外兼修」，讓台灣的無人機在各領域都能被妥善運用，

並將商機拓展到國外市場。隨著世界各國意識到中國製的無人機所產生的資訊安全問題，全球商用、軍用無人機的市場呈現「門戶大開」，台灣應藉此強化國防自主開發能量、加速和國際市場接軌。

　　國家安全政策，不僅是國防採購需求，也要透過國防政策連結在地經濟和產業優勢，從全球的供應鏈中透過深化關係與產業合作來提高經濟效益。美台軍工業合作的願景，可透過ICP為企業內部出口管控制度（Internal Compliance Program）進行投資、採購、技術移轉，促進國內產業升級、提高國際競爭力。台灣是東南亞地區最重要的武器輸入國，如果能策略性運用ICP機制，要求國外業者必須在台成立維修中心，策略性逐步成為區域零組件後勤整補中心，再進一步從國防科技OEM角色轉換為ODM，遠程則以構建系統整合產業鏈為目標，扎根台灣，使成為無人機的產業最適棲息地。

五、半導體晶片、AI以及無人機聯合艦隊的新國際雁行

　　民主陣營調整地緣戰略結構，美國帶著自由開放的印太戰略重返亞洲，希望透過團結民主陣營共同維持區域和平。全球政治經濟秩序正在重組，5G、AIOT等資通訊科技所驅動的產業矩陣式創新，結合雙軸轉型的淨零碳排與ESG打破效率與成本為主的雁行架構，一方面推動信賴、安全與韌性的供應鏈移轉；另一方面，以BOL（build-operate-localization）共好思維，在地深耕，打造安全、可信賴的韌性供應鏈的新雁行秩序正在成形。

　　為了建構台灣無人機自主能量，奠定未來國際合作基礎，經濟部已偕同相關單位推動相關工作，例如經濟部、嘉義縣政府於太保共同推動亞洲無人機AI創新應用研發中心（Asia UAV AI Innovation Application R&D Center）。透過發展如馬達、飛行控制等無人機關鍵技術，建立國內廠商供應鏈能量，並推動國際合作，與國際大廠進行技術交流與合作開發，將有助於深化未來開展國際合作之基礎。為避免安全疑慮，去除紅色供應鏈已成重要趨勢，台灣可掌握此波契機，與對台友善之民主國家共同發展100%「去紅色供應鏈」無人機製造，將台製零組件帶入各國無人機產業鏈中，共同供應全球市場。面對中國已開始限制

無人機整機以及關鍵零組件的出口，具備相關技術基礎的台灣應把握國際供應鏈重整以及去紅色供應鏈之契機，積極形塑台灣進入國際無人載具生態系的戰略規劃構想[4]。在這樣的趨勢下，我國啟動無人機聯合艦隊的海外雁行正是最佳的時機。

　　圖11-4是台灣無人機從北部到南部的縱貫產業分布，這些區域座落在台灣主要工業生產基地上，搭配國內無人機產業，可以落實無人機的「國機國造」目標。這將是智慧無人機的產業棲息地，所形成的生態系統也將成為無人機聯合艦隊國際雁行的最佳基地。

圖11-4　台灣無人機產業地圖
資料來源：江振瑋（2023），〈無人機產業國產化與國際合作相關策略〉。嘉義縣經濟發展處／亞洲無人機AI創新應用研發中心。

---

[4]　同台灣智庫（2023）。

（一）行政部門國際合作的啓動無人機聯合艦隊

❶內政部消防署[5]

　　由內政部消防署舉辦的國際消防交流與講習，在2023年分別有越南公安部派員來台受訓，將無人機應用於消防與防災；也與菲律賓合辦台菲消防訓練，使用無人機進行防災演練。無人機應用於消防與災害上具有獨特的優勢。透過台灣提供的專業訓練，越南和菲律賓消防與災害的應變人員能夠掌握先進無人機的應用技術，從而提升災害應對能力。無人機可以即時監測火災、洪水或地震等災害情況，並提供空中視角以協助救援行動。使用無人機可以提高對危險區域的了解，減少人員傷亡和財產損失的風險。透過消防與災害技術訓練的支援將建立彼此更緊密的合作關係，並增進相互信任，加深了地區間友好關係。像這樣的跨國合作也有助於促進國際間災害防治領域的交流與合作，不僅可以加強台灣與越南、菲律賓之間的交流，還可以推動全球範圍內的災害防治技術和經驗的共享，形成更加緊密的國際社會網絡。

❷外交部

　　除了內政部之外，外交部已經規劃在2021年至2025年期間進行無人機技術應用的國際協助，並實施在貝里斯及瓜地馬拉等國，運用無人機進行災害預警、災害現場實況回傳。還有對巴布亞紐幾內亞、索馬利蘭、瓜地馬拉等國，推動以無人機在肥料／農藥噴灑、蔬果區環境勘查以及應用[6]。

　　協助貝里斯及瓜地馬拉等國家在災害預警和災害現場實況回傳方面的無人機應用上，可以提升災害應變能力、加速救援行動以及降低救援人員風險。一方面，無人機能夠實時監測災害現場，提供高清晰度的影像和即時的資訊，有助於災害預警和災害應變，這有助於提高當地政府和救援機構對災害的應對效率，減少損失；另一方面，無人機能夠快速進入災區，探測受災情況，為救

5　參考國家發展委員會（2023），〈無人機國際合作規劃〉資料。
6　參考國家發展委員會（2023），〈無人機國際合作規劃〉資料。

援人員提供寶貴的資訊，有助於確定最需要幫助的地區以及判斷最佳的救援路線，從而加速救援行動的執行。同時，無人機的使用可以降低救援人員進入危險區域的風險，因為無人機可以在不需要直接進入災區的情況下收集情報，從而保護救援人員的安全。

對於巴布亞紐幾內亞、索馬利蘭、瓜地馬拉等國家在肥料、農藥噴灑、蔬果區環境勘查等方面的無人機應用上，可以提高農業生產效率、提升農作物品質以及降低勞動成本等效益。無人機可以精確控制肥料和農藥的施用，根據不同的需求和植物狀況進行定點噴灑，從而提高了施肥施藥的效率，減少浪費，同時降低對環境的影響。另外，無人機可以對蔬果區進行精確的環境勘查，包括土壤狀況、植物生長情況等，從而幫助農民制定更科學的種植管理計畫，提升農作物的品質和產量。同時，無人機的使用可以減少人工勞動，尤其是在大面積農田的管理中，節省了人力成本和時間成本，同時提高了勞動效率。

❸嘉義亞洲無人機AI創新應用研發中心

亞洲無人機AI創新應用研發中心（亞創中心）成立宗旨在於「推動無人機與人工智能融合。研發先進技術，提升自主飛行、影像辨識和智能控制。與業界學術合作，拓展救災、物流、農業等應用。為亞洲無人機行業創造創新突破」[7]。亞創中心肩負著台灣智慧無人機產業發展的研究創新基地，並整合無人機產業的跨域合作中心，扮演整合政府企業以及研究單位的關鍵角色。同時，亞創中心也成為台灣與國際間無人機合作交流的重要窗口，近年來也開始運作。

我國在2023年分別與法國MoovinV簽署MOU，建立台法無人機產業國際合作關係，穩定無人機原料供應；與土耳其安卡拉航空科技大學簽署MOU，促成雙方測試與飛安認證合作，擴大無人機人才交流；並與美國、法國、日本、土耳其、捷克、烏克蘭等共十七國進行技術交流及參訪[8]。

---

[7]　引用於亞洲無人機AI創新應用研發中心FB的簡介。
[8]　參考國家發展委員會（2023），〈無人機國際合作規劃〉資料。

（二）民間業者國際合作的強化無人機聯合艦隊

❶經緯航太

　　經緯航太是無人機整合型服務企業，具有垂直整合研發生產（上游）、操作服務（中游）及資料分析（下游）的垂直整合加值型服務等領域。近年積極南向，開拓東南亞市場，將台灣的無人機產品與應用服務國際化，行銷國際市場。經緯航太近年來的國際合作有：

(1) 法國無人機廠商Cavok-UAS簽約，雙方將共同合作發展100%非紅供應鏈之長滯空垂直起降無人機。

(2) 取得土耳其無人機廠商Fly BVLOS技術移轉，將進一步開發生產具備垂直起降能力的攻擊型無人機。

(3) 與日本無人機防禦系統開發商FORTUNIO JAPAN CO.簽約，將聯合研發無人機防禦技術，生產無人機智慧偵測與防禦系統。

　　經緯航太的國際合作可以帶來企業的技術提升和創新、拓展市場和提升競爭力以及強化研發實力和生產能力等效益。透過與法國、土耳其和日本等國的無人機公司簽訂合作協議，將使經緯航太能夠獲取先進的無人機技術和專業知識，這是跨企業間交流合作產生的跨業結合，對無人機發展影響巨大。由這些技術轉移與技術合作意味著經緯航太可以利用國際領先的水準技術進行自家研發與製造，推動無人機產品進行技術的升級和創新。

　　藉由與國際上的合作，經緯航太企業可以加快進入這些國家的無人機市場，也能拓展其他國際市場，跨大業務範圍。同時，取得這些國家的技術支持和合作夥伴關係，可以提升經緯航太在國際市場上的競爭力，提升其在全球無人機產業中的地位。經由國際合作夥伴的共同研發和生產，經緯航太可以吸收先進的生產技術和管理經驗，提高公司的生產效率，並提高無人機產能，有助於公司經營。

　　跨國合作不僅為自身企業帶來上述的優點，對台灣整體無人機產業也對來很大影響，包含在技術進步和產業升級、拓展國際市場和提升品牌形象以及強化無人機產業鏈發展和技術生態系統等方面。經緯航太作為台灣無人機產業的

代表，與國際領先企業的合作將促進台灣無人機產業的技術進步和產業升級。這對於提升台灣無人機產業在全球市場的競爭力具有重要意義。

　　有了上述的國際合作成果，經緯航太在無人機研究發展上，善用台灣的半導體晶片、AI系統以及電子零組件優勢可以製造更高度化與智慧化無人機，發展出台灣獨特的產品價值。「高度化‧智慧化」無人機，首先需要高性能晶片技術，台灣擁有世界一流的半導體製造技術和晶片設計能力。這意味著經緯航太可以利用台灣的半導體晶片技術，生產和應用高性能晶片於無人機中，提升其處理速度、運算能力等功能，從而使無人機更加穩定、靈活和智慧化。另一方面，台灣在人工智慧領域擁有豐富的技術和經驗，尤其是在AI算法和系統整合方面。將AI技術應用於無人機中，可以使無人機具備更強大的智慧感知、自主決策以及運動控制能力，提高其自主性和應對能力。台灣具有深厚傳統與現代製造業的能力，特別在電子零組件製造方面具有廣泛的生產能力與優勢。無人機需要各種電子零組件支持其功能，例如傳感器、通訊模塊、電池等，在這方面台灣電子零組件能力可以為經緯航太公司提供高品質與可靠性零組件，確保無人機的穩定運行和優良性能。

❷雷虎科技

　　2023年台灣雷虎科技企業與美國雷達大廠IMSAR簽署合作備忘錄，雷虎科技的無人機將搭載IMSAR的雷達，進行實地測試及展示，共同進軍軍用無人機市場。IMSAR是美國SAR雷達領導廠商，其雷達掃描範圍達五公里以上，可執行於作戰、搜救、偵搜、監視等各項任務需求。美國IMSAR雷達透過收集分析的清晰3D影像，依時間序保留在雲端大數據庫進行即時比對分析與判斷，可提供指揮作戰中心建立早期預警，或是提出必要的反應建議，供決策人員進行判斷。

　　IMSAR雷達具高度機動性及隱密性，當在戰場上固定式雷達受威脅摧毀時，軍隊依然能夠持續進行偵測及監視的任務[9]。

---

[9]　參考國家發展委員會（2023），〈無人機國際合作規劃〉資料；與中央通訊社，〈雷虎與美國雷達廠IMSAR合作 加速無人機發展〉。https://www.cna.com.tw/news/afe/202304300163.aspx.。閱覽日2024/04/30。

雷虎科技與美國IMSAR的合作可以提升無人機技術與功能之外，還可擴大市場需求與國防能力的提升。雷虎科技獲得先進的雷達技術，進一步提升其無人機系統的性能和功能。IMSAR作為美國SAR雷達的領先供應商，其技術在實地作戰、搜救、偵搜、監視等多個領域都有廣泛應用，這將為雷虎科技帶來更高水準的技術能力。同時，雷虎科技可以進一步拓展市場，特別是軍用無人機市場。IMSAR的雷達技術具有廣泛的應用價值，可以提供給各種需要雷達檢測功能的無人機，這將有助於雷虎科技在國際市場上擴大影響力，強化企業營運體質。

另一方面，對於台灣的無人機產業和國防軍事，這項合作也將帶來一定的效益。雷虎科技與IMSAR的合作將引進先進的雷達技術，這對於台灣的無人機產業發展至關重要，可以推動產業技術升級，提高競爭力。由於無人機在國防軍事中有著廣泛的應用，包括監視、情報收集、目標定位等，雷虎科技與IMSAR的合作將使台灣軍方能夠獲得更先進的無人機系統，加強國防能力，提高應對各種威脅的能力。

❸中光電

中光電集團旗下的中光電智能機器人致力於智能無人機的設計與開發，透過LTE、5G及全自主化AI無人機技術，與美日知名企業合作安全控管、巡檢及物流等相關應用上[10]。

首先在2021年與日本樂天合作，在日本的白馬山、秩父偏鄉地區、東京灣等區域進行無人機實證飛行。並在2022年與美商泰萊達科技（Teledyne Technologies）的子公司Teledyne FLIR合作於公共安全與工業檢測的無人機技術，由中光電智慧機器人在台灣設計與製造無人機，目前已銷售美國市場，包括警消等政府標案，以及企業用戶等。

---

[10]　《Money DJ新聞》（2024），〈中光電智能機器人展成效，無人機穿梭海內外〉，2023年5月11日。瀏覽日2024/03/24。

另外，中光電具有全自主物流無人機解決方案技術，透過設定送貨時間與地點，以無人機配送包裹方式，可以自動起飛至送貨地點的一貫作業系統。自動降落卸貨之後，完成任務自動起飛返航至起飛點降落的能力，再執行下一次的物流任務。中光電全自主物流無人機解決方案是採取整個送貨過程，採全自主飛行，可以大幅減少一般物流所需人力之外，還可以執行地理因素障礙的運補任務。

❹創未來（Tron Future Tech Inc.）

從高加索「雙亞衝突」、烏俄和以哈戰爭過程中，有效偵測與反制無人機已成為國防與戰場安全的重點。創未來公司致力於無人機的反制與研發，雷達與搭載微型AESA尋標器的無人機攔截器，並以自主生產之無人機雷達發展反無人機解決方案，這是無人機偵測雷達和攔截器的整合系統[11]。這套整合系統將產生增強無人機偵測能力、提升無人機攔截能力、整合系統的自主性以及提高戰場安全性等效果。

創未來公司利用搭載微型AESA尋標器的無人機攔截器能夠有效地偵測到附近的無人機，因為AESA尋標器具有高精度性與高範圍掃描功能，能夠快速識別和定位目標。當無人機被偵測到後，無人機攔截器可以迅速介入並對其進行攔截。這有效地降低了無人機對安全造成的威脅，保護了戰場和重要設施的安全。

由創未來公司自主生產的無人機雷達與其他元件整合在一起，形成了一個自主的反無人機解決方案。這意味著系統能夠獨立運作，無須依賴外部支援，增強了系統的穩定性和可靠性。在戰爭或衝突環境中，無人機的使用已成為一個威脅。這整合系統的效果將有助於提高戰場的安全性，減少對士兵和設施的威脅，同時提升戰場的控制能力。

創未來並於2023年3月與日本警備保全公司AIK合作，共同打造與警察聯繫及民間警備所需的統包解決方案，這是透過鏈結保全網絡為促進區域安全。

---

[11] 參考《信傳媒》（2023），〈《無人機大未來》深耕陣列微型雷達 創未來王毓駒在無人機反制與研發大放異彩〉，2023年7月10日。瀏覽日2024/03/24。

（三）無人機聯合艦隊的國際合作目標及策略

　　本章從無人機機體製造討論到AI系統整合，台灣在產業相關技術上是非常具有競爭力。發展無人機產業不僅帶動經貿產業發展，也在國家安全上提升國防戰力的雙重效益。本書介紹無人機聯合艦隊前進海外市場，接著我想討論如何推動無人機的國際合作目標及策略的制定。根據國家發展委員會資料，短期的國際合作目標有2025年與十家國際廠商簽署合作意向書；2026年與國際廠商進行二項技術移轉；2027年協助二家業者與國際廠商合作開發無人機等三項。另一方面，在目標制定上為，策略一：透過在地場域的試煉，奠定國際合作基礎；策略二：深化國際技術交流及媒合；策略三：建立無人機與航太生產製造基地以及策略四：強化關鍵技術自主，掌握非紅供應鏈契機[12]。

　　以下先分析上面每個目標與策略之間的相關性，然後再討論如何推動這些目標。

❶目標分析

　　目標一：2025年與十家國際廠商簽署合作意向書：這個目標主要是確立初步的國際合作關係，表明了聯合艦隊有意願與國際廠商合作。這將有助於拓展聯合艦隊的海外市場和技術資源。

　　目標二：2026年與國際廠商進行技術移轉：技術移轉是促進國際合作的重要手段，透過此項目標，聯合艦隊可以獲得國際廠商的先進技術，同時也可以提供自身的技術優勢給合作夥伴。

　　目標三：2027年協助兩家業者與國際廠商合作開發無人機：這項目標強調了聯合艦隊作為一個協助平台的角色，協助合作夥伴企業與國際廠商進行合作，這有助於提高聯合艦隊成員的國際化水準與技術能力。

---

[12]　國家發展委員會（2023），〈無人機國際合作規劃〉資料。

❷策略分析

(1) 透過在地場域試煉，奠定國際合作基礎：透過行政部門先導示範計畫，帶動國內無人機產業鏈發展，作為無人機解決方案之在地場域的試煉實績，為未來推動國際合作奠定基礎。這個策略可以支持目標二和目標三，透過在本地進行試驗和測試，展示聯合艦隊的技術實力與潛力，吸引國際廠商的合作興趣。這個部分包含了農業部（共二十六項計畫）應用在農藥噴灑、病蟲害監測及災害勘查等工作項目上；內政部（共十四項計畫）應用於土地測繪、影像建置、監控及保安/防救災等工作項目上；以及經濟部（共八項計畫）中的地質調查、工程巡檢及水庫管理。

(2) 深化國際技術交流及媒合：這個策略與三個目標都相關，以加強國際間技術交流和合作媒合，聯合艦隊可以更有效地達成合作目標。經濟部已於2023年十月成立「無人機產業發展專案辦公室」，積極協助無人機業者利用研發補助資源，籌建產業所需自主能量，並與國際大廠深化技術交流與媒合，朝向無人機創新應用服務先驅、成為亞太無人機創新中心願景邁進。「無人機產業發展專案辦公室」可作為國內外產業交流平台、推動國際合作計畫、引進國際大廠技術以及協助無人機廠商拓展國際市場商機等功能。

(3) 建立無人機與航太生產製造基地：這個策略對目標一和目標都具有關鍵意義。建立生產製造基地可以提高聯合艦隊的生產能力和國際競爭力，吸引更多的國際合作夥伴。中科院將於嘉義民雄打造無人機與航太生產製造基地[13]，提供無人機業者製造與維修環境，建立無人機產業聚落，可望滿足未來進軍國際所需之生產製造能量[14]。

(4) 強化關鍵技術自主，掌握非紅供應鏈契機：這個策略對所有目標都至

---

[13] 中科院「民雄航太暨無人機院區」（東側）已於112年12月5日開工動土。

[14] 國家發展委員會（2023），〈無人機國際合作規劃〉資料。

關重要。僅有強大的技術自主能力，聯合艦隊才能在國際合作中處於更有利的地位，保持競爭優勢。發展國際合作須掌握自主關鍵技術，如馬達、電能、飛控、酬載應用、航電等關鍵模組，以利進軍國際。須建立涉及資訊安全之無人機關鍵模組，透過國防需求遴選國內主導廠商，打造自主非紅色供應鏈。同時，規定公部門不得採購中國無人機，以建立資安檢測體系，強化無人機資訊安全。

❸推動方式

(1) 建立國際聯繫管道與展示：聯合艦隊應該積極參加國際無人機展覽和會議，展示自身技術和成果，同時與國際廠商建立聯繫管道或窗口。

(2) 加強政府支持：聯合艦隊需要與政府相互配合，爭取政府支持和資源，推動國際合作的進展，並為無人機產業的發展提供更多支援。

(3) 培育人才與合作夥伴：聯合艦隊應該加強與國際高等教育和研究機構的合作，培育優秀的人才和專家，同時積極尋找合作夥伴，共同推動無人機產業的發展。

(4) 持續技術更新：聯合艦隊需要持續進行技術研發和創新，保持技術領先地位，吸引更多的國際合作夥伴。

透過上述的策略和推動方式，聯合艦隊可以有效地達成國際合作的目標，推動無人機產業的國際化和技術發展。

❹政策工具及配套

要達成無人機國際合作目標，除了上面四項策略之外，還需要政府其他政策工具的配合，包含補助金獎勵、國基資本參與投資、人才培育以及國際展場的拓銷方式。具體上有：

(1) 補助

A. A+企業創新研發淬鍊計畫

B. 產業升級創新平台計畫

C. 小型企業創新研發計畫

(2) 投資

　　A. 創業天使投資方案及直接投資（國發基金）

　　B. 加強投資中小企業實施方案（經濟部）

　　C. 加強投資策略性服務業/製造業實施方案（經濟部）

(3) 人才

　　A. 國際

　　　a.外國專業人才延攬及雇用法

　　　b. Talent Taiwan國際人才服務及延攬中心

　　B. 國內

　　　a.虎尾科技大學

　　　b.中央警察大學

(4) 國際展場拓銷

　　A. 美國拉斯維加斯商用無人機展

　　B. 日本國際無人機展

　　C. 台北國際航太暨國防工業展

　　D. 智慧城市展

　　上述政府政策工具的有效利用對推動達成無人機國際合作目標有著重要作用。其中，補助金獎勵能夠有效地吸引投資，降低企業在無人機領域的研發成本，這不僅可以促進國際企業與聯合艦隊的合作，還能鼓勵國內企業積極參與無人機技術的研究與開發，從而提升整個產業的競爭力。國發基金的參與投資為無人機產業提供了重要的資金資助，降低了企業的投資風險。這不僅有助於促進技術的創新與推進，還能吸引更多的投資者參與無人機領域，推動無人機國際合作目標的實現。

　　另外，政府的人才培育計畫能培養出更多專業的無人機相關人才，這些人才不僅可以應用於國內企業，還能促進與國際企業的技術交流和合作，進一步推動無人機產業的國際化發展。參加國際展覽是推廣無人機產品和技術的另一種有效方式，能夠提升國內產業的知名度，拓展國際市場，促進合作機會。透過這些展覽，聯合艦隊可以展示自身的技術成果和製造實力，吸引更多的國際

合作夥伴。換言之，政府的補助金獎勵、國家資本的參與投資、人才培育計畫以及參加國際展覽等政策工具的有效利用，將能夠帶動朝向無人機產業國際合作的目標前進，促進無人機技術創新和推廣，提高台灣企業的國際競爭力。

第三部
新國際雁行聯合艦隊
產業戰略的價值

^{Chapter}
12
AI新時代的國際雁行聯合艦隊

一、新時代中的聯合艦隊

　　區域戰爭與海權擴張使得自由民主與專制極權陷入價值理念的衝突，促使地緣政治發生結構性的轉變。科學技術的典範轉移，改變了經濟社會的活動模式，半導體、AI以及量子計算等科技進步，促進商品設計思想（architecture）創新，進入數位化與智慧化的新時代。基於資訊安全以及生產供應鏈重組，去風險化改變全球化思維，兩極化的經貿體制逐漸成形。因應氣候變遷與遵從國際公約制定政策規範[1]，透過「數位轉型」及「淨零轉型」的「雙軸轉型」（Twin Transition）目標，朝向具有高度競爭力、氣候中和以及「數位化・智慧化」的新經營商務模式。從地緣政治、經濟發展到商業模式的典範轉移是全球化大轉變的樣態。在此背景之下本書提出新國際雁行聯合艦隊的產業發展戰略思維，這是由不同領域的產業組合，以及企業間協同合作的「系統化組合」，透過整組商品方式進行國際經貿活動。過去的傳統國際貿易模式大都是以單一企業進行單項的交易，科技創新大幅改變市場對商品內涵的需求，商品科技化逐漸深植於各領域之中，「系統性商品」交易成為一種新的商業模式。換言之，數位化與智慧化時代特徵在於商品的「系統化」，凡舉智慧製造、智慧醫療、智慧交通以及智慧城市等都是數位化與智慧化的時代象徵[2]。這些都是透過半導體、

---

[1] 「碳邊境調整機制」（Carbon Border Adjustment Mechanism, CBAM）要求，淨零碳排（Net Zero Emissions）等目標的達成。

[2] 鴻海董事長劉揚偉希望建立一座科技平台，從智慧製造到智慧電動車，進而完成智慧城市。在智慧城市下有智慧醫療、智慧學校、智慧住宅等，將不同領域結合在一起，提供整合式服務體系。《經濟日報》（2024），〈劉揚偉：未來50年鴻海將發展智慧電動車等三大平台〉，2024年2月20日。https://money.udn.com/money/story/5612/7780619。閱覽日2024/04/08。

AI以及量子計算等技術，結合製造、醫療、交通以及城市治理的創新結果。

　　聯合艦隊模式可以為台灣產業發展開創新的契機，我過去曾提出「穩定的產業棲息地生態系統」[3]，這是聯合艦隊能夠遠航國際市場的國內基地。在這個基地上建構的聯合艦隊，從「系統化商品」組合，到人才培育、科技創新以及行政部門協調整合等，都在這裡組織完成，這是「公私部門聯合的創新體系」。因此，當台灣具備完善的產業棲息地生態基地之後，聯合艦隊才有能量開拓新的國際航道進行實質經貿外交，形成新時代的國家戰略。在經濟上，新國際雁行聯合艦隊的實踐，將促進國內產業的雙軸科技轉型，以及擴大國內外需求的雙螺旋經濟效益。這意味著聯合艦隊的成功將帶動台灣的產業升級和產業轉型的雙重效果。而在國家發展上，聯合艦隊能為貿易夥伴帶來經濟發展與技術提升之外，還可透過「包容性」人文價值的軟實力，與當地企業和勞動者建立合作夥伴關係，促進文化交流和理念共享的深層發展，增進實質的經貿外交關係。

　　本書前十一章對聯合艦隊的探討內容，在前半部是從理論基礎、架構到現況與實證分析；在後半部則是將焦點集中在數位化與智慧化的案例討論。本章將延續這些課題進一步討論與分析，並總結本書主角──「新國際雁行聯合艦隊」對台灣進入新時代所代表的意義，這包含過去產業發展基礎，現在科技創新優勢以及未來將如何在AI革命（AI revolution）浪潮中擔任關鍵角色，從過去、現在到未來的宏觀思維建構本書基本視角。

（一）典範轉移改變了全球化的結構，開啓聯合艦隊國際雁行

　　在本書第一章我提出多層面的典範轉移[4]改變國際政治局勢與經貿格局，使得過去四十幾年來的全球化發生結構性變化[5]，這是質與量的改變。雖然全球化

---

[3]　請參考林佳龍（2022），《印太新秩序下的台灣之路：數位時代的產業最適棲息地理論與雙螺旋策略》，台北：釀出版。

[4]　請參考第一章的圖1-1地緣政治、經濟發展以及商業模式的典範轉移。此多層面典範轉移包含地緣政治、經濟發展以及商業模式三個面向的轉變，彼此產生的因素各不相同。

[5]　本文所指的全球化是指中國1980年代的改革開放加入國際社會開始，結束過去國際政治與經貿上的對立格局，1990年代蘇聯瓦解再到中國加入2001年底加入WTO，促使全球化浪潮席捲國際各個角落。加上21世紀初，IT產業科技的急速發展與創新，加速了全球化腳步，改變許多國家

結構變化造成國際上的短暫不穩定與衝突，但也提供台灣絕佳的機會，除了台灣位處戰略核心地理位置之外，就是具有優勢產業的實力。本書從高科技產業成長因素、高科技產業生態鏈以及高科技產業競爭力特質分析台灣的產業優勢。

（二）台灣產業優勢是聯合艦隊企業組合利基

高科技產業中的半導體、被動電子元件、光電材料以及電子組件等部門已經成為台灣經濟成長的關鍵產業，而帶動這些產業成長的主要因素在於技術創新與出口。隨著全球供應鏈的重組與調整，台灣有機會成為更多外國企業的首選合作夥伴。這次國際供應鏈重組的潮流為台灣帶來了新的合作機會，並且可以進一步提升台灣在全球供應鏈中的地位。透過與外國企業的合作，台灣可以不斷提升自身的技術水準與品質。在這個過程中，台灣也可以進一步拓展對外貿易，特別是開拓新興市場。由於東南亞、南亞印度、中東歐、拉丁美洲，甚至非洲等地區的經貿需求擴大，對高科技產品的需求也在不斷增加，這為台灣提供了良好的貿易機會。透過開拓新市場，台灣可以減輕對傳統市場的依賴，並且實現更加穩健的經濟成長。同時，台灣也可以加強與其他國家和地區的經貿合作，促進技術轉移或共同研發，透過與其他國家的合作關係，台灣可以進一步提升自身的技術水準，擴大產業規模，強化在全球市場上的競爭力與影響力。這種合作不僅可以帶來技術和市場的共享，還可以促進更廣泛的經濟合作發展模式。台灣在面對全球化結構變化的同時，擁有著多重經貿發展的機會。透過技術創新、全球供應鏈重組、對外貿易拓展以及加強國際合作等方式，台灣可以進一步提升自身的競爭力，實現經濟持續發展的目標。

另一方面，如前面幾章所分析的結果那樣，像半導體晶片的高科技產業具備緊密且多階段的生態鏈特性，這是台灣累積了長時間形成的獨特特質。這種生態系的完整性對整體產業的發展非常重要，產生的經濟波及效果非常巨大。因此，當跨企業組成聯合艦隊進軍海外市場時，這種生態系的特性將賦予他們

在經濟上，在文化上或是在典章制度上的變革。全球化這股潮流直到本書第一章所提的典範轉移爆發之後，使得全球化的定義內涵發生了變化，自由民主與專制極權的信仰價值進入必須有所選擇的時刻，我稱之為「典範轉移時刻」（Paradigm Shift Moment）。

多重優勢。因為這些企業組合能夠充分利用各自所在生態鏈中的資源和技術優勢，經過各項產品以及服務整合，形成更完整且具有競爭力的解決方案。這種整合性使得他們能夠在海外市場提供更全面性的服務，滿足不同產業與地區或國家的需求，提高聯合艦隊的韌性。加上，跨業企業組合所聚集的多元化創新能力，使得他們能夠在科技領域跨足多個範疇，推動跨界創新。這種創新性有助於他們在市場競爭中脫穎而出，並開創新的商機。

由於跨業企業組合聯合艦隊擁有多層次的供應鏈，他們能夠更有效地管理物流和成本效益評估，提高產品的價格傳遞效率以及價值捕獲。這種供應鏈優勢對於在海外市場的運作至為重要，將有助於提高企業在市場中的競爭力。還有，這種跨業企業組合的特性也能夠帶來投資風險的分散效果，降低單一產業風險對整個企業的影響。這種風險分散策略使得企業更能因應市場的不確定性。

因此，台灣具有高科技產業的生態鏈特質，跨業企業組合形成的聯合艦隊在前進海外市場時能夠以互補性促進彼此成長，更可透過整合性、創新性、供應鏈以及風險分散等多方面的優勢，實現企業的新價值創造。

（三）數位新南向是聯合艦隊國際雁行的第一站

蔡英文前總統提出新南向政策開闢台灣經濟發展的新路徑，新總統賴清德推動半導體、AI、軍工、安控、通訊等「五大信賴產業」政策作為強化台灣的產業韌性，我提出以聯合艦隊國際雁行的商業模式落實這項的國家戰略。聯合艦隊是以半導體晶片、數位科技以及AI系統作為新南向三核心的戰略布局，為台灣輸出智慧製造、智慧醫療、智慧交通、智慧城市等系統化商品。除此之外，還有無人機、電動車等智慧化相關產業。

為了掌握台灣與新南向國家之間的經貿關係，在第二章透過因果關係檢定確認了雙邊呈現緊密關聯，並發現聯合艦隊模式可以為雙方帶來雙螺旋經濟效果[6]。由於聯合艦隊商業模式在新南向國家的海外市場可以實現多方面成果，這

---

[6]　從第二章的主要結論可得知台灣與新南向各國間具有：台灣經濟成長與出口東協間具有單向因果關係；固定資本形成是對出口東協變動的重要因素；固定資本形成變化也是台灣對東協出口的影響變數，兩者之間呈現雙向的回饋關係；貿易條件與出口東協兩者之間呈現雙向回饋關

種商業模式將加強台灣與新南向國家之間的經貿關係。透過企業跨業合作，台灣的半導體、AI、軍工、安控、通訊等領域的技術優勢與新南向國家的市場需求相結合，推動雙方在產業上的合作與交流。這種合作不僅能夠促進雙方的經濟發展，還能夠加深彼此之間的合作關係。

　　加上聯合艦隊模式將推動智慧化相關產業在新南向市場的發展，這些國家正積極尋求科技與產業的升級轉型，而台灣的智慧製造、智慧醫療、智慧交通、智慧城市等系統化商品則能夠滿足其市場需求。透過整套系統化商品的貿易方式，台灣企業不僅可以擴大海外市場占有率，同時也能夠促進新南向國家的產業發展，提升其整體的科技水準和競爭力[7]。同時，透過聯合艦隊模式的實踐，台灣與新南向國家之間可以創造雙螺旋經濟效果，這也意味著雙方在合作中相互促進，台灣的技術和商品進入新南向國家市場，帶動當地產業的發展和經濟成長。另一方面新南向國家的市場需求也可以促進台灣相關產業的發展與提升。這種雙向的促進作用將為台灣及其合作夥伴帶來共同的利益和發展機遇，加強彼此之間的經濟聯繫，進一步推動區域經濟發展。

（四）掌握各國產業互補，以互利合作方式尋找新的國際雁行棲息地

　　在新全球化架構下，台灣應該順勢而為開闢新的海外市場，例如西向的中歐與東歐或是東南亞其他國家與印度的國際雁行延伸，聯合艦隊應該利用策略調整與新國際雁行航道的開拓，建立新的國際雁行棲息地。對於新的國際雁行棲息地，需要掌握各國間存在的產業特性，是競爭或是互補應該建立不同策略，以互利合作方式進行經貿往來。關於這一點，我在第二章分析中顯示台灣對中東歐的強項在於基本金屬製品、機器、機械用具、電機設備以及其他零組件。反之，中東歐對台灣的優勢則在於農產相關產品、車輛、航空器、船舶及

　　係；雙螺旋效果提高的經濟規模相當於2021年台灣GDP的0.272%，往後還會持續增加。

[7] 佳世達集團董事長陳其宏指出，我們是從資通訊業者進入智慧醫療相關的應用領域。透過「通路先行」策略跨入醫療產業的醫院建置。將台灣中小企業整合資源共創獲利方式，建立智慧醫療聯合艦隊，跨入醫學相關領域。例如「醫療服務」、「血液透析」、「影像」、「設備」、「耗材」、「口腔」等領域。參考大肚山產創基金會（2022），《科技特派員：林佳龍與十二位企業CEO的關鍵對話，前瞻台灣產業新未來》，台中：大肚山產創基金會。

有關運輸相關設備等上。

台灣在製造業和電子業方面具有優勢，而中東歐國家對於基本金屬製品、機器、機械用具和電機設備的需求也持續增加。因此，台灣可以向中東歐國家提供先進的機械設備、自動化系統和電子元件，以滿足其工業化和現代化發展的需求。另外，台灣對於農產品和運輸設備的需求相較為大，而中東歐國家則在這些領域擁有豐富的資源和技術，台灣可以從中東歐國家進口優質的農產品，並與其合作開發農業技術和設備。台灣也可以從中東歐國家引進航空器、船舶和運輸設備，以滿足其對交通運輸的需求。另一方面，台灣和中東歐國家在科技和創新方面都具有獨特的優勢，雙方可以開展技術合作和知識共享，共同開發新的產品和解決方案。例如，在智慧製造、物聯網和數字化等領域，可以共同開發先進的技術和解決方案，提高各自產業的競爭力。

另外，台灣企業可以考慮在中東歐國家進行投資並與當地企業合作。透過建立合資企業或技術合作關係，台灣企業可以更好地了解東中歐市場，並獲得當地資源和市場的支持。與此同時，中東歐國家也可以透過吸引台灣企業的投資和合作來推動本國產業的升級與發展。由於台灣與中東歐國家之間存在明顯的產業互補性，雙方透過技術合作、跨國投資以及市場開拓等方式建立互利合作機制，推動雙方經貿往來，並建立長期穩定的合作關係，雙方可以共同實現產業升級，深化實質經貿外交。

（五）AI革命翻轉了經濟社會的行為模式

AI科技進步的影響不僅僅局限在技術層面，在潛移默化中正改變著全球經濟社會的各個角落。隨著自動化和智慧化生產的普及，許多傳統行業的工作方式和生產模式正在發生變化。自動化系統和機器人的應用不僅提高了生產效率，還改變了人力資源的配置方式，進一步影響了就業結構和勞動市場的情況[8]。由於AI技術的應用使得企業和組織能夠更好地利用大數據和預測性分析，

---

[8]　自動化和智慧化替代了一部分勞動力，也創造出一些新的勞動機會，這是產業結構調整過程中的必然現象。政府可以一方面透過教育體制培育適用於新科技的人才，同時在另一方面，透過國家資金投入職業訓練以延續勞動市場需求，雙管齊下的勞動政策。

有利於企業管理規劃，制定各項策略與決策。這不僅提高了企業的競爭力，還促進了商業模式的創新與效率提升。同時，個性化服務和產品的提供也為消費者帶來了更好的消費品質，並能滿足不同族群的需求。

　　AI革命推動了許多新興產業和創新業務模式，例如自動駕駛汽車、智慧家居或是虛擬現實等領域都成為新的商機與投資方向。這些新興產業帶動了科技創新和人才需求，也為經濟發展注入了新的能量。然而，AI革命也帶來了一些挑戰和問題。例如，自動化可能導致一些傳統行業的就業機會減少，需要政府制定各種社會政策與教育體系做出調整以應對這一變化。同時，數位化與智慧化所引申出的數據隱私和個人資訊安全問題也必須加以關注，需要加強相關法律法規制定以及技術上保護防範措施。

二、AI革命與聯合艦隊的商業模式創新與轉型

　　AI革命開啟了人類社會的機會之窗，涵蓋範圍從國內個人、企業、產業到國家，也延伸到世界的其他地區。企業與產業是形成聯合艦隊的主體，企業是經營體，而產業則是生態系統。參與聯合艦隊之企業們，希望在追求商業模式過程中，可以透過價值創造（value creation）、價值傳遞（value delivery）到價值獲取機制（value capture mechanisms）前進市場[9]。

　　聯合艦隊所運載的系統化商品就是建立在AI供應鏈的相關產品之上，AI晶片就是構成系統化商品的核心。聯合艦隊各企業需要改變的不僅僅是技術，還有更廣泛的商業關係網絡相互關聯[10]。就如上一節在所描述的那樣，AI革命翻轉了經濟社會的行為模式，商業關係網絡是處在非常緊密且多元的狀態，這些包含產業生態鏈關係業者或是消費端的顧客群。因此，聯合艦隊組織的形成與運作，需要依賴在內部企業與產業生態系統中的外部利益相關者能夠共同進化

---

[9]　Teece, D. J. (2010), "Business models, business strategy and innovation," *Long Range Planning*, 43, 172-194.

[10]　Adner, R. (2017), "Ecosystem as structure An actionable construct for strategy," *Journal of Management*, 43(1), 39-58;Bjorkdahl, J. (2020), "Strategies for Digitalization in Manufacturing Firms," *California Management Review*, 0008125620920349.

擁有一種新的創新能力[11]。

由於平台化模式變得愈來愈普遍，聯合艦隊組合企業可以透過建立開放的平台，吸引第三方開發者與合作夥伴參與，共同創建和分享價值。這樣的平台不僅可以加速創新，還可以擴大海外市場的影響力。在產品即服務（Product-as-a-Service）模式下，半導體晶片和AI技術結合的價值創造改變了企業的商業模式，使其更加靈活、多元化，同時也提高了企業的價值創造能力和競爭力。並隨著科技的不斷進步和市場的變化，聯合艦隊需要不斷調整和優化自己的商業模式，以應對新的挑戰與機會。本節將從產業生態系統理論與聯合艦隊商業模式創新理論之間的聯繫，討論價值創造、價值傳遞以及價值獲取的機制，並在AI元素加入之後產生的變化過程的探討。

（一）AI技術與聯合艦隊商業模式的創新

從半導體晶片到AI存在於現代的各個領域與商品之中。然而，這也意味著從製造業到服務業都可能存在新商業模式創新。例如，人工智慧化逐漸普遍應用於各個行業，並對其業務模式產生了影響[12]。事實上，由於AI技術進步可能引起商業模式變化也將會涉及到極高的不確定性問題[13]，傳統企業發現將AI等新技術整合到其目前的商業模式中存在些程度上的困難[14]，這和傳統模式相較之

[11]　Moore, J. F. (1993), "Predators and prey A new ecology of competition," *Harvard Business Review*, 71(3), 75-86.

[12]　相關的研究文獻有：

Brynjolfsson, E., & Mcafee, A. (2017), "The business of artificial intelligence What it can and cannot - do for your organization," *Harvard Business Review Digital Articles*, 7, 3-11.

Davenport, T. H., & Dreyer, K. J. (2018), "AI will change radiology, but it won't replace radiologists," *Harvard Business Review Digital Articles*, March 2018 2-5.

Davenport, T. H., & Ronanki, R. (2018), "Artificial intelligence for the real world," *Harvard Business Review*, 96(1), 108-116.

Wilson, H. J., Daugherty, P., & Bianzino, N. (2017), "The jobs that artificial intelligence will create," *MIT Sloan Management Review*, 58(4), 14.

[13]　請參考Hess, T., Matt, C., Benlian, A., & Wiesbock, F. "(2016), Options for formulating a digital transformation strategy," *MIS Quarterly Executive*, 15(2), 123-139.

[14]　Zeng, X., Li, M., Abd El-Hady, D., Alshitari, W., Al-Bogami, A. S., Lu, J., & Amine, K. (2019), "Commercialization of lithium battery technologies for electric vehicles," *Advanced Energy Materials*, 9(27), 1900161.

下容易造成一些相關企業的抗拒，而喪失這項科技的商業機會。但眾多研究顯示，AI技術可以對企業在市場布局的戰略上產生影響[15]，可能影響組織能力的發展[16]，或是影響商業合作團隊的互動[17]等。因此，本書所涉及的技術核心半導體晶片或AI所組合而成的商品，透過聯合艦隊商業模式如何在價值創造、價值傳遞以及價值獲取等過程中扮演關鍵角色。

❶ 半導體晶片、AI科技典範轉移和商業模式創新

當半導體晶片和人工智慧科技持續演進時，各行各業面臨生產與市場上的典範轉移。這一轉變激發了企業必須思考商業模式創新以因應市場需求的必要性。

這些新技術的出現改變了消費者和企業對產品和服務的需求。智慧化產品與服務的需求增加，推動了企業調整商業模式以滿足新需求。由於技術帶來變化導致了價值鏈的重新組合。以前以硬體為主的價值鏈將轉向與軟體並重的服務體系。因此，企業需要重新思考自己在價值鏈中的角色，並相應調整商業模式。由於市場競爭變得更加激烈，企業需要透過商業模式創新來保持競爭優勢，這涵蓋如何提供客製化的解決方案以及建立企業間生態系統合作夥伴關係等[18]。

另外，進入智慧化時代，客戶對於產品和服務的體驗要求愈來愈高。因此，企業需要透過創新的商業模式來滿足市場需求，例如透過數據分析和人工智慧技術的個性化服務。另一面須注意，技術發展帶來的經營上的各種不確定

[15] 例如以下論文：Agrawal, A., Gans, J., & Goldfarb, A. (2017), "How AI will change strategy a thought experiment," *Harvard Business Review Digital Articles*, October 2017 2-5; Fedyk, A. (2016), "How to tell if machine learning can solve your business problem," *Harvard Business Review Digital Articles*, November 2016 2-4.

[16] 相關研究例如：Gaines-Ross, L. (2016), "What do people-not techies, not companies-think about artificial intelligence," *Harvard Business School Cases*, October 2016 1; Chamorro-Premuzic, T., Wade, M., & Jordan, J. (2018), "As AI makes more decisions, the nature of leadership will change," *Harvard Business Review Digital Articles*, January 2018 2-5.

[17] Wilson, J. H., Daugherty, P., & Shukla, P. (2016), "How one clothing company blends AI and human expertise," *Harvard Business Review Digital Articles*, November 2016 2-6.

[18] 例如宏碁集團創辦人施振榮認為台灣應該掌握典範轉移機會，持續投入創新建立新核心能力，他提出新的思維商業模式，提出「不造車的車公司」（Carless car company）、「不造船的船公司」（Shipless ship company）等概念。

性，需要企業具備更強大的風險管理能力，調整原有商業模式以因應不同情況下的變化。半導體晶片和人工智能科技的快速發，這是企業必須面臨新的挑戰和機遇。因此，商業模式創新成為企業成功的關鍵因素之一，必須靈活調整以滿足市場需求，保持競爭優勢，並有效應對不確定性和變化。

❷ AI、價值創造和聯合艦隊商業模式創新

　　企業從過去單純的硬體供應商轉變為更為複雜的解決方案的提供商。過去，企業可能只是提供半導體晶片或AI技術的硬體服務，但現在，它們需要提供整套的解決方案，包括硬體、軟體、服務等，以滿足客戶不斷增長的需求。這正是聯合艦隊組成的主要目的。當今企業的商業模式需要更加注重資料和數據的價值，透過智慧化的AI裝置和服務收集的大量數據，企業可以進行深度分析，從而精準地了解客戶需求，以優化產品和服務，開發更先進的商業模式。AI數據技術創造任何價值必須從利用者需求面出發。當聯合艦隊商業模式提供AI晶片技術配置在新產品上，提供最終產品和服務給利用者時將會產生其效用，就會帶來價值創造。因此，聯合艦隊企業組織必須有系統地對海外市場的需求進行了解，並清楚該區域與智慧化組合商品之間的關係[19]。

　　聯合艦隊須更加注意的是，如果忽視了商品智慧化技術、價值創造和商業模式三者之間的關係，將可能對企業組織帶來很高的成本代價[20]。由於商業模式創新需要隨著半導體晶片與AI技術開發而調整，促進了AI更加普及化，產業利益相關者也將逐漸了解AI帶來的商業利弊[21]，降低先前的抵抗意識，提升對AI技術的接受程度。當然，聯合艦隊組合企業利用AI技術推動企業的價值創造之初，需要面臨著眾多的挑戰，必須學會將新技術與既有資源相匹配，以發揮

[19]　Gerpott, T. J., & May, S. (2016), "Integration of Internet of Things components into a firm's offering portfolio-a business development framework," *Info*, 18, 53-63.

[20]　Dijkman, R. M., Sprenkels, B., Peeters, T., & Janssen, A. (2015), "Business models for the internet of things," *International Journal of Information Management*, 35(6), 672-678.

[21]　Wellers, D., Elliott, T., Noga, M., (2017), "Ways machine learning is improving companies' work processes," *Harvard Business School Cases*, May1, 2017 .

最大的效率[22]。

　　半導體晶片和AI技術的結合在當今的商品市場中產生了深遠的影響，這種結合不僅改變了產品的結構和功能，還帶來了巨大的價值創造。在智慧裝置和消費電子產品領域，半導體晶片和AI技術的融合使得產品變得更加智慧與功能提升，例如智慧手機、智慧家居設備以及智慧穿戴裝置等產品的處理能力大幅提升。這些AI應用改變了商品市場的產品結構與功能性，帶來智慧化生產設備和自動化生產流程提高了生產效率和產品品質，同時降低了生產成本。由於智慧化產品提供更智慧、更便捷、更個性化的服務，增加利用者的價值感受，也提高了用戶滿意度和忠誠度。半導體晶片和AI技術的應用還促進了產業內的技術革新和產品創新，推動了產業的升級和轉型。因此，半導體晶片和AI技術的結合在現代商品市場中發揮著關鍵作用，促進了產品的創新和價值創造，推動產業的發展和社會的進步。

❸ AI、價值傳遞與聯合艦隊商業模式創新

　　結合不同行業商品的企業，並組成聯合艦隊的商業模式是新時代貿易創新，半導體晶片與AI技術快速發展，將使得AI技術、企業的價值傳遞以及聯合艦隊商業模式創新有了更加緊密的結合。商業運作模式的目的在於實現企業價值創造的極大化，然而這需要透過資源配置與活動的安排傳遞其價值。這項工作需要涉及運用到前線與後勤服務人員的合作，以及各項技術支持系統的協助方能達成[23]。在這過程中，可能牽涉到企業內部以及外部企業間存在著相互依賴關係[24]。如何配置智慧化AI技術的價值傳遞的系統識別、開發新技術能力，以及聯合組織員工能力等，這對一般企業商業而言已經是一項重要挑戰[25]，遑論聯合

[22]　Krotov, V. (2017), "The Internet of Things and new business opportunities," *Business Horizons*, 60(6), 831-841.

[23]　Schallmo, D., Williams, C. A., & Boardman, L. (2017), "Digital transformation of business models—best practice, enablers, and roadmap," *International Journal of Innovation Management*, 21(08), 1740014.

[24]　Gorissen, L., Vrancken, K., & Manshoven, S. (2016), "Transition thinking and business model innovation—towards a transformative business model and new role for the reuse centers of Limburg, Belgium," *Sustainability*, 8(2), 112.

[25]　Rachinger, M., Rauter, R., Müller, C., Vorraber, W., & Schirgi, E. (2019), "Digitalization and its influence on

艦隊商業模式的企業組合型態將會更加複雜且更具挑戰性。研究顯示，企業試圖將新技術與新價值傳遞系統相配對時，往往需要透過創新文化來達成這項任務[26]。由於價值傳遞系統的複雜性，企業剛開始可能透過嘗試性或實驗性方式使用AI技術，以配置商業模式的價值傳遞系統。但往往面臨的另一個挑戰，就是如何將聯合艦隊的組織能力與全球價值傳遞系統相結合[27]。

　　聯合艦隊成員是來自不同的企業，這些公司各自存在著獨特的企業文化，文化創新融入於組織體系當中是建立共識的基礎。為了建立有效的價值傳遞系統，聯合艦隊組織需要利用半導體晶片與AI技術發展出實務性常規，以提供穩定性數據與服務品質，並由傳遞系統中的各種利益相關者共同合作創建[28]。透過如此方式可以加強與價值傳遞的合作夥伴間合作關係。聯合艦隊企業組織透過AI技術可以獲得以前無法獲得的數據和分析，可以建立與海外顧客、供應商或是其他利益相關者共享資源，增進價值傳遞效果。在新時代的貿易創新中，跨業結合組成聯合艦隊的商業模式是重要趨勢。透過不同行業的企業聯合起來，共同合作以提供更多元化的商品與服務，以滿足消費者日益多樣化的需求。

　　由於半導體晶片和人工智能（AI）技術的快速發展，對這種聯合艦隊商業模式的演進有著重大的影響。首先，半導體晶片的進步使得各種設備與系統間可以更加智慧化以及互聯互通，這使得AI技術的應用提供了更廣泛的可能性。另一方面，AI技術快速發展為企業的價值傳遞帶來了革命性的變化，企業可以更加精準地了解客戶端的需求，提供個性化的產品與服務。AI還可以幫助企業進行優化企業營運流程，提高效率以及降低成本，從而提升企業價值，這些技術促進了聯合艦隊商業模式的創新。還有企業可以利用AI技術分析大數據，發

business model innovation," *Journal of Manufacturing Technology Management*, 30(8), 1143-1160. https://www.emerald.com/insight/content/doi/10.1108/JMTM-01-2018-0020/full/pdf

[26] Laudien, S. M., & Daxböck, B. (2016), "The influence of the industrial internet of things on business model design A qualitative-empirical analysis," *International Journal of Innovation Management*, 20(08), 1640014.

[27] Sambamurthy, V., Bharadwaj, A., & Grover, V. (2003), "Shaping agility through digital options Reconceptualizing the role of information technology in contemporary firms," *MIS Quarterly*, 27(2), 237-263.

[28] Kuula, S., Haapasalo, H., & Tolonen, A. (2018), "Cost-efficient co-creation of knowledge intensive business services," *Service Business*, 12(4), 779-808.

現不同行業之間的潛在合作機會，從而調整聯合艦隊組織型態，共同開發新的市場和商業模式。同時，半導體晶片的進步也使得不同行業之間的產品和服務更加容易互聯互通，為聯合艦隊的形成提供了技術基礎，並為企業帶來了更多的商業機會和價值創造空間。

❹ AI、價值獲取與聯合艦隊商業模式創新

　　任何商業模式的價值捕獲將可能涉及到企業的成本結構、潛在的收入來源、收入模式以及財務可行性等各項因素，而半導體晶片、AI等新技術有能力影響這些因素。例如，產品開發過程和IT基礎設施的建立，都需要龐大資金的投入，這就是成本驅動因素。所以聯合艦隊商業模式創新就是透過企業間共同合作進行智慧化系統商品的經貿活動[29]，這是基於不同商品技術組合時需要管理的一項挑戰，透過共同合作在成本和財務收益之間找到平衡的共同創建模式。所以聯合艦隊合作企業需要建立一個靈活的風險管理系統，以應對共同開發所帶來的各種風險。

　　AI技術的解決方案對商業模式進行調整時，會考慮到大量的節省成本效應，也需要考慮到收入方式問題。AI等新技術可以改善企業的收入模式，能夠建立與供應商或客戶更透明關係[30]。換言之，AI新技術可以用來創造更靈活的收入模式與促進增加的客戶滿意度，並能滿足企業所制定的解決方案。因此，在透過AI人工智慧的解決方案對商業模式進行調整時，聯合艦隊商也需要考慮到企業價值獲取的增強效應。當創新成為企業價值獲取的驅動力時，企業必須進行更完善的商業模式轉型，因為問題可能需要以新穎與更有創意的方式來解決。然而，激進的商業模式轉型將使企業面臨更大不確定性時，也將左右AI人工智慧技術與企業捕獲價值之間的結果。

[29]　參考這篇論文的見解。de Senzi Zancul, E., Takey, S. M., Barquet, A. P. B., Kuwabara, L. H., Miguel, P. A. C., & Rozenfeld, H. (2016), "Business process support for IoT based product-service systems (PSS)," *Business Process Management Journal*,22(2), 305-323.

[30]　Rachinger, M., Rauter, R., Müller, C., Vorraber, W., & Schirgi, E. (2019), "Digitalization and its influence on business model innovation," *Journal of Manufacturing Technology Management*, 30(8), 1143-1160.

（二）AI、價值與聯合艦隊商業模式生態系統

　　上述說明了價值可以從企業經營模式所產生的創造、傳遞以及獲取等過程，是配置在商業生態系統當中。聯合艦隊商業生態系統與市場、聯盟、網絡或是供應鏈等其他的商業型態之間存在著差異。商業生態系統是非階層管理的，透過民主化平等方式，企業個體以模塊化形式組成的聯合艦隊所展現出獨特性的結合體。各個企業具有獨立性，在聯合艦隊組織間形成相互依賴關係，這很難在其他地方複製的一種集體共同投資的企業型態。且商業生態系統是由一組多邊合作夥伴的調整結構所形成，這些合作夥伴需要相互作用，以實現共同的價值主張[31]。

　　聯合艦隊商業模式生態系統的特徵在於企業成員以自家產品與技術取得內部組織合作角色，並透過集體決策建立生態系統的發展策略。聯合艦隊的商業生態系統重視創造獨特的市場價值，以企業互補角色提升附加價值，強調民主共識的合同協議以吸引各種產業的相關業者加入合作行列。由跨業企業組成聯合艦隊的產業生態系統中扮演著不同的角色，不同任務的聯合艦隊都會有核心企業。核心企業通常是擁有卓越價值資產和技術能力的大型企業。然而，核心企業需要補充各種資源（例如技術、通路或是專業人才等）營運他們的業務，來自不同類型的資源增添聯合艦隊產品組合的多元性與複雜性，這些資源整合也成為優勢和競爭力的來源。因此，對於聯合艦隊或其核心企業來說，有些補充資源可能扮演關鍵因素，若沒有這些資源的配合國際雁行的海外業務將無法順利運作[32]。

　　聯合艦隊商業模式創新在於透過生態系統發展以獲得競爭優勢，特別利用AI的智慧化潛力作為關鍵的補充資源，使其能夠轉型成新型態商業貿易模式，

---

[31]　參考這兩篇關於企業體存在集體合作與相互作用的商業生態模式，這是用於聯合艦隊商業模式的運作方式。Adner, R. (2017), "Ecosystem as structure An actionable construct for strategy," *Journal of Management*, 43(1), 39-58; Jacobides, M. G., Cennamo, C., & Gawer, A. (2018), "Towards a theory of ecosystems," *Strategic Management Journal*, 39(8), 2255-2276.

[32]　Teece, D. J. (2018), "Profiting from innovation in the digital economy Standards, complementary assets, and business models in the wireless world," *Research Policy*, 47, 1367-1387.

以實現企業成長的目標。當使用半導體晶片的AI等數字技術改變商業模式時，核心企業帶領聯合艦隊改變其生態系統中的分配角色、結構以及創新流程，這是振興生態系統的必要作為[33]。聯合艦隊商業模式的生態系統創新是涵蓋各相關產品的產業鏈，例如AI產業生態有上游的伺服器用晶片、各種零組件的上游，伺服器代工廠的中游，以及軟體服務公司的下游等不同製造工程的產業群體。

　　以上論述的聯合艦隊商業模式生態系統創新，是半導體晶片與AI智慧化技術為核心的組織要素組合，將商業模式創新與宏觀的生態系統鏈結在一起，分析如何利用高科技產品組合促進台灣產業生態系統中商業模式創新的探索。從國外研究結果，高科技技術確實為企業帶來新的商機，也促進了企業經營創新[34]。聯合艦隊以動態方式推動AI等科技的商業模式創新，結合AIoT、ICT等各種功能影響了企業商業模式的價值創造、價值傳遞以及價值獲取過程。以核心企業帶領聯合艦隊中相互依賴的合作夥伴、協力業者、供應商以及客戶開發全球性AI解決方案。因此，就價值創造、價值傳遞和價值獲取過程的變化而言，商業模式創新意味著改變原先產業生態系統的一種過程。

（三）聯合艦隊商業模式生態系統轉型（Ecosystem transformation）

　　透過AI等高科技建構的商業模式生態系統是由全球性的各種利益相關者構成[35]，參與生態系統的國內外企業處於既競爭又合作的關係之中。因為企業的價值創造與合作的概念密切相關，而企業的價值捕獲則與競爭存在密切相關，

---

[33] Matt, C., Hess, T., & Benlian, A. (2015), "Digital transformation strategies," *Business & Information Systems Engineering*, 57(5), 339-343.

[34] 例如這兩篇論文： Suddaby, R. (2006), "From the editors What grounded theory is not," *Academy of Management Journal*, 49(4), 633-642; Eisenhardt, K. M., & Graebner, M. E. (2007), "Theory building from cases Opportunities and challenges," *Academy of Management Journal*, 50(1), 25-32.

[35] AI科技從半導體，晶片到AI晶片的組合是在國際分工的架構下完成的，整個產業生態系統包含了台灣國內到國際的眾多相關產業。相關研究如：Björkdahl, J. (2020), "Strategies for Digitalization in Manufacturing Firms," *California Management Review*, 0008125620920349；Ghazinoory, S., Sarkissian, A., Farhanchi, M., & Saghafi, F. (2020), "Renewing a dysfunctional innovation ecosystem The case of the Lalejin ceramics and pottery," *Technovation*, 96,97,1-12. https://www.sciencedirect.com/science/article/abs/pii/S0166497220300122?via%3Dihub

聯合艦隊的核心企業必須注意到，未來團隊中的企業也可能產生彼此間緊張關係。當聯合艦隊企業組合的商業生態系是由核心企業扮演主導角色時，由於國內外環境的快速變化，而核心企業正處於重新配置策略的位置。此時的核心企業需要建構一個合適與穩定的生態系統結構，以確保合作夥伴和利益相關業者在AI生態系統中的位置。否則當生態系統將變得更具吸引力且容易受到新類型變化活動的影響時，新的利益相關者將挑戰原AI生態系統的角色配置。因此，領導聯合艦隊的核心企業必須有能力可以預期生態系統或是外部的利益相關者，可能開發或是整合具有顛覆性的AI解決方案，挑戰原先生態系統架構。所以核心企業必須將注意力轉向對聯合艦隊商業生態系統的振興與韌性這兩項策略上，因應這波的衝擊。

　　然而，從策略適應（strategic adaption）與生態學觀點來看，聯合艦隊的策略創業發展模式為一種動態演化程序，當在創業與價值創造、價值傳遞及價值獲取的過程中，必須結合組織策略的管理，並以共同價值觀與共識思維進行創業行動，達成價值創造與競爭優勢[36]。

❶「探索」和「利用」的組織學習方式

　　企業聯合組織運作的維持往往需要透過整合（integrate）和調解（reconcile）、探索（exploratory）和利用（exploitative）等過程，並以漸進式（incremental）或是激進式（radical）的組織改造以改善經營績效，或是進行創新以提升市場競爭力[37]。而為了維持競爭優勢，企業常透過各種方式發展科學技術能力，經常透過整合、調解、探索以及利用等層次討論動態組織策略的變化過程。因此，這些也常被應用在策略管理、組織理論、創新及創業等管理領域之中。聯合艦隊是由不同企業的組合體所形成的組織，同時也須面對AI等高

---

[36] Hitt, M. A., Ireland, R. D., Camp, S. M., & Sexton, D. L., (2001), "Strategic Entrepreneurship Entrepreneurial Strategies for Wealth Creation," *Strategic Management Journal*, 22, (6-7), 479-491; Ireland, R. D., Hitt, M. A., Camp, S. M., & Sexton, D. L., (2001), "Integrating Entrepreneurship and Strategic Management Actions to Create Firm Wealth," *Academy of Management Executive*, 15(1), 49-63.

[37] 林澄貴、康信鴻（2014），〈策略創業之探索與利用：以中鋼為例〉，《中山管理評論》，22（4）793-825。

科技時代的國內外市場。當處於高度不確定的動態環境下，以聯合組織能力透過探索新的可能性和開發舊的確定性，這兩者在當今快速變化的市場中都是至關重要的。聯合艦隊一方面運用企業組織的尋找、發現、實驗、承擔風險及創新等特質建立探索能力（exploration capability），這些特質都是聯合艦隊在動態環境中，組織經營管理成功與否的關鍵因素。透過建立探索能力和利用能力，聯合艦隊可以更好地應對市場變化，並在競爭激烈的環境中保持競爭優勢。另一方面以組織特性進行改善、效率、生產力、執行力等層面進行利用能力（exploitation capability）的建構。

　　思考聯合艦隊因應內外變化，透過「探索」和「利用」分析商業模式的轉型是非常實際問題，也是關係未來國際雁行的貿易活動能否永續經營的重要課題。這在研究文獻當中，「探索」與「利用」經常被認為是對立的組織學習方式，強調當組織商業模式如果專注於「利用」，就會忽視「探索」[38]。例如，March（1991）認為「探索」是一種追求多樣性、承擔風險、實驗和嬉戲、確保靈活性等特徵的活動，不受束縛於現有知識和資訊，具有激進的組織學習潛在能力。相對地，「利用」則以改進和修正，或採取比較與選擇替代方案，具有透過標準化、加速以及降低成本等漸進式的學習特徵。在「探索」與「利用」相比之下，所產生的結果將更加不確定，所需時間可能將更長，因果關係也會更加模糊。「探索」相較於「利用」而言風險較高。因此，當下現實考量，企業通常會傾向於選擇「利用」而非「探索」。

❷聯合企業朝向「探索」與「利用」組織學習方式的共存：須具備吸收能力與
　結合能力（combinative capabilities）

　　很多學者專家對於「探索」和「利用」進行了各種操作化的嘗試，有些是透過利用他企業專利的專利方式和利用自家企業現有專利的專利方式[39]，

---

[38]　這方面文獻，例如March, J.D. (1991), "Exploration and Exploitation in Organizational Learning," *Organization Science*, 2(1), 71-87; Stuart, T. E. & Podolny, J.M. (1996), "Local Search and the Evolution of Technological Capabilities," *Strategic Management Journal*, 17, Special Issue Evolutionary Perspectives on Strategy, 21-38.

[39]　Sorensen, J. B. & Stuart, T. E. (2000), "Aging, Obsolescence, and Organizational Innovation," *Administrative*

進行新藥開發和適應性追加劑的變更[40]，以及利用專利技術分類的多樣化以及專門化[41]。另一個案例是，英特爾進行簡指令集電腦（Reduced Instruction Set Computer, RISC）設計思想的微處理器（MPU）的轉換和思科系統公司設計思想的微處理器[42]的改進，以及特製品和標準品[43]等。另一方面，也有將產品創新與過程創新關係視為「探索」和「利用」之間的關係，將焦點放在於知識、資訊等要素技術上，並區分為既有技術與新技術。因此，聯合組成的企業間組織能力，特別是將要素技術的多樣化視為「探索」，將既有的要素技術的高度化視為「利用」進行討論。技術的多樣化與高度化的區別是基於相同技術軌道[44]範圍內的高度化，其他則為多樣化。

　　有些研究顯示，「結構性分離」（structural separation）有助於在「探索」和「利用」之間的取得平衡，透過「利用」目標選擇，特別是以多功能吸收能力的「利用」，可以達到與「探索」之間的平衡可能性。另外，從降低「探索」風險角度來看，也意味著「探索」和「利用」之間的平衡是有效性，進而可以重新思考激進創新與漸進創新之間的平衡可能性。由於企業組織面對「探索」和「利用」所產生效益可能存在先決性的認知，跨企業間共識達成需要透過組織整或改造，例如上述中提及，在組織結構措施上，有專家學者提倡「結構性分離」方式專注於創新研究。換言之，也有人提倡將扮演負責新創事業的「探索」組織以及擔任既有事業效率化為指向的「利用」組織應該採取區隔分離[45]，

Science Quarterly, 45(1), 81-112.

[40]　Cardinal, L. B. (2001), "Technological Innovation in the Pharmaceutical Industry The Use of Organizational Control in Managing Research and Development," *Organization Science*, 12(1) 19-36.

[41]　Rosenkopf, L.& Nerkar, A. (2001), "Beyond Local Search Boundary-Spanning, Exploration, and Impact in the Optical Disk Industry," *Strategic Management Journal*,22(4),287-306.

[42]　Lee, J., Lee, J. & Lee, H. (2003), "Exploration and Exploitation in the Presence of Network Externalities," *Management Science*, 49(4), 553-570.

[43]　Ebben, J. J. & Johnson, A. C. (2005), "Efficiency, Flexibility, or Both? Evidence Linking Strategy to Performance in Small Firms," *Strategic Management Journal*, 26(13), 1249-1259.

[44]　Dosi, G.(1982),"Technological Paradigms and Technological Trajectories A Suggested Interpretation of the Determinants and Directions of Technical Change," *Research Policy*, 11,147-162.

[45]　Christensen, C. M. & Bower, J. L. (1996), "Customer Power, Strategic Investment, and the Failure of Leading

在組織間分層負責「探索」和「利用」的角色功能，主張排除干涉的必要性[46]。

　　企業所建立的「探索」能力讓組織能夠不斷尋找新的機會和創新，而「利用」能力則允許組織有效地利用現有的資源和技術來實現目標。在這裡需要注意的是，「探索」能力與「利用」能力的共同發揮，需要聯合組織具備吸收能力[47]，否則往往很難達成兩者共存的目標。這是因為吸收能力促進實現經濟成果的過程中，可以透過「利用」外部知識和資訊，同時在具備多樣知識與資訊親和性的吸收能力促成吸收對象的多樣化。加上具有多樣知識和資訊親和性吸收能力，促進應用的高度化，提升了「利用」外部多樣知識和資訊的經濟成果，降低了「探索」的風險，從而促進了「探索」[48]。

　　吸收能力的構成活動可以劃分為四個階段，分別是「獲得」、「同化」、「轉化」以及「利用」。「獲得」是指認識並取得外部的新知識和資訊的活動，「同化」是指對所獲得的外部新知識和資訊進行分析或理解的活動，「轉化」則是促進現有知識和新獲得、同化的知識之間結合的活動，而「利用」則是將獲得、同化和轉化的知識應用於實際中的活動。其中「獲得」和「同化」僅是為吸收知識和資訊做準備的前提條件，如果沒有「轉化」和「利用」，吸收過程將無法完成[49]。「探索」和「利用」分別是急進式創新和漸進式創新的學習基礎。當「活用」對象的選擇能夠促進「探索」，這端視「利用」對象的選擇是否得當，漸進式創新也有可能帶動急進式創新發展。由於漸進式創新過程積累的知識、資訊以及組織能力，不僅可以促進急進式創新所需的知識與資訊的取得之外，還可能解決或舒緩來自組織內部對急進式創新的阻力。

Firms," *Strategic Management Journal*, 17, 197-218.

[46] Burgelman, R. A. (1983), "A Process Model of Internal Corporate Venturing in the Diversified Majour Firm," *Administrative Science Quarterly*, 28(2), 223-244.

[47] 所謂吸收能力是指企業組織經營上的一連串活動，包括察覺、評估、吸收、同化以及應用新知識和資訊的能力，而這些知識和資訊則是主要的來源。他們將吸收能力視為基礎研究開發活動的副產物，認為它是從組織內持續地且漸進的知識積累中產生的一種能力。

[48] 鈴木 修（2007），《「探索（exploration）」と「活用（exploitation）」との両立に關する考察：IRIユビテックの事例を題材に》，東京：一橋大学大学院商学研究科博士後期課程，No.43。

[49] Zahra, S. A. & Gerard George (2002), "Absorptive Capacity A Review, Reconceptualization, and Extension," *The Academy of Management Review*, 27(2), 185-203.

　　然而，除了吸收能力之外，還需要具備結合能力（combinative capabilities），這是因為已經提及過，聯合艦隊是屬於跨企業組合組織和提供「系統性商品」的商業模式。結合能力不僅是技術結合能力，還需要組織間結合能力和「系統性商品」的結合能力等。因此，聯合艦隊國際雁行除了需要吸收能力來推動「探索」能力與「利用」能力的共同發揮之外，有些學者提倡還需要具備結合能力（combinative capabilities）來推動「系統性商品」的創新[50]。首先，讓我們回顧一下吸收能力的重要性。吸收能力使得組織能夠有效地吸收外部的新知識和資訊，從而推動「探索」能力，不斷尋找新的機會和創新，這對於聯合艦隊海外貿易至為重要。因為在不斷變化的國際市場中，「探索」能力使得組織能夠適應新的需求、技術和趨勢，並尋找新的商業機會。

　　然而，單靠吸收能力本身是不夠的，為了真正實現創新，聯合艦隊海外貿易還需具備結合能力。結合能力使得跨企業組織能夠有效地整合和結合不同的資源、技術，以及組織間合作關係，從而創造出新的、具有價值的組合。在提供「系統性商品」的商業模式中，結合能力格外重要，因為這需要將不同的產品、服務或技術整合為一個完整的解決方案，以滿足客戶的多樣化需求。

　　綜合上述，聯合艦隊海外貿易需要不僅具備吸收能力來推動「探索」與「利用」能力的共同發揮，同時還需要結合能力來促進「系統性商品」的創新。透過結合能力，組織能夠將吸收到的新知識和資訊與現有的資源、技術以及合作關係相結合，創造出更具價值和競爭力的產品和服務，從而在海外貿易市場中獲得更大成果。

❸「探索」與「利用」的商業模式創新：從重構、復興到韌性的創新過程

　　透過AI技術導入的企業微觀創新（企業內部的創新）擴展到AI元素融入於產業生態系統（產業生態鏈的創新）之後，進行全面AI智慧高度化的新商業模式創新階段（國內外市場的創新）。來自半導體晶片與AI技術的導入企業，產

[50] Van den Bosch, Frans A. J., Henk W. V. & Michiel de Boer (1999), "Coevolution of Firm Absorptive Capacity and Knowledge Environment Organizational Forms and Combinative Capabilities," *Organization Science*, 10(5) 551-568.

業以及市場將產生三個階段的創新，即企業內部的創新→產業生態鏈的創新→國內外市場的創新，要完成這三階段創新需要進行AI功能、AI價值以及AI生態系統等三項轉型。首先，透過企業導入AI技術以改進內部流程、提高生產效率和創造價值，這包含自動化流程、數據分析、人工智慧應用於產品開發和服務提供等。企業內部的創新旨在提高效率、降低成本，並為企業帶來競爭優勢。其次，一旦企業在內部實現了AI技術的應用，接下來的階段是將AI元素融入產業生態系統中。這包括與供應商、合作夥伴和客戶等相關方合作，共同開發具有AI元素的新產品、服務或解決方案。這種創新將有助於構建更具競爭力的產業生態系統，並能提供更多價值和機會。最後一個階段是在全面AI智慧高度化的新商業模式創新階段，這將影響國內外市場。在這一階段，企業將以AI技術為基礎，透過創新產品、服務或商業模式，開拓新市場，滿足客戶不斷變化的需求。這包括推出智能產品、提供基於數據的客製化服務以及構建AI生態系統等。

但是，企業欲完成上述三階段創新需要經過內部與外部的「探索」與「利用」策略，進行上述AI功能、AI價值以及AI生態系統等三項轉型過程。聯合艦隊核心企業透過積極嘗試並行開發多種AI功能，每項實現的AI功能對與高水準「利用」或「探索」相關的商業模式都將產生自身的影響。這些影響表現在價值創造、價值傳遞和價值獲取，一般見解被視為屬於價值管理過程中或多或少獨立層面，但研究發現這三種價值的互補過程之間存在著密切的相互依存關係[51]。以AI作為核心價值元素的使用顛覆了過去傳統產業的價值過程，這是基於AI功能價值流程特點具有同時性，它們的出現並影響企業聯合組織。所以當進行AI的商業模式創新時，聯合企業組織需要考慮到生態系統層面的變化，並了解如何及時做出生態系統的重新配置（ecosystem reconfiguration）、振興（ecosystem revitalization）以及創造生態系統的韌性（ecosystem resilience）。利用圖12-1企業透過重新配置、振興到韌性說明在「探索」與「利用」策略上的商業模式變化過程，這是屬於動態模型分析。

---

[51]　Burström et al.(2021).

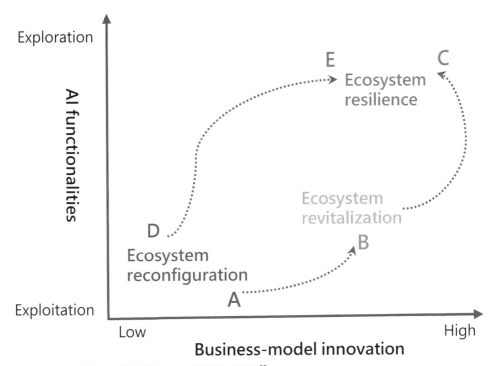

圖12-1　「探索」與「利用」的商業模式創新[52]
資料來源：Burström et al.(2021).

　　聯合艦隊組織面對半導體晶片與AI技術發展下，將面臨在重新配置、振興和韌性等三種策略的推動。重新配置策略的性質相對容易與單純，在上圖中是處在「利用」與生態系統創新的較低位置，接近原點的地方。與振興（revitalization）和韌性（resilience）策略相較之下，重新配置（reconfiguration）是利用現有資源與技術進行小規模創新，透過改進或是啟用技術以獲得競爭優勢，此階段具有較少的複雜性與較低的不確定性因素，這意味著，聯合組織核心企業面臨著一個情況，即他們必須管理一個將低水準創新與高水準創新結合的動態環境（A點與D點的位置）。重新配置策略有兩條路徑可以為企業建立更具韌性的能力，第一

52　Burström, T., Parida, V., Lahti, T., & Wincent, J. (2021), "AI-enabled business-model innovation and transformation in industrial ecosystems A framework, model and outline for further research," *Journal of Business Research*, 127, 85-95.

條路徑是從D點到E點；另一條路徑為A點經由B點在抵達C點。完成韌性策略目標需要經過AI功能轉型、AI價值轉型以及AI生態系統轉型，透過這三個轉型過程，核心企業將組織內部的微觀AI元素與生態系統宏觀AI層面連結成內部與外部的一體化。當重新配置策略決定採用第一條路徑的商業模式時，必須重視「探索」創新的魄力，採取激進式創新方式。另一方面，是以第二條路徑朝向企業韌性能力時，以保守策略重新配置出發，透過「利用」進入復興（Revitalization）時期階段，再以積極的「探索」創新提升企業韌性能力水準。

在圖12-1的「探索」與「利用」商業模式創新，不管是往哪一條路徑方向前進，聯合艦隊企業組織從開始的重新配置策略朝向強化企業韌性能力的發展過程中，透過鼓勵企業員工積極追求多樣性和承擔風險精神，並鼓勵他們進行實驗和演練，以發掘新的商業機會和創新亮點。聯合組織可以提供相對應的資源與誘因機制，以確保員工在「探索」過程中不受限於現有知識和資訊，並鼓勵他們進行激進的組織學習，從而不斷擴大組織的知識和能力。同時，可以建立一個開放、包容的工作環境，鼓勵員工提出新的想法和觀點，促進創新和探索的文化。除了「探索」策略運用之外，應該融入「利用」策略，創造加乘效果。

聯合艦隊企業組織可以重視對現有資源、知識以及經驗的有效利用，並透過改進和修正提高業務營運的效率和效益。聯合組織可以加強標準化以及流程優化，以加速業務運作，降低成本，並提高產品或服務的品質。亦可透過比較和選擇替代方案，聯合艦隊企業組織可以在現有知識和資訊的基礎上進行漸進式學習，以優化業務營運和提高競爭力。

上述策略方式使得聯合艦隊企業組織可以透過強化「探索」和「利用」兩項策略來提高其韌性能力，透過鼓勵創新和「探索」，組織可以不斷發現新的商業機會和創新點；同時，透過有效地「利用」現有資源和知識，並不斷優化業務營運，聯合艦隊可以確保在競爭激烈的環境中保持靈活性和競爭力。

三、半導體晶片以及AI相關產業的科技外交策略

透過上述「探索」與「利用」策略，聯合艦隊企業組織從重構、復興到韌

性的商業模式創新，這不僅作為經貿海外擴展的新戰略思維，也是我國處在艱難國際局勢下推動實質外交的重要策略。以半導體晶片以及AI等相關產業作為科技外交策略是在典範轉移下，推動外交的新模式，這符合台灣的產業優勢。智慧化聯合艦隊的外交經貿模式將成為今後台灣國際雁行的另一種創新模式，透過「系統化組合」的科技商品協助邦交國與非邦交國的經濟社會發展，遍及各相關產業領域。例如以智慧化醫療，智慧化城市或是電動車系統整合等，都可以成為外交聯合艦隊的推動模式。

特別在台灣面對複雜的國際外交局勢時，以聯合艦隊推動國際外交具有重要性。

首先，半導體晶片和人工智慧等相關產業的範式轉移與台灣的產業優勢相符，這種契合使得台灣有能力提供邦交國和非邦交國具有價值的科技解決方案，促進各產業落實在經濟與社會上的發展。透過運用「系統化組合」科技產品，例如智慧醫療、智慧城市或整合電動車系統，台灣能夠有效推動實質外交進展。其次，組建外交聯合艦隊允許台灣整合其資源和技術能力，整合來自不同產業部門與企業的專業知識，使台灣能夠在外交努力上呈現出共識價值。這種集體的方式不僅增強了台灣在國際舞台上的信賴度，還提升其談判力以及影響力。

另外，聯合艦隊策略也促進了與其他國家的戰略夥伴關係和合作機會，透過提供科技解決方案和專業知識，台灣可以與邦交國和非邦交國建立互利共贏的關係。而這些夥伴關係不僅有助於台灣的經濟發展，還會提升在地緣政治上的地位和外交上的影響力。台灣以踏實穩健、互惠和平，建立與邦交國永續夥伴關係，與理念相近及友好國家深化與廣化多元領域實質關係，積極走向世界。同時，也爭取國際參與及對國際社會做出具體貢獻，發揮軟實力並透過國際合作及人道救援等方式，提升台灣的國際優質形象[53]。並透過與不同國家的多元合作，維持並強化我國半導體產業既有優勢及長期競爭力，成為全球重要夥伴[54]。

[53] 經濟部（2024），〈我國半導體產業科技外交整體策略藍圖〉資料。

[54] 例如，在立陶宛，外交部委託工研院協助立方Teltonika公司建置8吋晶圓實驗線、IC設計中心以及IC封裝與測試廠；在斯洛伐克，外交部委託工研院協助斯方國家科學院、斯洛伐克科技大學

　　因此，在台灣國際外交面臨嚴厲挑戰的背景下，採用聯合艦隊的方式提供了一種新穎而有效的策略，透過充分利用其科技實力並促進戰略合作，台灣能夠因應國際關係的複雜性，並在全球範圍內推進其外交目標。

　　建構半導體實驗室；或在捷克，國研院半導體中心協助捷克科技大學、布爾諾科技大學、馬薩里克大學建構先進晶片設計研究中心（ACDRC）等。參考經濟部（2024），〈我國半導體產業科技外交整體策略藍圖〉資料。

附錄

數位新南向「雙螺旋效果」的戰略分析：向量自我迴歸（VAR）結合動態產業關聯模型之應用[*]

林佳龍、洪振義

一、研究動機與研究目的

　　2018年3月美中貿易爭端揭開國際局勢變化序幕，接著2019年的武漢肺炎蔓延重創世界經濟，更加凸顯各國在醫療等戰略物資自主性的嚴重不足，引發一些國家在產業發展策略上有了調整。而在此同時國際對中國政策逐漸產生鬆動，國際政治開始出現結構性的轉變。2020年美國總統川普強化印太戰略，以美國、日本、澳洲以及印度為主體建立區域聯盟的共同體，地緣政治開始出現明顯的變化。從地緣政治結構的轉變到國際分工體制的重組，看見一個新時代的開端，其中明顯動態可以從2021年的美國〈印太經濟架構〉提出，以及2022年俄烏戰爭爆發，促成了北大西洋公約組織與印太戰略之間的鏈結契機，重塑國際戰略的生態體系，更加確立地緣政治結構性的轉變。台灣處在新國際戰略生態體系的最前線，面對中國強權擴張的地緣政治前沿，今後台灣的政經發展將會牽動國際局勢的變化。

---

[*] 本文原發表於淡江大學全球政經學系日本政經研究碩士班與關西大學綜合情報研究科共同主辦的2022年度第四屆國際學術研討會。

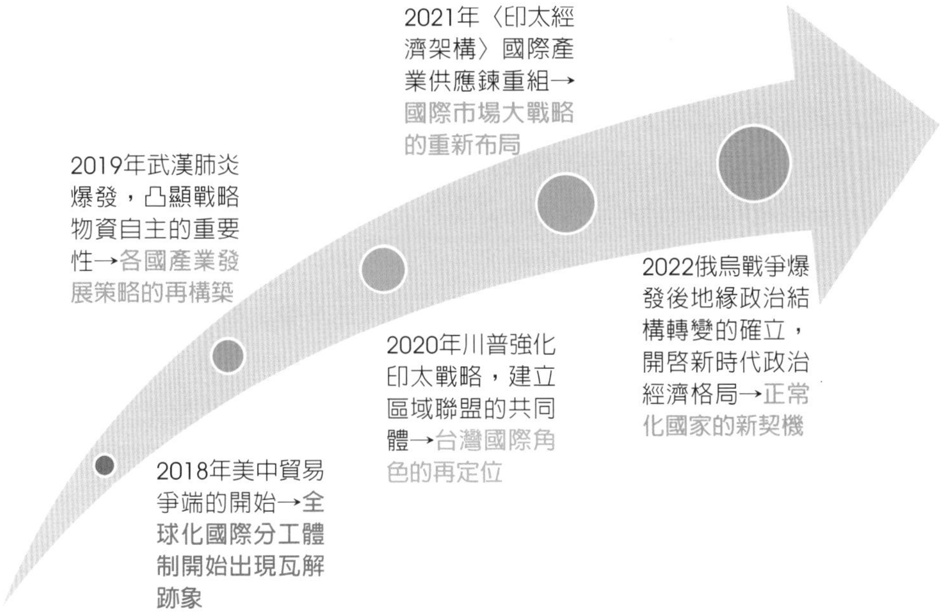

2021年〈印太經濟架構〉國際產業供應鍊重組→國際市場大戰略的重新布局

2019年武漢肺炎爆發，凸顯戰略物資自主的重要性→各國產業發展策略的再構築

2022俄烏戰爭爆發後地緣政治結構轉變的確立，開啟新時代政治經濟格局→正常化國家的新契機

2020年川普強化印太戰略，建立區域聯盟的共同體→台灣國際角色的再定位

2018年美中貿易爭端的開始→全球化國際分工體制開始出現瓦解跡象

圖1　國際局勢變遷下地緣政治結構性的轉變
資料來源：林佳龍整理繪製。

　　台灣面臨上述的國際新局勢，不僅會影響今後經濟發展模式，也將牽動未來我國在國際上地緣政治所扮演的角色。換言之，今後台灣發展需要更寬廣的視野以及更多元的思考面向建立新的國家戰略。在此背景之下，本論文分析新南向政策對我國內部經濟產生的影響，以及探討外交層面可能的發展趨勢。由於新南向政策意涵不僅是對台灣經濟發展產生效果，同時還能促進國內的產業輸出，進而延伸到國際政治領域之上，特別是COVID-19爆發以及地緣政治結構性改變之後，大幅提升這種趨勢的可能性。

　　從眾多的資料與研究顯示[1]，台灣產業的優勢在於電子電機、光學精密儀器以及機械工具等相關高科技產業，特別是以半導體技術為基礎的AIoT、5G/6G

---

[1]　從經濟部國際貿易局進出口貿易統計平台（https://cuswebo.trade.gov.tw/FSC3020F/FSC3020F）可知歷年台灣主要貿易品目。而相關研究可參考林佳龍（2022），《印太新秩序下的台灣之路：數位時代的產業最適棲息地理論與雙螺旋策略》，釀出版；林佳龍、洪振義（2022）〈台灣產業的特性與競爭力之變化：產業關聯分析法之應用〉，新政治經濟學研究室（NPERO），

以及大數據平台等高科技應用，ICT、數位科技已經成為新時代發展不可或缺的模式[2]。因此思考新南向政策時，本論文認為台灣以數位科技做為推動國際市場的火車頭產業，透過產業間跨域合作與創新，並鏈結國內與國外的市場環境變化與趨勢，建立一套未來的產業發展戰略。數位新南向發展的論述基礎在於產業最適棲息地理論與雙螺旋效應的實踐之上[3]，前者是建置穩定的產業生態系統，後者是推向產業高度化的發展模式，以圖2說明產業棲息地移動與螺旋形態產業發展。圖中橫縱平面與第三維高度分別代表產業棲息地和螺旋發展型態，產業棲息地分成四個象限，每個象限代表不同發展階段的產業生態棲地，也意味著產業在市場上的競爭力，而第三維高度則表示產業高度化程度，例如數位科技創新提升產業高度化並創造更高的附加價值。分布在四個象限的產業將隨著科技創新提升競爭力使得產業棲息地產生移動，而棲位移動可以分為水平移動（horizontal shift）與垂直移動（vertical shift）兩種方式，分別是由產業轉型與產業升級所產生的效果。

　　數位科技的首要工作在於推動經濟社會的數位轉型，而在轉型過程中將歷經數位化，數位優化到數位創新，每個階段過程都將帶動產業的發展。數位轉型將改變產業之間的組織運作模式，經營模式與商業模式的變化促進產業轉型。1980年代以來，台灣就對國內產業結構調整與產業升級等課題熱烈討論，但是從1990年代開始的產業海外投資與生產據點的廣設，鉅額資本外流降低了國內研究與創新，阻礙了台灣產業轉型[4]，從圖3我們將可以更進一步討論產業轉型後，台灣的社會經濟結構將可能產生變化。由數位科技促進產業轉型過程

NEPRO Working paper；林佳龍、洪振義（2021），〈探討台灣產業結構的變化以及成長變動要因〉，台灣智庫working paper。

[2]　關於ICT應用科，參考Bukht, R. and Heeks, R. (2017) "Defining, Conceptualising and Measuring the Digital Economy.", Development Informatics working paper.

[3]　關於產業最適棲息地理論與雙螺旋效應的說明，因受限於研討會論文篇幅限制，詳細內容請參照林佳龍（2022），《印太新秩序下的台灣之路：數位時代的產業最適棲息地理論與雙螺旋策略》，pp.105-135，釀出版。

[4]　參考Spence, M. A. (2011), The Next Convergence-The Future of Economic Growth in a Multispeed World. UWA Publishing. 林佳龍（2022），《印太新秩序下的台灣之路：數位時代的產業最適棲息地理論與雙螺旋策略》，p.46，釀出版。

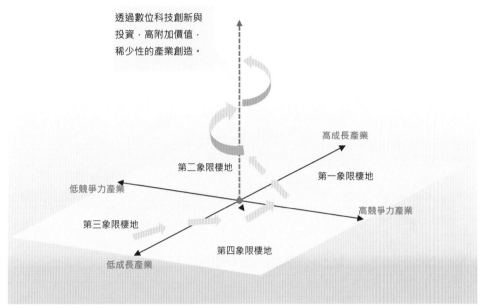

透過數位科技創新與
投資，高附加價值，
稀少性的產業創造。

高成長產業

第二象限棲地

第一象限棲地

低競爭力產業

高競爭力產業

第三象限棲地

第四象限棲地

低成長產業

圖2　產業棲息地移動與螺旋形態產業發展
資料來源：作者整理繪製。

中，由於數位創新使得產業組織發生了變化，也改變過去台灣的產業聚落與產業群聚的組合模式，提供新經濟時代的產業棲息地雛型的基礎。本論文提倡的產業棲息地理論是建立在數位科技基礎之上，因為她能夠建立跨「地理與空間」的產業群聚，有別於傳統的產業聚集與產業群聚的發展型態。也因如此，產業棲息地發展模式將會是呈現出都市化（urbanization）的改變過程，在城鄉與都市之間的產業製造到家庭消費的模式趨於一致，上班與交易型態也將獲得更具效率與彈性，在鄉村與都市之間的生活、經濟以及產業活動方面也逐漸改善所存在的落差，逐漸完成社會經濟結構的轉型[5]。產業聚落與產業群聚的效果在為企業之間產生「共生與共好」的關係，也為台灣創造巨大的經濟成長，但是永續發展的條件需要透過數位轉型的科技創新，企業之間的經營與生產技術的共進化成為關鍵，一套穩定的產業棲息地系統就是建立在「共生、共好、

---

[5]　林佳龍（2022），《印太新秩序下的台灣之路：數位時代的產業最適棲息地理論與雙螺旋策略》，pp.180-181，釀出版。

共進化」的體制下完成的。當社會經濟結構的持續轉型將朝向國家永續發展型態，達成國家轉型的目標。

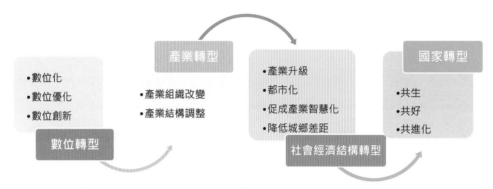

圖3　數位轉型的產業‧社會‧經濟的傳遞機制與效果
資料來源：引用林佳龍（2022）[6]。

　　透過上述的數位轉型傳遞機制，經過產業轉型、社會經濟結構轉型再到國家轉型，這些都是屬於台灣內部轉型階段，但是新南向政策將延續轉型效果，那是以國家策略帶領產業跨出國際之後，國家轉型將可以更進一步創造產業的外部循環，形成國內外的「雙螺旋效果」（Double Helix Effects）。本論文研究將以台灣數位科技相關產業與新南向國家之間的經貿因果關係，並推估產生的經濟規模作為確認雙螺旋效應是否成立的實證分析。

二、文獻回顧

　　台灣經濟發展過程中，從1950年代的進口替代時期，1960年代的出口替代階段延續到1970年代出口擴張時期。進入1980年代的經濟自由化風潮是促成1990年代的經貿國際化。在這之前國際環境雖然歷經多個階段變化，當時台灣的經濟發展相對穩定，以貿易累積資本創造高度經濟成長。21世紀是全球化時

---

[6]　林佳龍（2022），《印太新秩序下的台灣之路：數位時代的產業最適棲息地理論與雙螺旋策略》，p.181，釀出版。

代，台灣2002年加入WTO的同時，海外投資與生產據點外移，特別來自中國強大的磁吸效應（Magnetic Effect），使我國直接面臨產業空洞化的困境，過去的經濟發展模式無法維持，必須產業轉型。

上述我國經濟發展的不同階段也反映過去文獻的各種視角與結論，對經濟發展成因見解也呈現多元面向。由於台灣經濟發展結構以貿易所佔的比例最高，進出口貿易與經濟成長之間的理論假說有:出口帶動經濟成長假說（Export-Led Growth, ELG）；經濟成長帶動出口假說（Growth-Led Export, GLE）；進口帶動經濟成長假說（Import-Led Growth, ILG）；經濟成長帶動進口假說（Growth-Led Import, GLI）等四類。

從總體經濟理論觀點，出口確實是構成經濟成長的主要因素，然而過去很多文獻實證結果也呈現如此，例如，Balassa（1978）、Kavoussi（1984）、Marin（1992）、IrwinandTervio（2002）、DarandAmirkhalkhali（2003）、Awokuse（2007）、Furuoka（2007）、AwokuseandChristopoulos（2009）、Singh（2010）、Ee（2016）、Sharma（2022）等學者也都在出口對經濟增長是否有影響展開分析。在這些文獻當中，Kavoussi（1984）研究指出透過出口擴張使得國家的全生產要素與經濟成長都有明顯影響。Marin（1992）透過出口、經濟成長等變數，採用共整合與VAR分析美、英、日、德等國發現確實存在出口帶動經濟成長假說。黃台心（2002）則以台灣為分析對象，使用VAR迴歸模型與Granger檢定出口值與經濟成長的因果關係，結果顯示台灣的出口擴張政策成功引導經濟成長。

而從另一個角度來說，也有些文獻提出經濟成長帶動出口的論點，例如，Chow（1987）、Darrat（1987）等研究。Chow（1987）以NIEs、以色列、巴西等國家的出口與製造業生產之間的關係，發現兩者之間存在相互因果關係，即存在反饋效果（feedback）。這也說明了不只是出口會帶動經濟成長，經濟成長也會促進出口的增加。Darrat（1987）的研究除了有相同主張之外，還發現由於技術的進步與勞動資本累積使得經濟發展更快速進而促進出口的增加。

另一方面，透過製造的出口方式也需要來自國外的生產要素的投入，進口貿易支撐出口的重要因素，特別像台灣天然資源缺乏的國家。因此，以進口帶動經濟成長假說也是一個重要的課題。例如，Coe and Helpman（1995）、

Summer（1997）、Mazumdar（2001）、Malhotra and Mennu（2009）、Mazumdar（2000）、Weinstein and Lawrence（1999）等研究。Summer（1997）以澳洲加拿大為對象，研究發現澳洲呈現經濟成長帶動進口增加，而加拿大在進出口貿易上都是促進經濟成長的重要因素。Weinstein and Lawrence（1999）則是以亞洲的日本與韓國作為分析貿易和要素生產力之間的關係，結論指出日韓都呈現進口將帶動生產力，這也成為經濟成長的重要因素。

　　而在COVID-19爆發、俄烏戰爭之後的國際社會的經濟生產體制將產生變化，未來台灣的經濟成長要因是否產生變化，這值得觀察的未來動向。

三、研究架構與模型建立

　　本論文評估數位新南向「雙螺旋效果」的思考架構包含對新南向區域輸出的內部循環效果，以及新南向國家經濟成長對台灣數位科技產生需求的外部循環效果。內部循環與外部循環相互波及的經濟現象就是本論文提出的「雙螺旋效果」概念。為了推估「雙螺旋效果」的經濟規模，本論文需要建立研究模型，其中內部循環的評估以動態產業關聯模型，外部循環則須建立計量經濟模型，推估新南向國家的經濟成長與台灣之間的貿易關係，確認台灣與新南向國家之間經貿因果關係，推算出一些相關係數之後再導入動態產業關聯模型，其研究模型的設計流程如圖4所示。

　　向量自我迴歸（VAR）分析的主要目的在於確認台灣與新南向國家在經貿上的因果關係，動態產業關聯模型是推論新南向貿易對台灣各產業與經濟的影響規模。

　　本論文主要研究目的在於確認台灣經濟成長與對ASEAN諸國[7]的出口因果關係，評估數位新南向策略的「雙螺旋效果」。為達到此目標，在研究方法上將透過統計學的檢定，共整合以及因果關係檢定以確認台灣與ASEAN諸國之間的經濟關係，再以動態產業關聯模型估算數位新南向貿易的「雙螺旋效果」。

---

[7]　ASEAN諸國是由10個成員國組成，即汶萊、柬埔寨、印尼、老撾、馬來西亞、緬甸、菲律賓、新加坡、泰國和越南。

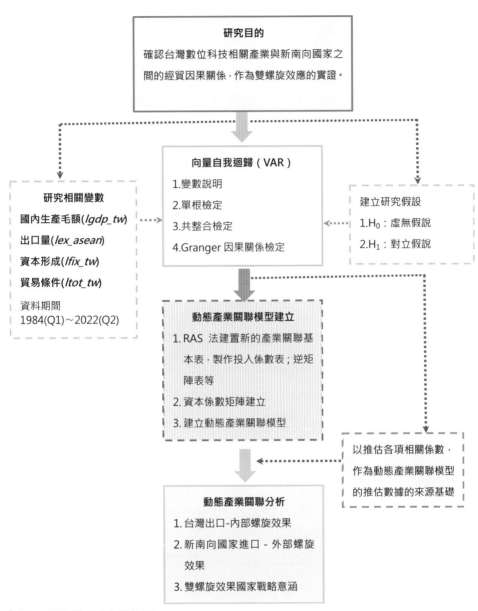

圖4　研究模型的架構流程

資料來源：作者編製而成。

（一）資料來源與研究變數

本論文分析台灣經濟成長與對ASEAN諸國出口之因果關係研究，設定期間為1984年第一季～2022第二季，每項變數各有154筆的季資料。傳統迴歸分析進行兩個變數的因果關係檢定時，往往會因為遺漏重要變數造成虛假結論，所以在變數選擇上需要考慮這方面所產生的問題。基於此，參考過去文獻研究結果，本研究設定之變數分別為國內生產毛額、ASEAN出口（Marin,1992; Awokuse, 2007）、固定資本形成（Ram,1985; Burney,1996; Ghatak et al.1997; 黃台心2002）以及貿易條件（Kunst and Marin,1989; Yamada,1998; 黃台心2002）。其中，固定資本形成作為資本存量的變數，這是納入生產要素所建立的迴歸模型之中。另外，貿易條件是基於國際競爭力的重要指標，對貿易往來將會產影響，也是一國經濟成長的重要關鍵，而本論文的貿易條件是以出口物價指數除以進口物價指數所得出的數據。

這四項變數數據資料來自中華民國統計資訊網資料庫海關進出口統計[8]，經濟部統計處外銷訂單調查[9]以及中華民國統計資訊網-國民所得及經濟成長統計資料庫[10]。

（二）研究方法

❶單根檢定

為了確認四項變數是否為定態（stationary）序列[11]，避免產生虛假迴歸（spurious regressions）現象而造成錯誤的統計推論（Granger and Newbold,1974）。所以本論文進行時間序列分析之際，需先對四項變數進行單根檢定，當成限單

---

[8] 網址：https://portal.sw.nat.gov.tw/APGA/GA30.

[9] 網址：https://dmz26.moea.gov.tw/GMWeb/investigate/InvestigateBA.aspx.

[10] 網址：https://nstatdb.dgbas.gov.tw/dgbasAll/webMain.aspx?sys=100&funid=dgmaind.

[11] 定態時間序列對於長期預測可以收斂製無條件的平均值，數列具有不隨著時間變動之條件變異數，變異數為有限且不是無窮大的特質。

根（非定態）之變數則需要進行差分處理後再觀察是否具為定態特性之序列。本篇論文將以ADF（Augmented Dickey-Fuller）與PP（Phillips-Perron）作為單根檢定之方法，這是基於Schwert(1989)的研究指出這兩種單根檢定足以修正移動平均項所造成的噪音問題。其中，ADF單根檢定的模式有三種類型，本論文也將分別以這三種進行檢定。

模型一：不含截距項，也不含時間趨勢項

$$\Delta y_t = \beta y_{t-1} + \sum_{k=1}^{n} \gamma_k \ \Delta y_{t-k} + \varepsilon_t \tag{1}$$

模型二：含截距項，但不含時間趨勢項

$$\Delta y_t = a + \beta y_{t-1} + \sum_{k=1}^{n} \gamma_k \ \Delta y_{t-k} + \varepsilon_t \tag{2}$$

模型三：含截距項，且含時間趨勢項

$$\Delta y_t = a + \partial t + \beta y_{t-1} + \sum_{k=1}^{n} \gamma_k \ \Delta y_{t-k} + \varepsilon_t \tag{3}$$

上述數列中的ε_t為白噪音（white noise），表示需要滿足平均數為零、變異數為固定常數、沒有自我相關這三個條件的穩定隨機過程。下列為統計檢定假設：

H_0: $\beta = 0$（虛無假設，表示y_t數列存在單根，是為非定態時間序列）
H_1: $\beta \neq 0$（對立假設，表示y_t數列不存在單根，是為定態時間序列）

　　當數列進行ADF檢定之後呈現無法拒絕虛無假設(H_0)時，則需要近一步進行差分再次帶入ADF進行檢定確認是否為定態序列，如果尚未達到定態則需要再次進行第2次差分，經常以I(1)，I(2)……表示。經過差分顯示定態數列之後，則符合共整合的先決條件，將可更進一步以共整合檢定分析資料。

❷向量自我迴歸（VAR）模型

　　傳統多變數時間序列經常以線性迴歸分析，這種方式隱含著變數之間存在因果關係，即因變數是受到自變數影響的前提假設。但是經濟理論與發展邏輯的過程中，變數之間存在錯綜複雜時，往往無法確定哪些變數是因變數或是自

變數。向量自我迴歸（VAR）方法將所有變數以內生變數（endogenous variable）方式處理，解決了內生變數與外生變數（exogenous variable）的認定困擾。利用向量自我迴歸系統主要目的在於「預測任一變數變動對所有變數的影響」（楊奕農, 2005）。

❸最適落後期數之選擇

在VAR的推估系統時，首先需要解決兩個問題，一個是那些變數應該包含於系統之中，另一個是變數落後期數應該取多長，由於各變數之間落後期會相互影響，所以最適落後期數選擇是處理殘差項序列相關問題，選擇適當落後期數可以避免估計的偏誤或是無效率等狀況發生，這通常會利用概似比檢定（likelihood ratio test, LR test）的方法處理，但是當VAR系統無法以LR作為最適度檢定落後期數時（楊奕農，2005；楊浩彥、郭迺鋒、林政勳，2013），本研究將利用模型中的AIC訊息準則（information criterion）作為選取落後期數的依據。

❹共整合檢定

在一組非定態時間序列變數使其線性組合成為定態是進行共整合（cointegration）之目的，而共整合檢定可以檢定兩個或多個定態變數之間的長期關係，當共整合關係存在時，即表示不會有虛假迴歸問題。共整合檢定的方式主要有兩種，分別為Engle-Granger兩階段共整合檢定與Johansen共整合檢定，其中又以Johansen最大概四估計法有較多的優點，本論文將以Johansen Cointegration Test作為共整合檢定法，並以變數序列之差分值納入向量自我迴歸VAR模型進行Granger因果關係檢定（Granger causality test）。

❺Granger因果關係檢定

Granger因果關係檢定來自Granger (1969) 這篇研究文獻，說明檢定一組時間序列變數X是否為另一組時間序列變數Y之間是否具有領先，落後，雙向回饋或是無任何關係，本論文採用Granger因果關係檢定以解釋變數之間的因果關係。

（三）動態產業關聯模型之建立

本論文採用產業關聯的基本模型為：開放競爭型產業關聯分析

$$X=[I-(I-M)A)]^{-1}[(I-M)F+E] \dotfill (1)$$

其中，

X：生產額向量。

A：投入係數矩陣。

F：最終需要向量。

M：輸入係數對角矩陣。

I：單位矩陣。

短期動態模型（資本係數內生化）

資本係數矩陣建立

K為資本係數矩陣，如下所示：

$$K=\begin{bmatrix} k_{11} & \cdots & k_{1n} \\ \vdots & \ddots & \vdots \\ k_{m1} & \cdots & k_{mn} \end{bmatrix}$$

$$I_{ij}=\Delta Q_{ij}=k_{ij}[X_j(t+1)-X_j(t)]$$

短期動態模型建立

當資本係數矩陣K，則動態產業關聯模型建立過程如下所示：

$$X(t)=AX(t)+I(t)+F(t)=AX(t)+K[X(t+1)-X(t)]+F(t) \dotfill (2)$$

動態產業關聯模型呈現聯立線型一階差分方程式，此方程式之解可以分為

(A)各期外生的最終需要與(B)初期值。換言之，(A)項為外生的最終需要變動，(B)項為因內生的資本（投資）變動所產生基準點之產出水準。因最終需要(F)為外生變數之假設，所以最終需要變動方向一定時(F(t)=F，t=1,2,3…)，(1)式可以寫成：

$$X(t)=AX(t)+I(t)+F(t)=AX(t)+K[X(t+1)-X(t)] \quad\quad\quad (3)$$

移項，得(4)式。

$$X(t+1)=[I+K^{-1}(I-A)]X(t) \quad\quad\quad\quad\quad\quad\quad\quad\quad\quad (4)$$

本研究建立動態的產業關聯模型，將消費(C)與投資(K)兩項變數內生化，其均衡方程式可寫成：

$$X(t)=AX(t)+C^p+C^G+K[X(t+1)-X(t)] \quad\quad\quad\quad\quad (5)$$

從附加價值率估算企業與勞動者之所得(y(t))為：

$$y(t)=V^t \cdot X(t) \quad\quad\quad\quad\quad\quad\quad\quad\quad\quad\quad\quad\quad\quad (6)$$

V^t為附加價值率向量

$$C^p=H_c \cdot c \cdot y(t)=H_c \cdot c \cdot V^t \cdot X(t) \quad\quad\quad\quad\quad\quad (7)$$

C為消費率，H_c為消費型態向量。

$$X(t)=AX(t)+(C^p+C^G)X(t)+(k^p+k^G)[X(t+1)-X(t)]$$
$$X(t+1)=[K^{-1}(I-A-C)+I]X(t) \quad\quad\quad\quad\quad\quad\quad\quad (8)$$

$C=C^p+C^G$；$K=k^p+k^G$，其中C^p為民間部門消費，C^G為政府部門消費；k^p為民間部門投資，k^G為政府部門投資。k^p與k^G分別為民間部門與政府部門的投資係數矩陣可由下式表示：

$$k^p=\begin{pmatrix} k^p_{11} & \cdots & k^p_{1n} \\ \vdots & \ddots & \vdots \\ k^p_{m1} & \cdots & k^p_{mn} \end{pmatrix}, \ k^G=\begin{pmatrix} k^G_{11} & \cdots & k^G_{1n} \\ \vdots & \ddots & \vdots \\ k^G_{m1} & \cdots & k^G_{mn} \end{pmatrix}$$

本論文所分析的數位新南向的雙螺旋效果，為了簡單化起見將政府與民間消費合併為一，設$C=H_c \cdot c \cdot V^t \cdot X(t)+C^G$。

設$D=I-A-C$，動態模型可以寫成：

$$X(t+1)=(K^{-1}D+I)X(t) \quad\quad\quad (9)$$

動態產業關聯模型為：

$$X(t+1)=(K^{-1}D+I)\left[I-(I-\overline{M})A\right]^{-1}\left[E+(I-\overline{M})F^d\right] \quad (10)$$

估算上式模型中的$(K^{-1}D+I)$固有值與固有向量時，設η為$D^{-1}K$之固有值，固有向量為τ，則：

$$D^{-1}K\tau=\eta\tau \quad\quad\quad (11)$$

$$\frac{1}{\eta}(K^{-1}D)(D^{-1}K)\tau=K^{-1}D\tau$$

$$\frac{1}{\eta}\tau=K^{-1}D\tau$$

$$(K^{-1}D+I)\tau=(\frac{1}{\eta}+1)\tau$$

$(\dfrac{1}{\eta}+1)$為$(K^{-1}D+I)$之固有值，τ為對應之固有向量。

四、實證結果

（一）VAR迴歸分析

本論文變數由原單位絕對數據取對數進行單根檢定與共整合檢定、向量自我迴歸模型（vector autoregression model, VAR）分析，以及Granger因果關係檢定。

表1呈現固定資本形成（*lfix_tw*）與出口東協（*lex_asean*）、固定資本形成（*lfix_tw*）與國內生產毛額（*lgdp_tw*）等四項變數序列資料的單根檢定結果。首先在ADF檢定結果來看，在三種形式所設定的10%、5%、1%之顯示水準下，除了*lgdp_tw*（含截距項；統計量-2.984966**）與*lfix_tw*（含截距與趨勢項；統計量-3.278193*）之外，其餘皆無法拒絕序列為非定態的單根檢定虛無假設。另一方面，採用PP單根檢定的結果顯示，也只有*lgdp_tw*（含截距項：統計量-5.040706***；不含截距與趨勢項：統計量5.887309***）可在1%顯著水準下拒絕序列為非定態之虛無假設，其餘則是無法拒絕序列為非定態的單根檢定虛無假設。

表1 Augmented Dickey-Fuller與Phillips-Perron單根檢定表

變數 ＼ 檢定項目	截距項	含截距與趨勢項	不含截距與趨勢項
ADF檢定			
lgdp_tw	-2.984966**	-2.918707	2.100174
lex_asean	-0.310024	-2.170671	2.700775
lfix_tw	-2.571036	-3.278193*	2.292364
ltot_tw	-0.055110	-2.254541	-0.822031

變數 ＼ 檢定項目	截距項	含截距與趨勢項	不含截距與趨勢項
Phillips-Perron單根檢定			
lgdp_tw	-5.040706***	-2.590813	5.887309***
lex_asean	-0.727536	-2.809619	2.956502
lflx_tw	-2.157465	-2.914003	3.556195
ltot_tw	-0.065934	-2.263431	-0.803989

註：1.ADF以SIC準則選取最適落後期，PP則以Newey-West Bandwidth選取最適落後期。
　　2.*、**、***別表示在10%、5%、1%下具統計顯示性。

　　由上表結果可知，在無法達成各項變數拒絕非定態假設，為了避免虛假迴歸（spurious regression）情況下，進一步做一階差分處理後經過ADF檢定與PP檢定，結果如表2所示。

表2　一階差分後Augmented Dickey-Fuller與Phillips-Perron單根檢定

變數 ＼ 檢定項目	截距項	含截距與趨勢項	不含截距與趨勢項
ADF檢定一階差分項			
△*lgdp_tw*	-2.782400*	-3.424402*	-1.384230
△*lex_asean*	-6.688370***	-6.655145***	-5.950039***
△*lflx_tw*	-3.504445***	-3.784122**	-1.679461*
△*ltot_tw*	-8.383177***	-8.506968***	-8.286026***
PP檢定一階差分項			
△*lgdp_tw*	-13.45458***	-15.85058***	-12.14238***
△*lex_asean*	-13.99628***	-13.94128***	-13.49299***
△*lflx_tw*	-23.11001***	-23.78696***	-19.45307***
△*ltot_tw*	-8.702232***	-8.728056***	-8.789386***

註：1.ADF以SIC準則選取最適落後期，PP則以Newey-West Bandwidth選取最適落後期。
　　2.*、**、***別表示在10%、5%、1%下具統計顯示性。

　　表2的一階差分ADF檢定的結果顯示，只有在不含截距與趨勢項方式上，國內生產毛額（*lgdp_tw*）呈現無法拒絕序列為非定態的單根檢定虛無假設之外，其他可在10%、5%、1%顯著水準下拒絕序列為非定態之虛無假設。而在一階差

分PP檢定結果，所有變數皆呈現在1%顯著水準下拒絕序列為非定態之虛無假設。因此，經過一階差分之後，以截距項和含截距與趨勢項兩種方式序列檢定全部變數都呈現定態。這是從時間序列變數非定態，經過1次差分之後檢定為定態一階整合變數（integrated of order 1），可寫成I(1)。本論文為了確認所設定的四個變數的定態性，以利於檢定兩個或多個定態變數之間的長期關係，必須進行共整合檢定。由於採用Johansen共整合檢定，以VAR方式確認四個變數的落後期數檢定。表3為出口ASEAN、固定資本形成、貿易條件和GDP落後期數判斷結果，以AIC準則為選取準則，最適落後期為6期。

表3　台灣出口ASEAN、固定資本形成、貿易條件和GDP落後期數判斷

Lag	LogL	LR	FPE	AIC	SC	HQ
0	97.44289	NA	3.27e-06	-1.280040	-1.198297	-1.246826
1	927.8878	1604.010	4.67e-11	-12.43682	-12.02811	-12.27075
2	980.3770	98.50725	2.83e-11	-12.93667	-12.20099	-12.63775
3	1036.345	101.9684	1.64e-11	-13.48417	-12.42152	-13.05239
4	1089.502	93.93605	9.88e-12	-13.99318	-12.60356	-13.42854
5	1138.520	83.93448	6.31e-12	-14.44548	-12.72888*	-13.74799*
6	1160.273	36.05693*	5.86e-12*	-14.52429*	-12.48073	-13.69394
7	1175.278	24.04820	5.99e-12	-14.51065	-12.14012	-13.54745
8	1183.653	12.96475	6.72e-12	-14.40621	-11.70870	-13.31015

註1：*代表落後期數選擇標準
註2：LR: sequential modified LR test statistic (each test at 5% level)
註3：FPE: Final prediction error
註4：AIC: Akaike information criterion
註5：SC: Schwarz information criterion
註6：HQ: Hannan-Quinn information criterion

表4為VAR模式落後期係數估計結果，從國內生產毛額（*lgdp_tw*）來看，東協各國出口的係數對於國內生產毛額落後1期（*lex_asean* (-1)），為5%顯著水準下檢定結果呈現顯著，其餘5期都呈現不顯著。在固定資本形成的係數落後也是1期與4期，呈現10%之顯著水準下拒絕虛無假設，而貿易條件對國內生產毛額都呈現不顯著。

　　在第二欄東協各國出口（*lex_asean*）中，國內生產毛額對東協各國出口的係數在落後6期下，於10%之顯著水準下拒絕虛無假設，具有正影響力，其餘則呈現不顯著。固定資本形成（*lfix_tw*）對台灣經濟成長貢獻很大，對於國內生產毛額在落後1期下呈現10%之顯著水準的正影響力，雖然在第5期呈現負影響，但第6期又回復正影響，顯示固定資本形成與經濟成長之間關係呈現遲緩但具有影響力。

表4　VAR落後期係數估計結果

	lgdp_tw	*lex_asean*	*lfix_tw*	*ltot_tw*
lgdp_tw (-1)	0.913023	-0.102571	0.609496	0.004306
	[8.66725]***	[-0.13421]	[2.49909]*	[0.03826]
lgdp_tw (-2)	-0.226729	-0.544495	-0.251982	-0.026123
	[-1.77522]	[-0.58763]	[-0.85217]	[-0.19144]
lgdp_tw (-3)	0.229751	0.400552	0.089639	0.099044
	[1.97296]	[0.47411]	[0.33248]	[0.79607]
lgdp_tw (-4)	0.519943	-0.303465	-0.082271	0.077097
	[4.38270]***	[-0.35258]	[-0.29953]	[0.60826]
lgdp_tw (-5)	-0.588719	-1.440316	-1.027140	-0.000867
	[-4.57247]***	[-1.54192]	[-3.44575]***	[-0.00631]
lgdp_tw (-6)	0.164448	1.761670	0.754034	-0.143565
	[1.57436]	[2.32468]*	[3.11802]**	[-1.28643]
lex_asean (-1)	-0.028590	0.710508	0.019927	-0.002356
	[-2.34886]**	[8.04601]***	[0.70714]	[-0.18118]
lex_asean (-2)	0.013522	-0.005133	-0.003605	0.023905
	[0.86971]	[-0.04551]	[-0.10014]	[1.43902]
lex_asean (-3)	-0.022468	0.027211	-0.044592	-0.022820
	[-1.48434]	[0.24779]	[-1.27244]	[-1.41103]
lex_asean (-4)	0.008297	0.159151	0.022704	-0.004074
	[0.55053]	[1.45557]	[0.65068]	[-0.25303]
lex_asean (-5)	0.031458	-0.038159	0.057512	0.000265
	[2.08810]	[-0.34913]	[1.64891]	[0.01644]
lex_asean (-6)	-0.017088	-0.030087	-0.038481	0.004898
	[-1.45742]	[-0.35370]	[-1.41761]	[0.39099]

	lgdp_tw	lex_asean	lfix_tw	ltot_tw
lfix_tw (-1)	0.110904	0.216330	0.868851	-0.001640
	[2.43464]*	[0.65459]	[8.23847]***	[-0.03369]
lfix_tw (-2)	-0.085888	0.171598	-0.035245	-0.025354
	[-1.71310]	[0.47176]	[-0.30364]	[-0.47332]
lfix_tw (-3)	-0.066116	0.186295	-0.200015	0.016834
	[-1.65133]	[0.64134]	[-2.15773]	[0.39352]
lfix_tw (-4)	0.093833	0.047263	0.786343	-0.053573
	[2.37076]*	[0.16460]	[8.58134]***	[-1.26688]
lfix_tw (-5)	-0.096141	-0.312816	-0.559650	0.001516
	[-1.90002]	[-0.85212]	[-4.77726]***	[0.02804]
lfix_tw (-6)	0.044901	0.107844	0.026292	0.051104
	[1.05545]	[0.34941]	[0.26694]	[1.12435]
ltot_tw (-1)	0.150014	-1.072634	-0.100175	1.383463
	[1.68728]	[-1.66291]	[-0.48666]	[14.5642]***
ltot_tw (-2)	-0.099554	-0.049015	0.207440	-0.561460
	[-0.67768]	[-0.04599]	[0.60992]	[-3.57724]***
ltot_tw (-3)	-0.004309	1.192377	-0.096766	0.285882
	[-0.02821]	[1.07584]	[-0.27359]	[1.75155]
ltot_tw (-4)	0.058950	-0.139946	0.204821	-0.185716
	[0.38673]	[-0.12655]	[0.58038]	[-1.14035]
ltot_tw (-5)	-0.134900	0.001651	-0.209594	0.033733
	[-0.93114]	[0.00157]	[-0.62487]	[0.21793]
ltot_tw (-6)	-0.014282	-0.684091	0.052768	0.036333
	[-0.15094]	[-0.99658]	[0.24089]	[0.35942]
R-squared	0.999014	0.991750	0.994840	0.991770
Adj. R-squared	0.998831	0.990220	0.993883	0.990243

註：*表示於10%之顯著水準下拒絕虛無假設；**表示於5%顯著水準下檢定結果呈現顯著；***表示於1%顯著水準下檢定結果呈現顯著。

　　表5為共整合檢定結果，可以確認是否存在共整合向量再利用t統計量進行假設檢定。從第1欄的Hypothesized No. of CE(s)表示有4個共整合向量的虛無假設；Eigenvalue表示特性根的數有4個。從表中的第3欄檢定值顯示有兩組存在的虛無假設被拒絕，分別為90.15732>54.07904（1%水準臨界值）與38.80095>35.19275

（5%水準臨界值）。

表5　共整合檢定結果

Hypothesized No. of CE(s)	Eigenvalue	Trace Statistic	0.05 Critical Value	Prob.**
None *	0.495785	**90.15732***	54.07904	**0.0000**
At most 1 *	0.266083	**38.80095***	35.19275	**0.0195**
At most 2	0.141788	15.59903	20.26184	0.1940
At most 3	0.053593	4.131213	9.164546	0.3929

Trace test indicates 2 cointegrating eqn(s) at the 5% level
* denotes rejection of the hypothesis at the 5% level
**MacKinnon-Haug-Michelis (1999) p-values

（二）Granger因果關係檢定結果

表6　出口東協（*lex_asean*）與國內生產毛額（*lgdp_tw*）的Granger因果關係檢定

H₀：虛無假設（null hypothesis）	F統計量	p-value	結果
*lex_asean*不是*lgdp_tw*的Granger原因	0.39857	0.6720	無法拒絕
*lgdp_tw*不是*lex_asean*的Granger原因	9.49502***	0.0001	拒絕

註：*表示於10%之顯著水準下拒絕虛無假設；**表示於5%顯著水準下檢定結果呈現顯著；***表示於1%顯著
水準下檢定結果呈現顯著。

　　表6顯示出口東協（*lex_asean*）各國並非是我國經濟成長的主要原因，這可
能來自本論文樣本期間（1984年Q₁～2022年Q₂）早期與東協各國貿易往來尚未
成熟，導致不顯著的結果，但隨著台灣加入WTO與國際分工體制的形成之後，
彼此之間的貿易緊密度加強後將可能產生變化。而在國內生產毛額對於出口東
協在1%顯著水準下檢定結果呈現顯著，亦即出口東協（*lex_asean*）與國內生產
毛額（*lgdp_tw*）之間具有單向因果關係。

表7　固定資本形成（*lfix_tw*）與國內生產毛額（*lgdp_tw*）的Granger因果關係檢定

H₀：虛無假設（null hypothesis）	F統計量	p-value	結果
*lfix_tw*不是*lgdp_tw*的Granger原因	12.0384***	0.00005	拒絕
*lgdp_tw*不是*lfix_tw*的Granger原因	8.05746***	0.0005	拒絕

註：*表示於10%之顯著水準下拒絕虛無假設；**表示於5%顯著水準下檢定結果呈現顯著；***表示於1%顯著水準下檢定結果呈現顯著。

　　固定資本形成既是國內生產毛額的重要因素，固定資本形成的多寡也受到國內生產毛額水準高低的影響，兩者之間具有雙向回饋關係，而且都在1%顯著水準下檢定結果呈現顯著。

表8　貿易條件（*ltot_tw*）與國內生產毛額（*lgdp_tw*）的Granger因果關係檢定

H₀：虛無假設（null hypothesis）	F統計量	p-value	結果
*ltot_tw*不是*lgdp_tw*的Granger 原因	0.39761	0.6727	無法拒絕
*lgdp_tw*不是*ltot_tw*的Granger 原因	1.85299	0.1604	無法拒絕

註：*表示於10%之顯著水準下拒絕虛無假設；**表示於5%顯著水準下檢定結果呈現顯著；***表示於1%顯著水準下檢定結果呈現顯著。

　　貿易條件對我國的國內生產毛額變動與國內生產毛額對貿易條件的變動為獨立關係，無法有效解釋兩者之間的因果關係，這也代表過去幾十年來，台灣匯率市場相對穩定之外，產品價格因素並非經濟成長的主要因素，意味著在主要的國際貿易市場上，對台灣的產品定位大致已經形成，舒緩貿易條件的變動影響。

表9　固定資本形成（*lfix_tw*）與出口東協（*lex_asean*）的Granger因果關係檢定

H₀：虛無假設（null hypothesis）	F統計量	p-value	結果
*lfix_tw*不是*lex_asean*的Granger 原因	4.21514**	0.0166	拒絕
*lex_asean*不是*lfix_tw*的Granger 原因	4.36233**	0.0145	拒絕

註：*表示於10%之顯著水準下拒絕虛無假設；**表示於5%顯著水準下檢定結果呈現顯著；***表示於1%顯著水準下檢定結果呈現顯著。

前面資料雖然顯示對東協國家出口並非我國經濟成長的主要因素，但是從固定資本型的角度來看，固定資本形成是對出口東協變動的重要因素，同時固定資本形成變化台灣對東協出口的影響，兩者之間呈現雙向的回饋關係。

表10　貿易條件（*ltot_tw*）與出口東協（*lex_asean*）的Granger因果關係檢定

H$_0$：虛無假設（null hypothesis）	F統計量	p-value	結果
*ltot_tw*不是*lex_asean*的Granger原因	5.10319***	0.0072	拒絕
*lex_asean*不是*ltot_tw*的Granger原因	2.47464*	0.0877	拒絕

註：*表示於10%之顯著水準下拒絕虛無假設；**表示於5%顯著水準下檢定結果呈現顯著；***表示於1%顯著水準下檢定結果呈現顯著。

貿易條件對我國與主要貿易國家之間的影響並不明顯，但對東協各國來說，產品價格因素確實是重要因素。從表10顯示，貿易條件變動為出口東協貿易往來的重要因素，以1%顯著水準下檢定結果呈現顯著。而東協出口也對會我國貿易條件產生影響，是以5%顯著水準下檢定結果呈現顯著。在貿易條件（*ltot_tw*）與出口東協（*lex_asean*）兩者之間呈現雙向回饋關係。

表11　貿易條件（*ltot_tw*）與固定資本形成（*lfix_tw*）的Granger因果關係檢定

H$_0$：虛無假設（null hypothesis）	F統計量	p-value	結果
*ltot_tw*不是*lfix_tw*的Granger原因	1.62755	0.2000	無法拒絕
*lfix_tw*不是*ltot_tw*的Granger原因	1.46690	0.2340	無法拒絕

註：*表示於10%之顯著水準下拒絕虛無假設；**表示於5%顯著水準下檢定結果呈現顯著；***表示於1%顯著水準下檢定結果呈現顯著。

台灣經濟發展需要靠各種生產設備，固定資本形成很多是這些先進設備基礎。精密設備在生產製程上所獲得的回饋是高附加價值產品的生產，所以價格因素所構成的貿易條件反而無法顯現對固定資本形成產生的影響。同樣地，固定資本形成也無法對貿易條件產生影響，所以從統計的檢定上，兩者之間變動呈現獨立關係，無法解釋兩變數的因果關係。

　　從上述變數因果關係檢定可知，固定資本形成（*lfix_tw*）與出口東協（*lex_asean*）、固定資本形成（*lfix_tw*）與國內生產毛額（*lgdp_tw*）都存在雙向因果關係，這意味著台灣經濟成長將有助於驅動固定資本成長（或是增加固定資本形成將促進經濟成長），也存在間接對東協（*lex_asean*）區域出口產生影響。從Granger因果關係檢定結果綜合來看，本論文所設定的四項變數的關係發展型態，影響台灣經濟發展路徑為：國內生產毛額（*lgdp_tw*）←→固定資本形成（*lfix_tw*）←→出口東協（*lex_asean*）←→貿易條件（*ltot_tw*）。從長時間台灣經濟成長過程中，早期與東協之間的貿易量的比例並不高，但在加盟WTO之後的成長幅度逐漸攀升，新南向政策的成功與否將會成為台灣未來經濟成長的重要要素。

　　經過Granger因果關係檢定結果後，以VAR方式進行Johansen共整合檢定與誤差修正所得的各項參數為基礎，將進一步估算台灣在數位新南向政策中的「雙螺旋效果」。

（三）動態產業關聯模型推估

　　圖5是歷年來台灣對ASEAN高科技相關產業的輸出比例變化，1990年Q_3之後大都維持在50%以上，特別是在1997年的第三季～與2003年第三季之間維持在70%以上，2022年第二季也占了將近61.32%。本論文推估「雙螺旋效果」的經濟規模將以台灣加入WTO之後作為基礎，主要的理由有：①加入國際經貿組織，規模逐漸擴大②高科技出口比例趨於穩定③AVR模型推估的統計參數較為顯著。

　　WTO後台灣對ASEAN出口平均規模在269,436.24百萬元台幣，其中高科技相關產業平均占了153,715.56百萬元台幣（=全體貿易總額的57.05%）。由VAR模型推估，每增加1%的ASEAN出口將為國內生產毛額提高0.085%的成長，這是屬於第一次螺旋效果[12]，而隨著台灣經濟成長帶動固定資本形成變動所引發ASEAN對台灣需求增加時[13]，此階段為第二次的螺旋效果。本論文計算數位新南向政策

---

[12]　由AVR模型推估269,436.24百萬元台幣的ASEAN出口規模將為國內生產毛增加22,902.08百萬元台幣，這是第一次螺旋效果。

[13]　以第一次螺旋的57.05%計算，這是台灣加入WTO後，數位高科技相關業占整體的平均比例為基礎的情境設定。

的經濟效果將第一次螺旋效果+第二次螺旋效果稱之「雙螺旋效果」，而數位新南向政策正是引導兩次螺旋效應的推手。第一次螺旋效果可從AVR模型推估參數算獲得，再以此為基礎計算出的數位相關科技產業的增加額透過動態產業關聯模型推估經濟規模做為第二次螺旋效果。

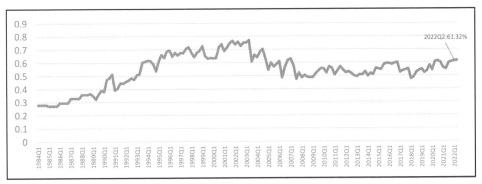

▌圖5　台灣對ASEAN高科技產業的輸出比例

表12　對數位新南向ASEAN第二次螺旋效果

單位：百萬台幣

	生產誘發額	粗附加價值誘發額	雇用者所得誘發額
直接效果	13,065.83	6,000.60	3,069.62
第一次波及效果	11,127.82	5,044.87	2,953.50
第二次波及效果	11,909.90	4,116.26	2,547.92
綜合效果	36,103.54	15,161.73	8,571.04
螺旋乘數	2.76		

註1：計算民間消費支出，採用2021年平均消費傾向0.7477。
註2：由於波及程度逐漸遞減，依照過去文獻研究，本論文雖然只推估2次的波及效果，但不意味2次的波及效果推估是合理的，當第3次之後波及效果還是很巨大時，還是需要推估比較合乎實際需求。

　　表12為二次螺旋效果產生的經濟規模，生產、粗附加價值以及雇用者所得的三項誘發額分別有36,103.54百萬元、15,161.73百萬元、8,571.04百萬元。生產誘發額從直接效果到2次的波及效果創造了2.76倍螺旋乘數。粗附加價值誘發額代表企業的營收規模，而雇用者所得誘發額是屬於勞動者因新南向政策增加的收入。換言之，雙螺旋效果的構成是由22,902.08百萬元台幣（第一次螺旋效

果）+ 36,103.54百萬元台幣（第二次螺旋效果）=59,005.62百萬元台幣，此金額相當於2021年的GDP的0.272%[14]。

五、結論與建議

（一）結論

　　台灣面臨一個新的國際局勢，本論文從政治經濟學與地緣政治的角度分析新南向政策所產生影響。換言之，數位科技相關產業走入新南向區域所引發的影響有兩個層面，一個是產業的經濟效果，另一個是強化台灣在國際政治的生存空間。前者透過實證分析獲得證明，後者是透過數位科技提升新南向諸國經濟社會的發展，建立合作夥伴關係。以下是本論文的主要結論：

（二）VAR與Granger因果關係檢定結果

1. VAR估計顯示，東協各國出口（*lex_asean*），固定資本形成（*lfix_tw*）與國內生產毛額（lgdp_tw）具有顯著影響；Granger因果關係檢定結果亦呈現國內生產毛額（lgdp_tw）是出口東協（*lex_asean*）的Granger原因。

2. 固定資本形成（*lfix_tw*）與國內生產毛額（*lgdp_tw*），固定資本形成（lfix_tw）與出口東協（lex_asean），兩組之間的變數都呈現雙向回饋關係，也間接說明從資本累積是促進出口與經濟成長，鏈結三者之間的直接與間接關係，這意味著台灣出口東協（*lex_asean*）將會促進經濟成長的間接證明。

3. 在VAR模型的推估結果上，雖然貿易條件（ltot_tw）與國內生產毛額（*lgdp_tw*）之間並不顯著，但Granger因果關係檢定結果與出口東協（lex_asean）則呈現雙向因果關係，凸顯台灣對ASEAN出口還是存在價

---

[14] 在本論文雙螺旋效果評估上，是設定在數位新南向推動對ASEAN出口「增加額」情況下，只推估「增加額」部分，如果將全部高科技相關產業做為計算基礎的話，那經濟規模將會更大。

格因素，這是國際競爭力需要思考的要因之一。

4. 透過VAR與Granger因果關係檢定確認了台灣經濟產業發展與ASEAN各國之間關係，並推出固定資本形成（lfix_tw）、出口東協（lex_asean）與貿易條件（ltot_tw）對台灣國內生產毛額（lgdp_tw）的影響參數。再導入動態產業關聯模型推估出口東協（lex_asean）對總體經濟、企業營收以及勞動收入產生的影響，並確認由從數位新南向政策所創造的台灣內部產生第一次螺旋效果與從ASEAN所創造的第二次螺旋效果，雙螺旋效果的經濟規模約590億元，以2021年為基準，約提升0.272%的GDP水準。

數位新南向是構成「雙螺旋效應」的基礎，這也是期待解決長期以來台灣在產業結構尚無法突破的困境策略之一。然而「雙螺旋效應」概念，包含了眾多的變數，需要產業生態系統、產業創新、數位轉型以及國際政治經濟環境等眾多條件的配合。當今我國處在數位經濟發展模式下所引發的「雙螺旋效應」，一方面可以促進高度化的產業結構、數位新南向以及永續經濟發展的多重任務，然而達成這些任務需要靠執行力是否落實。因此，建構能夠具備有執行力，分析力與組織力的整合體制將關係到未來是否成功的關鍵所在[15]。

（三）建議

本論文當初設定主要研究目的在於①台灣數位科技相關產業與新南向國家之間的經貿因果關係②推估產生的經濟規模，並確認雙螺旋效應是否成立的實證分析。但是經濟環境變化複雜，有必要做更廣泛的分析與深入討論，包含變數的擴充，本論文將課題集中在ASEAN的分析，新南向國家還包含其他國家，這次論文的分析沒有納入其中，這是今後的研究課題之一。

另外，本論文研究期間雖然包含美中貿易爭議、COVID-19與俄烏戰爭期間，但是對政治經濟的影響需要時間逐漸形成，加上一年來的地緣政治急遽變化，未來的影響方向以現在的資訊無法充分掌握，將來在雙螺旋理論的應

---

[15] 林佳龍（2022，《印太新秩序下的台灣之路：數位時代的產業最適棲息地理論與雙螺旋策略》，p.135，釀出版。

用上可能需要做適度修正，包含經濟面與國際政治面，這是第二個需要面對的課題。

　　最後，畢竟本篇論文是學術性的分析，與實際之間所產生的距離需要克服，而解決方法之一是來自研究方法的改進，數位新時代的來臨，人工智慧與大數據分析就是其中一個主流，今後如何結合這方面的方法與數據應用將是下個階段的新課題。

　　將以上三項未來需要面對的課題作為本論文的建議方向。

參考文獻

1. 黃台心（2002），〈出口值與經濟成長的因果關係：臺灣的實證比較分析〉，《經濟論文叢刊》，30(4)，465-489。

2. 楊浩彥、郭迺鋒、林政勳（2013），《實用財經計量方法》，雙葉書廊。

3. 楊奕農（2005），《時間序列分析：經濟與財務上之應用》，雙葉書廊。

4. Awokuse, Titus O. (2007). "Causality between exports, imports, and economic growth: Evidence from transition economies," *Economics Letters*, 94, 389-395.

5. Awokuse, T. O., and Christopoulos, D. K. (2009), "Nonlinear dynamics and the exports-output growth nexus.", *Economic Modelling*, 26(1), 184-190.

6. Balassa, B. (1978), "Exports and economic growth." *Journal of Development Economics*, 5(2), 181-189.

7. Burney, N. A. (1996), "Exports and Economic Growth: Evidence from cross-country Analysis", Applied *Economic Letters*, 3, 369-373.

8. Chow, P.C.Y. (1987) "Causality between export growth and industrial performance: evi- dence from NICs." *Journal of Development Economics*, 26(1), 55-63.

9. Coe, D. T., and Helpman, E. (1995), "International R&D spillovers.", *European Economic Review*, 39(5), 859-887.

10. Dar, A. and Amirkhalkhali, S. (2003), "On the impact of trade openness on growth: further evidence from OECD countries." Applied *Economics*, 35(16), 1761-1766.

11. Darrat, A.F. (1987), "Are Exports an Engine of Growth? Another Look at Evidence.", Applied *Economics*, 19, 277-283.

12. Ee, C.Y. (2016). "Export-Led Growth Hypothesis: Empirical Evidence from Selected Sub-Saharan African Countries.", *Procedia Economics and Finance*, 35, 232-240.

13. Furuoka, F. (2009). "Econometric Analysis of the Export-led Growth Hypothesis: Evidence for BIMP-EAGA Countries. Philippine" *Journal of Development*, 34(2), 25-42.

14. Ghatak, S., Milner, C., Utkulu, U. (1997), "Exports, export composition and growth: cointegration and causality evidence for Malaysia." Applied *Economics*, 29, 213-223.

15. Granger, C. W. J. (1969), "Investigating causal relations by econometric models and cross-spectral methods." *Econometrica*, 37, 424-438.

16. Granger, C.W.J. and Newbold, P. (1974), "Spurious regressions in economics", *Journal of econometrics*, (4), 111-120.

17. Irwin, D. and Tervio, M. (2002), "Does trade raise income? Evidence from the twentieth century." *Journal of International Economics*, 58: 1-18.

18. Kavoussi, R.M. (1984), "Export expansion and economic growth.", *Journal of Development Economics*, 14(1), 241-250.

19. Kunst, R.M. and Marin, D. (1989), "On exports and productivity: a causal analysis" *The Review of Economics and Statistics*, 71, 699-703.

20. Marin, D. (1992), "Is the export-led growth hypothesis valid for industrialized countries?" *The Review of Economics and Statistics,* 74(4),678-688.

21. Malhotra M., Meenu. (2009), "Imports—growth relationship in India: Causality analysis.", *Indian*

Journal of Economics, LXXXX(356), 33-46.

22. Mazumdar, J. (2001), "Imported Machinery and Growth in LDCs.", *Journal of Development Economics*, 65, 209-224.

23. Ram, R. (1985), "Exports and economic growth: Some additional evidence", *Economic Development and Cultural Change*, 33, 415-425.

24. Schwert, G. W. (1989), "Tests for Unit Roots: A Monte Carlo Investigation." *Journal of Business and Economic Statistics*, 7, 147-159.

25. Sharma S. (2022),"On Exports and Economic Growth: Revisiting Export-Led Growth Hypothesis Including North South Divide.", *SEISENSE Journal of Management*, 5(1), 31-48.

26. Singh, T. (2010), "Does International Trade Cause Economic Growth?" *A Survey. World Economy*, 33(11), 1517-1564.

27. Summer, P. M. (1997)"Trade and growth in settler economies: Australian and Canadian comparisons," *MI Working Paper*, ISSN 1328-4991.

28. Weinstein, D. E. and Lawrence, R. Z. (1999), "Trade and growth: Import led or export led? Evidence from Japan and Korea", *Working Paper*, No. 165,1-45, nber.org.

29. Yamada, H. (1998), "A note on the causality between export and productivity: an empirical re-examination." *Economics Letters*, 61, 111-114.

附錄二

典範轉移下的新商業模式：
聯合艦隊戰略的新思維[*]

林佳龍、洪振義

一、分析視角：研究動機、研究課題、研究目的以及研究架構

　　經貿與產業的發展型態可以從經濟學史系譜中獲得一定程度的理解，古典與傳統經濟理論關注在貿易和企業生產‧消費活動，前有重商主義與重農主義的主張，後有新古典經濟學。在約翰‧史都華‧彌爾（John Stuart Mill，1806年～1873年）之後經濟理論分支主要包含了馬克思經濟、華爾拉斯一般均衡經濟理論、奧地利經濟等學派以及劍橋馬歇爾經濟學，進入所謂近代經濟學時代。在這期間經濟學家的代表性人物以約翰‧梅納德‧凱因斯（John Maynard Keynes，1883年～1946年）與約瑟夫‧阿洛伊斯‧熊彼得（Joseph Alois Schumpeter，或，1883年～1950年）最為有名。凱因斯主張透過有效需求創造經濟成長，增加就業；熊彼得則是強調企業創新是改變經濟循環的關鍵力量，這些主張背後都隱藏著承先啟後的理論累積，從古典→傳統→新古典→近代經濟學…，從一派相傳的經濟理論到開枝散葉的百家爭鳴。第二次大戰結束之後，各國經濟百廢待舉，凱因斯經濟理論成為國際間經濟政策主流，並透過國內產業的過剩生產前進國際，進而透過國際直接投資，建立國際分工的生產體制，亞洲區域的經濟發展產生巨大的進展。說明這段時期的理論基礎以日本經濟學家赤松要（1896年～1974年）提出的「雁行型經濟發展理論」（The Flying-Geese

---

[*]　本論文原發表於淡江大學全球政經學系日本政經研究碩士班與關西大學綜合情報研究科共同主辦 2023 年度第五屆國際學術研討會。

Theory of Economic Development）最為有名。並隨著亞洲區域經濟發展也使得雁行型態有了轉變，從第一模型的雁行理論發展到第二模型以及第三模型。雁行型態發展第一型態的特徵是進口替代到出口擴張的發展模式（1950年代）；第二型態為比較利益法則的海外生產據點設置（80年代中期開始）；第三型態進入全球化與區域統合的世界經濟雁行發展（2002年起）。

　　然而，2018年開啟美中貿易激烈爭論，2019年底起COVID-19病毒蔓延全球，2022年俄羅斯對烏克蘭發動戰爭，這三大國際事件開啟了地緣政治變化序幕。從軍事、政治、經濟乃至安全等國際架構都產生巨大改變，這是以美國為首的西方世界對俄羅斯與中國為主要極權國家的對抗新的局面已經形成，在地緣政治、國際經濟以及商業運作模式等方面都產生典範轉移。在地緣政治上，美國強化太平洋西岸第一島鏈的防衛，對中國海權擴張的圍堵範圍從過去韓國、日本、台灣延伸到菲律賓、澳洲、越南以及印度等國家，形成所謂的「印太戰略」。2021 年 9 月 24 日美國總統拜登在四方安全對話領袖峰會強調「在未來數十年間，自由、開放的印太區域是否能延續與繁榮，關係著我們每個國家，甚至是全世界的未來」。而在國際經濟上的典範轉移在於國際分工體制已經產生結構性的變化，特別在敏感型產業上朝向生產鏈的重組，這些相關產業由中國地區移轉至東南亞和印度等國，這是排除紅色供應鏈的具體經濟聯合行動，也是去風險化國際共識的一環。具體措施例如Chip4、印太經濟架構（IPEF）的形成等。這將改變以往全球化的內涵，以WTO為基礎的國際經濟架構已經無法完全作為國際政經結構變化後的運作模式。台灣的數位新南向政策也朝向這樣的考慮之下，透過國內企業的結合科技創新，創造經濟的「雙螺旋效應」做為調整產業結構與產業升級的手段[2]。

　　基於上述的背景之下，台灣未來產業發展勢必在新的國際架構下，採用新的模式，第三型態的雁行經濟發展進入尾聲，取而代之的是第四型態，新型態的雁行發展是建立在半導體等新科技產業發展之上。台灣的產業優勢是半導體生態鏈

---

[2]　參考林佳龍、洪振義（2022）《數位新南向「雙螺旋效果」的戰略分析：向量自我迴歸（VAR）結合動態產業關聯模型之應用》淡江大學第五屆國際學術研討會論文。

的完整性，從這裡衍生出ICT、AI或是量子計算等技術能力，這些技術力促使企業的內部經營模式與外部鏈結的數位技術運作，創造新商業經營模式，這也是經濟發展典範轉移的重要因素。圖1是地緣政治、經濟發展以及商業模式的典範轉移內涵，台灣無法避免這三層典範轉以帶來的衝擊，如何思考以及分析新型態的商業模式是本論文的**研究動機**，提出一套可行的戰略是本論文的**研究課題**。

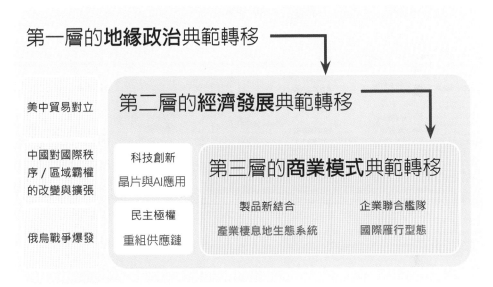

圖1 地緣政治、經濟發展以及商業模式的典範轉移
資料來源：林佳龍繪製。

　　基於上述的研究動機與研究課題，企業需要跳脫過去的管理、生產以及銷售模式以面臨新經濟時代的挑戰，而這是數位轉型下的市場環境，也是半導體、晶片、AI以及量子計算應用的新結合。台灣產業過去單一作戰的形式無法因應詭譎多變的市場，企業間跨域整合一體化的產品結合是新時代的商業模式，本論文提出這套做法稱為「新國際雁行‧聯合艦隊」，稱之為雁行型態發展第四型態，也是地緣政治典範轉移的科技新組合發展模式。

　　本論文將從「產業棲息地生態系統」與「企業聯合艦隊」的觀點提出典範轉移下的新商業模式，並透過分析進而提出的發展戰略路徑作為**研究目的**。

為了能夠闡釋研究課題與達成研究目的，本論文將採用**D-ANP法**（DEMATEL-based Analytic Network Process），這是以決策實驗分析法（Decision Making Trial and Evaluation Laboratory, DEMATEL）結合網絡程序分析法（Analytic Network Process, ANP)的研究模型。D-ANP 法是用來解決多準則評估或多元決策當中，以及多準則間交互關係和回饋機制的一種有效方法，是被廣泛運用於企業的多準則決策的戰略制定上。「產業棲息地生態系統」[3]與「企業聯合艦隊」的整體思維架構如下圖所示，這也是本論文的**研究架構**。

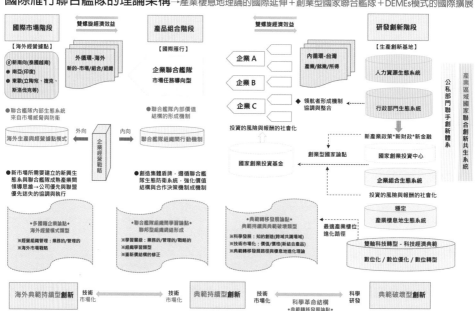

圖2　新國際雁行聯合艦隊的相關理論與組織架構
資料來源：林佳龍、洪振義繪製。

　　圖2中顯示本論文的相關理論與分析架構，新國際雁行・聯合艦隊涉及的相關理論可以分為三個階段，企業產品的研發創新階段、聯合艦隊的產品組合

3　請參考林佳龍（2022）《印太新秩序下的台灣之路：數位時代的產業最適棲息地理論與雙螺旋策略》，釀出版。

階段以及國際雁行的海外市場階段。首先研發創新階段是產業棲息地的國際延伸，也是聯合艦隊的生產創新基地，「人力資源生態系統」、「行政部門生態系統」以及「企業組合生態系統」等部門是構成產業棲息地理論的架構核心。企業在這個階段上不僅進行典範轉移，必要時透過公部門的金融與財政政策協助，形成產業、區域與國家聯合創新共生系統，這也屬於創業國家型的論點之一。

　　建立企業的跨域結合提供套組或套裝產品方式→聯合艦隊是新商業經模式，這是由於台灣具有半導體高科技產業的優勢條件，彈性巧妙的創新結合提供無限商機可能，例如晶片、AI以及量子計算科技應用產生的智慧製造、智慧城市、智慧交通以及智慧醫療等產業鏈結。因為是以套組或套裝的整組產品提供方式是聯合艦隊組合的特徵，共組新商業運作模式前進國際市場，所以不同企業共同組織而成的經貿結合體，不可否認企業之間存在不同價值觀，經營型態以及企業文化。每一個組織都會存在著企業經營理論，聯合艦隊的組成從組織經濟學角度來看時，將會關係到「組織內與組織間」的治理問題，這是需要克服的課題。除此之外，組織聯合艦隊也需要面對外部市場威脅，共同組織體的防衛機制如何形成也將是新商業模式成敗的重要關鍵。因此，聯合艦隊企業彼此之間需要具備共同價值和共同目標，並在共同組織的規範下，集體行動需要一套學習準則的「融合·融和」機制。這將屬於企業治理與學習理論的範疇。

　　最後海外市場與生產據點是新商業經營模式的第三階段，過去多國籍企業理論也有很多的討論與研究。從多國籍企業理論觀點討論海外據點時，聯合艦隊將以何種經營模式運作以適應與開拓當地的國際市場。以跨國際間企業法人從事聯合艦隊相關產品的開發，調度，生產或是販賣等活動，在過程中將會透過國際貿易進行。過去各型態雁行理論，從國內延伸到國際市場都可以看到多國籍企業理論的身影。雁行理論與多國籍企業理論之間存在密切的關聯，例如國際直接投資與貿易的結合，貿易投資與技術移轉，或是多國籍企業與國際分工體制等相關的研究文獻。

　　圖2所關於各組織層次的管理策略、學習目標以及理論基礎，整理如表1。

表1　各組織層次的管理策略、學習目標以及理論基礎

組織型態	組織範圍	學習層次	價值目標	論點基礎
企業	數位轉型企業內部與外部商業模式互動機制	企業內部階層管理機制的學習	企業成長與利潤的維持	個體經濟 內部組織 管理學
產業	數位轉型企業之間的鏈結、合作以及策略的形成	企業內部與外部對市場組織的認知	最適產業結構與產業創新的追求	產業組織學 產業經濟學 市場學
產業棲息地生態系統	區域間產業群聚數位科技網絡的形成與合作	跨產業群聚間生態系統運作機制	「共生・共好・共進化」穩定生態系統	產業組織學 典範移轉 創新理論 （新結合） 創業型國家理論
國際雁行聯合艦隊	國際市場、企業以及商品新結合的組織團隊	企業內（間）跨業整合、國際市場之間鏈結與運作	企業團隊共同價值觀體系的形成	地緣政治 國際貿易 多國籍企業理論 組織經濟學 組織治理 創新理論 （新結合） 創業型國家理論

資料來源：林佳龍、洪振義整理。

　　然而基於時間與討論範圍的限制，本論文將研究焦點集中在企業聯合艦隊的發展戰略的探討上。

二、文獻回顧

　　帶動台灣經濟發展因素主要來自貿易以及投資，透過這樣方式所獲得的效果以「資本累積理論」（capital accumulation theories）以及「吸收同化理論」（assimilation theories）[4]的論述最為普遍。「資本累積理論」屬於新古典經濟學派的主張，「吸收同化理論」則是以進化經濟學的觀點，並以經濟路徑依存性

---

[4]　Nelson, R. R. and Pack, H. (1999) "The Asian Miracle and Modern Growth Theory", *Economic Journal* 109(457): 416-36.

（path dependency）展現出我國經濟動態的發展[5]。除了不斷地透過生產要素投入，並利用來自先進國家的技術與經驗的學習，資本設備與人力資源的投資將可降低成本，以減少企業經營的不確定性風險[6]。在經濟發展過程中，歷經長期的「資本累積」的再投資，以及「吸收·同化」來自外部技術學習產生的效果，發揮了後進國家的生產優勢，在提升勞動生產力同時，也訓練出眾多的企業家，他們以企業家精神引領台灣經濟結構從勞力密集逐漸走向資本密集以及技術密集的結構。台灣經濟發展特色常以OEM/ODM的委託生產方式發展出產業的技術軌道，展現出後進國家的經濟追趕過程，藉著投資發展路徑（Investment Development Path, IDP）模式加入亞洲區域的雁行形態經濟發展[7]。台灣歷經多次經濟高度成長，奠定今日產業的技術基礎。換言之，透過資本累積的投資和吸收同化的學習提升了技術水準，這對企業成長與經濟發展具有重大影響。透過「資本累積」的再投資與「吸收·同化」的學習效果為經濟發展帶來可觀的成果之外，另一個原因則是產業群聚（industrial cluster）發揮了效果。產業群聚的現象類似生態學，在特定區域內棲息不同物種族群共同生活，彼此之間存在相互依賴的現象。各種不同型態與業種的台灣企業，彼此間產業活動關係密切往來，存在著互相依賴、競爭與合作的互動關係，形成一個共生·共存的產業生態系統[8]（Porter, 1998; Enright & Newton, 2004）。本論文分析的企業聯合艦隊即是在產業棲息地生態系中建構完成的。換言之聯合艦隊的企業組合本身就是一個小型的產業群聚的縮影，而產業棲息地生態系統可視為高科技創

---

[5]　Nelson, R. R. and Winter, S. G. (1982) "An Evolutionary Theory of Economic Change", Cambridge, MA: Harvard University Press.

[6]　Pack, H. (2000) "Research and Development in the Industrial Development Process", in Kim and Nelson(eds.) *Technology, Learning and Innovation*, Cambridge University Press.

[7]　參考相關研究，例如Dunning, J. H. (1981) "Explaining the international direct investment position of countries: Towards a dynamic or developmental approach", *Weltwirtschaftliches Archiv*, 117, pp.30-64.; Dunning, J. H. and Narula, R. (1996), *Foreign Direct Investment and Governments: Catalysts for Economic Restructuring* (London, Routledge).

[8]　Porter, M.E. (1998), "Cluster and the new economics of competition," *Harvard Business Review*, 76(6), pp. 77-90.; Enright, M.J. and Newton, J. (2004), "Tourism destination competitiveness: a quantitative approach," *Tourism Management*, 25(6), pp. 777-788.

新下的新型產業群聚，眾多研究也證明產業群聚為基礎的企業合作存在著很多的利基。

從產業群聚分析企業競爭力時，McNamara et al.（2003）認為透過產業群聚的競合關係與學習，企業可以提高競爭力，也能夠進一步吸引其他企業的進駐[9]，Porter（1993）也提出相同的觀點[10]。特別是當產業區域內已經存在某個產業特性或關聯性產業時，對相關企業的生產製造或是經營上能夠產生實質上的效益，例如特殊專業技術促使群聚內的企業獲得差異化能力的機會[11]（Krugman, 1995; Rosenkopf & Nerkar, 2001）。Dayasindhu（2002）進一步認為企業更能從產業群聚產生的外部經濟效益、 互惠性以及選擇彈性等優勢，為產業群聚內企業帶來更佳的競爭力[12]。

產業群聚的企業間交流可以透過相互學習方式進行，提升彼此經營或生產技術。Pramongkit et al.（2002）指出企業組織體引進高科技能力之際，必須建構一套學習型的組織架構，引進新的科學技術，學習型機構的建立也成為企業選擇進入群聚的重要因素[13]。March（1991）認為組織吸取知識活動可以分成知識探索（exploration）與知識深耕（exploitation），透過這兩種方式所獲得的新知識提供新的產品和新的服務以適應外部環境，提升企業競爭力[14]。這樣的觀點也是聯合艦隊企業跨域整合需要的學習過程，因為知識被視為競爭力的來源，但是企業組織僅有知識，無法巧妙應用的話，也很難發揮綜效。Huber

[9] McNamara, G., Deephouse, D.L. and Luce, R.A. (2003), "Competitive positioning within and across a strategic group structure: the performance of core, secondary, and solitary firms," *Strategic Management Journal*, 24(2), pp. 161-181.

[10] Porter, M.E. (1993), *The competitive advantage of nations*, The Free Press.

[11] Krugman, P. (1995), *Development, geography and economic theory*, The MIT Press, Cambridge, MA.; Rosenkopf L. and Nerkar A. (2001), "Beyond local search: boundary spanning, exploration, and impact in the optical disk industry," *Strategic Management Journal*, 22(4), pp. 287-306.

[12] Dayasindhu, N. (2002), "Embeddedness, knowledge transfer, industry cluster and global competitiveness: A case study of the Indian software industry," *Techovation*, 22(3), pp. 551-560.

[13] Pramongkit, P., Shawyun, T. and Sirinaovakul, B. (2002), "Productivity growth and learning potentials of Thai industry," *Technological Forecasting and Social Change*, 69(1), pp. 89-101.

[14] March, J.G. (1991), "Exploration and Exploitation in Organizational Learning," *Organization Science*, 2(1), pp.71-87.

（1991）主張企業組織累積經驗，在經驗理解之後作為組織共通的行動規範，成為組織的例行準則後，將更進一步活用[15]。Huber（1991）更進一步提出以組織學習過程為基礎的組織記憶化模型，此模型分成四大構成要素，分別為知識獲得（knowledge acquisition）、情報供給（information distribution）、情報解釋（information interpretation）以及組織記憶（organizational memory）。由各層面產生的效果，組織成員都能具備組織內共通知識進行溝通與交流，可以將新的知識創造更大價值。組織間交流產生的經驗成為例行共通準則規範將逐漸形成企業獨特的知識，組織成員對於面臨事物可以產生相同反應與共識，採取一致行動與戰略而成為組織體的競爭力（Nelson & Winter, 1982）[16]。聯合艦隊需要具備獲得外部知識的同化能力，成立性能優異的企業組合，持有戰略柔軟性國際雁行前進海外市場，有些學者持有相同的看法，例如Hamel（2000）、Zahra & George（2002）[17]。

　　上述眾多文獻研究成果可知，一般產業群聚類型會隨著產業的不同與需求差異而形成[18]，而聯合艦隊的組成也會因國際市場或是國家間產業互補性程度差異，也將提供不同的商品組合。本論文從產業棲息地生態系統到企業組成聯合艦隊方式前進海外市場，過程當中需要透過企業間交流與學習取得彼此之間的共識，建立組織內部的共同價值。本論文採用專家系統數理模型，透過問卷方式，試圖將國際雁行的聯合艦隊組織型態進行量化分析，從關鍵因素中描繪其發展戰略路徑。

[15]　Huber, G. P. (1991), "Organizational Learning: The Contributing Processes and the Literatures," *Organization science*, 2(1), pp. 88-115.

[16]　Nelson, R. R. and Winter, S.G. (1982), "Evolutionary Theory of Economic Change," Cambridge: The Belknap Press of Harvard University Press.

[17]　Hamel, G. (2000), *Leading the revolution, Harvard Business School Press*, pp. 61-113.; Zahra, S. A. and George, G. (2002), Absorptive Capacity; A Review Reconceptualization and Extension, *Academy of Management Review*, 27 (2), pp.185-203.

[18]　Krugman, P. (1991), *Geography and trade*, The MIT Press, Cambridge, MA.

三、資料‧變數說明與模型建立

　　本論文採用的D-ANP 法是結合DEMATEL法與ANP法，首先需要建立關鍵因素準則，每個準則之間須具備一定程度的關聯，進而分析影響性的關鍵因素，經過透過專家學者的問卷方式，受訪者對於每項因素之間的關聯度給予評分，評分等級為 1~5，大小及定義兩兩因素之間的關係。

（一）評估準則與描述

　　本論文評估準則來自過去研究文獻以及專家學者意見所形成的[19]，受訪專家學者共14人，從事相關研究超過20年，其中，政治經濟相關學者有4人，經濟相關學者6人以及企業管理相關專家學者4人[20]。

　　構成新國際雁行聯合艦隊的相關準則變數可以分成四大構面，18項準則，如表2所示。

表2　評估準則與描述

評估準則－構面／因素	描述
A 產業棲息地生態系統[16]	此構面是以企業生產，研究創新環境條件的各項因素，這是聯合艦隊產品組合的基地，穩定生態系統是提供高品質商品的必要基礎。
a_1：**結合數位轉型**	數位化在生產與流通消費上的管理是商業活動趨勢，產業棲息地的網絡建立是生態系統不可或缺的關鍵因素。
a_2：**跨域整合系統**	在數位科技化下，ICT、AI或是量子計算所衍生出產品是未來趨勢，每項技術存在很高門檻，企業間跨域所建構合作系統至為重要。
a_3：**資源共享系統**	產業棲息地是跨域企業間的系統組織，資源共享可以創造本身產品差異化，提高附加價值。

---

[19] 本論文採用之D-ANP 法式是依據幾何學結構的專家系統模型，其成立理論基礎有別於一般統計學，不受制於計量統計學中的基本前提假設之約束，而選取的各項準則是參考具有代表性文獻研究結論之變數，具有可信度後方採用。

[20] 基於個資保密，對於專家學者的受訪者基本資料無法詳細呈現在論文當中。

評估準則－構面／因素	描述
a_4：創新平台建立	棲息地內產業與企業的優勢發揮極致，需要有相互交流場域，這是鏈接企業產品與技術的場所，有助於產業棲息地的科技創新。
a_5：人力資源養成系統	棲息地系統的建立需跨域整合企業，人才培育是重要的因素，需要不同專業人力資源投入才能有效建立穩定的創新生產基地。
B 聯合艦隊組織型態	聯合艦隊的組合內容視海外市場的需求，不同商品的組合需要跨業合作，提供必要技術，所以其組織型態關係是否能夠符合市場需求至為重要。
b_1：企業間學習模式	聯合艦隊是由不同企業的合作所組成，企業間合作過程需要建立相互學習，融合不同企業的組織優點，同時可以增進了解，有助於團體的合作效率。
b_2：內部核心價值共識	跨業整合聯合艦隊存在不同企業的價值觀，如何形塑共同的核心價值才能夠建立相互信賴的共生環境，鞏固組織的團結力。
b_3：組織間決策機制效率	由於來自不同企業與部門，聯合艦隊組織運作需要設計一套可以快速且正確的決策機制，否則將容易喪失先機，失去利基。
b_4：產品組合創新能力	聯合艦隊能否符合國際市場需求，必須具備多樣化的產品提供能力，這需要有產品創新的技術與能力，以提高整體附加價值。
C 新國際雁行海外市場	台灣市場無法滿足國內產業生產規模的合理性，海外市場提供產業發展的縱深。
c_1：企業間合作效率	企業間透過學習與決策機制主要目的是培養默契相互了解，進而能夠落實推動以合作，增進整體運作效率，這是維持聯合艦隊的重要因素。海外市場的據點也是企業合作的一環，當地企業或是結合其他企業都是合作的方式。
c_2：國家間產業互補性	國際市場對聯合艦隊需求與該國的產業發展型態有密切關係，互補性高當將是國際貿易產生的重要原因。
c_3：海外據點經營模式	聯合艦隊的成敗包含國內與國外的相互運作是否順利有關，海外據點經營模式也將扮演重要的橋樑，包含生產銷售或開發新產品。所以經營模式將會影響聯合艦隊的經營績效。
c_4：產業韌性度	聯合艦隊所組合的產品能否維持競爭力，這將與產品是否具有強大的韌性度有關，這需要具備差異與獨特的產品創新不可。
D 地緣政治典範轉移	造成商業模式的轉變有來自外部事件衝擊，近年來有COVID-19，美中貿易衝突以及俄烏戰爭等。
d_1：俄烏‧以哈戰爭爆發	這兩次戰爭影響區域戰略架構轉變，也是促美國對一些國家採取科技與經濟圍堵，並改變國際大戰略的架構。
d_2：台海與印太戰略形成	美中從貿易衝突到區域霸權格局改變引發台海危機，形成美、日、澳、印等所建構的印太戰略，深深影響經濟與國防的安全疑慮，國際分工體制重整將改變過去的貿易版圖。

評估準則－構面／因素	描述
E 政策執行力	政黨對峙治與經濟的意識型態差異，政黨政治變化將影響國內政治與經濟的政策方向，從穩定性，牽引行政系統正和做法或是國家基金參與度都會不同。
e₁：國內政黨政治穩定性	民主制度特徵在於透過選舉結果選擇政黨執政，這將會產生政治循環的可能性，執政意識型態推動改變國內政經內容。
e₂：跨行政整合力	構成「新國際雁行聯合艦隊」需要跨部會整合，關係著此經營模式運作的效率性。
e₃：國家基金參與度	國家資本的參與象徵政策支持，也反映出風險共同分擔與經濟成果共享的意義，這對初期新模式的運作帶來穩定效果。

資料來源：林佳龍、洪振義整理。

（二）模型建立

❶DEMATEL架構與運算步驟：

步驟一：決策目標與分析技法的確認。

　　主要探討關於新國際雁行企業聯合艦隊結構化與關鍵要素，藉以思考將來推動的可行策略；因此，採用DEMATEL作為分析技法。DEMATEL屬於幾何學結構模型（Structural model），可以從眾多的因素之間歸納出複雜關聯性，再從其結構性觀察因素之間相互影響的發展路徑。通時也並針對因素之間的直接與間接影響進行「量化」分析。

步驟二：設定新國際雁行企業聯合艦隊準則（面向／變數）與評量尺度（質性量化）。

　　可以先行以專家訪談與文獻回顧做為評估準則的選定。一般DEMATEL分析法所評量尺度，採用五等級，例如分為「極有影響」、「很有影響」、「有影響」、「稍有影響」、「沒有影響」，分別給予「5點」、「4點」、「3點」、「2點」、「1點」的數據點數，以做為進行數理模型推估。

步驟三：整合專家意見與文獻具有代表性之準則。

　　運用DEMATEL分析法的問卷，訪談專家意見並做整合，經過計算後，可獲得初步的直接關係矩陣（X^*_{ij}），如下(1)式。

$$X^*_{ij}= \begin{matrix} & \begin{matrix} x_1 & x_2 & \cdots & x_n \end{matrix} \\ \begin{matrix} x_1 \\ x_2 \\ \vdots \\ x_n \end{matrix} & \begin{bmatrix} 0 & x^*_{12} & \cdots & x^*_{1n} \\ x^*_{21} & 0 & \cdots & x^*_{2n} \\ \vdots & \vdots & \ddots & \vdots \\ x^*_{n1} & x^*_{n2} & \cdots & 0 \end{bmatrix} \end{matrix} \tag{1}$$

　　而為避免專家見解落差過大，進行其標準化。專家整合意見之數量(n)，並設對角因素$X^*_{ii}=0=0$，並以矩陣X^*_{ij}各行元素之合計中的最大值當分母，再除以各元素，可以得出正規化之後的直接影響矩陣（Z_i）

　　標準化後的直接關係矩陣如下(2)式：

$$Z_i = \frac{1}{Max(\sum_{j=1}^n X^*_{ij} \mid i=1,\ldots,n)} X^*_{ij} \tag{2}$$

　　利用標準化直接關係矩陣可以進一步求出間接關係矩陣。再由直接與間接關係矩陣相加計算出總影響關係矩陣$T_i=\{t_{ij}\}$，如(3)式。

$$T_i=\{t_{ij}\}=Z_i(I-Z_i)^{-1} \tag{3}$$

　　其中，$\{t_{ij}\}$代表因素間i影響因素j的程度，I為單位矩陣。

步驟四：進行多角度的比較分析，並建立要素因果圖（Causal Diagram）。

　　根據上個步驟所獲得的總影響關係矩陣T_i，可以進一步計算出的每列總和為$D_i=\sum_{i=1}^n t_{ij}$，每行總和為$R_j=\sum_{j=1}^n t_{ij}$，再分別計算出（D+R）與（D-R），其中（D+R）代表準則之間的重要度（Prominence）、（D-R）則代表準則之間的關聯性（Relation）。再分別以（D+R）為橫軸、（D-R）為縱軸，（D+R, D-R）為

數對繪製出準則要素因果圖。倘若因素越接近中心，則其重要程度也過高，利用要素因果圖可以更明瞭地看出不同類型的績效結構之關聯順序。若（D-R）為正數，則代表因素偏向強勢族群，可視為成因性準則；若（D-R）為負數，則代表因素偏向弱勢族群，可視為結果性準則。

步驟五：進一步繪製聯合艦隊生態系統的發展路徑圖

由第四步驟繪製而成的因果圖，可以進一步觀察到準則因果關係的順序，進而從上而下，從左至右繪製多條準則間發展路徑軌跡，有助於分析各種可能發展模式，並能提出多元的戰略目標。

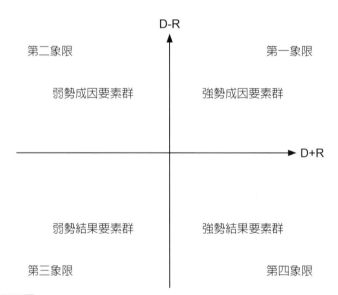

┃ 圖3　要素因果圖

❷ DEMATEL結合ANP方法建立程序

以 DEMATEL 建立的總影響關係矩陣T_i，可以透過ANP模式計算屬性的重要性程度，稱為影響權重，這對實證分析上更能接近真實狀態。DEMATEL結合ANP方法建立程序如下：

步驟一：建立未加權超級矩陣（ the unweighted super matrix ）

　　由DEMATEL法所計算出的(3)式的總影響關係矩陣T建立未加權超級矩陣。過程如下式：

$$T_c = \begin{bmatrix} T_c^{11} & T_c^{12} & \cdots & T_c^{1n} \\ T_c^{21} & T_c^{22} & \cdots & T_c^{2n} \\ \vdots & \vdots & \ddots & \vdots \\ T_c^{n1} & T_c^{n2} & \cdots & T_c^{nn} \end{bmatrix} \tag{4}$$

$$d_i^{11} = \sum_{j=1}^{m1} t_c^{11ij} \ , i = 1,2,\dots,m1 \tag{5}$$

$$T_c^{\alpha 11} = \begin{bmatrix} \frac{t_{c11}^{11}}{d_1^{11}} \cdots & \frac{t_{c1j}^{11}}{d_1^{11}} & \cdots & \frac{t_{c1m_1}^{11}}{d_1^{11}} \\ \frac{t_{c21}^{11}}{d_2^{11}} \cdots & \frac{t_{c2j}^{11}}{d_2^{11}} & \cdots & \frac{t_{c2m_1}^{11}}{d_2^{11}} \\ \vdots & \vdots & \ddots & \vdots \\ \frac{t_{cm_11}^{11}}{d_{m_1}^{11}} \cdots & \frac{t_{cm_1j}^{11}}{d_{m_1}^{11}} \cdots & \cdots & \frac{t_{cm_1m_1}^{11}}{d_{m_1}^{11}} \end{bmatrix} = \begin{bmatrix} t_{c11}^{\alpha 11} & t_{c12}^{\alpha 11} & \cdots & t_{c1m_1}^{\alpha 11} \\ t_{c21}^{\alpha 11} & t_{c22}^{\alpha 11} & \cdots & t_{c2m_2}^{\alpha 11} \\ \vdots & \vdots & \ddots & \vdots \\ t_{cm_11}^{\alpha 11} & t_{cm_22}^{\alpha 11} & \cdots & t_{cm_1m_1}^{11} \end{bmatrix} \tag{6}$$

$$T_c^{\alpha} = \begin{bmatrix} T_c^{\alpha 11} & T_c^{\alpha 12} & \cdots & T_c^{\alpha 1n} \\ T_c^{\alpha 21} & T_c^{\alpha 22} & \cdots & T_c^{\alpha 2n} \\ \vdots & \vdots & \ddots & \vdots \\ T_c^{\alpha n1} & T_c^{\alpha n2} & \cdots & T_c^{\alpha nn} \end{bmatrix} \tag{7}$$

　　進行轉置以符合ANP運算，過程如下式：

$$W = \begin{bmatrix} W^{11} & W^{12} & \cdots & W^{1n} \\ W^{21} & W^{22} & \cdots & W^{2n} \\ \vdots & \vdots & \ddots & \vdots \\ W^{n1} & W^{n2} & \cdots & W^{nn} \end{bmatrix} \tag{8}$$

$$T_D = \begin{bmatrix} t_D^{11} & t_D^{12} & \cdots & t_D^{1n} \\ t_D^{21} & t_D^{22} & \cdots & t_D^{2n} \\ \vdots & \vdots & \ddots & \vdots \\ t_D^{n1} & t_D^{n2} & \cdots & t_D^{nn} \end{bmatrix} \tag{9}$$

$$d_i = \sum_{j=1}^{m} t_{ij} \ , i = 1,2,\ldots,n \tag{10}$$

$$T_D^\alpha = \begin{bmatrix} t_D^{11}/d_1 & t_D^{12}/d_1 & \ldots & t_D^{1n}/d_1 \\ t_D^{21}/d_1 & t_D^{22}/d_1 & \ldots & t_D^{2n}/d_1 \\ \vdots & \vdots & \ddots & \vdots \\ t_D^{n1}/d_1 & t_D^{n2}/d_1 & \ldots & t_D^{nn}/d_1 \end{bmatrix} = \begin{bmatrix} t_D^{\alpha11} & t_D^{\alpha12} & \ldots & t_D^{\alpha1n} \\ t_D^{\alpha21} & t_D^{\alpha22} & \ldots & t_D^{\alpha2n} \\ \vdots & \vdots & \ddots & \vdots \\ t_D^{\alpha n1} & t_D^{\alpha n2} & \ldots & t_D^{\alpha nn} \end{bmatrix} \tag{11}$$

步驟二：建立加權超級矩陣（weighted super matrix）

$$W_w = \begin{bmatrix} t_D^{\alpha11} \times w^{11} & t_D^{\alpha12} \times w^{12} & \ldots & t_D^{\alpha1n} \times w^{1n} \\ t_D^{\alpha21} \times w^{21} & t_D^{\alpha22} \times w^{22} & \ldots & t_D^{\alpha2n} \times w^{2n} \\ \vdots & \vdots & \ddots & \vdots \\ t_D^{\alpha n1} \times w^{n1} & t_D^{\alpha n2} \times w^{n2} & \ldots & t_D^{\alpha nn} \times w^{nn} \end{bmatrix} \tag{12}$$

步驟三：計算極限化超級矩陣（limit super matrix）

加權超級矩陣W_w透過自我相乘最後會達到收斂且穩定如 $W^* = \lim\limits_{\beta \to \infty} W_w^\beta$，即獲得極限超級矩陣$W^*$，其中β為自我相乘次數。

❸聯合艦隊生態系統的發展路徑圖修正

從DEMATEL法的步驟四所繪製的要素因果圖以及ANP步驟3運算出的各要素準則的加權進行發展路徑圖修正，從新的座標描繪新的聯合艦隊的戰略發展路徑。

四、研究結果

（一）新國際雁行・聯合艦隊的D+R與D-R

透過問卷的DEMATEL法的計算中心度（D+R）與原因度（D-R）的結果如表3。其中D表示影響其他準則的總和，R表示被其他準則影響的總和，當中心度（D+R）值越大則顯示總程度越強，此準則越接近於問題的核心位置。而當原因度（D-R）的數值為正時，此準則偏向為導致類；原因度（D-R）的值為負數時，此準則偏向為影響類。

表3　新國際雁行・聯合艦隊的D+R與D-R

構面／因素	D	R	D+R	D-R
a_1：結合數位轉型	4.3314	4.6615	8.9929	-0.3301
a_2：跨域整合系統	4.8519	5.2961	10.1480	-0.4443
a_3：資源共享系統	4.6862	4.4842	9.1704	0.2020
a_4：創新平台建立	4.6895	4.7332	9.4227	-0.0437
a_5：人力資源養成系統	4.1837	4.6307	8.8144	-0.4471
b_1：企業間學習模式	4.2280	4.4716	8.6996	-0.2436
b_2：內部核心價值共識	3.9523	4.0895	8.0419	-0.1372
b_3：組織間決策機制效率	4.4328	4.4435	8.8763	-0.0107
b_4：產品組合創新能力	4.9849	5.5573	10.5422	-0.5723
c_1：企業間合作效率	5.5354	5.6732	11.2086	-0.1378
c_2：國家間產業互補性	5.3870	5.3195	10.7065	0.0675
c_3：海外據點經營模式	4.7468	5.4480	10.1948	-0.7012
c_4：產業韌性度	3.8030	5.9709	9.7739	-2.1679
d_1：俄烏・以哈戰爭爆發	4.6039	3.0421	7.6460	1.5618
d_2：台海與印太戰略形成	4.5844	3.4267	8.0111	1.1577
e_1：國內政黨政治穩定性	4.8374	2.9682	7.8055	1.8692
e_2：跨行政整合力	4.5812	4.2089	8.7901	0.3723
e_3：國家基金參與度	4.0453	4.0401	8.0855	0.0052
平均值	4.5814	4.5814	9.1628	0.0000

資料來源：本論文作者推估而成。

依據表3可以整理初步結果如下：

(1) 在「A產業棲息地生態系統」構面中，中心度（D+R）最高的因素為「a_2：跨域整合系統」，其原因度（D-R）值以「a_3：資源共享系統」為最高，在棲息地內首先需要提升的重點。

(2) 在「B聯合艦隊組織型態」構面的中心度（D+R）上，以「b_4：產品組合創新能力」的因素數值為最高，原因度（D-R）值則皆呈現負值，意味著暫時沒有馬上進行提升作為。

(3) 在「C新國際雁行海外市場」的構面上，中心度（D+R）值以「c_1：企業間合作效率」因素數值為最高；而原因度（D-R）值以「c_2：國家間

產業互補性」為正值，說明聯合艦隊國際雁行必須先行盤點海外市場各國的產業特性，分別作出戰略上的區別。

(4) 在「D地緣政治典範轉移」的外部環境側面上，兩項因素的中心度（D+R）值比較小，但是原因度（D-R）值都遠超過平均值，這意味外部事件衝擊是構成國際雁行聯合艦隊的基本核心因素。這也同時說明台灣經貿地緣政治具有很高的敏感度。

(5) 在政府扮演的「E政策執行力」構面上，從中心度（D+R）與原因度（D-R）所呈現的數據和「D地緣政治典範轉移」的現象相似，聯合艦隊的海外擴展成效與政府扮演的「E政策執行力」存在密切關係，需要建立在「e_1：國內政黨政治穩定性」、「e_2：跨行政整合力」以及「e_3：國家基金參與度」等三項因素下推動以提升聯合艦隊對內的產業整合，以及對外國家之間的外交協助。

（二）新國際雁行・聯合艦隊的要素因果圖

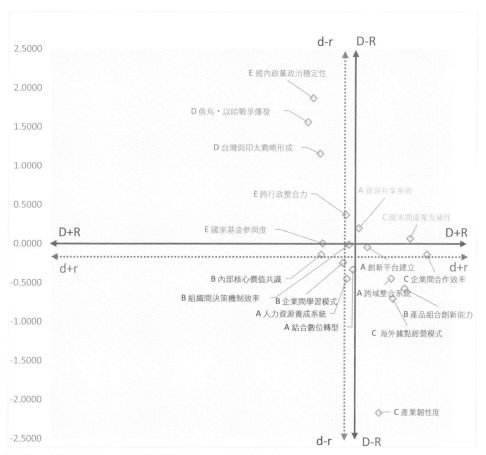

▌圖4　新國際雁行・聯合艦隊的要素因果分布與調整

　　從表3的D+R與D-R各項因素準則可以繪製聯合艦隊的要素因果圖，如圖4所示。表3數據所呈現的因果圖為**紅色實心雙箭頭**，5構面18項要素分布在四個象限之中，代表「強勢成因要素群」、「強勢結果要素群」、「弱勢成因要素群」以及「弱勢結果要素群」等要素特質。

　　然而，本論文進一步結合網絡程序分析法ANP，計算這5構面18項要素的因素權重，依其權重大小作為調整因果圖的判斷標準[21]。表4為新國際雁行‧聯合艦隊的因素權重。

表4　新國際雁行‧聯合艦隊的因素權重

構面／因素	權重	構面／因素	權重
A 產業棲息地生態系統	權重	B 聯合艦隊組織型態	權重
a_1：結合數位轉型	5.65%	b_1：企業間學習模式	5.42%
a_2：跨域整合系統	6.42%	b_2：內部核心價值共識	4.95%
a_3：資源共享系統	5.44%	b_3：組織間決策機制效率	5.40%
a_4：創新平台建立	5.74%	b_4：產品組合創新能力	6.75%
a_5：人力資源養成系統	5.61%	合　計（平均值）	22.52%（5.63%）
合　計（平均值）	28.86%（5.77%）	D 地緣政治典範轉移	權重
C 新國際雁行海外市場	權重	d_1：俄烏‧以哈戰爭爆發	3.68%
c_1：企業間合作效率	6.90%	d_2：台海與印太戰略形成	4.14%
c_2：國家間產業互補性	6.46%	合　計（平均值）	7.82%（3.91%）
c_3：海外據點經營模式	6.61%	E 政策執行力	權重
c_4：產業韌性度	7.24%	e_1：國內政黨政治穩定性	3.60%
合　計（平均值）	27.20%（6.80%）	e_2：跨行政整合力	5.10%
		e_3：國家基金參與度	4.89%
		合　計（平均值）	13.60%（4.53%）

資料來源：本論文作者推估而成。

　　由於構面的要素項目不一，應從單一項目的要素權重大小與構面全體平均值進行比較，以做為調整D+R與D-R的依據。表4權重當中，「A產業棲息地生態系統」以「a_2：跨域整合系統」的6.42%超過平均值的5.77%；「B聯合艦隊組織型態」以「b_4：產品組合創新能力」這要素超過平均值；「C新國際雁行海外市場」是以「c_1：企業間合作效率」與「c_4：產業韌性度」兩項要素超過平均值；「D地緣政治典範轉移」以「d_2：台海與印太戰略形成」超過平均值；「E

---

[21]　由DEMATEL法可測出其重要性，但是為了能更精準了解強度大小，以ANP法計算各項因素權重，再經由專家學者討論出哪些因素需要做調整，以符合企業聯合艦隊組合的實務運作需求。

政策執行力」構面也有兩項要素超過平均值，分別為「e_2：跨行政整合力」和「e_3：國家基金參與度」。

（三）新國際雁行・聯合艦隊的要素因果圖的調整

從上面超過平均值要素來看，「c_1：企業間合作效率」（6.90%）與「e_2：跨行政整合力」（5.10%）調整圍強勢要素群，將原先D+R與D-R的實心雙箭頭直線分別往左向下移動為r+d與r-d虛線雙箭頭直線，經過調整後的要素座標如圖S的虛線的四個象限。

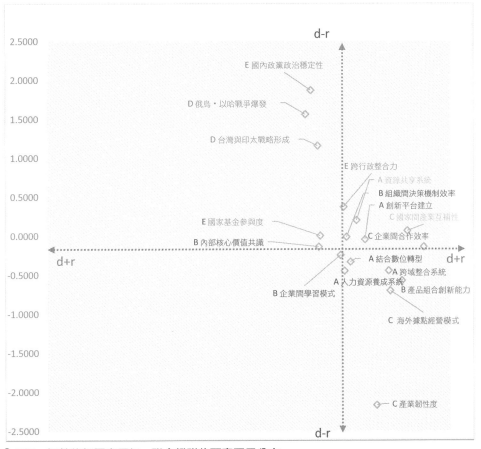

圖5　調整後新國際雁行・聯合艦隊的要素因果分布

資料來源：本論文作者製作。

從圖5經過調整後新國際雁行‧聯合艦隊的要素因分布於四個象限要素座標如下：

第一象限的「強勢成因要素群」：

「e_2：跨行政整合力」；「a_3：資源共享系統」；「c_2：國家間產業互補性」；「b_3：組織間決策機制效率」；「c_1：企業間合作效率」。

第二象限的「弱勢成因要素群」：

「e_1：國內政黨政治穩定性」；「d_1：俄烏‧以哈戰爭爆發」；「d_2：台海與印太戰略形成」；「e_3：國家基金參與度」；「b_2：內部核心價值共識」。

第三象限的「弱勢結果要素群」：

「b_1：企業間學習模式」。

第四象限的「強勢結果要素群」：

「a_1：結合數位轉型」；「a_2：跨域整合系統」；「a_5：人力資源養成系統」；「b_4：產品組合創新能力」；「c_3：海外據點經營模式」；「c_4：產業韌性度」。

DEMATEL分析法的優點之一在於從複雜相互關連因素當中抽取出不同強度的關鍵原因屬性與關鍵結果屬性的要素分類，從上述分布於不同屬性的四個象限當中，可以分成兩條觀察路徑。第一條路徑為第一象限到第四象限的強勢路徑；第二條路徑為第二象限經由第三象限再連接第四象限的弱勢路線，這兩條路徑都可以思考國際雁行‧聯合艦隊組合與推進方法或是戰略的選擇。在這裡我們可以利用修正後的戰略路徑圖做進一步的說明。

（四）新國際雁行‧聯合艦隊的發展戰略路徑

圖是6修正後新國際雁行‧聯合艦隊的發展戰略路徑圖，其發展過程說明如下：

　　強勢路徑①：**第二象限**「e_1：國內政黨政治穩定性」→「d_1：俄烏・以哈戰爭爆發」→「d_2：台海與印太戰略形成」→**第一象限**「e_2：跨行政整合力」→「a_3：資源共享系統」→「c_2：國家間產業互補性」→「b_3：組織間決策機制效率」→「c_1：企業間合作效率」→**第四象限**「a_1：結合數位轉型」→「a_2：跨域整合系統」→「a_5：人力資源養成系統」→「b_4：產品組合創新能力」→「c_3：海外據點經營模式」→「c_4：產業韌性度」（達成目標）

　　弱勢路徑②：**第二象限**「e_1：國內政黨政治穩定性」→「d_1：俄烏・以哈戰爭爆發」→「d_2：台海與印太戰略形成」→「e_3：國家基金參與度」→「b_2：內部核心價值共識」→**第三象限**「b_1：企業間學習模式」→**第四象限**「a_1：結合數位轉型」→「a_2：跨域整合系統」→「a_5：人力資源養成系統」→「b_4：產品組合創新能力」→「c_3：海外據點經營模式」→「c_4：產業韌性度」（達成目標）

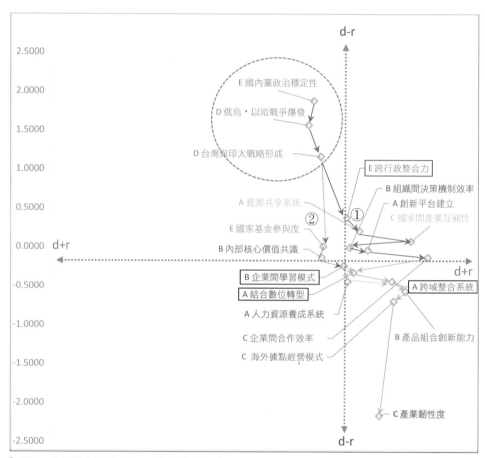

圖6　修正後新國際雁行・聯合艦隊的發展戰略路徑圖
資料來源：本論文作者製作。

　　從上面修正後的新國際雁行・聯合艦隊戰略路徑圖可以看出兩條發展模式的共通點與差異性。

❶國家公權力參與方式的不同

　　強勢路徑①重視政府單位的跨部門整合提供協助（「e_2：跨行政整合力」）；弱勢路徑②則重視公部門資金的加入提高聯合艦隊企業合作的信心（「e_3：國家基金參與度」），以此建立企業組織間價值共識（→「b_2：內部核

心價值共識」）

❷聯合艦隊組成與策略計劃思維的不同

　　弱勢路徑②以內部組織價值共識建立之後直接進入企業間相互學習模式（）推進聯合艦隊的組織建置；而強勢路徑①採用步驟較為縝密的規劃，在外部環境變局下，認為有了政府各部門的出面協調整合之後，盤整內部資源並建立共享機制（「a_3：資源共享系統」）。接著考察評估海外市場產業互補性，如何運用自身產業的優劣（「c_2：國家間產業互補性」），認為需要建立組織的決策模式（「b_3：組織間決策機制效率」）以增進合作效率（「c_1：企業間合作效率」）。

❸一致性目標的追求策略展現

　　上述兩點差異凸顯強勢路徑①與弱勢勢路徑②在思維上的不同，但是最終聯合艦隊國際雁行的最終目標是一致的，如何建立具有科技創新的產業韌性（「c_4：產業韌性度」）是永續發展的重要因素，也是在地緣政治結構性改變下台灣生存之道。建立產業韌性度的戰略路徑，強勢路徑①與弱勢路徑②是分別由「c_1：企業間合作效率」與「b_1：企業間學習模式」進入第四象限，並在「a_1：結合數位轉型」合流，表示企業間需要進行數位優化與數位轉型才能夠推動聯合艦隊企業間整合系統（「a_2：跨域整合系統」），也能共同培育多元的人才，建立一套適合國際雁行與聯合艦隊的人力資源體制（「a_5：人力資源養成系統」）。如能跨域整合成功與發揮效用，企業將可以促進國際雁行的產品開發與創新（「b_4：產品組合創新能力」）。最後，建立台灣的產業韌性重要因素在於海外經營模式與據點的設置，作為鏈結國內產業與國外市場的戰略中心（「c_3：海外據點經營模式」）。海外經營模式與據點設置方式，須視不同區域國家的情況，需要具有彈性才能有效地將台灣產品推向國際。

五、結論

　　以貿易帶動經濟已經成為台灣的發展模式，而企業常以單一個體執行這項任務。在這當中，多國籍企業也扮演海外投資的重要角色，提供資金或是技術做為產業發展的動力，同時也展開了國內產業結構調整與產業升級，勾劃出景氣循環的樣態。世界經濟在這樣發展背景之下，雁行理論呈現多階段的變形，從第一型態的貿易型態轉變→第二型態的海外生產據點設置→第三型態全球化下的世界經濟雁行。然而，在2018年美中貿易衝突下，一連串國際事件爆發，改變了世界局勢結構，COVID-19蔓延重創了全球經濟與生命，俄、烏戰爭引爆歐洲地緣政治動盪、以及以、哈戰爭促動長期以來中東的政經敏感神經，促使自由民主體制國家與極權專制體制國家，從軍事、政治、經濟到社會等廣泛領域築起一道高牆涇渭分明。「脫鉤」或是「去風險化」帶動生產供應鏈重組的風潮，逐步建構新的國際分工體制。這些現象使得地緣政治與國際經濟的典範轉移，同時也因半導體，AI以及量子運算等科技創新，透過科技與產業的新結合，對內對外的商業經營模式也產生了變化。台灣處於地緣政治核心位置，也扮演高科技產業製造的關鍵角色，面對這些新局面的國際政經局勢，企業的商業營運模式必須調整才能因應市場需求。本論文提出國際雁行聯合艦隊的思維就是試圖探索新商業模式的可能性，尋找企業走出國際帶動國內產業的新方式，也是建立第四型態雁行理論的初步嘗試，所獲得初步結果如下幾項重點：

❶影響國際雁行聯合艦隊的因素，本論文研究結果可以分成主要關鍵原因與關鍵結果，分別為：

　　關鍵原因：「e_2：跨行政整合力」；「a_3：資源共享系統」；「c_2：國家間產業互補性」；「b_3：組織間決策機制效率」；「c_1：企業間合作效率」等5項。

　　關鍵結果：「a_1：結合數位轉型」；「a_2：跨域整合系統」；「a_5：人力資源養成系統」；「b_4：產品組合創新能力」；「c_3：海外據點經營模式」；「c_4：產業韌性度」等6項。

❷構成新國際雁行‧聯合艦隊因素的權重，5大構面分別佔有：

　　「A產業棲息地生態系統」為28.86%；「B聯合艦隊組織型態」為22.52%；「C新國際雁行海外市場」為27.20%；「D地緣政治典範轉移」為7.82%；「E政策執行力」為13.60%。

　　其中個構面的因素當中，佔最大權重者為：

　　「A產業棲息地生態系統」為「a_2：跨域整合系統」（6.42%）；「B聯合艦隊組織型態」為「b_4：產品組合創新能力」（6.75%）；「C新國際雁行海外市場」為「c_4：產業韌性度」（7.24%）；「D地緣政治典範轉移」為「d_2：台海與印太戰略形成」（4.14%）；「E政策執行力」為「e_2：跨行政整合力」（5.10%）

❸新國際雁行‧聯合艦隊的戰略發展路徑可以分為兩種，主要戰略與次要戰略。

　　在聯合艦隊的國際雁行戰略上，形成強勢路徑與弱勢路徑兩種，不管是哪一種都在國際局勢轉變產生地緣政治與經貿的典範轉移下展開新商業模式的前進方式，在路徑推進策略上也呈現相同與相異的形式，可以歸納以下三項。

　　①強勢路徑與弱勢路徑採用不同的國家公權力參與方式。

　　②強勢路徑與弱勢路徑在聯合艦隊的組成與策略的計劃思維不同。

　　③強勢路徑與弱勢路徑兩項路徑最終目標一致性，以追求強大的產業韌性為目標。

　　企業以跨業組成聯合艦隊模式前進海外市場，這新時代經濟下的新思維，除了是因應半導體、AI科技創新必要的策略之外，也是擺脫長期外交困境走向國際的契機，經濟與外交堅固的大戰略。然而，這套大戰略需要建立在「時間因素」上進行，必須視不同時期的國際政經環境變化有所調整，也就是將戰略分成短期與長期的思考。2022年作者發表《數位新南向「雙螺旋效果」的戰略分析》，實證數位新南向政策確實能夠產生經濟內外循環的「雙螺旋效果」，並創造就業機會。而本論文進一步以企業聯合艦隊的組成前進海外市場，這是

新商業經營模式，這也是配合科技產業優勢所形成的經貿團隊，在共生共榮跨業組織的生態系統下，為台灣海洋貿易開啟另一道的國際航線，建立海上經貿藍圖的新嘗試。

參考文獻

1. 林佳龍（2022）《印太新秩序下的台灣之路：數位時代的產業最適棲息地理論與雙螺旋策略》，釀出版。

2. 林佳龍、洪振義（2022）《數位新南向「雙螺旋效果」的戰略分析：向量自我迴歸（VAR）結合動態產業關聯模型之應用》淡江大學第五屆國際學術研討會論文。

3. Nelson, R. R. and Pack, H. (1999) "The Asian Miracle and Modern Growth Theory", Economic Journal 109(457):416-36.

4. Nelson, R. R. and Winter, S. G. (1982) "An Evolutionary Theory of Economic Change", Cambridge, MA: Harvard University Press.

5. Pack, H. (2000) "Research and Development in the Industrial Development Process", in Kim and Nelson(eds.) Technology, Learning and Innovation, Cambridge University Press.

6. Dunning, J. H. (1981) "Explaining the international direct investment position of countries: Towards a dynamic or developmental approach", Weltwirtschaftliches Archiv, 117, pp.30-64.; Dunning, J. H. and Narula, R. (1996), Foreign Direct Investment and Governments: Catalysts for Economic Restructuring (London, Routledge).

7. Porter, M.E. (1998), "Cluster and the new economics of competition," Harvard Business Review, 76(6), pp. 77-90.; Enright, M.J. and Newton, J. (2004), "Tourism destination competitiveness: a quantitative approach," Tourism Management, 25(6), pp. 777-788.

8. McNamara, G., Deephouse, D.L. and Luce, R.A. (2003), "Competitive positioning within and across a strategic group structure: the performance of core, secondary, and solitary firms," Strategic Management Journal, 24(2), pp. 161-181.

9. Porter, M.E. (1993), The competitive advantage of nations, The Free Press.

10. Krugman, P. (1995), Development, geography and economic theory, The MIT Press, Cambridge, MA.; Rosenkopf L. and Nerkar A. (2001), "Beyond local search: boundary spanning, exploration, and impact in the optical disk industry," Strategic Management Journal, 22(4), pp. 287-306.

11. Dayasindhu, N. (2002), "Embeddedness, knowledge transfer, industry cluster and global competitiveness: A case study of the Indian software industry," Techovation, 22(3), pp. 551-560.

12. Pramongkit, P., Shawyun, T. and Sirinaovakul, B. (2002), "Productivity growth and learning potentials of Thai industry," Technological Forecasting and Social Change, 69(1), pp. 89-101.

13. March, J.G. (1991), "Exploration and Exploitation in Organizational Learning," Organization Science, 2(1), pp.71-87.

14. Huber, G. P. (1991), "Organizational Learning: The Contributing Processes and the Literatures," Organization science, 2(1), pp. 88-115.

15. Nelson, R. R. and Winter, S.G. (1982), "Evolutionary Theory of Economic Change," Cambridge: The Belknap Press of Harvard University Press.

16. Hamel, G. (2000), Leading the revolution, Harvard Business School Press, pp. 61-113.; Zahra, S. A. and George, G. (2002), "Absorptive Capacity;A Review Reconceptualization and Extension, Academy of Management Review, 27 (2), pp.185-203.

17. Krugman, P. (1991), Geography and trade, The MIT Press, Cambridge, MA.

參考文獻

第一章

1. 林佳龍（2022），《印太新秩序下的台灣之路：數位時代的產業最適棲息地理論與雙螺旋策略》，台北：釀出版。
2. 林佳龍、洪振義（2020），《新政治經濟學：理論與政策的解析》，台北：釀出版。
3. 石牧民、王聖芬（2021），《奔海：台灣智庫二十年》，台北：釀出版。
4. 林佳龍（2022），〈從產業最適棲息地理論看數位新南向的包容性新思維〉，《自由時報電子報‧自由共和國》。
5. 林佳龍（2022），〈以DIMEs架構推動數位新南向國家級戰略〉，台灣智庫。
6. 林佳龍（2022），〈安倍與李登輝「正常國家」的未盡之夢〉，《自由時報電子報‧自由共和國》。
7. 赫伯特‧麥馬斯特著，譚天譯（2022），《全球戰場：美國如何擺脫戰略自戀，面對全球七大安全挑戰？》，台北：八旗文化。
8. 杜如松著、李寧怡譯（2022），《長期博弈：中國削弱美國、建立全球霸權的大戰略》，台北：八旗文化。
9. 美國國防部，2019，《印太戰略報告》。
10. 安倍晉三（2007），〈二つの海の交わり〉（Confluence of the Two Seas），インド国会における安倍総理大臣演説。
11. The White House(2022), *National Security Strategy*.
12. Nelson, R. R. and Pack, H. (1999), "The Asian Miracle and Modern Growth Theory," *Economic Journal*, 109(457):416-36.
13. Nelson, R. R. and Winter, S. G. (1982), "An Evolutionary Theory of Economic Change," Cambridge, MA: Harvard University Press.
14. Pack, H. (2000), "Research and Development in the Industrial Development Process," in Kim and Nelson(eds.), *Technology, Learning and Innovation*, Cambridge University Press.
15. Dunning, J. H. (1981), "Explaining the international direct investment position of countries: Towards a dynamic or developmental approach," *Weltwirtschaftliches Archiv*, 117, 30-64.
16. Dunning, J. H. and Narula, R. (1996) (eds), *Foreign Direct Investment and Governments: Catalysts for Economic Restructuring* (London, Routledge).
17. 托馬斯‧塞繆爾‧孔恩著，程樹德、傅大為、王道還譯（2022），《科學革命的結構》【50週年紀念版】，台北：遠流出版社。
18. 小島清（2003），《雁行型経済発展論（第1卷）：日本経済‧アジア経済‧世界経済》，東京：

文真堂。

19. Kojima K., Ozawa T. (1985), "Toward a Theory of Industrial Restructuring and Dynamic Comparative Advantage," departmental bulletin paper,26(2), pp.135-145.

20. 小島清，2000，〈雁行型経済発展論・再検討〉。《駿河台経済論集》，第9卷第2號。埼玉縣：駿河台大學經濟學部，75-136。

21. 小島清（2004），《雁行型経済発展論（第2卷）：アジアと世界の新秩序》，東京：文真堂。

22. Williamson, O. E. (2005), "The economics of governance," *American Economic Review*, 95 (2): 1-18.

23. 莊正民、方世杰（2013），〈「組織內與組織間治理」的本質與策略意涵〉，《臺大管理論叢》，23卷S1期，頁1-24。

24. 杜拉克著，劉毓玲譯（2000），《21世紀的管理挑戰》，台北：天下文化。

25. Robbins, S. P. &Coulter, M.(1999), *Management*. Sixth Edition. New York: Prentice Hall. International, Inc..

26. 彼得・聖吉著，郭進隆、齊若蘭譯（2019），《第五項修練（全新修訂版）：學習型組織的藝術與實務》，台北：天下文化。

27. Provan, K. G. (1983), "The Federation as an Interorganizational Linkage Network," *Academy of Management Review*, 8, 79-89.

28. Nevis, E. C., A. J. DiBella & J. M. Gould, (1995), "Understanding Organizations as Learning Systems," *Sloan Management Review*, 36(2), 73-85.

29. 安德列雅・沃爾芙著，陳義仁譯（2016），《博物學家的自然創世紀》，頁31，台北：果力文化。

第二章

1. 林佳龍、洪振義（2023），〈台灣產業成長變動因素分析（2020-2022）：產業關聯成長要因模型之應用〉，台灣智庫working paper。

2. 林佳龍、洪振義（2023），〈台灣產業感應度與影響力變化之分析（2020-2022）〉，台灣智庫working paper。

3. 林佳龍、洪振義（2023），〈台灣產業替代與加工度變化之分析（2020-2022）〉，台灣智庫working paper。

4. 林佳龍、洪振義（2022），〈數位新南向「雙螺旋效果」的戰略分析：向量自我迴歸（VAR）結合動態產業關聯模型之應用〉。論文發表於第四屆「後疫情時代下日本與全球政經變遷及影響」國際學術研討會，淡江大學全球政經學系日本政經研究碩士班與關西大學綜合情報學部共同主辦，2022年12月16日，新北市：淡江大學守謙國際會議中心。

5. 林佳龍（2022），《印太新秩序下的台灣之路：數位時代的產業最適棲息地理論與雙螺旋策略》，頁135，台北：釀出版。

6. 黃春心（2002），〈出口值與經濟成長的因果關係：臺灣的實證比較分析〉，《經濟論文叢刊》，30(4):465-489。

7. 楊浩彥、郭迺鋒、林政勳（2013），《實用財經計量方法》，台北：雙葉書廊。

8. 楊奕農（2005），《時間序列分析：經濟與財務上之應用》，台北：雙葉書廊。

9. 林佳龍、洪振義（2023），〈數位新南向「雙螺旋效果」的戰略分析：向量自我迴歸（VAR）結合動態產業關聯模型之應用〉。論文發表於第五屆「後疫情時代下日本與全球政經變遷及影響」國際

學術研討會，淡江大學全球政經學系日本政經研究碩士班與關西大學綜合情報學部共同主辦，2023年12月15日，新北市：淡江大學守謙國際會議中心。

10. Awokuse, Titus O. (2007), "Causality between exports, imports, and economic growth: Evidence from transition economies," *Economics Letters*, 94, 389-395.

11. Awokuse, T. O., & Christopoulos, D. K. (2009), "Nonlinear dynamics and the exports-output growth nexus," *Economic Modelling*, 26(1), 184-190.

12. Balassa, B. (1978), "Exports and economic growth," *Journal of Development Economics*, 5(2), 181-189.

13. Burney, N. A. (1996), "Exports and Economic Growth: Evidence from cross-country Analysis," *Applied Economic Letters*, 3, 369-373.

14. Chow, P.C.Y. (1987), "Causality between export growth and industrial performance: evidence from NICs," *Journal of Development Economics*, 26(1), 55-63.

15. Coe, D. T., & Helpman, E. (1995), "International R&D spillovers," *European Economic Review*, 39(5), 859-887.

16. Dar, A. & Amirkhalkhali, S. (2003), "On the impact of trade openness on growth: further evidence from OECD countries," *Applied Economics*,35(16), 1761-1766.

17. Darrat, A.F. (1987), "Are Exports an Engine of Growth? Another Look at Evidence," *Applied Economics*, 19, 277-283.

18. Ee, C.Y. (2016), "Export-Led Growth Hypothesis: Empirical Evidence from Selected Sub-Saharan African Countries," *Procedia Economics and Finance*, 35, 232-240.

19. Furuoka, F. (2009), "Econometric Analysis of the Export-led Growth Hypothesis: Evidence for BIMP-EAGA Countries. Philippine," *Journal of Development*, 34(2), 25-42.

20. Ghatak, S., Milner, C. & Utkulu, U. (1997), "Exports, export composition and growth: cointegration and causality evidence for Malaysia," *Applied Economics*, 29,213-223.

21. Granger, C. W. J. (1969), "Investigating causal relations by econometric models and cross-spectral methods," *Econometrica*, 37, 424-438.

22. Granger, C.W. J. and Newbold, P. (1974), "Spurious regressions in economics," *Journal of Cconometrics*, (4), 111-120.

23. Irwin, D. & Tervio, M. (2002), "Does trade raise income? Evidence from the twentieth century," *Journal of International Economics*, 58: 1-18.

24. Kavoussi, R.M. (1984), "Export expansion and economic growth," *Journal of Development Economics*, 14(1), 241-250.

25. Kunst, R.M. and Marin, D. (1989), "On exports and productivity: a causal analysis," *The Review of Economics and Statistics*, 71, 699-703.

26. Marin, D. (1992), "Is the export-led growth hypothesis valid for industrialized countries?", *The Review of Economics and Statistics*, 74(4),678-688.

27. Malhotra M., Meenu. (2009), "Imports-growth relationship in India: Causality analysis," *Indian Journal of Economics*, LXXXX (356), 33-46.

28. Mazumdar, J. (2001), "Imported Machinery and Growth in LDCs," *Journal of Development Economics*, 65,209-224.

29. Ram, R. (1985), "Exports and economic growth: Some additional evidence," *Economic Development and Cultural Change*, 33, 415-425.

30. Schwert, G. W. (1989), "Tests for Unit Roots: A Monte Carlo Investigation," *Journal of Business and Economic Statistics*, 7, 147- 159.

31. Sharma S. (2022),"On Exports and Economic Growth: Revisiting Export-Led Growth Hypothesis Including North South Divide," *SEISENSE Journal of Management*, 5(1), 31-48.

32. Singh, T. (2010), "Does International Trade Cause Economic Growth?" A Survey. *World Economy*, 33(11), 1517-1564.

33. Summer, P. M. (1997), "Trade and growth in settler economies: Australian and Canadian comparisons," MI Working Paper, ISSN 1328-4991.

34. Weinstein, D. E. & Lawrence, R. Z. (1999), "Trade and growth: Import led or export led? Evidence from Japan and Korea," Working Paper No. 165,1-45, nber.org.

35. Yamada, H. (1998), "A note on the causality between export and productivity: an empirical re-examination," *Economics Letters*, 61,111-114.

第三章

1. 林佳龍（2022），《印太新秩序下的台灣之路：數位時代的產業最適棲息地理論與雙螺旋策略》，台北：釀出版。

2. 丹恩‧席諾、掃羅‧辛格著，徐立妍譯（2017），《創業之國以色列》，新北市：木馬文化事業有限公司。

3. 傑生‧紀偉哲著，林添貴譯（2017），《以色列菁英創新奇蹟》，台北：遠見天下文化出版股份有限公司。

4. 瑪里亞娜‧馬祖卡托著，鄭煥昇譯（2021），《打造創業型國家：破除公私部門各種迷思，重新定位政府角色》，台北：時報出版。

第四章

1. 林佳龍（2022），《印太新秩序下的台灣之路：數位時代的產業最適棲息地理論與雙螺旋策略》，台北：釀出版。

2. 林佳龍、洪振義（2022），〈數位新南向「雙螺旋效果」的戰略分析：向量自我迴歸（VAR）結合動態產業關聯模型之應用〉。論文發表於第四屆「後疫情時代下日本與全球政經變遷及影響」國際學術研討會，淡江大學全球政經學系日本政經研究碩士班與關西大學綜合情報學部共同主辦，2022年12月16日，新北市：淡江大學守謙國際會議中心。

3. 杜拉克著，劉毓玲譯（2000），《21世紀的管理挑戰》，台北：天下文化。

4. Robbins, S. P. & Coulter, M.(1999), *Management*. Sixth Edition. New York: Prentice Hall. International, Inc..

5. 彼得‧聖吉著，郭進隆、齊若蘭譯（2019），《第五項修練（全新修訂版）：學習型組織的藝術與實務》，台北：天下文化。

6. Provan, K. G. (1983), "The Federation as an Inter-Organizational Linkage Network," *Academy of Management Review*, 8, 79-89.

7. Nevis, E. C., A. J. DiBella & J. M. Gould(1995), "Understanding Organizations as Learning Systems," *Sloan Management Review*, 36(2), 73-85.
8. 瑪里亞娜・馬祖卡托著（2021），《打造創業型國家》，頁5-13之導讀，台北：時報出版。

第五章

林佳龍（2022），《印太新秩序下的台灣之路：數位時代的產業最適棲息地理論與雙螺旋策略》，頁108-110，台北：釀出版。

第六章

1. Nelson, R. R. and Pack, H. (1999), "The Asian Miracle and Modern Growth Theory," *Economic Journal*, 109(457), 416-36.
2. Nelson, R. R. and Winter, S. G. (1982), "An Evolutionary Theory of Economic Change," Cambridge, MA: Harvard University Press.
3. Pack, H. (2000), "Research and Development in the Industrial Development Process," in Kim and Nelson(eds.), *Technology, Learning and Innovation*, Cambridge University Press.
4. Dunning, J. H. (1981), "Explaining the international direct investment position of countries: Towards a dynamic or developmental approach," *Weltwirtschaftliches Archiv*, 117, 30-64.
5. Dunning, J. H. and Narula, R. (1996), *Foreign Direct Investment and Governments: Catalysts for Economic Restructuring* (London, Routledge).
6. Porter, M.E. (1998), "Cluster and the new economics of competition," *Harvard Business Review*, 76(6), 77-90.
7. Enright, M.J. and Newton, J. (2004), "Tourism destination competitiveness: a quantitative approach," *Tourism Management*, 25(6), 777-788.
8. McNamara, G., Deephouse, D.L. and Luce, R.A. (2003), "Competitive positioning within and across a strategic group structure: the performance of core, secondary, and solitary firms," *Strategic Management Journal*, 24(2), 161-181.
9. Porter, M.E. (1993), *The Competitive Advantage of Nations*, The Free Press.
10. Krugman, P. (1995), *Development, Geography and Economic Theory*, The MIT Press, Cambridge, MA.
11. Rosenkopf L. and Nerkar A. (2001), "Beyond local search: boundary spanning, exploration, and impact in the optical disk industry," *Strategic Management Journal*, 22(4), 287-306.
12. Dayasindhu, N. (2002), "Embeddedness, knowledge transfer, industry cluster and global competitiveness: A case study of the Indian software industry," *Techovation*, 22(3), 551-560.
13. Pramongkit, P., Shawyun, T. and Sirinaovakul, B. (2002), "Productivity growth and learning potentials of Thai industry," *Technological Forecasting and Social Change*, 69(1), 89-101.
14. March, J.G. (1991), "Exploration and Exploitation in Organizational Learning," *Organization Science*, 2(1), 71-87.

15. Huber, G. P. (1991), "Organizational Learning: The Contributing Processes and the Literatures," *Organization Science*, 2(1), 88-115.

16. Nelson, R. R. and Winter, S.G. (1982), "Evolutionary Theory of Economic Change," Cambridge: The Belknap Press of Harvard University Press.

17. Hamel, G. (2000), *Leading the Revolution*, Harvard Business School Press, 61-113.; Zahra, S. A. and George, G.(2002), "Absorptive Capacity: A Review Reconceptualization and Extension," *Academy of Management Review*, 27 (2), 185-203.

18. Krugman, P. (1991), *Geography and Trade*, The MIT Press, Cambridge, MA.

19. 林佳龍（2022），《印太新秩序下的台灣之路：數位時代的產業最適棲地理論與雙螺旋策略》，台北：釀出版。

20. 林佳龍、洪振義（2022），〈數位新南向「雙螺旋效果」的戰略分析：向量自我迴歸（VAR）結合動態產業關聯模型之應用〉。論文發表於第四屆「後疫情時代下日本與全球政經變遷及影響」國際學術研討會，淡江大學全球政經學系日本政經研究碩士班與關西大學綜合情報學部共同主辦，2022年12月16日，新北市：淡江大學守謙國際會議中心。

21. 林佳龍、洪振義（2023），〈數位新南向「雙螺旋效果」的戰略分析：向量自我迴歸（VAR）結合動態產業關聯模型之應用〉。論文發表於第五屆「後疫情時代下日本與全球政經變遷及影響」國際學術研討會，淡江大學全球政經學系日本政經研究碩士班與關西大學綜合情報學部共同主辦，2023年12月15日，新北市：淡江大學守謙國際會議中心。

第七章

1. 經濟部工業局（2023），〈臺灣半導體產業發展動態〉資料。

2. 黑田忠廣著，楊鈺儀譯（2024），《半導體超進化論控制世界技術的未來》，台北：時報出版。

3. 經濟部（2022），《臺灣重點發展產業：半導體》資料。

4. 工業技術研究院（2023），〈臺灣對全球重點國家半導體產業合作策略〉資料。

5. 《科技新報》（*TechNews*）（2024），〈台積電美國、日本、德國擴產，打造半導體業日不落國〉，2024年2月23日。

6. 《數位時代‧半導體與電子產業》（2024），〈台積熊本廠創5個第一！菊陽町小鎮大好日子要來了，為何說負荷不了？〉，2024年3月25日。

7. 行政院（2023），〈晶創臺灣方案——奠基臺灣未來10年科技國力〉資料。

8. 國家發展委員會（2024），〈桃竹苗大矽谷推動方案〉資料。

9. 黃欽勇、黃逸平（2022），《矽島的危與機：半導體與地緣政治》，新竹：國立陽明交通大學出版社。

10. 太田泰彥著、卓惠娟譯（2022），《半導體地緣政治學》，新北市：野人文化股份有限公司。

11. 克里斯‧米勒著，洪慧芳譯（2023），《晶片戰爭：矽時代的新賽局，解析地緣政治下全球最關鍵科技的創新、商業模式與台灣的未來》，台北：天下雜誌股份有限公司。

12. 埃德‧康威著，譚天譯（2023），《供應鏈戰爭：砂、鹽、鐵、銅、鋰、石油的戰略價值》，台北：遠見天下文化出版股份有限公司。

13. 湯之上隆（2023），《半導體有事》，東京：文春新書。

14. 黑田忠広（2023），《半導体超進化論：世界を制する技術の未来》，東京：日経プレミアシリーズ。

第八章

1. 林佳龍（2022），《印太新秩序下的台灣之路：數位時代的產業最適棲息地理論與雙螺旋策略》，台北：釀出版。
2. 林佳龍、洪振義（2022），《新政治經濟學：理論與政策的解析》，台北：釀出版。
3. 林佳龍、洪振義（2022），〈台灣產業感應度與影響力變化之分析（1996-2020）〉，台灣智庫working paper。
4. 呂曜志（2024），〈戰略型產業與國際合作：臺灣的觀點與策略〉，台灣智庫資料。
5. 數位產業署（2023），〈智慧城市國際合作經貿訪團暨臺泰產業鏈結高峰論壇大會參訪交流報告〉，數位發展部資料。
6. 國際合作發展基金會（2023），〈國合會協助巴拉圭導入（建置）醫療資訊系統（HIS）之推動現況及預訂進度〉，外交部資料。

第九章

1. 中華電信（2023），〈新南向智慧城市國際輸出布局〉資料。
2. 詹子慧（2023），〈創新與開放驅動泰國智慧城市成長〉，工業技術研究院。
3. 中華電訊（2024），〈中華電信與Thonburi Hospital攜手合作　共同開啟泰國「智慧醫院」應用服務新頁〉報導資料，2024年3月6日。
4. 中央社（2024），〈中華電攜手泰國電信　助泰達電導入5G專網〉，2024年3月6日。

第十章

1. 豐雲學堂（2024），〈電動車介紹：一文掌握電動車產業鏈上中下游概念股〉，2024年3月。
2. 財團法人大肚山產業創新基金會（2022），《科技特派員：林佳龍與十二位企業CEO的關鍵對話，前瞻台灣產業新未來》，台中：大肚山產創基金會。
3. 沈榮津（2023），〈台灣產業發展與未來趨勢〉，報告資料。
4. 林信義（2023），〈社團法人台灣電動車產業聯盟報告〉，雲科大演講資料。
5. 社團法人台灣電動車產業（2023），〈聯盟協助台灣電動車發展重點方向〉，報告資料。
6. 中時新聞網（2023），〈巴國供電100%來自再生能源　賴清德提2050淨零轉型這樣說〉，2023年8月16日。瀏覽日2024/03/17。
7. 貿易雜誌（2023），〈進口最前線巴拉圭　台灣與友邦巴拉圭交流熱絡雙邊貿易持續成長〉。瀏覽日2024/03/17。
8. 《聯合報》（2023），〈產業突破　電動巴士國家隊成運將整廠輸出至巴拉圭〉，2023年7月13日。瀏覽日2024/03/17。
9. 成運汽車製造股份有限公司（2023），〈台灣與巴拉圭淨零轉型合作案首部曲　巴拉圭電動巴士組裝廠建廠計畫〉。

第十一章

1. 國家發展委員會（2023），〈無人機產業盤點及國際合作規劃報告〉資料。
2. 台灣智庫（2023），《五大信賴產業發展建議方案：軍工產業‧無人機》資料。
3. 中央廣播電台（2024），〈賴清德：台灣具天時地利人和　可成無人機民主供應鏈亞洲中心〉。瀏覽日2024/03/22。
4. 江振瑋（2023），〈無人機產業國產化與國際合作相關策略〉，嘉義縣經濟發展處／亞洲無人機AI創新應用研發中心。
5. 國家發展委員會（2023），〈無人機國際合作規劃〉資料。
6. 中央通訊社（2023），〈雷虎與美國雷達廠IMSAR合作　加速無人機發展〉。瀏覽日2024/04/30。
7. Money DJ新聞（2023），〈中光電智能機器人展成效，無人機穿梭海內外〉，2023年5月11日。瀏覽日2024/03/24。
8. 《信傳媒‧無人機大未來》（2023），〈深耕陣列微型雷達　創未來王毓駒在無人機反制與研發大放異彩〉，2023年7月10日。瀏覽日2024/03/24。

第十二章

1. 《經濟日報》（2024），〈劉揚偉：未來50年鴻海將發展智慧電動車等三大平台〉，2024年2月20日。閱覽日2024/04/08。
2. 林佳龍（2022），《印太新秩序下的台灣之路：數位時代的產業最適棲息地理論與雙螺旋策略》，台北：釀出版。
3. 大肚山產創基金會（2022），《科技特派員：林佳龍與十二位企業CEO的關鍵對話，前瞻台灣產業新未來》，台中：大肚山產創基金會。
4. Teece, D. J. (2010), "Business models, business strategy and innovation," *Long Range Planning*, 43, 172-194.
5. Adner, R. (2017), "Ecosystem as structure: An actionable construct for strategy," *Journal of Management*, 43(1), 39-58.
6. Bjorkdahl, J. (2020), "Strategies for Digitalization in Manufacturing Firms," *California Management Review*, 0008125620920349.
7. Moore, J. F. (1993), "Predators and prey: A new ecology of competition," *Harvard Business Review*, 71(3), 75-86.
8. Brynjolfsson, E., & Mcafee, A. (2017), "The business of artificial intelligence: What it can and cannot-do for your organization," *Harvard Business Review Digital Articles*, 7, 3-11.
9. Davenport, T. H., & Dreyer, K. J. (2018), "AI will change radiology, but it won't replace radiologists," *Harvard Business Review Digital Articles*, March 2018: 2-5.
10. Davenport, T. H., & Ronanki, R. (2018), "Artificial intelligence for the real world," *Harvard Business Review*, 96(1), 108-116.
11. Wilson, H. J., Daugherty, P., & Bianzino, N. (2017), "The jobs that artificial intelligence will create," *MIT Sloan Management Review*, 58(4), 14.
12. Hess, T., Matt, C., Benlian, A., & Wiesbock, F.(2016), "Options for formulating a digital transformation

strategy," *MIS Quarterly Executive*, 15(2), 123-139.

13. Zeng, X., Li, M., Abd El-Hady, D., Alshitari, W., Al-Bogami, A. S., Lu, J., & Amine, K. (2019), "Commercialization of lithium battery technologies for electric vehicles," *Advanced Energy Materials*, 9(27), 1900161.

14. Agrawal, A., Gans, J., & Goldfarb, A. (2017), "How AI will change strategy: a thought experiment," *Harvard Business Review Digital Articles*, October 2017: 2-5.

15. Fedyk, A. (2016), "How to tell if machine learning can solve your business problem," *Harvard Business Review Digital Articles*, November 2016: 2-4.

16. Gaines-Ross, L. (2016), "What do people-not techies, not companies-think about artificial intelligence," *Harvard Business School Cases*, October 2016: 1.

17. Chamorro-Premuzic, T., Wade, M., & Jordan, J. (2018), "As AI makes more decisions, the nature of leadership will change," *Harvard Business Review Digital Articles*, January 2018: 2-5.

18. Wilson, J. H., Daugherty, P., & Shukla, P. (2016), "How one clothing company blends AI and human expertise," *Harvard Business Review Digital Articles*, November 2016: 2-6.

19. Gerpott, T. J., & May, S. (2016), "Integration of Internet of Things components into a firm's offering portfolio-a business development framework," *Info*, 18, 53-63.

20. Dijkman, R. M., Sprenkels, B., Peeters, T., & Janssen, A. (2015), "Business models for the internet of things," *International Journal of Information Management*, 35(6), 672-678.

21. Wellers, D., Elliott, T., Noga, M.(2017), "Ways machine learning is improving companies' work processes," *Harvard Business School Cases*, May 2017: 1.

22. Krotov, V. (2017), "The Internet of Things and new business opportunities," *Business Horizons*, 60(6), 831-841.

23. Schallmo, D., Williams, C. A., & Boardman, L. (2017), "Digital transformation of business models— best practice, enablers, and roadmap," *International Journal of Innovation Management*, 21(08), 1740014.

24. Gorissen, L., Vrancken, K., & Manshoven, S. (2016), "Transition thinking and business model innovation—towards a transformative business model and new role for the reuse centers of Limburg, Belgium," *Sustainability*, 8(2), 112.

25. Rachinger, M., Rauter, R., Müller, C., Vorraber, W., & Schirgi, E. (2019), "Digitalization and its influence on business model innovation," *Journal of Manufacturing Technology Management*, 30(8), 1143-1160.

26. Laudien, S. M., & Daxböck, B. (2016), "The influence of the industrial internet of things on business model design: A qualitative-empirical analysis," *International Journal of Innovation Management*, 20(08), 1640014.

27. Sambamurthy, V., Bharadwaj, A., & Grover, V. (2003), "Shaping agility through digital options: Reconceptualizing the role of information technology in contemporary firms," *MIS Quarterly*, 27(2), 237-263.

28. Kuula, S., Haapasalo, H., & Tolonen, A. (2018), "Cost-efficient co-creation of knowledge intensive business services," *Service Business*, 12(4), 779-808.

29. de Senzi Zancul, E., Takey, S. M., Barquet, A. P. B., Kuwabara, L. H., Miguel, P. A. C., & Rozenfeld, H. (2016), "Business process support for IoT based product-service systems (PSS)," *Business Process Management Journal*, 22(2), 305-323.

30. Rachinger, M., Rauter, R., Müller, C., Vorraber, W., & Schirgi, E. (2019), "Digitalization and its influence on business model innovation," *Journal of Manufacturing Technology Management*, 30(8), 1143-1160.

31. Adner, R. (2017), "Ecosystem as structure: An actionable construct for strategy," *Journal of Management*, 43(1), 39-58.

32. Jacobides, M. G., Cennamo, C., & Gawer, A. (2018), "Towards a theory of ecosystems," *Strategic Management Journal*, 39(8), 2255-2276.

33. Teece, D. J. (2018), "Profiting from innovation in the digital economy: Standards, complementary assets, and business models in the wireless world," *Research Policy*, 47, 1367-1387.

34. Matt, C., Hess, T., & Benlian, A. (2015), "Digital transformation strategies," *Business & Information Systems Engineering*, 57(5), 339-343.

35. Suddaby, R. (2006), "From the editors: What grounded theory is not," *Academy of Management Journal*, 49(4), 633-642.

36. Eisenhardt, K. M., & Graebner, M. E. (2007), "Theory building from cases: Opportunities and challenges," *Academy of Management Journal*, 50(1), 25-32.

37. Björkdahl, J. (2020), "Strategies for Digitalization in Manufacturing Firms," *California Management Review*, 0008125620920349.

38. Ghazinoory, S., Sarkissian, A., Farhanchi, M., & Saghafi, F. (2020), "Renewing a dysfunctional innovation ecosystem: The case of the Lalejin ceramics and pottery," *Technovation*, 96,97,1-12.

39. Hitt, M. A., Ireland, R. D., Camp, S. M., & Sexton, D. L., (2001), "Strategic Entrepreneurship: Entrepreneurial Strategies for Wealth Creation," *Strategic Management Journal*, 22, (6-7), 479-491.

40. Ireland, R. D., Hitt, M. A., Camp, S. M., & Sexton, D. L., (2001), "Integrating Entrepreneurship and Strategic Management Actions to Create Firm Wealth," *Academy of Management Executive*, 15(1), 49-63.

41. 林澄貴、康信鴻，2014，〈策略創業之探索與利用：以中鋼為例〉，《中山管理評論》，22(4): 793-825。

42. March, J.D. (1991), "Exploration and Exploitation in Organizational Learning," *Organization Science*, 2(1), 71-87.

43. Stuart, T. E. & Podolny, J.M. (1996), "Local Search and the Evolution of Technological Capabilities," *Strategic Management Journal*, 17, Special Issue: Evolutionary Perspectives on Strategy, 21-38.

44. Sorensen, J. B. & Stuart, T. E. (2000), "Aging, Obsolescence, and Organizational Innovation," *Administrative Science Quarterly*, 45(1), 81-112.

45. Cardinal, L. B. (2001), "Technological Innovation in the Pharmaceutical Industry: The Use of Organizational Control in Managing Research and Development," *Organization Science*, 12(1) 19-36.

46. Rosenkopf, L.& Nerkar, A. (2001), "Beyond Local Search: Boundary-Spanning, Exploration, and Impact in the Optical Disk Industry," *Strategic Management Journal*,22(4),287-306.

47. Lee, J., Lee, J. & Lee, H. (2003), "Exploration and Exploitation in the Presence of Network Externalities," *Management Science*, 49(4), 553-570.

48. Ebben, J. J. & Johnson, A. C. (2005), "Efficiency, Flexibility, or Both? Evidence Linking Strategy to Performance in Small Firms," *Strategic Management Journal*, 26(13), 1249-1259.

49. Dosi, G.(1982),"Technological Paradigms and Technological Trajectories: A Suggested Interpretation of the Determinants and Directions of Technical Change," *Research Policy*, 11,.147-162.

50. Christensen, C. M. & Bower, J. L. (1996), "Customer Power, Strategic Investment, and the Failure of Leading Firms," *Strategic Management Journal*, 17, 197-218.

51. Burgelman, R. A. (1983), "A Process Model of Internal Corporate Venturing in the Diversified Majour Firm," *Administrative Science Quarterly*, 28(2), 223-244.

52. 鈴木修（2007），《「探索」（exploration）と「活用」（exploitation）との両立に關する考察：IRIユビテックの事例を題材に》，東京：一橋大學大學院商學研究科博士後期課程，No.43。

53. Zahra, S. A. & Gerard George (2002), "Absorptive Capacity: A Review, Reconceptualization, and Extension," *The Academy of Management Review*, 27(2), 185-203.

54. Van den Bosch, Frans A. J., Henk W. V. & Michiel de Boer (1999), "Coevolution of Firm Absorptive Capacity and Knowledge Environment: Organizational Forms and Combinative Capabilities," *Organization Science*, 10(5) 551-568.

55. Burström, T., Parida, V., Lahti, T., & Wincent, J. (2021), "AI-enabled business-model innovation and transformation in industrial ecosystems: A framework, model and outline for further research," *Journal of Business Research*, 127, 85-95.

56. 經濟部（2024），〈我國半導體產業科技外交整體策略藍圖〉資料。

釀時代38 PF0353

經濟日不落國：
新國際雁行聯合艦隊

作　　者	林佳龍
責任編輯	鄭伊庭
圖文排版	楊家齊
封面設計	王嵩賀

出版策劃	釀出版
製作發行	秀威資訊科技股份有限公司
	114 台北市內湖區瑞光路76巷65號1樓
	電話：+886-2-2796-3638　傳真：+886-2-2796-1377
	服務信箱：service@showwe.com.tw
	http://www.showwe.com.tw
郵政劃撥	19563868　戶名：秀威資訊科技股份有限公司
展售門市	國家書店【松江門市】
	104 台北市中山區松江路209號1樓
	電話：+886-2-2518-0207　傳真：+886-2-2518-0778
網路訂購	秀威網路書店：https://store.showwe.tw
	國家網路書店：https://www.govbooks.com.tw
法律顧問	毛國樑　律師
總 經 銷	聯合發行股份有限公司
	231新北市新店區寶橋路235巷6弄6號4F
	電話：+886-2-2917-8022　傳真：+886-2-2915-6275

| 出版日期 | 2024年10月　初版一刷 |
| 定　　價 | 650元 |

版權所有・翻印必究（本書如有缺頁、破損或裝訂錯誤，請寄回更換）
Copyright © 2024 by Showwe Information Co., Ltd.
All Rights Reserved

Printed in Taiwan

讀者回函卡

國家圖書館出版品預行編目

經濟日不落國：新國際雁行聯合艦隊/林佳龍著. -- 一版.
-- 臺北市：釀出版, 2024.10
　　面；　公分
　BOD版
　ISBN 978-986-445-981-0(平裝)

1. CST: 臺灣經濟　2. CST: 產業發展　3. CST: 經濟戰略

552.33　　　　　　　　　　　　　　　113011451